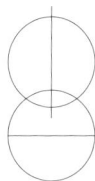

新中日文化交流史大系

编委会

主　编：王　勇
副主编：葛继勇
委　员：王　勇　王晓平　葛继勇　邢永凤
　　　　江　静　[日]河内春人　[日]森公章
　　　　陈　翀　张伟雄　丁　莉

国家出版基金项目
NATIONAL PUBLICATION FOUNDATION

王晓平 著

日藏中日文学古写本笺注稿

浙江人民出版社

总　序

中日文化交流的历史悠久而灿烂，历代名人辈出且留存史料丰赡，在中日两国学术界备受关注，多年来，该领域积淀了无数的学术研究成果。

日本学者辻善之助《增订海外交通史话》、藤田元春《上代日中交通史研究》、木宫泰彦《日中文化交流史》均出版于半个世纪前，这三部著作堪称中日文化交流史领域的先驱作品，至今仍有其重要意义。其中《日中文化交流史》经胡锡年翻译成中文后，更是对从事该领域研究的中国学者产生了莫大的影响。森克己围绕"宋日贸易"所著的《日宋贸易之研究》《续日宋贸易之研究》《续续日宋贸易之研究》《日宋文化交流之诸问题》四部扛鼎之作，搜集网罗该领域的基本史料，夯实了该领域的研究基础。田中健夫的《对外关系与文化交流》《中世对外关系史》等书聚焦元明时期，他继承了森克己的学术理念，着眼于东亚地区，促成了该领域的新发展。

此外，实藤惠秀研究清末时期的中国留学生（《中国人留学日本史》），大庭修研究江户时代中国书籍的流通（《江户时代中国典籍流播日本之研究》），池田温围绕法制研究中日交流史（《东亚文化交流史》），小曾户洋、真柳诚研究中日医学交流史（《汉方的历史》），等等。学者们均在各自的研究领域颇有建树，取得了不俗的成绩。近年来，这一领域的学术新人亦层出不穷，如森公章、山内晋次、田中史生、榎本涉、河野贵美子、河内春人等活跃在国际学术舞台，成果频出，备受瞩目。

回看中国，除了民国时期王辑五所著《中国日本交通史》，我国学者对这一领域的真正研究，始于1972年中日两国邦交正常化之后。

史学领域，汪向荣的《古代的中国与日本》与王晓秋的《近代中日文化交流史》发掘新资料、提出新见解，代表20世纪该领域的顶尖水平；杨栋梁主编六卷本《近代以来日本的中国观》，称得上是"从周边看中国"的佳作。

文学方面，20世纪末严绍璗的《中日古代文学关系史稿》与王晓平的《近代中日文学交流史稿》珠联璧合，以其宏大的视角与浑厚的国学底蕴，全面梳理中日文学交流千年史脉，至今仍被视作经典。

考古学分野，王维坤的《中日文化交流的考古学研究》以出土文物为据，实证中日文化交流史事；尤其是王仲殊，围绕"三角缘神兽镜"提出"东渡吴人制镜说"（《王仲殊文集》第二卷），在日本学界引起甚大反响。

思想史层面，王家骅的《儒家思想与日本文化》关注儒家思想在日本的变容，内容极富创见；刘岳兵的《明治儒学与近代日本》探究"西化"氛围中传统儒学的命运，提出富有挑战性的命题。

此外，来自中国台湾地区、香港地区、澳门地区的学者也是一股不可忽略的研究力量，如研究明代中日关系史的郑樑生，研究东亚教育圈的高明士，研究中日书籍翻译史的谭汝谦等人，都有丰硕的研究成果问世。

综上所述，在中日文化交流史领域，日本学者比中国学者早一步着手研究，凭借对基础史料的收集、整理、解读，在学界独领风骚多年。但近20年来，中国学者潜心研究，积极吸收国内外优秀研究成果，终于取得了飞跃性进步，研究水平达到国际水平，甚至在一些特定的"点"和"线"上有领先之势。

形成上述局面的原因主要有两点：首先，中国学者的汉语功底扎实，不仅能解读日本的汉语史料，还能从中国的历史文献与新出土文物资料中发掘新史料；其次，自1972年中日两国邦交正常化以来，留学日本后归国的中国学者大多数不仅有阅读日语文献资料的能力，还具备撰写外语论文及学术著作的水平。

这些年来，在从事中日文化交流史研究的中国学者中，有不少人因为其杰出的学术成果在国际学术界受到高度评价，甚至获得重量级学术奖项。如：王仲殊因对"三角缘神兽镜"的突破性研究，获得"福冈亚洲文化奖"；严安生因对日本留学精神史的精深研究，获得"大佛次郎奖"；严绍璗因在中日文学交流史领域的巨大贡献，获得"山片蟠桃文化奖"；王晓平因从事汉诗与和歌的比较研究，获得"NARA 万叶世界奖"；王勇因提出"书籍之路"理论，获得"国际交流基金奖"；等等。

中日文化交流史为中日两国共有的研究主题，从事该领域研究的学者同人们交流互动亦非常频繁。20多年前，由浙江人民出版社推出的"中日文化交流史大系"正是其成果之一。

30年前的春日，我邀请中日比较文学界的国际知名学者中西进先生到杭州大学（现浙江大学）作专题讲座。讲座结束后，时任杭州大学校长沈善洪先生让我陪同中西进先生一同考察江南园林史迹。1991年5月18日，在无锡的一家酒店中，我与中西进先生共同商定了"中日文化交流史大系"的选题计划。该计划得到了许多同人的帮助，进展顺利。该丛书日文版定名为"日中文化交流史丛书"，自1995年7月起依次出版，共十卷；中文版定名为"中日文化交流史大系"，由浙江人民出版社于1996年11月一次性出版十卷。

此后20多年间，随着考古文物资料的出土及文献资料的不断发现，中日学术界的理念及研究方法也有新的发展，中日两国的人文学术交流更是不断深入。基于此，作为中日文化交流史的研究学者，我认为召集中日两国的学者重新审视两国之间文化交流历史的机缘已然成熟，也正是出版"新中日文化交流史大系"的最佳时机。

20多年前出版的"中日文化交流史大系"以专题史的形式，把全套书分为历史卷、法制卷、思想卷、宗教卷、民俗卷、艺术卷、科技卷、典籍卷、人物卷、文学卷等十卷，而每卷又都是由多人共同执笔的通史体裁著作。"新中日文化交流史大系"（第一辑）共有九卷，邀请了研究中日文化交流领域备受关注的学者，让其用通俗易懂的语言为读者讲述其最新的研究成果，力求做到"有趣有用"。

本丛书于2016年入选国家"'十三五'国家重点出版物出版规划"，2020年入选国家出版基金资助项目。此外，本丛书还得到2017年度国家社科基金重大项目"中日合作版'中日文化交流史丛书'"（首席专家：葛继勇）与浙江大学"双一流"项目"经典文化传承与引领——《东亚汉典》编纂与研究"（主持人：王勇）的支持。在此特别向支持本丛书的各单位和个人表示谢意。

悠久且灿烂的中日文化交流史，是世界文化交流互鉴历史中的瑰宝。希望本丛书能够为新型中日关系的构筑以及两国民众的相互理解略尽绵薄之力。是为序。

浙江大学日本文化研究所

王　勇

2021年10月1日

目　录

东亚汉文写本的文化密码
（代自序）

一

大唐求学的新异，梯山航海的心惊，都已被海风吹散，随遣唐使归船抵岸的留学生和留学僧们，迫不及待地摊开书本，在海滩上晾晒起来。唯有一位僧人，敞开衣襟，面迎海风，说："我也来晒一晒经典之奥义。"众人全都耻笑，说他是在放鬼话。而在面临归国考核的时候，这位僧人却"升座敷演，辞义峻远，音词雅丽。论虽蜂起，应对如流"。

以上是日本最早的汉诗集《怀风藻》所载僧智藏传所描绘的一幕。僧智藏可以说是研究中国文化最早的日本学者中的一位代表。他在吴越之间追随一位学养高深的尼姑学习的，不仅有佛教经典，也包括儒家经典等各方面知识，而用毛笔书写，正是他的日常学习生活中最重要的部分。由于他学业颖秀，竟遭到同伴的嫉恨。他觉察到自己面临被加害的危险之后，便披发装疯，奔荡道路，"密写三藏要义"，将其藏在木筒里，用漆密封起来，背在身上。这藏在木筒里的，就是手书纸质文献，即写本，或称抄本、手抄本、笔写本。

那些归国的日本留学生在海滩上晾晒的，也不是我们想象中的线装书，而是写本。在印刷术普及之前，中国经历了一个漫长的写本时代，隋唐中国文化在周边国家的文化传播与交流，也主要是通过写本展开的。东亚汗牛充栋的汉诗、汉文小说、历史文献，很多不曾获得刻印机

1

会而赖写本流传至今。在漫长的文化之旅中，各民族学人将自身的历史、风俗、理念，用手书汉文文献的方式定格下来，传给了后人。如果说，敦煌石窟是汉文写本的第一宝库的话，那么第二宝库就在我国周边各国。

由于写本在朝鲜半岛与日本列岛文化建设中的巨大历史贡献，以及该地区中国文化传承的世袭体系与贵族化教育格局，它们一直受到学人的珍视，以至于一些在我国早已散佚的文献，也赖世代相传的写本在这些地区保留至今，被视为国之重宝。

江户时代的山井鼎（1690—1728）等学者，开始用保存在日本的古写本来对中国经典进行校勘，他们的成果曾经为阮元等校勘《十三经注疏》所利用。林述斋（1768—1841）、松崎慊堂（1771—1844）、近藤重藏（1771—1829）、森立之（1809—1885）都曾从彰显日本文化传统深厚的视点出发，发掘与宣扬日藏汉文写本的特有价值。以后，杨守敬、罗振玉、王国维、张元济等中国学者都曾为让这些有裨于中国文化研究的写本回归故里而广搜博采，不遗余力。然而，脆弱的写本经不起岁月的侵蚀，古老的中国文献与现代日本学术分手日久，许多珍贵的汉文写本文献至今孤寂地沉睡于故纸堆中。这些写本由于深藏密室而又远隔沧海，很多还很难为当代中国研究者直接利用。在这些写本中，不仅有难以辨识的中国草书，而且有日本人创造的各种只在圈子内流通的难解符号。许多中国学者都早已耳闻这些写本的学术价值，却因为看不到、读不懂、用不上而无奈地望海兴叹。

20世纪以来，敦煌写本研究兴起，并由此积累了丰硕的成果。这对于东亚汉文写本研究具有划时代的意义。写本的文化价值得到最有力的证实，与写本相关的文字学（特别是俗字学）成果为识读日本汉文写本提供了一把钥匙，而写本在东亚文化传播中的作用也比任何时候更为凸显。日本的神田喜一郎、长泽规矩也、阿部隆一、川口久雄等学者将敦煌学与日本古写本研究结合起来，各大学的中国出土资料学会、中国出土文献研究会、中国出土文物研究会、吐鲁番出土文物研究会等学术机构聚合了一批有志于敦煌写本研究的学人，与我国的诗经学会、唐代文学会、敦煌学会等互通互动。敦煌写本与日本汉文写本研究形成了"照花前后镜，花面交相映"的效果。日本汉文古写本的文化密码，由于敦煌写本研究的照射，似乎变得不那么难解了。

诚然，日本汉文古写本的解读，还是需要站在两大巨人的肩膀上才会更有效，一副肩膀是中国文献学（特别是敦煌写本文献学），一副是日本文献学。在笔者熟识的日本学者中，有一些这样的学者，他们将中国文化研究视为日本文化建设的一部分，由此将为日本文化探源溯流的热情，投射到对中国文化典籍的考据与中日文化关系的探寻之中，投射到古老的汉文写本的研究之中。后藤昭雄、黑田彰等学者对中国散佚文献《孝子传》《千字文注》等详加考索，往返于中日之间，寻古迹，转寺院，访文库，苦苦搜寻散落各处的写本资料，从中梳理出遣唐使以来通过写本传递的文化信息。在重假名、轻汉文的空气越来越浓厚的日本"国文学"研究界，他们倍显孤寂却仍坚守不懈。2014年12月24日去世的冈村繁（1922—2014），60岁退休时制定了校勘《毛诗正义》的计划，其中将利用日本古写本作为工作的重要手段。他珍视自平安时代日本流传至今的多种白居易诗歌写本，并用此校订《白氏文集》。在他离世前一天，还在染翰操纸，潜心写作，其学术生涯与其生命的列车，几乎同时抵达终点站。

较之欧美的中国文化研究，我国周边各国具有更悠久的历史与学术积累。从写本时代，历经版本时代、机器文明时代，到今天的互联网时代，中国文化的传播与研究具有很强的继承性，中国文化与本土文化的相关性深刻地影响着今天人们对现代中国的接受。因而，明智的学人总会悉心在两种文化之间寻求契合、融通的可能性。他们的思路，与时兴的将本土文化研究与域外文化研究一刀两断的硬性切割模式明显不同。继冈村繁之后，2015年1月21日，著名华人作家陈舜臣（1924—2015）也走完了他的中国文化之旅。与冈村繁相近的是，他对中国文化的解读，也与他对日本文化的理解相映成趣。他的《太平天国》等作品，采用的是日本当代大众时代小说（历史小说）的模式，而大量关于中国文化的文字，是发表在报刊上的日本人喜闻乐见的随笔。斯人已去，今天的日本年轻人对他的著作也没有他们的父辈那样有兴趣，但陈舜臣作为一位一生以传播中国文化为己任的华裔学人，其唯一性将是留给后世的长久话题。

对于屏气凝神用毛笔书写的人，心志都在随笔画起舞，一点一笔，都不过是身心运动的轨迹。有汉字书法作为前驱，日本的假名、韩国的谚文以及越南的字喃，也都用毛笔书写，并孕育出各自特色的书法艺术。有些古写本本身便是精美的书法作品，也有一些出自汉学水准不高的僧侣或学人之手，俗字满纸，误书迭出。这就需要今天的解读者对这些跨文化汉文写本进行较长期的专门研究，才能真正破解其全部文化密码。值得庆幸的是，自20世纪80年代以来，我国学者已对日藏《文馆词林》《文选集注》《冥报记》《游仙窟》《文镜秘府论》《篆隶万象名义》及佛教音义等我国散佚文献的写本进行了整理工作，将这些书籍的研究大大向前推进了。写本中承载着中日两国古代文字学、语言学、书法史、教育史、学术史、文化交流史等学科的丰富资料，需要打破学科壁垒，进行多学科的协同研究，相比周边各国，这在今天的中国做起来困难还是要小得多。

包括日本、朝鲜半岛和越南等地区的汉文古写本研究，将为汉字研究、汉文之学研究扩容、增高、升级给予积极的推动，正像许多新起的学术领域一样，这种推力的大小我们还无法做出预测，然而，可以相信，我们努力的本身，就是汉字、汉学国际化的一部分，是国际范儿的新国学所需要的。

二

汉字研究以本土汉字为中心，多被认为是天经地义之事，然而我国学者对域外汉字研究的漠视，不能不说过于久长。日本学者鱼住和晃在《"书"与汉字》一书中说："汉字从中国传到日本，其被正式使用，已经经过了1500年了。汉字从外国移入的失调消失不再，完全同化而为日本人语言标记的符号，同时也将顺手拿来的汉字具有的逻辑性与合理性置于生成原点，予以重新审视，或许会产生一种作为新思考活动的魅力吧。"[1]在探讨汉字传入与日本书法之后，他预言："假如把基点放在中国，综合纵观汉字在亚洲各国的传播，或许就成了更加广阔、规模宏大的学问了吧。中国人把汉字存在看成理所当然的事情，迄今不太在意对外国影响的意义什么的，而作为近年兴起的日本学的一环，逐渐也会形成一个研究领域。对今后的动向与成果，我满怀期待。"鱼住和晃的话不无道理，值得欣慰的是，建立国际视野的汉字学，已不再仅仅是梦想。

汉字研究的新分野，离不开汉字写本材料的支撑。这里不妨以日本省文为例来说明。

相传《法华义疏》是圣德太子为《法华经》《维摩经》《胜鬘经》所作精心注释之一种，被认为是日本现存最古老的写本，尤为可贵的是，它还是圣德太子本人亲笔书写的。从书法风格来看，与日本龙谷大学图书馆所藏敦煌写本《李柏文书》有很多相似之处。汉字书写最基本的特点就是多以简便为优先。也有一种看法，认为当时日本人还写不出这样流畅的散文，《法华义疏》也并非圣德太子亲笔[2]。不过，从现存的奈良

1　鱼住和晃：《書と漢字——和様生成の道程》，讲谈社1996年版，第5页。
2　鱼住和晃：《書と漢字——和様生成の道程》，讲谈社1996年版，第31页。

5

写本中确实可以发现很多简笔字，也就是江户文字学者所说的"省文"。

日本汉文古写本中的"省文"，大致可以分成两种情况。一种是常规性的，即通行的简化写法，即不论任何场合，一般都可以使用的，读者也都并不陌生。另一种则是专门性的，即只在某些典籍或者特定范围使用的。如《诗经》写本中用《毛传》之"传"写成简写成"亻"、《郑笺》的"笺"写成"竹"，《论语》写本中将《论语》写成"仑吾"。应永本《论语抄·阳货第十七》："宰我问"章释"旧穀既没，新穀既升"说："臼壳既——只一年〆ヨカルヘキ謂ヲ云。去年ノ谷ハ今年ミナニナリテ、今年ノ五壳ステニ熟ス。天道モ一期〆万物悉替ル也。"中田祝夫翻字本"臼壳"右旁注："旧穀の省文"，又在"五壳"之"壳"旁注"穀"字。这样，"旧穀"被写成"臼壳"，"五穀"被写成"五壳"的情况，在其他文献中较少看到，一般只有研究《诗经》《论语》等经书的学者才能心领神会。省略的方式也比较单一，就是以字的一部分来替代全字。这后一种省文，需要专门讨论。本文仅着重讨论前一类。

江户时代读本作家曲亭马琴在《菟园小说别集》中指出："我邦用省字早矣。《古事记》中，'弦'作'玄'，'村'作'寸'。后世亦伙。思之，兵戈之间，民间多拙于文笔，唯务从简便。"[1] 松井罗洲的随笔《它山石初编》中有一则"佛家抄物书"，谈及佛教相关写本中经常使用的省文：

> 大凡写字之时，省文字笔画，减运笔之劳，佛家谓之"抄物书"。见闻所及如下：ヘ、乙二字并为反切之反字。ム，严字也。茎，華臺之合文也。㑚，佛顶。楸，林泉。佂，西佛。釓，金刚。

---

1 日本随笔大成编辑部：《日本随筆大成》新装版第二期4，吉川弘文馆1994年版，第117页。

芐（菩萨，所谓ササぼさつ）、茓（菩提，所谓ーてんぼだい）、夂（声闻，所谓メメ声闻）、彐（缘觉，所谓よよ缘觉）、宧（涅槃，所谓亡火ねはん）、冘（烦恼，所谓けつけつぼんなう）。此外尚有一些，因吾道所未有而遗漏焉。[1]

在上述一则之后，又有"省文"一则，广泛涉及汉文写本中的省文：

此省文在吾门儒书，因自科斗篆籀之往古，早有使用，故有雅有俗。不辨此省文之时，读书多难通。《考古图》《博古图》《鼎彝文》之中，惟作佳，嗣作司，经作巠，作作乍，极作亟，亦可谓省文之例。然因上古文字少，一字兼有数音数义者，自后世看惯偏旁冠履繁密字体之眼光来看，虽可视为省文，终究古文为正体，后世之繁文亦数目益多。试举一二，悳作德，裏作怀，前作剪，网作罒、網，咸作感，复作復，巛作灾、烖，臣作颐，兑作悦、说，原作源，然作燃，立作位，亘作恒，中作仲，夬作决、抉、趹，升作昇、阩、趵、陞，戊作茂，亨作享、烹，勿作物，或作域，欥作聿、律，癸作揆、楑，旹作時，与作异、與，厉作砺，画作廩，畺作疆，从作從，宓作密，寍作宁，处作處，皆今为重文，古为正文。此类不可谓之省文也。然此中巨细，论善工利器，此处从略。今举后世俗省文二三，为初学之便。

肃作肃，蜀作罚，獨作独，覺作觉，義作义，議作议，醜作醜，履作屟，龟作龟，绳作绳，觀作观，醉作醉，壘作垒，齿作齿，時作时，辭作辞，亂作乱，幾作几，舉作奉，齋作斋，齊作齐，鱼作

———————
1 日本随笔大成编辑部：《日本随筆大成》新装版第二期7，吉川弘文馆1994年版，第35页。

东亚汉文写本的文化密码（代自序）

鱼，書作昼，顧作顾，懼作惧，芻作刍，屢作屡，斷作断，勢作势，
邁作迈，過作过，對作对，難作难，勞作劳，數作数，兩作两，圓
作囗，稴作兼，裹作裹，關作関，開作开，蓋作盖，華作华，乘作
乘，醫作医，藥作茱，聖作亚，聲作声，經作经，點作点，擅作拪
或拢，壇作坛或垃，陰作阣、阴，陽作阦、阳，歸作皈、帰，鹽作
盐，龍作竜，寵作竉，繼作继，麗作厣，畫作昼，麥作麦，舊作
旧，靈作灵，桓作桓，宣作宣，釋作釈，學作学、孚，豐作豊，應
作应。此外尚有很多常用之字。[1]

　　松井罗洲对日本写本中省文的整理和关注，考其所源，与新井白石
《同文通考》中"省文"一节有关。新井白石《同文通考》说："本朝俗
字一从简省，遂致乖谬者亦多矣。今录其中一二，注本字于下，以发
例，如华俗所用者，不与焉。"[2]所列出的137个俗字或俗字部件，包括
了当时大部常见简化俗字类型，但他认为那些都不是"华俗所用"者，
则不尽然。如与敦煌写本相对照，新井所列出的迲、凌、鱼等其实都非
"华俗"罕见的。

　　太宰春台《倭楷正訛》附录《省文集》："省文者，细书之用也。写
细字者能此可以省功，如未知此法，则不可以读细字，此亦幼学所当知
也。"[3]附录载录"华人所为省文"，又说："又有倭俗所谓省文者，决不
可用也。"列举出以下数字：

　　　　囗（圓）　　壬（国）　　畲（图）　　沢（泽）

1　日本随笔大成编辑部：《日本随筆大成》新装版第二期7，吉川弘文馆1994年版，第
　　35—36页。
2　新井白石：《同文通考》，勉诚社1979年版。
3　太宰春台：《倭楷正訛》，浪华书肆种玉堂1766年版，第18页。

释（释）　ㄓ（出）　竈（宠）　滝（泷）

扒（拂）　囙（因）　恖（恩）　炯（烟）

姻（姻）　綯（细）

　　以上这些书中虽然提供了很多简省字，但仍然给我们留下很大的空白。首先，由于这些学人都无缘看到敦煌写本，所以多将六朝初唐俗字误作日本造字。其次，由于古写本多保存在个人手中，个体学者很难掌握全面的收藏信息，所以见到的写本数目十分有限，所以他们的归纳就不免有有木无林之嫌。以真如藏本《王泽不渴钞》为例，如實作宲、會作㑹、蝶作蜨、句作勾、題作匙、取作叏、曾作曽、獨作犸、謂作誤、遠作遠、嘩作脧等。很多古代及当时通行的简化俗字未收进来。再次，汉字的传播具有区域的国际性，他们还无法将朝鲜半岛汉字也作为"对照组"，作更加深透的文化分析。更让人慨叹的是，由于近代以来东亚社会文化你追我赶般地转头"西向"的文化趋势，江户时代的汉字著作很少得到重视，超越它们的俗字研究著述也十分罕见。

　　写本具有的唯一性，使其成为考察书写历史最直接的材料。可以说，现存每一种汉文古写本都见证了汉字传承与演化的轨迹，可以在不同程度上提供一些该时期汉字的字料，为汉字研究做加法。具体而言，至少以下五类古写本与汉字研究的关系更为密切，即：各国保存的所谓《说文》唐写本残卷、《玉篇》原本等中国原抄本或重抄本，各国依照中国字书字样或体例编写的汉文字书，各国学者撰写的汉字学著述（如《说文识小》等），各国学者研究本国汉字的著述，分散于各国佛经音义、写经、随笔、文集等书中的汉字资料。从日本来说，从《篆隶万象名义》《倭名类聚钞》《字镜》到今天的《大汉和字典》，都值得我们认真总结与研究。

　　近年以来，我国已经涌现出一批优秀的海外汉字研究著述，特别是

9

佛经音义的研究可谓成果斐然。写本的汉字研究离不开书法研究。我国自古以来便有"书画同源"的说法。各国书写者往往在汉字中注入了独特的美学意识，由于审美意识的差异，使汉字形体多有变化。书写者将改变汉字结构作为一种美化的手段。如"因"字的四围方框结构整体上显得有些死板，于是便有人将其写成"囚"，有如一只脚迈向了门外。台北"故宫博物院"藏《幼学指南抄·山·石鼓山》："盛弘之《荆州记》曰：建平郡南陵县石鼓南有五龙山，山峰嶕峣，凌云齐疏，状若龙形，故囚为名。"在我们识读写本的时候，也在领略着古人对汉字美的陶醉与寻美的匠心。这一方面的研究还有助于疑难字的解读。

三

汉文写本无疑是汉文之学研究的最重要的材料。这里所说的汉文之学，不是指汉代文章之学，也不是指汉民族文章之学。它同"汉文学"一样，是一个外来语，但也并不等同于"汉文学"。

在日本使用的"汉文"一词，是与和文、欧文相对的概念，专指中国文，实质上就是汉语文章。从字义上说，它是中国文章的总称。从用语上讲，汉文有文言、白话之分，但这里主要是指文言，也并不是将一切白话都排除在外，如宋明学者与僧人撰写的《朱子语录》《传习录》《临济录》等夹杂白话的语录体，以其对于日本语言文学产生过较大影响，传统上也纳入汉文之类。在朝鲜半岛，也是将"汉文"作为一种与本土文章、欧美文章相对的概念来使用。因而，我们也不妨借用这样的分类，指称那些在域外曾经盛行过千年以上的用汉文撰写的文章。

汉文本以中国为发源地，然而它却冲出了文化疆界，由近而远，由小而大，由古而今，在周边不断浸润当地的肥田沃土，从而培育出汉文化的别样花朵。用各国本土的表述方式，也就是随着汉字的"国字化"，汉文也取得了享有各国国籍的地位。不仅有大量汉文产生，而且它们还直接推动了各国本民族语言文学的发展，先是独领风骚，而后则是与日文假名文、韩国谚文、越南字喃文等并驾齐驱，只是在近代以后，才从顶峰跌落，淡出文坛。今天，尽管它在各国的影响力大小不一，却决不能说全然消失殆尽。

这里所说的"汉文"，比常说的"汉文学"更为宽泛。迄今各国出版的《日本汉文学史》《韩国汉文学史》等著述中所论述的汉文学，主要还是沿用西方文学观的"文学"定义，梳理的是汉文诗歌、散文、小说等文体的发展轨迹。尽管不少学者主张从中国文学历史生态特点出发，摆脱欧美俄苏影响而建立自己的文学史观，但沿用多年的文学概念，也依然左右着中国文学研究，也就左右着对周边各国汉文学的研究。汉文学是汉文创作的文学，以及研究它们的学问，但多不把儒学、佛学相关的文章纳入其中。而这一类文章，在域外则也可以算作是"汉文"。

汉文之学，就是对各种汉文文体的作品加以研究的学问。《文选》收入包括赋、诗、骚等各类文体的作品，《文体明辨》分得更细，达127类。有些文体，今天在中国本土几乎被人遗忘，文学史上也不见提及，但在域外汉文中曾出现过众多影响深远的作品，如佛教中的愿文等。日本《本朝文粹》中收入的敕书、敕答、位记、敕符、官符、意见封事等官方文书，是"以文为政"之文；朝鲜《东文选》除收录了教书、诏敕、制造、册、批答、表笺、状、启、奏议等官文之外，还收入了上梁文、祭文、祝文、疏、青词等与宗教相关的文体。这些文体的文章是否算作"文学"，固然可以见仁见智，但它们都可以作为"汉文之学"来加以深入研究。

值得注意的是，大量汉文之学的材料，是以写本的形式传留至今的，有些已经整理出版，有些依旧终于写本。笔者在东洋文库中曾经读到越南诗赋的写本，至今所论甚少。除了中国典籍写本和各国学人用纯

东亚汉文写本的文化密码(代自序)

汉文撰写的诗文之外，汉文写本中的两类文字也颇值得注意：一类是所谓变体汉文，即从该国的角度来看夹杂本土语法和本土语言汉化词汇的汉文；另一类是插入本民族诗歌等民族文体中的汉文序跋、尺牍、引述汉文等，如日本最早的和歌集《万叶集》中的汉文题跋等。

四

不同文化互鉴互通的事业，拒绝狭隘的文化心理与对内外文化差异一头雾水的头脑。选择共同感兴趣的中国古代文化问题，中外学者展开合作研究，无疑是海外中国学研究的题中之义。东亚汉文写本的研究，涉及汉文化圈各国的学术资源，有效的国际合作是成功的必要条件。对于写本研究来说，中国学者在汉文化整体视野、"小学"功力与汉学研究环境等方面享有优势，而域外学者着手更早，已经积累了一定的经验与资料，有更多机会接触第一手文献，两者共同浇灌，就可能培育出新的学术之花。

日本写本的抄写者的汉文修养及语言感觉，往往给写本带来一些中国写本研究不曾遇到的问题。庆大本《李峤咏物诗注·音乐·笛》："《太平御览》云：黄帝使伶伦伐竿昆汉（溪），斩而作笛。""竿"当为"竹于"之合写。《太平御览》引《史记》："其后黄帝使伶伦伐竹于昆溪，斩而为笛。"（148页）台北"故宫博物院"本《幼学指南抄·水部·贪泉》："盛弘之《荆州记》曰：桂阳郡西南宥山水出，注大溪，号曰横溪，溪水甚深，冬夏不干，俗谓之为贪泉，饮者辄冒于财贿。"（242页）"宥"为"众有"二字之合。"众"俗书作"亢"，如同书《关》："《燕丹子》曰：燕丹去秦，夜道关，关门未开，丹为鸡鸣，亢鸡皆鸣，遂得逃归。"（284页）又如后汉孔融《荐祢衡表》曰："鸷鸟累百，不如一鹗。使衡立朝，必有可观。飞辩骋辞，溢气坌涌，解疑释结，临敌有余。"台北"故宫博物院"本《幼学指南抄》中将"鹗"字与"飞"字合为一体作"𱎸"而使文不可读（555页）。

与此相反，也不乏一字滋为二字者。因受日语语法影响而造成的否定句语序紊乱，因受日语读音影响而出现的同音、近音字代换，因受训读影响而误书的情况也多有所见。台北"故宫博物院"本《幼学指南抄·结绶》："《汉书》曰：萧育与朱博为友，著闻当伐，长安语曰：萧朱结绶。"（313页）"著闻当伐"，今本作"著闻当世"。"世""代"同训，"代"增笔作"伐"。

比起敦煌写本中的误书、误释众多来说，有些日本写本有过之而无不及，因而，通过那些讹误满篇的写本，去还原写本文献的原意，就是一件首先需要做好的事情。书写者的误释是造成误书的重要原因，而现代研究者的误释则导致对文本进行郢书燕说似的注释。在日本汉文写本中，多见"有""在"不分、多加"之""也"等虚字、否定词位置失当、颠倒语序之类日本人学习汉语常见的错误，也多有将训读符号和注释文字混入正文、误解重文号等特有符号等情况，至于中国写本中常有的音近形近而讹、部件混用、正文注文相乱的现象，也是无一不有。

即便那些已经较认真整理过的本子，也存在很大的重读空间。不少日本学者在追溯原典方面，有上穷碧落、下入黄泉的韧劲，他们不仅多从传统经典中去追查用典与词源，而且充分关注了宋明俗文学的材料。不过，敦煌写卷以及新发现的俗书文献，可以提供给我们的启示依然还有很多，何况智者千虑，必有一失呢。尤其是深度整理时，耐人琢磨之处，往往见于注释。如《江户文人诗选》录浦上玉堂《玉堂诗选》中的《山房闲适十九首》之一：

五十年來一嘯中　　五十年來は一嘯の中

荷衣衲衲发飄蓬　　荷衣は衲々　髮は瓢蓬

烟霞深处人声絶　　烟霞深き　人聲絶え

麋鹿群间搏尺桐　　麋鹿の群間尺桐を搏つ[1]

"衲々"，入矢义高注释为"缝缝补补的，东一块西一块的"（「つぎはぎだらけ」）。细考"衲"有补、缝缀之意，因僧人之衣常用许多碎布拼缀而成，故衲亦指僧衣。不过，"衲衲"则为濡湿貌。"衲"，通"纳"，语本汉刘向《九叹·逢纷》："衣纳纳而掩露。"明唐寅《题画》诗之五："百尺松杉贴地青，布衣衲衲发星星。"浦上玉堂的"荷衣衲衲发瓢（飘）蓬"与唐寅的"布衣衲衲发星星"皆以衣着、头发为人物画出肖像，两者相似当并非纯属偶然。

中国文化是伴随着不同文化的碰撞与汇通而走向周边各国的，而绝非是独往独来的巡游。近年来，日本各大学及图书馆，陆续将一些珍藏的汉文写本数字化，使之成为在世界上任何角落都可以随时阅览欣赏的网上读物。今天的文化经典再也不可能成为藏在木简里的秘宝了。今后，加强对其文化密码的解读，或许世界上将会有更多的人，重新审视汉字书写的历史贡献。而只有通过切实的解读，才有可能认识这些写本的真正价值，做出既不放大、也不微缩的科学评价。

汉字文化圈中的写本，构成一幅独特的文化景观，凝聚了不同民族的文化创造。汉字文化圈各国都有一些人致力于这种文化的传承。日本各地有专门教授书法的"书道教室"。松本清张的《书道教室》就描写了一位为保护自己的粉丝而自杀的书法先生。韩国首尔的街上立着一座毛笔的雕塑。而在中国，与大妈的广场舞相似，不少城市中都会见到蘸着水桶中的水、手握硕大的毛笔弯腰在地面书写的"广场水书"。这种以大爷们为主体、大妈们参加的自发文化活动，显示了书法艺术在草根中的强大生命力。我们不妨把那些地面上稍纵即逝的楷书、草书的唐诗宋词，也看成一

1　入矢义高：《江户文人诗选》，中央公论社1983年版，第99页。

种写本的文本。毛笔书写存而写本文化存，写本研究与汉字同在。

　　本书的目标，正是要借用敦煌写卷研究的"钥匙"，破解日本汉文古写本研究的难题，呈现中国典籍东渐的历史原貌，重新审视中国文化对世界文化的贡献，为汉字写本学的建立积累基础材料。

第一章
日藏中国文学文献写本研究

日藏经部、史部写本文献古写本基本可以分为三类：

一类属于明经道、纪传道博士家世袭相传的"家本"，即清原家、菅家、大江家，根据自古相传的家族传承的写本教科书并与后世传入的宋刻本进行校勘而编成的"正本"。此类写本多为完本，卷帙浩大，文献价值高。对于这类写本，今后可以将全书校点，以最早、最完整可信的本子为底本，以该博士家相传各本为主校本，并以相关写本、刻本等为参校本，展开深入研究。

另一类为博士家之外的僧侣、学人或佚名文士书写的本子，多残卷，长短不一，文献价值高下不一，文字脱误较多。由于此类写本年代久远，或多或少保存了中国典籍的部分面貌，也需要系统整理。其中部分写本虽为断简残篇，但对日本文学和文化发展起到过重要影响，将予以重点研究。

第三类为后人伪托的古写本。此类写本数量不多，部分写本的年代久远，反映了当时中国典籍流布的情况。今后可以适当选择部分写本予以整理，并对相关文化现象加以考察。

日本保存的中国子部、集部写本文献多有与敦煌写卷内容相近者，同时与日本古代文学研究关系最为密切。自平安时代以来，日本出现了很多模拟《蒙求》《李峤杂咏》等的作品。这些写本对于中国古籍的校勘更有直接的参考作用。谢思炜在《日本古抄本〈白氏文集〉的源流及校勘价值》一文中，从篇目及编次校勘、书写格式校勘、异文校勘等方面，历数《白氏文集》各写本的校勘价值[1]。我们可以在广泛搜集同一文献的多种写本的基础上，突出探讨各类写本与后世刻本的关系，如《白氏文集》便有神田本、金泽文库本等需要清理。值得注意的是，这些写本多为转写本，涂改现象也相当多见，情况复杂，需要去伪存真，由表及里，通过分析字形、音读以及接受心理等，尽可能为接近古本原貌提供线索。

第一节
《杜家立成杂书要略》笺注稿

珍藏于奈良正仓院里的《杜家立成杂书要略》（以下简称《杜家立成》），既是一件书法艺术珍品，也是在中国早已散佚的书仪文献。周一良先生在《唐五代书仪研究》中曾加以介绍，说它"包括三十六组书札，每组一题"，"皆附有答书。体裁以四字句为主，先结合季节寒暄，再进入本题"。这种有来有往的体裁，虽然并非按月编排，但周一良先生指出："日本内藤湖南氏认为此书属于《月仪》之类的书仪，是正确的。"书仪所谓的"知故""同学"证明其中的书仪乃是用于朋友之间[2]。

启功先生对《杜家立成》的考辨与文学评价特别值得一读。他认为"此卷文笔骈俪，微多俗套之语，盖应酬笺启，有其必然者。顾亦未尝无委婉之词，有趣之事，藉可见当时社会生活之一斑者"。并举数篇为

---

1 谢思炜：《日本古抄本〈白氏文集〉的源流及校勘价值》，载《中国古籍研究》第一卷，上海古籍出版社1996年版，第371—389页。

2 周一良：《书仪源流考》，载《唐五代书仪研究》，中国社会科学出版社1995年版，第94页。

例，称其"措语巧妙，不即不离"。如称其中《知故相嗔作书并责》："文字有灵，至于斯极，又不独以速为异矣！"[1]

赵和平《〈敦煌写本书仪研究〉订补》在谈到敦煌本书仪与传世本的比较研究应加以重视的问题时，特别将《新集书仪》中的几通书札与《杜家立成》相同或相近的作了对比，感到"中国学术界并没有给《杜家立成》以足够的注意"，并认为"若将传世书仪、敦煌本书仪及日本早期往来性质的文书加以内容上的比较研究，一定会有新的成果"[2]。美丽娱《唐礼撮遗——中古书仪研究》在论述《月仪》和朋友书仪时，也曾引证《杜家立成》来论述《月仪》的源流和演变[3]。王三庆先生也曾撰专文对《杜家立成》予以介绍[4]。

日本学者对《杜家立成》重视的重要原因之一，是它与日本早期文学的密切关系。现存《杜家立成》乃光明皇后（701—760）书写。在《万叶集》等奈良时代的文学作品中，可以看到它的明显影响。日本学者从探讨中日两国的文学关系出发，对该书的作者、内容以及对《万叶集》等的影响，都作了认真的考察[5]。他们的成果对于中日书仪交流的

---

1 《启功丛稿·题跋卷》，中华书局1997年7月版，第261—267页。

2 赵和平：《〈敦煌写本书仪研究〉订补》，载《敦煌吐鲁番研究》第三卷，北京大学出版社1997年版，第229—257页。

3 吴丽娱：《唐礼撮遗——中古书仪研究》，商务印书馆2002年版，第7页。

4 王三庆：《杜家立成杂书要略及其相关问题研究》，载《新国学》第二卷，巴蜀书社2000年版，第74—82页。

5 小岛宪之：《上代日本文學と中國文學——出典論を中心とする比較文學的考察》（中），塙书房1964年版，第966页；佐藤美知子：《聖武天皇宸翰〈雜集〉の考察——その寫書狀況と憶良の影』，载《大谷女子大國文》第16号，1986年3月；后收入《萬葉集と中國文學受容の世界》，塙书房2002年版，第303—329页；山田英雄：《書儀について》，载《日本古代史考》1987年7月，第155—170页；丸山裕美子：《書儀の受容にて——正倉院文書にみる〈書儀の世界〉》，载《正倉院文書研究》4，吉川弘文館1996年版，第125—155页。

研究，无疑是积极可贵的贡献。其中1994年刊出的《杜家立成杂书要略——注释与研究》（以下简称《注释与研究》），作为研究该文献的第一部专书，尤其具有重要的意义[1]。

《注释与研究》是以藏中进先生为代表的日中文化交流史研究会集体研究的结晶，也吸收了自内藤湖南以来许多日本学者对《杜家立成》的研究成果。本书对于该书仪的年代和作者进行了考察。内藤湖南根据《唐书·艺文志》仪注类载"杜有晋书仪二卷"，推测其为杜有晋所作；西野贞治则根据该书仪中出现的地名人名，推定其为玄宗开元时期杜如晦的叔叔杜淹所作[2]；福井康顺依据《隋书·杜正藏传》"正藏字为善，尤好学，善属文。……又著《文章体式》，大为后进所宝，时人号为文轨，乃至海外高丽、百济，亦共传习，称为《杜家新书》"记载等，提出作者为杜氏三兄弟中的杜正藏的见解[3]。

藏中进先生综合以上诸点，认为《杜家立成》当为收集从隋代仁寿（601）到唐太宗贞观元年（627）时的往复书简编集而成。他还从光明皇后书写的文字中，没有避唐太宗讳的痕迹，推断其原本（唐写传来本）为太宗即位以前书写；从光明皇后所写全然不见所谓则天文字，推断原本不可能书写于则天文字使用时期（690—705）。因而，如果光明皇后的书写忠实原本的话，那现存正仓院的光明皇后书写的《杜家立成》，应该视为唐太宗即位（627）以前的文献。

启功先生则认为，此"既非唐人所撰，亦非杜有晋所撰者也"，他引用《隋书》卷七十六《文学》杜正玄附弟正藏传中关于其著述的记

---

1 日中文化交流史研究会：《杜家立成雜書要略——注釋と研究》，翰林书院1994年版。

2 西野贞治：《光明皇后筆の杜家立成をめぐって》，载《万叶》第26号，1958年1月，第42—51页。

3 福井康顺：《正倉院御物〈杜家立成〉考》，《东方学》17辑。

载："著碑诔铭颂诗赋百余篇。又著《文章体式》，大为后进所宝，时人号为文轨，乃至海外高丽、百济，亦共传习，称为《杜家新书》。"指出此写本乃其《文章体式》中之一摘抄部分，颇有说服力地指出："昔人于域外诸国，称谓每多含混，传到日本，而概之以高丽、百济，抑或自两国传至日本者。"启功先生还根据卷中的《相唤募讨匈奴书》中的"秦王"一词，推断此卷撰写时，必在秦王杨俊任并州总管时，其下限不能在杨俊罢职以后。杜正藏举秀才在大业中，盖先以文章腾誉者。启功先生还进一步指出："今世有补严可均辑《全隋文》者，得此可立成一卷焉。"虽然这一结论还有必要从其他方面加以探讨，但它为进一步探索提示了重要的方向。

光明皇后书写的《杜家立成》，笔力雄健，气势饱满，学者多认为其不出临摹王羲之的范畴，但也有学者认为它是光明皇后一边模仿王羲之，一边还按照自己的写法和意思写出来的[1]。这三十六封信有往有复，基本完整，每封皆有题。《注释与研究》的注释部分，首先为其编了号，而后将各封录出，加以句读。接着按照日本阅读古典作品的惯例，进行训读（译成古典日语），又设"通释"将全文译为现代日语，其后则以"语释"对词语作注解，以"考说"对有关问题作专门讨论。语释与考说不仅引证了许多日本奈良时代的文学资料，而且充分注意到了敦煌书仪的重要研究成果。因而，可以说《注释与研究》是研究《杜家立成》不可不读的书。

《杜家立成》既名之"要略"，也确实具有简明精要的特色。除了缺少有关丧事的信函以外，内容广泛而文辞不繁，其中亦可观其时风俗，如第二十四函《知故成礼不得往看与书》对友人婚礼热烈场面的推想，正印证了当时婚礼中的设帐、除花、却扇等风俗。岁日热宴，寒食冷

1　鱼住和晃：《〈書〉と漢字——和樣生成の道程》，讲谈社1996年版，第133页。

酌，人日登高，乞雨祷神，可窥节令风俗之多彩；从戎邀友，觅官寻伴，福临相贺，祸降相慰，可窥文士重群好聚之习气；而先结合季节寒暄，而后进入本题的格式，似乎与今日书信开头便问"身体工作"的习惯不同，但日本人写信至今仍是不谈季节天气则不入本题，这又不能不引起我们对中日尺牍文章交流的遐想和推测。

通读全文，六朝遗风分明可感。说其为通过文人交往透视其时人际关系的一面镜子，似乎也不过分。借马乞粟，贷禽成席，言有分寸；相嗔相责，设宴赔情，礼有定规。在今天看来是精心挑选的敬语、谦语，在当时文人书信中可能是司空见惯的，然而许多用法与在其他场合不尽相同。如原本有谄媚意义的"拜尘"，有攀附意义的"附骥"，在书仪中只是"面见"、"随行"的谦辞。至于用竭力描绘新娘长相丑陋来表示自谦，更有玩笑过度、有损女性自尊之嫌。不过，当我们过滤了那些对尊卑过于强调的过时的表达方式之后，这些书仪中那些简洁而充分体现尊重对方的语言形式，就有了再生今世的可能性。不论是送往迎来，还是求助施恩，不论是忠告提醒，还是赔情认罪，在来往中不仅重视其赠予往来的物质内容，也十分在意彼此感情的交流，这种交流正是通过得体的表述来体现的。正因为如此，书仪、尺牍也就发展成为一种独特的文化，值得文学研究者予以关注。

在《杜家立成》中保存的文字学语言学资料，也值得一论。其中使用了大量双音词，如频移、慨懑、叹懑、眷恨、愆违、许令、怀惶、匆遽、飘坎、凄恨、叹望、少疲、念访、愧恧等，不少属于同义连文。它们有些见于敦煌文献，有些则尚少用例，《汉语大词典》亦不见收录。有的词语，我们看来似乎陌生，但实际至今保存在日语中，如"儛踊"（亦作"舞踊"）一词，《汉语大词典》失收，却是现代日语中的一个常用词。

对比同时期的其他文献，应该说光明皇后的书写，在字体字形方面

21

是很尊重来自中国的原本的，为《干禄字书》等提供了不少那一时代前后俗字的例证。可贵的是写本至今相当清晰完整。那一时代的写本，能够这样完好地保存至今，不能不说是一个奇迹。我国的语言文字研究者是不会轻易漏看这样一份珍贵的研究资料的。

《杜家立成》是了解中古书仪的一种代表性的入门资料，可惜原件一直深藏于密室，一般极难见到。赖中央公论社1976年出版的豪华普及版的《书道艺术》第十一卷将其全部影印，我们才能接触到它的原貌。光明皇后抄写的《杜家立成》，其中也有误写之处。《注释与研究》一书对原文的训读与翻译以及考证，还有一些地方值得进一步探讨。鉴于此写本中含有丰富的中古汉语词语，并有不少俗字值得深入研究，对于研究中古语法现象与书仪文化，均有重要价值，故撰此笺注稿，日后再补以译文与研究篇出版。

古代书仪既是日用文体，也是广义的文学文体。它既反映了古代中国文人对人际交往中的教养与礼仪的高度重视，也显示出通过学习与训练，使这种交往更为迅速、简洁与有效的意图。在今天这个电子邮件与手机短信大行于世的时代，语短意长的古代书仪，从语汇到文体，均有值得借鉴之处。由于《杜家立成杂书要略》具有的通俗易晓的特点，有心于此的读者，或许会从中学到可用的东西。

为简约计，此次发表略去校记部分。写本中常见的俗字、异体字、误字一般都改为正字，有疑问或值得注意的则保留俗字。文中的"语释""通释"和"考说"，系指藏中进《注释与研究》中的有关部分。

一、雪寒唤知故饮书

云霏雪白，入领沾裳；萧瑟严风，飘帘动幕。今欲向炉举酒，冀以拂寒；入店持杯，望其遣闷。故令走屈[1]，希即因行；愿勿迟迟，遂劳再白。姓名呈。

[1] 走屈:"语释":"走卒,仆从。屈,弯曲走路。让仆人前去。让仆人奔走。"考说中引述小岛宪之之说。小岛宪之《上代日本文学与中国文学》(塙书房1986年版)中举出正仓院藏《杜家立成》中的"惟少明公,故遣走邀"(唤知故饮书)、"故令走屈,希即因行"(雪寒唤知故饮书)、"聊举单酌,故遣走邀"(假日无事唤知故饮书)、"聊设单宴,故令走屈"(成亲唤知故书)等例,认为"走"是为迎接客人而奔走的意思,并指出其与敦煌书仪(斯5636)的"谨令小使,奔往发邀"(屈客饮酒书)意同。《万叶集》中山上忆良的歌是自己前去迎接,而"走"的意味也与《杜家立成》相同(966页)。

案:屈:敬辞。犹言请、邀请,非"屈膝"之"屈"。参见蒋礼鸿《敦煌变文字义通释》(上海古籍出版社1997年版,190—191页)。变文中又有"屈唤""屈命"等词,皆为邀约、邀请之意,参见陈秀兰《敦煌变文词汇研究》(四川民族出版社2002年版,93页)。又有"谘屈"一词,亦邀请意,见上书(140页)。该书还对同义连文的"邀屈"一词作了讨论(183页)。敦煌书仪有《屈客饮酒书》(斯5636),屈客饮酒意即请客饮酒。"走屈"意同"走邀"。《杜家立成杂书要略》中尚有"故令走屈,伫望来仪"(函三十告书)。除上述用例外,尚有"驰屈",函二十六告书"故令驰屈,希勿余辞",意同。走屈、驰屈,即快快前去邀请。

屈,亦作"喖"。这种写法保存在日本古代愿文中。平安时代大江匡房《江都督纳言愿文集》卷二《右府室为亡皇后被供养堂愿文》"喖二十之缁徒",即"请二十之缁徒"。卷三《安乐寺内满愿寺愿文》"敬喖五十之禅侣",即"敬请五十之禅侣"。在建保四年(1217)5月28日二品道助法亲王撰写的愿文中,也可以看到同样的用法,文中的"喖紫侣之上德",即"请紫侣之上德"之义。

23

答

即蒙高旨[1]，许令[2]陪宴。在生[3]忻慰，何乐如之！得使贫士除寒，愁人散虑。谨当相率，即事[4]驰参。冀近传杯[5]，还[6]此无述[7]。

[1] 高旨：敬辞，用以指称对方的意思。函三十五答书："虚高旨，即事弹冠。"类似说法尚有"高宴""高意"等。

[2] 许令：允许。同义连文。用作敬语。

[3] 在生：犹在世，活在世上。

[4] 即事：马上去……。事：从事、实践意，动词意义虚化，下接动词。函七答书："即事束带，行不俟驾。"函二十六答书："即事速参，谨还无具。"函三十一答书："行不俟贺（驾），即事驰参。"函三十三答书："即事驰参，寻（往）到门。"函三十五答书："即事弹冠，寻往咨参。"写本中有以上五例，皆同义。

[5] 传杯：亦云"传杯弄盏"，酒宴中互相斟酒。

[6] 还：回复，用指回信。

[7] 无述：本义为无可称道，无人称道，不值一提。写本中用作复信结尾时的谦语，意为自己的复信没有什么值得一提的内容。函四答书："谨还无述。"函十一答书："还此无述。"

二、就知故借传书[1]

苦耕已久，志冀聚萤[2]。甲书脱闲[3]，更借看学[4]。若斯不许，不敢出言，亦可。旧是田家，先无史籍。仰知有传，计应少闲，迟暂借学耳[5]。

轻事咨凭[6]，暂借写之。随了即送，不令损失。幸勿为疑。忏误[7]之愆¹，迟当[8]奉谢。

[1] 传书：经传之书。"语释"："经书注解，《春秋公羊传》

---

1 "愆"，底本作"𠍸"，"愆"的俗写。

24

等。"

[2]聚萤：收聚萤火以照明，出《晋书·车胤传》："家贫不常得油，夏月则练囊盛数十萤火以照书，以夜继日焉。"后以喻刻苦力学。

[3]脱闲："语释"："脱简间编。脱落与编次的错误。'闲'通'间'（《集韵》），间是闲的俗字（《正字通》）。"《六臣注文选·刘歆·〈移书让太常博士〉》："校理旧文，得此三事，以考学官所传。经或脱简，传或间编。"

[4]看："语释"："姑且解作'借看'。或'看'为'着'之误，当解作'借着'，乃俗语的用法。"此句"通释"译为："实际上我手头的某书有脱落与编次的错误，因而想借来学习。"

案：脱：如果。闲：不使用。看学：阅读、学习，乃同义连文。此句意为某书如果闲着不看，我想借来读一读。

[5]计应少闲，迟暂借学耳：《注释与研究》此二句作"计应少闲迟，暂借学耳"。"通释"前句译为"请原谅我可能晚还些时候"。

案：这句是说想来那些书一时没有人看，希望能借给我一段时间学习。迟：希望。

[6]咨凭："语释"释为问。"凭"未释。

案：咨凭当为一词。谦辞。请求、烦劳。《龙龛手镜》："凭，托也。"《燕子赋（一）》："凭伊觅曲。"唐杜甫《公安送李二十九弟晋肃入蜀余下沔鄂》诗："凭将百钱卜，漂泊问君平。"唐李商隐《寄酬韩冬郎》诗："为凭何逊休联句，瘦尽东阳姓沈人。"

[7]忏误：《注释与研究》作"忏"。"语释"："这里指使对方担心。原文作'忏'，此处解为'忏'。'忏，忧也'（《说文》）。"

[8]迟：《注释与研究》训读解作"等待"，而"通释"又将最后两句译作"请原谅晚些时候奉还"，似又解作"晚"。

25

案：迟：以后，日后。当：将，将要。函三答书："迟当展谢"。"迟当奉谢"是说以后将向对方道谢，与函三答书"还此寸诚，迟当展谢"中的后句意近。

答

知弟历览诸史，苞括[1] [1]群经，谁待穿光[2]？幼年积雪[3]，今始觅传，量谓非真[4]。仍付遣将，乞不嫌错谬[5]。望近叙接，还无所申。

[1] 苞括：包括。苞，通"包"。唐刘知幾《史通·序传》："苞括所闻，逾于本书远矣。"

[2] 穿光：即穿壁引光。《西京杂记》卷二："（匡衡）勤学而无烛，邻舍有烛而不逮，衡乃穿壁引其光，以书映光而读之。"

[3] 积雪：即映雪，利用雪的反光读书。《初学记》卷二引《宋齐语》曰："孙康家贫，常映雪读书。"

[4] 此句《注释与研究》作"知弟历览诸史，包括群经。谁待穿光，幼年积雪"。"通释"："到底谁像从前匡衡故事那样穿壁待光，又像孙康幼时那样积雪苦学？"

案：此二句意为：我知道贤弟博览经史，谁还用来借我的光（借我的书）；幼年就苦学，今天却说要借传去读，想来不是真话。待：须、需要。《史记·天官书》："至天道命，不传；传其人，不待告。"唐张守节正义："待，须也。"

[5] 此句《注释与研究》作"仍付遣将乞，不嫌错谬"。将：持、带。这二句是说仍旧让人给带去，望对方不要嫌弃。

---

1 "括"，底本作"桰"，"括"的俗写。

三、就人借马书

先无鞍下[1]，欲往鲖阳[2]；年老力微，不堪杖策。仰知忧人之急，是实布恩。至于贫生，不应独弃。第鞍下若在，暂借乘行。当自借看[3]，不令饥瘦。必蒙垂得，希付往人。辄[4]想殊恩，预深追愧。

[1] 鞍下：指马。

[2] 鲖阳：指鲖阳县，治所在今安徽省临泉县西北鲖城。《左传·襄公四年》："四年春，楚师为陈叛故，犹在繁阳。"晋杜预注："繁阳，楚地，在汝南鲖阳县南。

[3] 借看："语释"："看：助词用法，俗语，参看函二告书。""通释"："当从我借来以后，不让它饥饿消瘦。"

案：启功先生谓当为"当自惜看"，"惜"原误作"借"，是。

看：照料、看顾。王梵志诗《观内有妇人》："出无夫婿儿，病困绝人看。"参看项楚《王梵志诗校注》。《董永变文》："娘子便即乘云去，临别分付小儿郎。但言'好看小孩子'，共永相别泪千行。"此言亲自照看，不让饥饿消瘦。

[4] 辄："语释"："轻易地、任意地。"

案："辄"与其他动词在此书仪中常构成叙述本人思想行为的谦辞，表示自己的想法和做法是单方面的、随意的、失礼的或不符常规的。本函和"辄想"（函二十四告书）、"辄欲"（函十五告书）、"辄事"（函二十告书）、"辄安"（函二十六答书）等皆此类。

答

乌骝蹇足，赤骥背疮。并[1]未堪乘，来使亲瞻。不遂依命，悚惧交怀。还此寸诚，迟当展谢[2]。

[1] 并：皆、均。

[2] 迟："语释"："等待。"展谢："语释"："致歉。《左传·哀公二十年》：'寡君之老无恤，使陪臣隆敢展谢其不共。'《万叶集》3986序：'而由身体疼羸，筋力怯软。未堪展谢，系恋弥深。'此外，亦见于敦煌文书书仪（斯5613）。""考说"又指出，本书简中的"展谢"与告书中的"不堪杖策"，或许给予《万叶集》3965序（大伴家持致大伴池主的书简）的"展谢"及"不耐策杖之劳"以用语、表现的直接影响。该歌序与《杜家立成》函二十二答书、函二十三答书在用语、内容上颇多类似之处。

四、相唤¹游猎书

徐平 [1] 之纵辔，足得追风；姚少 [2] 之弯弧，堪能落雁。并期明日，同事游田。故遣咨问，迟 [3] 能从就。凌晨仰待，希纡光仪 [4]。克望连镳²，勿为迟晚。

[1] 徐平：人名。《三国志》卷五十七裴注载：徐平，吴会稽太末人，字伯先。童龀知名。诸葛恪为丹阳太守，讨山越，以为丞，稍迁武昌左部督，倾心接物，士卒皆为尽力。然未言及骑术事。未详，待考。

[2] 姚少：人名。姚少其人，史籍无载，未详。

[3] 迟：《注释与研究》的训读与"通释"皆解作"等待"。

案：这样解释与下句"凌晨仰待"语意重复。迟：意为希望。"迟能从就"即希望对方能一起去。此二句与二十九《寒食日唤知故饮书》"故遣走邀，迟希动驾"句式相同，"迟希"乃同义连文。

---

1 "唤"，底本作"嗽"，"唤"之俗写。
2 "镳"，底本作"骠"。

［4］光仪：光彩的仪容。称人容貌的敬辞，犹言尊颜，书仪中多用于希望对方来访或与对方会面时指称对方的敬辞。如函十五答书"欣仰光仪"，函二十八问书"伫望光仪"。又如索靖《月仪帖》"宝爱光仪"，《唐无名书月仪》"伫望光仪"。

答

旷野并驱，中原相接。能以此乐，念访老夫[1]，荷眷之深，不可移述[2]。寻当装束[3]，拂且咨参。言叙非赊，谨还无述。

　　［1］念访：顾念而来访。函三十三答书："忽蒙念访，见许提撕。"

　　［2］移述：书写表述。移：写，书写。

　　［3］寻当：立即，犹"即当""寻便""寻即"。当：将，将要。装束：动词，打点行装。函三十五告书："倘或提携，即当装束。"

五、与知故别久书

　　谁谓分襟，频移晦序？倾诚之眷，宁卒可陈[1]？春首[2]犹寒，兄若为赏纳[3]？某疹屑少理[4]，咨叙[5]未由。瞻望风云，但增搔首[6]。愿珍重，谨此修问，岂尽寸心。

　　［1］谁谓分襟，频移晦序？倾诚之眷，宁卒可陈：《注释与研究》此句作"谁谓，分襟频移晦。序倾诚之诚，宁卒可陈"。

　　案："频移晦序"似为"频移晦朔"或"频移岁序"之误。"频移晦朔"乃书仪常见语，如《书仪》"自拜辞间，频移晦朔"（《敦煌写本书仪研究》，赵和平著，新文丰出版公司1993年版，257页）、"一自执辞，屡易晦朔"（244页）、"离别索居，屡经晦朔"

29

（247页）。《朋友书仪》："总而言之，云频移岁稔，屡改炎凉。亦云频移岁暑，云频移岁序。（亦）云灰琯屡迁。此等证经年已上，任情用之。"（73页）

谁谓：与回函开头的"谁谓"，"通释"皆译为"谁说过……"此函与回函中的"谁谓"皆为"谁料想"意。此言没想到分别后久久不能见面。

[2] 春首：春头，初春。

[3] 赏纳：本义为欣赏接纳。书仪中多用于寒暄语，"若为赏纳"犹言"有什么好玩的"、"有什么高兴事"、"怎么度过"。如函五答书："冷气尚严，若为游赏？"函八告书："首春佳照，何以赏心？"游赏、赏心、追赏皆与赏纳义近。

[4] 屑："语释"："屑，痟之误。春天多患的头痛。《周官·天官·疾医》：'春时有痟首疾'。"酸痛、头痛，泛指疼痛。

少理："通释"释为"稍微好转"。

案：理：治理、医治。少理，犹少医治，故而不得相见叙谈。敦煌《书仪镜》："所履兼胜，仆疾少理。"又，理，治理。敦煌《新定书仪镜·吉上》："名诸弊少理，言展未由。"

[4] 咨叙："语释"："见面叙谈。王羲之书简：'邈然无咨叙之期'。"

案：咨有商量征询意，故咨叙就成为叙谈的谦辞。敦煌《新定书仪镜》（伯2616）"通例第二"："凡倾仰、枉问、白书、勤仰、咨叙……等语皆平怀，自叙得云诸弊等语。"《杜家立成》中此类谦辞颇多。如"咨凭"（函二告书）、"咨参"（函四答书，函三十二答书）、"咨问"（函四告书）、"咨承"（函九告书）、"咨闻"（函三十三告书）、"咨陈"（函二十四告书）等。关于此类用法，参看黄征《敦煌语文丛说》（新文丰出版公司1997年版，90页、110页、52

页）。

[6] 瞻望风云，但增搔首："通释"："每当遥望风云往来，就多有忧愁而搔首。"搔首："语释"："搔头，忧愁的样子。《诗经·静女》：'爱而不见，搔首踟蹰。'"

案：风云：比喻遇合、相从。《易·乾》："云从龙，风从虎，圣人作而万物睹。"意为同类相感应。唐王勃《上明员外启》："神交可托，风云于杵臼之间。"庾信《思旧铭》："托情秬琴，风云相得。"搔首：此处为惆怅意。谢灵运《南楼中望所迟客》："搔首访行人，引领冀良觌。"

答

谁谓[1] 眷与时深，恨同山积；忽蒙垂访，暂写郁陶。冷气尚严，若为游赏？某众诸[2] 寡况，悒愤[3] 唯丰；展接未期，更增慨满[4]。愿珍重，还咨何申[5]。

[1] 谁谓：此与前告书开头之"谁谓"，"通释"皆译为"谁说过……"

案：谁谓：谁料想、谁想到。

[2] 众诸："语释"："众人，此指友人。'其妇容姿端正，秀于众诸。'（《万叶集》3808左注）"况，惠顾，光临。

[3] 悒愤：忧闷。

[4] 更增慨满：《注释与研究》训读将"慨满"分开，作"更增慨而满"。

案："更增慨满"亦书仪常用语。满，通"懑"。慨懑，同义连文，犹愤慨。《宋书·南郡王义宣传》："临书慨懑，不识次第。"

[5] 愿珍重，还咨何申：此与下函六答书末句"所愿珍重，还谨何申"句法相近，"愿"字前或脱一"所"字。

31

六、与知故别久书

音书寂绝，已改暄寒；云雁空来，能无一度？当是遨游得性，见弃如遗。可恨[1]之诚，卒难准况[2]。今因去使，略付无言[3]。信返之期，幸存来访。

[1] 可恨：遗憾，令人遗憾。函二十答书："可恨既甚，卒难具之。"

[2] 准况："语释"："况，比喻。《汉书·高惠高后文功臣表》'以往况今'，颜师古注：'况，譬也。'"

[3] 无言：义同"无申""无述""何申"，用指自己回信的谦辞。

答

事与愿违，清言[1]久隔。忽蒙垂访，实慰凄怆。季冬极寒，若为追赏[2]？但以绝离三益[3]，惟恨二人寡[4]。披展[5]未由，但增倾恨。所愿珍重，还谨何申。

[1] 清言：高雅的谈吐，指称对方言谈的敬语。如函十一问书"清言暂隔"，函七答书"清言冀近"。

[2] 追赏：追随，游赏。同义连文。函十三答书："当是追赏处多，顿移旧念。""语释"解为动宾结构，作"追求愉悦"，误。

[3] 三益：三益之友。《论语·季氏》："孔子曰：'益者三友，损者三友。友直，友谅，友多闻，益矣。友便辟，友善柔，友便佞，损矣。'"

[4] 惟恨二人寡："通释"："只怨恨你我二人。"

案："寡"后疑脱一字。

[5] 披展："语释"："一般多用作打开来信看的意思，此处为

会面披展心怀之意。""展：在本书是与对方见面述说心思的意思。"

七、唤知故饮书

今有一片枯鱼[1]，数升浊酒。诸贤并集，唯少明公[2]。故遣走邀，即希从就。停杯引望，幸勿迟迟。

[1] 枯鱼：干鱼。《庄子·外物》："曾不如早索我于枯鱼之肆。"

[2] 明公：对对方的尊称。"考说"引《唐无名书月仪》："余人尽到，唯待明公。"

答

使至辱书[1]，许客席末。自非厚眷，谁复肯然？即事束带，行不俟驾。清言冀近，此不多云。

[1] 辱书：犹言收到书信。辱，谦辞，犹言承蒙。汉司马迁《报任少卿书》："曩者辱赐书。"

八、与未相识书

钦承令问，为日已深。会写无由，实劳寐想。首春佳照，何以赏心？某贫病交惊，公私牵逼。每思披雾[1]，瞻望潜[1]然。略付修承[2]，书岂能具？

[1] 披雾："语释"："披开雾气，去除障害。《晋书·乐广传》：'若披雾而观青天也。'《万叶集》卷五806序：'唯羡去留无

---

1 "潜"，底本作"潜"。依意改。

恙，遂待披云耳。'"

案：披雾：拨开云雾得见青天，称喻对方神情清朗。语出南朝刘义庆《世说新语·赏誉》卫伯玉称许乐广语："此人，人之水镜也，见之若披云雾，睹青天。"此犹言拜见。

[2] 修承："语释"："恭承对方之意。《杜家立成》中是书函之意。《唐无名书月仪》中亦有'奉面未日，略略修承'。"

案：修承：敬语，犹后世之言问好、请安、问候。"略付修承"即简单致以问候。函八答书"还咨修承"即回信致以问候。

答

数阙咨叙，久藉猷徽。常恨参差[1]，无因展会[2]。乍蒙下访，省览周章[3]。荷眷之事，无知所比。为限公事，言叙未由。还咨修承，何申诚款。

[1] 参差："语释"："长短不齐，这里指弄错、走错。"

案：参差：乖忤、差错、失误。《北齐书·源彪传》："王出而能入，朝野倾心，脱一日参差，悔无所及。"王梵志诗《平生不吃着》："一日事参差，独自煞你却。"函十四答书"有此参差，追愧实深"，函十三告书"所恨参差，久无去鸟"，函二十五答书"并希还报，愿勿参差"等，皆差错、乖忤之意。

[2] 展会："语释"："会面。敦煌文书书仪有'未由展会'。"

案：展有见意。展会乃同义连文。《游仙窟》："儿与少年，平生未展，邂逅新交，未尽欢娱。"《书仪镜》："常思展会，捷未遂心。""公任草草，不暇展会。"

[3] 省览周章："语释"："省览：反省、自问。《后汉书·朱穆传》：'惟垂省览。'周章：恐慌。《文选》左思《吴都赋》：'轻禽狡兽，周章夷犹。'刘良注：'周章夷犹，恐惧不知所之也。''"通

释"译此句："突然收到来信，反躬自问，十分惶恐。"

案：省览：观览、阅读。此言自己细读来信，感到惊慌。南朝陈徐陵《与李那书》："循环省览，用忘饥渴。"周章：惊惧貌。《伍子胥变文》："缘何急事，步涉长途，失伴周章，精神恍惚？"

九、贺知故得官书

兄才为时须，独縻好爵[1]。闻之舞踊[2]，欲止无能。公事牵缠，未即参贺。无任[3]欣慰，且附咨承[4]。欲论诚素，会面写。

[1] 縻："语释"："牛缰绳、束缚。"

案：縻：通"靡"。《汉书·律历志上》："其状似爵，以縻爵禄。"颜师古注引晋灼曰："縻，散也。"《易·中孚》："我有好爵，吾与尔靡之。"唐陆德明《释文》："靡，《埤苍》作'縻'。縻，云散也。"

[2] 舞踊：舞蹈，跳跃。

[3] 无任："语释"："不能胜任，不能抑止。"

案：不胜，非常。书信中常用套语。

[4] 咨承："语释"："商量，听取意见。有'咨凭'（函二告书）、'咨问'（函四告书）、'咨参'（函四答书）、'咨叙'（函五告书）等类似用法。"

案：咨承：谦辞。犹言就教、请教。函十四答书"不期迁驾，私事东西。致阙咨承，遂乖候奉"，是说因为当时不在，失去了承教的机会。咨承与候奉对举。函二十三告书"寻望咨承，此不多述"，是说希望不久就能前去问候，故不多写了。

答

某滥荷朝恩，猥蒙斯任。自量庸薄[1]，唯知恧已[2]。勿蒙垂访，惭惧交怀。还谨寸诚，代申何具。

[1] 庸薄：《注释与研究》注："庸，功用，功绩。"引《文选》张衡《东京赋》"瞻仰二祖，厥庸孔肆"李善注"庸，功也"。

案：庸薄，当为一词，平庸浅薄。自谦之词。南朝宋颜延之《谢子竣封建城侯表》："岂竣庸薄，所能奉服。"唐裴度《蜀相诸葛武侯祠堂碑铭》："度谬以庸薄，获参管记。"

[2] 唯知恧已：只觉得惭愧而已。恧，惭愧。

十、与知故在京书

兄追从[1]胜地，游赏上京。出与公子连镳，入共王侯结驷。仕侣既众，益友如云。见弃若遗，顿断音访。欲论倾恨，非易可申。春暮逝暄[2]，故丰佳赏。某沈沦鄙里，守贱一隅。加以叙会尚赊，益增叹满[3]。所愿珍重，念存人信，勿吝音符[4]。

[1] 追从："语释"："追随其后，访求。从通'踪'。《汉书·张汤传》颜师古注：从读曰踪。"

案：追从与游赏相对，皆为同义连文，乃追求跟从义。

[2] 春暮逝暄："通释"此句译作"春暮过去，天暖和了"。逝，"语释"释为过去，引《论语·子罕》子在川上曰："逝者如斯夫，不舍昼夜。"

案：逝：或为"渐"字之误。渐暄即慢慢暖和起来。在唐代书仪中，暮春已被作为温暖的时节，而不是春天过去天才变暖。《新定书仪镜·凶下》中的《吊兄姊亡书》："春慕（暮）暄甚，惟动静支胜。"《十二同（月）相辩文》："三月季春（上旬云已暄，中旬云甚暄，下旬云极寒暄）"。《新集书仪·朋友有疾相问书》："今者春临方晚，暄景甚繁。"郑余庆《大唐新定吉凶书仪》："未春、春景、春媚、春晏、春末时云极暄、暄剧、甚暄、渐暄。"

[3] 叹满：《注释与研究》分为两词。

案：叹满，即叹懑，烦闷。敦煌《吉凶书仪》有"未即见汝，增以叹满（懑）"，"相见未卜，增以叹满（懑）"，"言叙未即，增以叹满（懑）""未即相见，增以叹满（懑）"。《新定书仪镜》有"但增叹满（懑）"。

[4] 人信："语释"："普通指从人那里得到的信，这里指自己寄出的信。""念存人信"，"通释"释为"心里好好想着我的信"。

案：人信，使者。此上下两句，人信与音符（信件）相对，前者正指使者。张敖撰《新集诸家九族尊卑书仪·与妻书》："自从面别，已隔累旬。人信劳通，音书断绝。"又，念存同存念，为同义连文。意为思念。存：思、念。《观世音应验记》："晋太元中，北彭城有一人被枉作贼。本供养观世音金像，恒带颈发中。后出受刑，愈益存念。"

符本为古代凭证符券、符节、符传等信物的总称，故可用作对方来信的敬辞。此信函和函十三告书的"音符"、函十答书的"芳符"、函二十答书的"嘉符"、函二十五答书的"来符"等，皆此用法。

答

忽作孤飞，俄为只翼。非但清言顿隔，亦自云雁无由。忽辱芳符，实惊凄悱（苦）。季春景丽，随物愿佳[1]。某既苦离居，九回易断[2]；连翮失侣，寸抱难寻。并以路阻关山，无由展遇。兴言长叹，即满襟怀。深愿敬宜。行人[3]有信，念存[4]微细。

37

[1] 随物愿佳:"语释"此句译为"自然景物将变得美丽"。

案:"语释"与上句语意重复。随物:顺应事物。愿佳:心愿美好。寒暄语。

[2] 九回:亦云九回肠,指称愁肠忧思,语出司马迁《报任少卿书》"是以肠一日而九回"。函十三告书:"徒乱九回,空凄寸抱。"亦泛指肠胃、食感。函三十四答书:"望疗九回之渴。"

[3] 行人:"语释"释为"旅人",引索靖《月仪》"行人彭彭"。

案:行人:使者。

[4] 念存:《注释与研究》念训为心,存训为存留。意当同上来信中的"念存"。

案:念存:想、念,为同义连文。

十一、与知故别近书

清言暂隔,凄恨已深。倘别多时,何堪离念?不胜眷望,聊歇寸心。既近分襟[1],还不申寒暑。

[1] 分襟:分手。

答

沈吟别望,凄耿实多。览封披寻[1],稍宽诚积。明朝无事,望一清言。展叙非赊。还此无述。

[1] 披寻:"语释":"阅读。《世说新语·勉学》:'(魏收)取《韦玄成传》,掷之而起,博士一夜共披寻之。'"

案:"披寻"一词当为前重后轻的复合词,意为"披阅"。此词亦见于变文及其他文献。参见陈秀兰《敦煌变文词汇研究》(182页)。然以上"语释"所引例句当出《颜氏家训》而非《世说新语》。北齐颜之推《颜氏家训·勉学》："魏收之在魏曹，与诸博士议宗庙事，引据《汉书》。博士笑曰：'未闻《汉书》得证经术。'收乃忿怒，都不复言，取《韦玄成传》掷之而起。博士一夜共披寻之，达明，乃来谢曰：'不谓玄成如此学也。'"

十二、 与知故别经宿书

离居一日，情甚三秋；分手片时，心同岁月[1]。无堪眷恨，聊谨丹诚。委曲襟怀，冀诸对写[2]。

[1]离居一日，情甚三秋；分手片时，心同岁月：此句为表达思念的套语。"考说"引《唐无名书月仪·七月孟秋》："离分一日，情甚三秋；执别暂时，心同积岁。"岁月：年月。

[2]对写：对面畅叙。

答

乍隔恩光[1]，如鱼失水[2]；暂离厚眷，若鸟孤飞。不谓吾贱，犹存末念。披寻来牒，稍慰寸诚。迟近参陪，还此何具[3]。

[1]恩光：犹恩泽。函二十告书："所愿恩光，救兹短乏。"

[2]失水：喻失去依靠。《三国志·蜀志·诸葛亮传》："情好日密。关羽、张飞等不悦。先王曰：'孤之有孔明，犹鱼之有水。愿勿复言。'"

[3]何具：犹言"何申""无所具"。信末谦语。

十三、频得知故书

频逢来雁，并不[1]虚飞；屡值行人，音符闻及。自非厚眷，谁复肯然？所恨参差，久无去鸟，致使题书数封，欲寄无由。徒乱九回，空凄寸抱[2]。今因往信，谨此修承。所乞仁明，照以诚素。

[1] 并不：皆不，均不。

[2] 寸抱：同寸心、寸诚。函十一告书："聊歇寸心。"

答

来使如云，行人相续。别久眷薄，不嗣音书。当是追赏处多，顿移旧念。未劳秦镜[1]，久已识心。径是弃交，何繁委述。遇因往信，略谢披陈。凄恨在心，书岂能尽？

[1] 秦镜：传说秦始皇有一方镜，能照见人心善恶。出《西京杂记》卷三，谓："女子有邪心，则胆张心动。秦始皇常以照宫人，胆张心动者则杀之。"

十四、因使过知故不在留书

聊因公使，枉道诣参。仰值出行，遂违握手。在情悚惕，难以备陈。留此匆匆，诸无所具。

答

不期迁驾，私事东西。致阙咨承[1]，遂乖候奉。有此参差，追愧实深。谨附寸诚，书岂能尽？

[1] 咨承："语释"："商量、听取意见。多用于书信。参照函九告书。函八答书有'数阙咨叙'的类似用法。"

案：咨承：谦辞，犹言就教、请教。函九告书："且附咨承。"

十五、辱知故谢书

某内无三省[1]，心劳六弊[2]；言多负失[3]，行每愆违。遂使知旧见疏，寒温断问；友朋遗弃，言宴不交。今者幪面[4]出庭，羞逢邻侣；敛眉入室，耻见妻儿。辄欲碎胫粉身，诣门陈谢；沈吟[5]未敢，进退怀惶。敬度旧思，故多宽宥。谨遣先白，伫听嘉音。

[1] 三省：经常反省。《论语·学而》："曾子曰：'吾日三省吾身。'"

[2] 六弊：亦作"六蔽"，指因不好学而造成的六种弊端。《论语·阳货》："好仁不好学，其蔽也愚；好知不好学，其蔽也荡；好信不好学，其蔽也贼；好直不好学，其蔽也绞；好勇不好学，其蔽也乱；好刚不好学，其蔽也狂。"

[3] 负失：失败，过失。同义连文。

[4] 幪面：即遮颜。幪：覆盖，遮盖。

[5] 沈吟：犹言沉思、深思。函十一答书："沈吟别望，凄耿实多。"王锳《诗词曲语辞例释》（中华书局1980年版）："沈吟，思量或斟酌的意思，动词；与通常用作形容词表迟疑不决义者不同。"

答

仰与交心竹马，托志童年；契阔死生，共相成悦。况前者言同纤介[1]，事等微尘。谁用在怀？何尝系念？直是弟自为彼我，故事绝交。善作此辞，翻令悚息。若也[2]更存本念，不弃生平[3]，欣仰光仪，共申襟素[4]，拂筵仰待，勿事馀辞。

[1] 纤介，亦作"纤芥"，细微。《战国策·齐策四》："孟尝君为相数十年，无纤介之祸者，冯谖之计也。"鲍彪注："介，独也、

独则不众，故为微细之词。一说喻草芥也。"吴师道补正："'介'
'芥'通。"

[2] 若也：如果。函二十五告书："若也同守前者，共执旧
迷，朝廷并与绝交言宴，故成长隔。"

[3] 生平："语释"："平时。《广绝交论》注：'刘璠《梁典》
曰：刘峻见任昉诸子西华兄弟等，流离不能自振，生平旧交，莫有
收恤……乃广朱公叔《绝交论》'。"

案：生平：交情、交往。

[4] 襟素：犹襟怀。素，通"愫"。《梁书·文学传下·陆云
公》引南朝张缵与陆云公叔襄、兄晏子书："形迹之外，不为远近
隔情；襟素之中，岂以风霜改节？"

十六、遇逢名客即离于后与书

某人间贱类，奉高无力[1]；家无宿客，门非叔度[2]。是以昨日，轩
驾不停。晨夜揣量，自知非类。抚心内责，顾己怀惭。略附谢承，何以
申具？

[1] 奉高：东汉袁阆的字，参见下注。

[2] 叔度：东汉黄宪的字。《后汉书·黄宪传》："郭林宗少游
汝南，先过袁闳（阆），不宿而退，进往从宪，累日方还。或以问
林宗。林宗曰：'奉高之器，譬诸氿滥，虽清而易挹；叔度汪汪，
若千顷陂，澄之不清，淆之不浊，不可量也。'"

答

与卿旧是通家[1]，从来莫逆交游，在昔付托多时。昨为王事匆遽，
不果清言累日[2]。尔来返侧[3]，今尚不安。忽辱来书，弥加悚息。冀近

对写，还此何申。

　　[1]通家：犹世交。《后汉书·孔融传》："语门者曰：'我是李君通家子弟。'"

　　[2]不果清言累日："语释"："没能从容交谈，就那样过去了数日。"

　　案：来信明言"昨日"，此亦言"昨为王事匆遽"，故不可能"过去了数日"。此实仍承来信典故而言，道匆匆离去，故不能像郭林宗与黄宪（叔度）那样清言累日。参看上注。

　　[3]返侧：同"反侧"。"语释"："因烦恼而不能入睡。《诗经·周南·关雎》：'悠哉悠哉，展转反侧。'王羲之《旦极寒帖》：'旦极寒，得示，承夫人复小咳，不善得眠，助反侧，想小尔，复进何药？念足下犹悚息，卿可不？'"

　　案：反侧，这里是惶恐不安意。"尔来返侧，今尚不安"是说自那以来一直惶恐不安。南朝宋刘义庆《世说新语·方正》："王含作庐江郡，贪浊狼藉。王敦护其兄，故于众坐称：'家兄在郡定佳，庐江人士咸称之。'时何充为敦主簿，在坐，正色曰：'充即庐江人，所闻异于此。'敦默然。旁人为之反侧，充晏然神意自若。"

十七、问知故遭灾书

　　近火飞空，忽延高第。闻之惊叹，不复可言。但时爨已生，自安道盛[1]。既得家口平吉，牛马不伤。馀虽微损，幸可自慰。未果展问，且谨代申。

　　[1]但时爨已生，自安道盛："通释"译此二句："不过炊事之火也燃起来了，自然会像原来一样安定下来，生活的法子也会多起来。"考说："是所谓'火灾慰问信'。'但时爨已生，自安道盛'，

姑且如此解释，此乃难解之句，亦可解为'但时燧（火）已生，自安于道盛'或'但时燧（火）已生，自安正道（可谓）盛耶'等。"燧："语释"："打火石，又以打火石取火。此指炊事之火。"

案：燧：火，此指火灾。自安：自安其心，自以为安定。《荀子·王霸》："故人主天下之利势也，然而不能自安也，安之者，必将道也。"这二句是说既然此次火灾已经发生，自安其心就会路子多起来。

答

忽被蜀灾[1]，又无栾术[2]：流烟奄地，炽炎滔天。人才免伤，馀资荡尽。自是家门飘坎，生业不谐。忽蒙垂问，惟深戴荷。未即展接，还谨无申。

[1] 蜀灾：指火灾，出晋葛洪《神仙传·栾巴》。参见下注。

[2] 栾术：救火之术，源于栾巴喷酒之事。栾巴者，蜀郡成都人也。《太平广记·神仙·栾巴》："正旦大会，巴后到，有酒容。赐百官酒，又不饮，而西南向喷之。有司奏巴不敬。诏问巴，巴曰：'……臣适见成都市上火，臣故漱酒为雨救之，非敢不敬。当请诏问，虚诏抵罪。'乃发驿书问成都，已奏言：'正旦食后失火，须臾，有大雨三阵，从东北来，火乃止，雨着人皆作酒气。'"

十八、问知故逐贼书

无情群少，不解固穷；轻从凶顽，辄相侵夺。为乱既甚，长恶不悛。积祸灭己[1]，寻应执获。为片公限[2]，未果诣参。且附代申，冀寻展问。

[1] 积祸：聚积灾祸。刘向《说苑·谈丛》："众正之积福，无

不及也；众邪之积祸，无不逮也。"

[2] 公限："语释"："公事，公务。"

案：函八答书"为限公事"，"语释"："公事：公务。"《万叶集》3804 题词：'公事有限，会期无日。'《唐无名书月仪》有与此相类似的用语："为缘公务，遂阙躬参。"则公限当为公事之意。"片公限"：细微公事。"为片公限，未果诣参"即因为有细微公事而未能前往。

答

力微计薄，捍御无方，致使群凶得来打劫 [1]。鬼犹逐弱，何况贼徒 [2]？诚实外耻友朋，内着家室。蒙问追愧，还谨何申。

[1] 打劫：抢劫。敦煌变文有"引军打劫，直到石头店"，参见陈秀兰《敦煌变文词汇研究》(146 页)。

[2] 鬼："语释"谓此指疟鬼、疫鬼。"通释"译"鬼犹逐弱，何况贼徒"为"恶鬼（疫病神）尚且被放逐而人言其弱，何况贼徒当然要被放逐"。

案："通释"意与上下句意不连贯。这里所言与驱鬼无关。乃言连鬼也欺负纠缠弱者，盖与后来宋人所言"鬼怕恶人"意近。

十九、问知故遭官得雪书

姬公在政，尚被流言 [1]；汉主临朝，遭下讪谤 [2]。通贤无免，今古共然。仰度明公，亦何惭恨？方验投泥素玉，得水还明；隐雾恒娥 [3]，云披转照。未获参贺，谨此略申。欲述襟怀，非面何尽？

[1] 姬公在政，尚被流言：姬公，即周公姬旦。《尚书·金滕》："武王既丧，管叔及其群弟乃流言于国曰：'公将不利于孺

45

子。'"

[2] 汉主临朝，遭下讪谤："语释"："汉室之主，即汉天子。讪，谤上曰讪。《荀子·大略》'为人臣下者，有谏而无讪'，杨倞注'谤上曰讪'。汉天子受到诽谤的事情，由《汉书·五行志》有以下记载可知。元帝时童谣曰：'井水溢，灭灶烟，灌玉堂，流金门。'成帝时歌谣又曰：'邪径败良田，谗口乱善人。桂树华不实，黄爵巢其颠。故为人所羡，今为人所怜。'"

案：讪谤为一词，讥讪毁谤。《关尹子·九药》："不可以轻忽道己，不可以讪谤德己。"唐白居易《与元九书》："不相与者，号为沽誉，号为诋讦，号为讪谤。"清谭嗣同《仁学》："虽或他有所撼，意欲诘诉，而终不敢忠孝之名为名教之所出，反更益其罪：曰怨望、曰觖望、曰怏怏、曰腹诽、曰讪谤、曰亡等、曰大逆不道。"

[3] 恒娥：同姮娥，即嫦娥，此处指代月亮。

答

拙事仰承[1]，不闲私接；遂被陈谤[2]，遭此细罗[3]。旬月之间，困于徽默[4]。赖蒙使者慈泽，鉴照幽微；一二友人，共相洗拔。幸得家停扫墓，狱气还沈，首领重存，亲朋再叙[5]。

[1] 拙事仰承：《注释与研究》此句作"拙事，仰承"。仰承："语释"："仰而承接，此指接到对方的来信。""通释"则译为"拙劣的我，接到来信，谨致谢意"。

案："仰承"：犹奉承、迎合。"拙事仰承"与"不闲私接"并举，正言自己不善于奉迎故而遭祸。此与二十二《问知故患书》开头的"仰承寒暑失候"的"仰承"意不同。

[2] 陈谤：上言诽谤。

[3] 细罗：细密的法网。

[4] 徽默：即徽墨，亦作徽纆。"默"乃"墨"之误。徽墨：绳索，古时常特指拘系罪人者，引申为捆绑。

[5] 自"幸得"至"再叙"："通释"："幸好家尚安泰，能去为先祖祭扫坟墓。虽然蒙受冤罪的心情还尚未排遣，但脑袋还在。亲朋好友容当听我细说。"

案："家停扫墓"是说家里不用去扫墓。扫墓，预先清扫葬地，以待人死入葬，即"扫墓望丧"，语本《汉书·酷吏传·严延年》。严延年迁河南太守，其母从东海来，欲从延年猎。到洛阳，适见奏报引决囚人。母大惊，谓延年曰："我不自意当老见壮子被刑戮也！行矣！去女东归，扫除墓地耳！"后岁余，延年果败。后多以扫墓望丧言酷吏当有恶报，指日可待。

狱气：指冤狱造成的怨气。《北齐书·文苑传·樊逊》："《周官》三典，弃之若吹毛；汉律九章，违之如覆手。遂使长平狱气，得酒而后消；东海孝妇，因灾而方雪。"还沈：即还沉。止息，消落，沉息。还，罢歇，止息。《文选》鲍照《舞鹤赋》："风去雨还，不可谈悉。"李善注："风雨既除，而色愈净，故难悉也。"

首领：头部和颈部，人体的重要部分，犹言腰领，均断之即死，故常喻致命之处。《管子·小匡》："斧钺之人也，幸以获生，以属其腰领，臣之禄也。"

这里说幸得自己免去一死，冤狱得到平息，亲朋好友得以重逢叙旧。

二十、辱名客就知故贷鸡鹅书

袁郑[1]连镳，崔卢[2]结驷；并期明旦，同顾贫家。酒得数杯，脯无一片。鸡鹅两色，各贷二头。恃眷既深，辄事忏请[3]。寻当备送，不敢延时。所愿恩光，救兹短乏。

[1] 袁郑："语释"："后汉袁绍与郑玄。袁绍，汝阳人，灵帝崩后，灭宦官。郑玄，高密人。《太平广记·郑玄传》载两人相会，袁绍曰：'吾本谓郑君东州名儒，今乃是天下长者。夫以布衣雄世，斯岂徒然哉！'郑玄设饯宴欲醉袁绍时，袁绍饮三百杯亦不改容。"

案：此段似引述不确。两人饮酒事见《太平广记》卷一百六十四名贤《郑玄》（出《商芸小说》）："及去，绍饯之城东，必欲玄醉，会者三百人，皆使离席行觞。自旦及暮，计玄可饮三百余杯，而温克之容，终日无怠。"故设饯的是袁绍，而饮三百杯不醉的是郑玄。《后汉书·郑玄传》无此记述。

[2] 崔卢："语释"："晋后赵的崔悦和卢谌。皆才高，善书，仕于石虎。《魏书·崔玄伯传》：'玄伯祖悦与范阳卢谌并以博艺著名。谌法钟繇，悦法卫瓘，而俱习索靖之草，皆尽其妙，世不替业，故魏初重崔卢之书。'"

案：又，自魏晋至唐代，山东士族大姓有崔氏、卢氏，长期居高显之位。后因以崔卢借指豪门大姓。王梵志诗《索妇须好妇》："遮莫你崔卢，遮莫你郑刘。"《敦煌变文集校注·佛说阿弥陀经讲经文》："不论崔卢柳郑，莫说姓薛姓裴，僧家和合为门，到处悉皆一种。"参观项楚《王梵志诗校注》）。

[3] 忓请：《注释与研究》作"忏请"，"语释"："忏，忧愁。"
案：原文为忓不误，不必改字。忓：犯、干扰。忓请：冒昧请求。

答

知弟广集群英，总追胜友；家丰九醢 [1]，唯少鸡鹅。仰与旧交，轻裘无齐。忽于此事，辄有贷言。寻揽嘉符 [2]，一何移眷！可恨既甚，卒难具之[3]。谨付使人，悉依来教。勿嫌小瘦[4]，希并垂领。

[1] 九醴：经过重酿的美酒，即九酝。汉张衡《南都赋》："酒则九酝甘醴，十旬兼清。"

[2] 寻揽嘉符：《注释与研究》训读为"接着收到来信"。"通释"："收到来信。"

案：寻揽：即寻览，阅览、阅读之意。寻览，同义连文。"寻""览"皆读也。斯778《王梵志诗原序》："一遍略寻，三思无忘。"寻览：同寻读。《唐太宗入冥记》："（皇帝）把得问头寻读，闷闷不已，如杵中心。"

[3] 此句《注释与研究》作"可恨，既甚卒难具之"。"通释"："遗憾的是，由于太急难以充分准备。"

案：当为非常遗憾，终于难以如数准备好。

[4] 小瘦，《注释与研究》作"少疲"。赵和平《敦煌本〈朋友书仪〉与正仓院藏〈杜家立成杂书要略〉的比较研究》："札中答称自家的鸡鹅为'小瘦'，乃谦词，检原卷似应释为'小瘦'。"可从。

二十一、就知故乞粟麦书

芸锄[1]寡术，耕种无方。去夏麦被蝗虫，今秋粟遭蝲[2]死。众诸诚（䎦）轲[3]，庶事迍邅。早晚二苗[4]，一无所获。尘生满甑，贫妇忘炊[5]。相顾敛容，恐顿沟壑。既遭穷匮，愿值友朋。不敢望多，希分升合[6]。脱蒙所请，理实再生。若救朝脯[7]，没身非报。

[1] 芸锄：除草。芸通"耘"。

[2] 蝲："语释"："土蝗虫。蝲通'蠋'。《尔雅·释虫》：'土蠡，似蝗而小，今谓之土蠋。'"

案：顾野王《玉篇》："蝲，子亦切，虫名。""语释"所引不确。"蠟"同"虸"。虸蚄，亦名虸蝑，虫名，即蚱蜢。《尔雅·释虫》："土螽，蠰谿。"晋郭璞注："似蝗而小。今谓之土蠰。"从《尔雅》《广雅》的解释中难以得出蜡即土蝗的结论。蜡乃蝇蛆。《周礼·秋官·序官》"蜡氏"汉郑玄注："蜡，骨肉臭腐，蝇虫所蜡也。"按《说文·虫部》："蜡，蝇胆也。"段玉裁注："蝇生子为蛆，蛆者俗字，胆者正字，蜡者古字。已成为蛆，乳生之曰胆，曰蜡。"这里当指蝇蛆一类的害虫，亦泛指害虫。

诚

[3] 众诸诚（轚）轲：犹言种种不顺。众诸：诸多事情。《游仙窟》："女婿是妇家狗，打杀无文；终须倾使尽，莫漫造众诸。"郭在贻《游仙窟》："众诸同义。《集韵》鱼韵：'诸，一曰众也。'""轚"，写本作"诚"，乃"轚"字误写。轚轲：坎坷。唐慧琳《一切经音义》卷七六："轚轲，《考声》云：'车行不平也。'"

[4] 早晚二苗：早晚："语释"："何日，几时。李白《口号赠征君鸿》诗：'不知杨伯起，早晚向关西。'"二苗："语释"："《宋书·符瑞志》：'嘉禾，五谷之长；王者德盛，则二苗共秀。'粟苗与麦苗。解为早晚二种稻苗，似乎牵强。"

案："早晚二苗"为一词，指一年两茬作物之苗。仅就所引《宋书·符瑞志》之文而言，"嘉禾"为上句主语，两句相接，似指早稻晚稻秋苗。或泛指一年中先后两季作物。

[5] 尘生满甑，贫妇忘炊："语释"："上句用《后汉书·独行列传》'甑中生尘范子云'范冉的故事，下句出典未详。又，忘炊之忘读作忌，误。《万叶集》892《贫穷问答歌》有类似的诗句：'灶下断烟火，蛛网结甑里。久矣忘炊爨，呻吟抵寒饥。'《万叶代匠记》谓后句出自苏秦故事，似牵强。"

案：忘炊，即不顾念做饭。忘，不顾念。《庄子·山木》："睹一蝉，方得美荫而忘其身；螳螂执翳而搏之，见得而忘其形。"

50

[6] 升合：均为量词。一升之十分之一为一合。

[7] 朝脯："语释"："脯，晡之误。朝晡，朝夕，此指朝夕之
食。《文选》陆机《吊魏武帝文》：'皆著铜爵台，于台堂上施八尺
床，缥帐，朝晡上脯糒之属。'"

案：朝晡，指一日两餐之食。宋郭彖《睽车志》卷三："怀掖
间得小布囊，贮米三四升，适足给朝晡。"《宋史·钱颛传》："后自
衢徙秀州，家贫母老，至丐贷新旧以给朝晡，而怡然无谪官之色。"

答

先无贮积，收获不多。计准喉粮[1]，仅充朝夕。既承交绝[2]，止得
通融[3]。少里分餐[4]，未成仰救。唯得粟麦五石，且愿领之。略表不
空，勿嫌少恶。如更短乏，幸续报知。苦作商量[5]，用取周渴。

[1] 计准喉粮：计算粮食。计准，同义连文，计算。计，算。
准，《广韵》："准，度也。"亦计算之义。喉粮，即糇粮。"糇"，写
本误作"喉"。

[2] 交绝："语释"释为"断绝交际、绝交"，引《史记·乐毅
传》："臣闻古之君子交绝不出恶声，忠臣去国不洁其名。"赵和平
《敦煌本〈朋友书仪〉与正仓院藏〈杜家立成杂书要略〉的比较研
究》："疑'交'字为'乏'之误书。"可从。乏绝，食用缺乏、
断绝。

案：来信只求借粮，无断交之意。交绝乃指断粮一事。这里是
说既然有断粮之言，只有想法出借。

[3] 通融："语释"："同融通。"

案：通融：即变通方法，给人方便。

[4] 分餐：即分食。

[5] 苦作商量：苦："语释"释为"恳切地"，引韩愈《秋怀诗》："低心逐时趋，苦勉祇能暂。"商量未释。此句"通释"释作"请好好考虑，用这来解渴"。

案：商量：特指讨价还价。《敦煌变文集·董永变文》："家里贫穷无钱物，所买（卖）当身殡耶娘。便有牙人来商量。长者还钱八十贯，董永只有百千强。"以上是说求多给少。

二十二、问知故患书

仰承寒暑失候[1]，安摄[2]乖宜。想积福[3]之家，故寻自愈。属有公限，未果造门。谨此代参，意知何述。

[1] 失候：节候不正常，错过适当的时候。

[2] 安摄：安歇调理。敦煌书仪中有保摄、将摄、调摄等类语。

[3] 积福：聚积福运。汉刘向《说苑·谈丛》："众正之积福，无不及也；众邪之积祸，无不逮也。"

答

不闲将摄[1]，遇此疹痾[2]。医疗无方，困于枕席。自量福薄，寐寤魂惊。追想泉门，实愁长夜。远蒙厚眷，访及残骸。倾荷之诚，不可备述。今细加将息，仍望渐除。脱堪杖策，即就当谢。

[1] 不闲将摄：不善将养调理。

[2] 疹痾：疾病。

二十三、贺知故患损 [1] 书

承弟风劳暂动 [2]，摄养 [3] 多方。昨日已来，渐堪游陟 [4]。未即参贺，且谢代申。寻望咨承 [5]，此不多述。

[1] 患损："语释"："病情好转，言病苦减轻。《说文》：'损，减也。'《世说新语·方正》：'周伯仁为吏部尚书，在省内，夜疾危急……良久少损。'《万叶集》3965 序：'忽沈枉疾，累旬痛苦。祷恃百神，且得消损。'"

案：敦煌变文中有"减损"一词，意为病势减轻，参见陈秀兰《敦煌变文词汇研究》（153 页）。

[2] 风劳暂动：风乃中医学上所谓人体病因之一，"六淫"之一，为阳邪。外感风邪常致风寒、风热、风湿等症。亦指急症。劳则为中医所谓积渐而成的慢性疾病。动，犹言发作。风动，犹言风疾病发作。晋王羲之《杂帖》："吾涉冬节，便觉风动，日日增甚。"

[3] 摄养：调养。

[4] 游陟：亦作"游涉"，犹言游历。

[5] 咨承："通释"译为拜见。

案：咨承：敬语，犹言就教、请教。

答

昨者初遭疹苦 [1]，气力惙然 [2]。实谓泉壤有期，陪游无日。不悟上天神监，稍已渐除。一两日间，望堪杖策。冀近握手，还此无申。

[1] 疹苦：犹言病苦。

[2] 惙然："语释"释为心忧貌。引《诗·召南·草虫》："未见君子，忧心惙惙。亦既见止，亦既觏止，我心则说。"毛传："惙惙，忧也。"

案：惙然：困顿虚弱貌。《魏书·司马叡传》："不谓疾患遂至于此，今者惙然，势不复久。"《太平广记》卷三二一引南朝刘义庆《幽明录·韦氏》："韦氏曰：'今虽免虑，而体气惙然，未有气力。'"亦有"气息惙然"，为呼吸短促貌。《南史·荀伯玉传》："比出，二人饥乏，气息惙然，切齿形于声貌。"

二十四、知故成礼不得往看与书

承弟与某氏结好，已涉多时。卜日同牢[1]，定期今夕。辄想芬芳香气，遂吹帐前；照灼金花，连披扇后[2]。春桃隐叶，讶对脸红；秋月藏云，为惭眉色。亲朋总集，士友俱来；言笑喧哗，献酬骆驿。某正[1]当番直，独守公衙[2]。事与愿违，阙观成礼。不堪叹望[3]，谨谢咨陈。追愧情深，此岂能述？

[1] 同牢：此指举行婚宴。古代婚礼中，新郎新娘共食一牲的仪式称为同牢，以表示夫妻共同生活的开始。

[2] 连披扇后：这一段反映了当时的婚俗，如女家铺设帐仪，撤帐，将遮挡床上的扇幅取走，即所谓"去扇"，以及除花等。

[3] 叹望：叹息、怨望，深感遗憾。

答

不能免俗[1]，共某氏成亲。先是寒门，家涂短狭[2]。衣被粗弊，似债五章；燋齿黑容，真疑可外[3]；忽今对此，翻恨夜长；引漏峻倾，犹嫌难曙。蒙访羞愧，还此无申。

---

1 "正"，底本作"止"，依意改。
2 "衙"，底本作"衔"，依意改。

[1] 不能免俗：不能避免俗事。《世说新语·任诞》："七月七日，北阮盛晒衣，皆纱罗锦绮。仲容（阮咸）以竿挂大布犊鼻裈于中庭。人或怪之，答曰：'未能免俗，聊复尔耳。'"

　　[2] 家涂短狭：家涂：亦作"家途"，犹家道，指家庭境况。此言新娘出身寒门，家道窘迫。

　　[3] 自"衣被"至"可外"：五章，《注释与研究》作"玉章"。"语释"："对对方来信的敬称。""通释"译此四句为："衣服和被子都破烂，离来信所说差得远。妻子黑牙黑面，甚至怀疑其能出来见人。""考说"："燋齿，《文选》王褒《四子讲德论》'编结沮颜，燋齿枭瞷，鬜发黢首，文身裸袒之国'，按习俗给边境各国分类的一种国名。李善注未详。据该注编结指结发者、沮颜指刺面者、枭瞷指深目多须者。"

　　启功先生曰："似债（此字有误，非'侪'即'续'）五章。"

　　案：此句难解。姑试求解，当否，就教于大雅方家。

　　债，疑为绩之误。五章，指服装上的五种不同文采，用以区别尊卑。亦泛指五采。唐李白《古风》（其四）："凤飞九千仞，五章备彩珍。"这里言衣服破烂，如编绩五色而成。王梵志诗《贫穷田舍汉》以"幞头巾子露，衫破肚皮开"形容衣破，《万叶集》892山上忆良《贫穷问答歌并短歌》以海藻比喻贫者之衣，可相对照。可外，疑为方外之误。方外，域外、边外之地。《史记·三王世家》："远方殊俗，重译而朝，泽及方外。"其言燋齿黑容，真疑其来自方外也。

二十五、知故相嗔作书并责

　　两竞长短，不足应见[1]；早让有馀，故非近说[2]。公等各当朝达

55

士，在世上人。妙识是非，盛闲礼则。何乃不怀逊让，各遣凶粗，骂及古人，詈忤先世？遂使乡闾老幼，见者惊嗟；道路行人，谁不怪望？备与公等交游，在昔轻简此诚[3]，幸并思寻，各怀追悔。若也同守前者，共执旧迷，朝廷并与绝交言宴，故成长隔。谨因往使，附此苦言。甚为进退，各任高意。

[1] 两竞长短，不足应见："通释"："两人较短量长的话，那我不能回答"。应："语释"释为"回答，回应，反应"。

案：应，该当。两方一比较，就能看出长短。

[2] 早让有馀，故非近说："通释"："即使早早将多余的东西让给别人，不用说周围的人也不会高兴。"有馀："语释"："多馀。《老子》：'天之道，损有馀而补不足。'"近说："语释"："周围的人高兴。"据《论语·子路》："叶公问政。子曰：'近者说，远者来。'"

[3] 自"备与"至"此诚"：此二句《注释与研究》作"备与公交游在昔，轻简此诚"。"通释"："我与君等或各种交游虽乃此以前的事，岂轻看此种真诚？"

案："备与公交游"的是前面提到的"见者"与"行人"。"在昔轻简此诚"则指"各遣凶粗"的诸位，说他们以往对交游的诚意轻忽简慢；下接对他们的希望，语意正顺。

答

某等礼教罕闻，诗书无识；发言失中，并是下愚。各觅己长，咸皆讳短。计无所竞，浪事纷纭。理下声高，致惊闾巷。遂使亲朋遗弃，知旧见疏。宇宙虽宽，欲逃无路。昨来耻愧，分息追随[1]；忽荷慈疏，提撕耳目。谨当克念[2]，稽首归愆[3]。口诵来符，永为身戒。克以某日，愿集诸贤，谨备清酌十瓶，肥羊二口，并希还报，愿勿参差。某束手膝行，请罪陈谢。

[1] 分息追随："语释"释分与"忿"通，释息为叹息。分息追随，忿恨与叹息交相涌来。

案："分息追随"的主语是前句的"耻愧"。分，计时单位，喻极短时间；息，呼吸，一呼一吸谓之一息，形容时间短暂迅速。"分"和"息"都指极短的时间，分息乃同义连文。此二句是说从昨天以来，羞愧的心情一刻也没有离开自己，时时处在羞愧的情感之中。

[2] 克念："通释"释为铭记。

案：克念同克心。克心，约束内心。汉袁绍《与公孙瓒书》："足下曾不寻讨祸源、克心罪己。"

[3] 归愆："语释"无此词。归愆，犹归过、引咎。汉方望《辞谢隗嚣书》："夫以二子之贤，勒铭两国，犹削迹归愆，请命乞身，望之无劳，盖其宜也。"

二十六、岁日 [1] 唤知故饮酒［书］

日号芳年 [2]，杯名长命 [3]。同受多福，义无独宴。故令驰屈 [4]，希勿馀辞。冀近传杯，遣此无运。

[1] 岁日：元旦，新年第一天。

[2] 芳年：美好年华。南朝宋刘铄《拟行行重行行》："芳年有华月，佳人无还期。"

[3] 杯名长命：长命，酒杯名。南北朝庾信《正旦蒙赵王赉酒诗》："正旦辟恶酒，新年长命杯。"

[4] 驰屈："通释"译作让使者奔走。

案：驰屈：意同走屈，前往邀请。

答

既登献岁[1]，幸履芳辰[2]。未到之间，已欲驰驾。既蒙嘉命[3]，岂敢辄安。即事速参，谨还无具。

[1] 献岁：岁首正月。

[2] 芳辰：美好时光，此指春季。

[3] 嘉命："语释"："敬语，指对方的邀请。具体指对方的来信。"

案：嘉命：敬辞，对方的指示或书信。本答书的"既蒙嘉命"同函三十答书的"既枉嘉命"意近。

二十七、假日无事唤知故饮书

曹司无事，复是假朝。可念[1]光阴，理难虚掷。聊举单酌[2]，故遣走邀。伫待停杯，幸勿迟缓。

[1] 可念：《注释与研究》训读作"当念"。

案：可念：可爱。《艺文类聚》卷三五引《妒记》："汝出问此是谁家儿，奇可念。"唐韩愈《马君墓志》："眉眼如画，发漆黑，肌肉玉雪可念。"

[2] 单酌："语释"："同独酌。"

案：独酌是独饮，意近"独宴"。此处的"单酌"与函三十告书的"单宴"指简易、不丰盛的酒宴，谦辞。言对方邀请的酒宴则用敬语称"高宴"（函二十九答书）。

答

既蒙厚眷，以酒见延。公务正闲，实成可乐。寻望席末，束带即行。还此无言[1]，馀待面述。

[1] 无言：犹言"无申""无述"等。

二十八、正月七日知故相唤饮书

凡于此日，诸自[1]登临；士庶贤愚，谁不眺野？今欲提壶命侣，握管升台；共赋新篇，同歌旧曲[2]。故令走报，希纡光仪。伫望连镳，谨此无述。

[1] 诸自：《注释与研究》作"诸匀"，解作"诸人普遍"。"语释"说"诸原文看像是'法'字，当为误写"。在"考说"中又说："其原文可能读作'诸匀'，《名义抄》'匀'有普遍意，推断原字形有可能为'匀'。有将原文视为'匀'寻求解释的说法，但'诸匀登临'于意未安，故仍取'诸匀'立说。"

案：原文当为"诸自"。"诸自登临"即各作登临。自：词缀，中古时常与单音副词结合，无实际意义，如"犹自"即当"犹"讲。"诸自"即当"诸"讲，也就是"诸人""人家"之意。

农历正月初七为人日。古有此日登高赋诗的习俗。《太平御览》卷九七六引南朝梁宗懔《荆楚岁时记》："正月七日为人日。……又造华胜以相遗，登高赋诗。"

[2] 自"今欲"至"旧曲"：此数句《注释与研究》作"欲提壶，命侣握管。升台共赋新篇，同歌旧曲"。

答

登临付笔，望野传杯。旷世欢娱，宁遇此乐[1]？且来整驾，深虑独行。不悟吾贤，降情追访[2]。既是盛事，谨即参陪。接宴非赊，还无所述。

[1] 宁遇此乐：犹言哪能碰上这样的乐事。宁：岂，难道。

［2］降情：犹虚怀、虚心。南朝陈后主《求言诏》：“犹复行已乞言，降情访道；高咨岳牧，下听舆台。故能政若神明，事无悔吝。”

二十九、寒食日 [1] 唤知故饮书

兽炭 [2] 埋光，嵇炉 [3] 隐炎。冻餐难进，冷酌易倾。故遣走邀，迟希 [4] 动驾。望能即赴，此不多云。

［1］寒食日：寒食乃节令名。因节日期间只能吃生冷食物，故又称“冷节”“禁烟节”。汉应劭《风俗通》云：“冬至后百四日、五日、六日，有疾风暴雨，为寒食。”

［2］兽炭：做成兽形的炭，亦泛指炭或炭火。《晋书·外戚传·羊琇》：“琇性豪侈，费用无复齐限，而屑炭和作兽形以温酒，洛下豪贵咸竞效之。”

［3］嵇炉：嵇康锻造的炉子，此泛指炉子。《晋书·嵇康传》：“（嵇康）性绝巧而好锻。宅中有一柳树甚茂，乃激水圜之，每夏月居其下以锻。”

［4］迟：《注释与研究》的训读与“通释”皆解作“晚”。训读全句作“虽然晚，仍希望动驾”，“通释”则作“虽然晚也等待着大人的车驾”，似又含“等待”之意。

案：迟希：希望。参看函四《相唤游猎书》“故遣咨问，迟能从就”。

答

家道先贫，实无醴酌。昨来营设，唯有冷餐。诚谓虚弃 [1] 寸阴，徒移光景。不期曲眷 [2]，念及细微。整带拂冠，驰陪高宴。且附先白，馀冀面申。

［1］虚弃：白白荒废。

［2］不期曲眷：犹言"不曾预料到的、不曾期待的您的关照"。曲：表敬之辞，表示对方降低身份或自己高攀。

三十、成亲唤知故书

卜期今夕，共某氏同牢。羊雁[1]既行，聊设单宴[2]。故令走屈，伫望来仪。即愿动趾[3]，勿劳再白。

［1］羊雁：结婚时告庙敬神的供品。后汉秦嘉《述婚诗》："羊雁总备，玉帛戋戋。"《晋书·礼志》："太康八年，有司奏……可依周礼改璧用璋，其羊雁酒米玄𫄸如故。"

［2］单宴：犹言"便宴"，简单的宴会。

［3］动趾：犹言"举足""举趾"，起步、动身、启程之意。《诗经·豳风·七月》："四之日举趾。"

答

仰知花烛，卜在今宵。始欲驰参[1]，即逢来使。既枉嘉命，寻事[2]到门。且附修承，诸无所具。

［1］驰参：谦辞，前往。函三十一答书："即事驰参。"

［2］寻事：犹言"马上就去……"。事：从事，做。下接动词。

三十一、久旱得雨相唤贺使君书

自夏亢阳[1]，东皋[2]罢作；暮春不雨，南亩[3]息耕。蒙使君矜养，为心竭诚祷。至德[4]所爱，灵雨滂池（沱）。凡是有情，谁不忻庆？欲往贺，驰遣咨问。去不之宜，伫承来旨。

［1］亢阳：旱灾。

［2］东皋：东边的水田。皋：通"皋"，水田。

［3］南亩：南边的田地。《诗经·豳风·七月》："同我妇子，
馌彼南亩，田畯至喜。"

［4］至德：最高道德，盛德。《易·系辞上》："阴阳之义配日
月，容简之善配至德。"

答

使君德动神明，遂感嘉液。足使千箱有望，杼柚（轴）不空。既有
兹善，理须拜尘[1]。况蒙芳札，见许末行[2]。荷眷之深，莫知所喻。行
不俟贺（驾），即事驰参。诸冀面申，还无所述。

［1］拜尘：拜见。晋代潘岳与石崇谄事贾谧，每候其出，辄相
与望尘而拜。事见《晋书》之《潘岳传》《石崇传》。后遂以"拜
尘"指谄事权贵。此处义不同，是到对方那里去的谦辞。

［2］末行：下位，后列。

三十二、相唤募讨凶奴书

无情猃狁，许欲[1]忓侵。秦王[2]自率三军，亲行薄罚[3]。正是壮
士立功之日，丈夫建节之秋。今已备粮，寻当北讨。故今咨报，伫听嘉
音。若欲同行，即希动驾。

［1］许欲：许："语释"解作"如此、这样"，引隋末唐初陈子
良《于塞北春日思妇》诗"我家吴会青山远，他乡关塞白云深。为
许羁愁长下泪，那堪春色更伤心"。

案：许：期望。唐皎然《白云上人精舍寻杼山禅师兼示崔子向
何山道上人》："许共林客游，欲从山王请。"这里的"许欲"乃同

义连文，犹今言企图、希求。

　　[2] 秦王：启功先生曰："按此秦王是隋之秦王杨俊，指为唐人之作者，或见此以为唐之秦王李世民也。考《隋书》卷四十五《秦王俊传》：'开皇元年立为秦王，……年十二，加右武卫大将军，领关东兵。三年，迁秦州总管，陇右诸州尽隶焉。……六年，迁山南道行台尚书令。伐陈之役，为山南道行军元帅，督三十总管，水陆十余万，屯汉口，为上流节度。……授扬州总管四十四周诸军事，镇广陵。岁余转并州总管二十四州诸军事。'又据《本纪》：'开皇十七年七月丁亥上柱国、并州总管秦王俊坐事免，以王就第。'可知撰写时，其下限不能在俊罢职以后。"

　　案：据此，从开皇元年杨俊立为秦王，至十七年其坐事免，即从公元581年至597年之间，长达十八年，此为《杜家立成》撰写时期，而正藏举秀才则在大业中，那么，《杜家立成》当为其早期著述，或在秦王罢职前数年，如在590—597年之间。

　　[3] 薄罚："语释"释为迫近惩罚。引《左传·僖公二十三年》"欲观其裸浴，薄而观之"注："薄，迫也。"

　　案：薄罚：犹薄伐、讨伐或惩处。《诗经·小雅·出车》："赫赫南仲，薄伐西戎。"罚，讨伐。《左传·定公四年》："天诱其衷，致罚于楚，而君又窜之，周室何罪？"罚即讨伐。

答

近承无礼狂寇，许欲[1]乱常。闻之发愤，寝不安席。纵无依征，尚欲除之；况从王师，如何可述？不遑衣甲，先事负戈。寻续咨参，共申诚悦。

　　[1] 许欲：许："语释"解作"如此、这样"。

　　案：许欲：企图、希求。

三十三、呼知故游学书

负薪行诵，播美千龄；牧豕躬书[1]，荣标'万古。寻往追忻，方解为惭[2]。无义苦耕，虚移一世。今欲辞亲负笈，猎德[3]寻□（师）。故遣咨闻[4]，幸同此好。若也不违所请，希惠音符。望延话言，此不多述。

[1] 牧豕："语释"："养猪。《汉书·公孙弘传》："少时为狱吏，有罪，免。家贫，牧豕海上。年四十余，乃学《春秋》杂说。"躬书："语释"："躬自书写。又，躬乃穷之省文，或为穷书之意。"

案：《汉书·公孙弘传》只言公孙弘牧豕事。此用"牧豕听经"事。《后汉书·承宫传》："（承宫）少孤，年八岁，为人牧豕。乡里徐子盛者，以《春秋经》授诸生数百人，宫过息庐下，乐其业，因就听经，遂请留门下，为诸生拾薪。执苦数年，勤学不倦。经典既明，乃归家教授。"后用为勤学的典故。躬书与行诵对举，躬当为俯屈身体之意。行诵与躬书相对举，前言朱买臣背柴边走边读书，后言公孙弘放猪俯身（用树枝在地上）写字。

[2] 寻往追忻，方解为惭："通释"译为"追寻古代的贤者，追寻其喜悦，正感到自分应该惭愧"。

案：追忻：追慕、悦服。忻，悦服、启发。《说文·心部》"忻"下引《司马法》："善者，忻民之善，闭民之恶。"段玉裁注："忻谓心之开发，与欠部'欣'谓'笑喜也'异义。《广韵》合为一字，今义，非古义也。"追忻，同义连文，正言回想前面提到的那些古代贤人的事迹，才感到惭愧。

[3] 猎德：追求美德。汉扬雄《法言·学行》："耕道而得道，

---

1 "标"，底本作"橝"，"标"之俗字。

猎德而得德。"

[4]咨闻：即咨问、咨询，请教。

答

恨无稽古[1]，羞为视筒[2]。有一敬业[3]，久欲寻师。内虑寡文，外无引接[4]。逡巡[5]晦朔，荏苒岁年。端守危殆，坐愁将落[6]。忽蒙念访，见许提撕[7]。眷重山丘，恩深江汉。谨当束卷[8]，即事驰参。寻（往）到门，对快解释[9]。

[1]稽古：考察古事，泛指钻研学问。

[2]视筒：眼光短浅的人。眼光褊狭，所视如筒。

[3]有一敬业：疑"一"当为"心"之误，即原文为"有心敬业"。

[4]引接："语释"："引进见面、引见。《晋书·陶侃传》：'引接疏远，门无停客。'"

案：引接：推荐提拔。唐赵璘《因话录·高下》："而韩、柳、皇甫、李公皆以引接后学为务。"

[5]逡巡："语释"："退却，徘徊。《庄子·田子方》：'于是无人遂登高山，履危石，临百仞之渊，背逡巡，足二分垂在外。'唐成玄英疏：'逡巡，犹却行也'。"

案：逡巡乃迅速之意。与普通之作为迟缓者异。参见张相《诗词曲语词汇释》（中华书局1955年版，671—672页）。"逡巡"犹如说"顷刻"，参见蒋礼鸿《敦煌变文字义通释》（268页）。"逡巡晦朔，荏苒岁年"正言日子过得快，与下言无所作为相连。敦煌变文中有"逡速"一词，亦迅速意。《难陀出家缘起》："逡速已到清（青）云里（里），似降祥云是不同。"（《敦煌变文校注》，黄征、张涌泉校注，中华书局1997年版，592页）

65

[6] 将落：即将荒废。落：耽误，荒废。《庄子·天地》："夫子阖行邪？无落我事！"

[7] 见许提撕：受到提携。提撕：拉扯，提携。《诗·大雅·抑》："匪面命之，言提其耳。"汉郑玄笺："我非但对面语之，亲提撕其耳。"

[8] 束袜："语释"："穿上袜子，打点行装。'袜，蔑也。'（《字汇补》）'袜，之太久豆，足衣也。'（《和名抄》）"

案：《字汇补》："去远切，音犬，蔑也。"蔑通"袜"。袜：《类篇》："足衣。"《释名》："袜，末也，在脚末也。"蔑，通"末"，亦通"袜"。曹植《洛神赋》："凌波微步，罗袜生尘。"《和名抄》是日本古代一部辞书，其中保存了中国古代语词释义。"之太久豆"是用汉字标注日语读音，即"袜"读为"したぐつ"。

[9] 寻（往）到门，对快解释：《注释与研究》作"寻到门对，快解释"。"考说"："全体上都是四字句构成，而最后一句只有三字，疑脱一字，未详，俟后考。"

案："寻"字后或脱一字。函三十答书有"既枉嘉命，寻事到门"，但此上句"即事驰参"已用"事"字。函三十五答书："即事弹冠，寻往咨参。"依此例，此句"寻"字后所脱，或为"往"字，即写本原作"即事驰参，寻往到门，对快解释"。

三十四、饷知故瓜书

莵头[1]始熟，方底新成[2]。不敢先尝，故今持奉。虽知轻鲜[3]，物贵在初。所乞领之，莫嫌少恶。

[1] 莵头：莵通"兔"。兔头，瓜的一种。《广雅·释草》："兔

头，瓜属也。"

[2] 方底新成："考说"：查阅北魏贾思勰《齐民要术》、唐欧阳询《艺文类聚》、唐徐坚《初学记》（果木部）、宋《太平御览》（果部）、宋吴淑《事类赋注》（果部）等类书，关于兔头等瓜类的记载，皆不出魏张揖《广雅》，均无"方底"一词。或如中田勇次郎所说，可解为"方底（同"抵"，到达之义）新成"。

[3] 轻鲜：礼轻物少。

答

魏武所泛[1]，譬许非甘；邵平东门[2]，方斯寡味[3]。忽持此物，垂赉[4]贫生。实直[5]之饥气，望疗九回之渴。自非厚眷，谁复肯然？惠重难酬，负恩少力。未获驰谢，还谨咨承。其为愧恧[6]，今当面写。

[1] 泛：漂浮；浮游。《文选》曹丕《与朝歌令吴质书》："浮甘瓜于清泉，沈朱李于寒水。"

[2] 邵平东门：邵通"召"。《史记·萧相国世家》："召平者，故秦东陵侯。秦破，为布衣，贫，种瓜于长安城东，瓜美，故世俗谓之'东陵瓜'。"

[3] 方斯寡味：与此相比毫无味道。方：对比。"方斯"犹言"譬许"。

[4] 垂赉：敬语，给予。

[5] 实直：实正赶上，正当。"直"后疑脱一字。

[6] 愧恧：惭愧。同义连文。恧：惭愧。函九答书："唯知恧已。"

三十五、相唤觅官书

当朝世胄，拖紫垂青[1]；在世贵流，光前映后[2]。见兹荣誉，悔深归田。今欲射策[3]登朝，观光[4]入仕。敬想明德，定不逃名[5]。若欲入朝，希附骥足[6]。故今此白，侧听来符。倘或提携，即当[7]装束。

[1] 拖紫垂青：指身居高位。佩紫绶、青绶。《文选》扬雄《解嘲》："纡青拖紫，朱丹其毂。"《东观汉记》曰："印绶，汉制，公侯紫绶，九卿青绶。"

[2] 光前映后：光耀祖先，造福后人。亦言"光前裕后"。

[3] 射策：此指接受考试。射策乃汉代考试取士方法之一。《汉书·萧望之传》："望之以射策甲科为郎。"唐颜师古注："射策者，谓为难问疑义书之于策，量其大小，署为甲乙之科，列而置之，不使彰显。有欲射者，随其所取得而释之，以知优劣。射之言投射也。"

[4] 观光："语释"释为"展示才能"。

[5] 敬想明德，定不逃名：此二句"通释"译为："想一想君之人德，一定不是逃名的人。"

案：明德：美德之人、光明之德者，此为对对方的誉辞。南朝宋谢灵运《拟魏太子邺中诗·陈琳》："余生幸已多，矧乃值明德。"

[6] 希附骥足：犹言望能随你同行。附骥足，亦作"附骥""附骥尾"。蚊蝇附在马的尾巴上，可以远行千里。比喻依附先辈或名人之后而成名。此为随行之谦辞。

[7] 即当：立即。"当"，语助词，无意。参见陈秀兰《敦煌变文词汇研究》。

答

此是羽薄[1]，未敢冲飞[2]；久作沈沦[3]，朝无知己。每咏商哥[4]之安，终得扬名；常笑洗耳之夫[5]，徒为厌宦[6]。恒嗟薄命，虚高旨[7]，即事弹冠[8]，寻往咨参。谨还无述。

[1] 羽薄：毛羽不丰满。《战国策·秦策》："毛羽不丰满者，不可以高飞。"

[2] 冲飞：冲天而飞。《韩非子·喻老》："虽无飞，飞必冲天。"

[3] 沈沦：亦作"沉沦"。隐伏。函十问书："某沈沦鄙里，守贱一隅。"

[4] 商哥：即"商歌"，哀伤的歌。出宁戚商歌以为齐桓公所识之事。《淮南子·道应训》："宁戚饭牛车下，望见齐桓公而悲，击牛角而疾商歌。桓公闻之，抚其仆之手曰：'异哉歌者，非常人也。'命后车载之。"

[5] 洗耳之夫：用许由洗耳事。《文选》曹植《七启》："河滨无洗耳之士。"唐李善注："洗耳，许由也。《琴操》曰：'尧大许由之志，禅为天子，由以其不善，乃临河而洗耳。'"

[6] 厌宦：厌，原文作"猒"；宦，原文作"窜"。"语释"："讨嫌的、讨厌的官员。猒，《集韵》'同厌'。窜，《干禄字书》'宦官（上俗下正）'。"

案：当为"厌宦"。《干禄字书》"窜宦（上俗下正）"。厌宦：厌恶做官。徒为厌宦，就是白白做出厌恶做官的行为。参看张涌泉《敦煌文献校读易误字例释》（载《敦煌文学论集》，项楚主编，四川人民出版社1997年版，261页）。

[7] 恒嗟薄命，虚高旨：《注释与研究》作"恒嗟薄命虚高旨"。"考说"："如为'恒嗟薄命，不虚高旨'则意较明，然'恒嗟

69

薄命'与'不虚高旨'之间的联系仍不紧密。"

案："虚"，底本作"居"，疑为"虞"字之讹。"虞"前脱一"不"字。"恒嗟命薄，不虞高旨"，言平时只知嗟叹命运不济，却想不出什么高招。

[8] 弹冠：即弹冠振衣，整洁衣冠。语本《楚辞·渔父》："新沐者必弹冠，新浴者必振衣。"后多以喻将欲出仕。

三十六、同学从征不得执别与书

弟机谋内发，奇略外闻。舞弄[1]长戈，弃投短笔。希横虚之阵[2]，旗鼓滔天；曜静乱之威[3]，刀光照日。敬承明旦，即涉戎涂。王事牵缠，不获观威。兴言永叹，唯怀凄怆。所愿好去[4]，善述功名，侧听凯旋，以慰虚抱。

[1] 舞弄："语释"："舞文弄墨之略。本言随意解释与乱用法律文书，此言随意操弄。"

案：舞弄：挥舞，舞动。与法律无关。

[2] 希横虚之阵：此句与下句"曜静乱之威"对，疑"虚"字前脱一字。横阵：横排成阵势。汉王粲《羽猎赋》："济漳浦而横阵，倚紫陌而并征。"

[3] 曜威：整饬军旅，炫耀武力。《文选》张衡《东京赋》："三农之隙，曜威中原。"静乱：犹言"靖乱"。靖乱，平定变乱。《左传·僖公九年》："君务靖乱，无勤于行。"

[4] 好去：中古俗语。张相《诗词曲语辞汇释》："好去，居者安慰行者之辞。"

答

事不获已^[1]，脱青领之衣^[2]；王务不遑，佩细鳞之服^[3]。以兹虚省^[4]，轻负长戈。乍别儒堂，忽居戎幕，此时方无难堪^[5]；况不获握手言离，情何可述^[6]？唯愿好住好住^[7]，勿忘边塞之人；欢兴之余，附念孤飞之客。

[1]事不获已：事不得已。

[2]青领之衣：青色交领长衫。《诗·郑风·子衿》"青青子衿"，毛传："青衿，青领也。学子之所服。"

[3]细鳞之服：细鳞甲，铠甲之一种，泛指铠甲、戎装。唐李林甫等《唐六典·卫尉宗正寺》："甲之制十有三：一曰明光甲，二曰光要甲，三曰细鳞甲……"

[4]虚省："语释"："虚心地反省。陆龟蒙《晓次神景宫》诗：'稽首朝元君，褰衣就虚省。'"

案：虚省：犹言瘦弱之身。省，又作眚，瘦。清王念孙《读书杂志·管子九》释"身之膌胜"："胜读如减省之省。胜亦瘦也。字或作眚，又作省。"此句言以瘦弱之躯，贸然奔赴疆场。

[5]难堪：困窘。

[6]况不获握手言离，情何可述：此句《注释与研究》断为"况不获握手，言离情何可述"。

[7]好住好住：中古俗语。张相《诗词曲语辞汇释》："好住，行者安慰居者之辞。"

71

第二节

日本正仓院藏《圣武天皇宸翰杂集》释录

　　日本奈良正仓院所藏《圣武天皇宸翰杂集》（以下简称《杂集》），从六朝隋唐人集中刺取义关释教者一百余篇。卷首断烂，篇首有《归去来》句者二首，不知何人所作，其余王居士诗卅八首，隋大业主诗卅二首，真观法师颂一篇、诗五首、赞二篇、奉请文一篇，释灵实赞十三篇、祭文二篇、杂文十五篇，周赵王碑文一篇、杂文一篇、序五篇，释僧亮观内行杂诗九首、铭一篇、诗十七首。卷尾有"天平三年九月八日写了"字样。关于其书法与文献价值，内藤湖南说："御款纸用白麻，每行十八字，正书，出右军《乐毅论》，用笔遒劲，如绵里针。所录文笔，皆属佚篇，可以补苴冯惟讷《诗纪》、嘉庆敕编《全唐文》、严可均《全宋》《全后周》《全隋文》。"[1]

　　内藤所言极是。《圣武天皇宸翰杂集》与敦煌佛教文学同源同时，不仅书写中的俗字多有相同，而且内容上可用以比较研究的诗文颇多。该写本对日本奈良时代《万叶集》等文学的影响也十分显著。

　　日本学者有关该写本的研究，始于20世纪二三十年代，研究成果多发表于奈良佛教研究杂志《南都佛教》。其中如平冈定海撰《关于圣武天皇宸翰杂集》[2]等，对《杂集》的文献价值作了评价。有关该写本反映的写本学考证，也有有富由纪子所撰《圣武天皇宸翰〈杂集〉界线外行

1　内藤湖南：《内藤湖南全集》第十二卷，筑摩书房1997年版，第24—26页。《内藤湖南诗文集》，广西师范大学出版社2009年版，第117—118页。

2　平冈定海：《聖武天皇宸翰雜集について》，《南都佛教》第二号，1955年。

头的付点》[1]等。

还有学者敏感地注意到《杂集》与敦煌出土的相类文献在内容与形式诸方面的联系，如敦煌出土《广法事赞》的比较研究，有岩井大慧撰《通过广法事赞再论圣武天皇宸翰净土诗》[2]等。

20世纪中叶以来，《杂集》与日本最早的和歌总集的影响关系，成为《万叶集》研究中的一个新课题。继久松潜一撰《圣武天皇与万叶集》[3]之后，小岛宪之在他有关上代文学的著述中多次提及《万叶集》中存在的出自《杂集》的语汇。佐藤美知子著《万叶集与接受中国文学的世界》第二篇《山上忆良与圣武天皇宸翰〈杂集〉》[4]对《万叶集》中的"社会派歌人"山上忆良作品中所接受的《杂集》影响作了专门考证，芳贺纪雄著《万叶集中的中国文学接受》[5]对此也偶有涉及。东京女子大学的研究班集中对《杂集》中的《镜中释灵实集》进行逐篇整理研究，成果连载于《续日本纪研究》，最终辑为《圣武天皇宸翰杂集释灵实集研究》[6]一书。

《杂集》全文释录不多见，笔者所见1982年出版的《书道艺术》，有平野显照所作释录，其中不少存疑和有误之处，今天完全可以根据敦煌学的新成果去解决与纠正。

以下特就现有资料对各部分的作者和作品以及相关研究予以简介，而后将原文释录，以供我国学者研究之用。

1　有富由纪子：《聖武天皇宸翰〈雜集〉界線外行頭の付點》，《續日本紀研究》。
2　岩井大慧：《廣法事讚を通して再び聖武天皇雜集净土詩》，《東洋學報》第二一号，1933—1934年。
3　久松潜一：《聖武天皇と萬葉集》，《南都佛教》第二号，1955年。
4　佐藤美知子：《萬葉集と中國文學受容の世界》，塙书房2002年版，第237—346页。
5　芳贺纪雄：《萬葉集における中國文學の受容》，塙书房2003年版。
6　东京女子大学古代史研究会编：《聖武天皇宸翰雜集釋靈實集研究》，汲古书院2010年版。

释文的文字均以原件为据，适当吸收日本学者研究成果。如已发表的释文有误，则径行改正。原件残缺，依残缺位置用（前缺）、（中缺）、（后缺）表示。因残缺造成缺字的或笔者确定脱漏的字，用口表示。原件中的俗字、异体字，凡可确定者，改为正字；有些因特殊情况需要保留者，用（）将正字注于该字之后。原件中的笔误和笔画增减，径行改正；出入较大的保留，用（）在该字之后注出正字。原件中有倒字符号者，径改；有废字符号者，不录；有重叠符号者，直接补足重叠文字。原件中的衍文，均保留原状。

一、佚名诗

六 当自知

归去来，三界扰扰不可居。会是归依真德王，隐心扫意游太虚。莫谓无心同木石，寂寥之外仍多娱。譬如日月无心照，冥灵感应光自舒。悕求外行次第实，不及身中无价珠。訇訇诰诰无异语，千思万虑同一如。钗铛环钏名虽别，总言全体无异殊。但言空宗无二行，勿学二乘长专愚。君不见，岩栖隐遁阿练师，邀身出累实稀奇。餐松食柏支躯命，端心静虑守威仪。从形信命随狼虎，无惆无虑惧安危。匡坐常林磐石上，游神雅素快无为。良由厌离诸尘色，口口独步不口饥。行路难，行路难。审依经。莫作门前逐块狗，离群别侣即望成。不如光口同四众，眼看声色不关情。五尘五境能调得，敌彼岩谷当千龄。善观六尘无来去，百烦百恼亦无形。千思万想皆心作，征本究末寂无名。

归去来，他乡不久安。不如还归无相宅，方寸之地容涅槃。三千世界同居止，恒沙杂类共一般。山河出入皆无妨，本不嫌狭亦不宽。譬若须弥入芥子，往来无碍复中现。恒沙菩萨道场端。观此逍遥栖神处，三径六道悉荒残。急手安心持净戒，勿使头白岁将阑。

74

二、王居士涅槃诗廿五首

内藤湖南说:"集中载其《涅槃诗》廿五首,《奉赞净土十六观诗》十三首。按周隋间有二王居士。其一为王明广。据《广弘明集》,周武废佛道二教,静帝大象元年二月廿七日,有邺城故赵武帝白马寺佛图澄孙弟子、前僧王明广上书,答卫元嵩上破佛法事。其一为王公,字孝宽,世传其砖塔铭,以唐显庆元年卒,年七十三。则其壮时,实在隋世。集中别载《真观法师奉王居士请题九想,即事依经总为一首》,所云王居士倘与此同一人,则真观之寂在隋大业七年,上去大象元年卅二年,而下去显庆元年四十五年,并可得时代相及。集中所载二王居士,其果为明广、为公,或别为一人,疑未能明也。"

王居士涅槃诗　廿五首

善星翻入地,槃特倒生天。直须持一偈,何劳修四禅。尘生后身后,业起前心前。岂假多营务,无为即自然。

野马谁言有,浮云本自无。虽论入圣位,终是隧凡夫。尚道为生乳,何由见欵苏。攒摇功已薄,讵得出醍醐。

药树虽良药,医王定善医。生盲不可疗,死病若为治。旃陀渐临通,罗刹转愚痴。正念犹须正,思惟宜更思。

身形成大地,□骨烦恼琐。尚著无明枷,六尘俱是贼。四大并如蛇。若须澄苦浪,应先灭爱华。

爱河无复底,劫石讵论年。五盖长相盖,十缠由见缠。空惊狂象醉,终共睡蛇眠。若知身可畏,宜速救头然。

劫劫皆贤劫,人人尽世人。直计同名者,应如大地尘。并到无为处,俱成不坏身。独悲逃逝子,犹着死生轮。

苦空谁得际,生死无为穷。已经三大劫,犹带九居中。欲出烧然界，须持精进弓。何由苦海上，忽遇涅槃风。

何为出世俗，本欲避尘喧。身尚如丘井，心犹似戏猿。盖缠恒见盖，烦恼更相烦。必愿防三毒，应当备四怨。

性重非无重，讥嫌尚有嫌。花中蛇本毒，刀上蜜非甜。热来翻近火，渴急反求盐。寄语猕猴辈，莫被黐胶粘。

劫馀逢五浊，途值六贼难。舍堕终当堕，僧残反见残。火宅犹烧者，苦海尚波澜。生死俱如幻，何日至泥洹。

盂栏（兰）何所为，目连特报恩。异鸟皆同势，众花并共根。山形无曲直，树木异寒温。鱼蚁时行住，龙蛇或踞蹲。寄语慈悲子，当修此法门。

慧日空名慧，慈悲讵见慈。芥城无岁月，生路有年时。几人能黠慧，何者不愚痴？别置须弥石，悬以藕中丝。

大道三乘异，生途六趣分。习种犹须习，重修尚待重。有无还有二，闻见复闻闻。欲枯烦恼树，先须灭爱根。

别有游心地，萧条那可堪。白云临赤县，青天依渌潭。岂复耆阇北，非唯恒水南。谁肯同携手，荣名非所贪。

地狱唯居地，天人旧在天。苦乐虽殊致，俱非上福田。生生何未绝，火宅火恒然。须归不二处，先入第三禅。

泪流成大海，积骨似须弥。尚有怨憎会，非无爱别离。色尘终是色，羁锁复相羁。飘飘苦海上，恒被业风吹。

苦海非无苦，烦河一种烦。六贼还同贼，四怨长见怨。未使心暂望，空悲耳目喧。腹中无量事，何须白佛言。

烦恼非常苦，忧悲异种忧。爱河皆有爱，愁林并是愁。如是何时是，贪求尚自求。若欲归静处，知心如水流。

形骸成大地，乳汁似长河。念念皆生灭，心心有刹那。空悲浮水沫，终是赴灯蛾。为居三界里，常畏五旃陀。

欲知身是火，观土自如金。若须浮慧海，宜早出愁林。一劫山方大，百年龟尚沉。必辞烦恼热，当归佛树阴。

四蛇俱有毒，三业并无明。醉鸟由疑醉，盲龟本自盲。戏猿游未住，心水去无停。会得于难得，从生不复生。

撮沙投海水，掷芥向针锋。禽兽归何路，天人隔几重。禀形虽有处，生灭意无踪。盲龟不见物，浮木若为逢。

出家须离家，修道宜知道。生轮虽复生，老岸今方老。无为一切为，造化知何造。若能愁四魔，自可归三宝。

试析十方草，皆为四寸筹。尚见狂风猛，犹如爱水流。大海无边大，浮囊且未浮。欲澄生死浪，宜取涅槃舟。

奉赞净土十六观诗　十三首

宝池观

宝池唯露影，净水自含香。鸟音真谛演，波声妙法扬。

苦空问凫雁，常乐噪鸳鸯。修因本东刹，成圣在西方。

宝树观

枝枝码碯叶，树树水精林。波流宣秘法，风行说妙音。

天人侠（夹）道侧，童子坐花心。行愿方无倦，光明时见临。

宝楼观

宝楼遥带地，金铃悬处空。照色殊清白，分明珠紫红。

鸟音但演法，五乐共摇风。敢欣无量寿，神足暂来东。

总观

先观日下处，后念水流澄。冰色金如玉，瑠璃渐曜灯。

池鸟宣希有，楼风演未曾。无为既寂定，不变且长恒。
因斯逢快乐，自此离死憎。烦恼方须尽，处（虚）空更可腾。

像观

眼如四大海，豪类五须弥。座用花相捧，行将殿自随。
有形还有应，无动复无为。岂唯无上土，方称正遍知。

法身观

大仙唯寂然，常住本无年。未能知处所，何足辨方圆。
虚空唯是界，实际略无前。方称灭尽望，呼作甚深禅。

花座观

弥陀本始业，法藏宿因缘。光明百宝座，灵塔四乘莲。
盖网方覆幡，珠交圆露悬。九香吹气绕，千灯共影然。
若为能一见，应同解十缠。

观音观

拔除唯势至，救度有□观。见苦便应往，闻声必自寻。
周行世界地，遍察众生心。暂愿因神足，飞向乐城林。

势至观

有因名势至，慈悲由大哀。殿奄乘空下，光明动地来。
殊瓶稍似日，妙响乒如雷。苦回向早应，□□□□回。

总二菩萨观

思惟二菩萨，总观三世尊。义归第一义，门从不二门。
不来遂不去，常住且常存。若求生净土，当勤种善根。

上品观

功德习种种，化作往生生。世界开花侍，天人捧足迎。
通身证观喜，遍体现光明。但闻常乐义，无复苦空名。

中品观

位至闻思地，生为次品人。悟真方见佛，花开乃离尘。
既作无为业，方期不坏身。虽无即日报，犹结往生因。

下品观

寻思开宝地，遥想未成莲。三明日不照，五痛火犹然。
佛光仍不及，身相本难圆。居然花座里，直置恒沙年。

三、隋大业主净土诗

内藤湖南说："即炀帝。今集中所载皆《净土诗》。按《隋书·经籍志》著录《炀帝集》五十五卷，《旧唐书·经籍志》作卅卷，《新唐书·艺文志》作五十卷。《日本见在书目》作廿八卷。今不传。张溥《百三名家集》所辑无卷数，严氏《全隋文》辑录文四卷，冯氏《诗纪》辑录诗卅六首、附录十数首，与张刻本互有出入。其诗关释教者，皆采诸《广弘明集》，而无《净土诗》。夫隋炀为君虽以荒淫丧国，而其在藩时，聪明夙成，深信像教，问道天台智者，自谓毘昙成圣、黎耶悟真，未必皆出于矫情饰貌。此所录卅二首，命意矜庄，词无浮荡，足见其欣

79

求之诚，不但补篇章之遗矣。"

圀下大慧曾撰《关于见于圣武天皇宸翰杂集的隋大业主净土诗》[1]。

隋大业主净土诗

法藏因弥远，极乐果还深。异珍参作地，众宝间为林。
花开希有色，波扬实相音。何当蒙授手，一遂往生心。

浊世难还入，净土愿逾深。金绳直界道，珠网缦垂林。
见色皆真色，闻音悉法音。莫谓西方远，唯须十念心。

道场一树回，德水八池深。往往分渠溜，处处别行林。
真珠变鸟色，妙法满风音。自怜非上品，徒羡发诚心。

也闻严净国，剩起至诚因。观日心初定，想水念逾真。
林宣上品法，莲合下生人。寄言同志友，从余洗客尘。

白豪山乍转，宝手印恒分。地水俱为镜，香花同作云。
业深诚易往，因浅实难闻。必望除疑惑，超然独不群。

放光周远刹，分化满遥空。花台三品异，人天一类同。
寻树流香水，吹乐起清风。在兹心若净，谁见有西东。
回向渐为功，西路稍然通。宝幢承厚地，天香入远风。
开花重布水，覆网细分空。愿生何意切，只为乐无穷。

1　圀下大慧撰：《聖武天皇宸翰雜集に見えたる隋大業主净土詩に就いて》，《東洋学报》第十七卷第二号，1928年。

十劫道先成，严界引群情。金砂彻水照，玉叶满枝明。
鸟本珠中出，人唯花上生。敢请西方圣，早晚定相迎。

净刹本难俦，无数化城楼。四面垂铃币，六反散花周。
树贪香气动，水带法声流。未尝闻苦事，谁复辨春秋。

欲选当生处，西方最可归。间树开重阁，满道布仙衣。
香饭随心至，宝殿逐身飞。有因皆可入，只自往人稀。

未知何处国，不是法王家。遍求有缘地，冀得早无邪。
八功如意水，七宝自然花。于彼心能系，当必往非赊。

净土无衰变，一立古今然。光台百宝合，音乐八风宣。
池多说法鸟，空满散花天。已生得不退，随意晚开莲。

已成穷理圣，真有遍空威。在西时现小，俱是暂随机。
叶珠相映饰，沙水共澄晖。欲得无生早，彼土必须依。

心带真慈满，光含法界圆。遍土花分映，列树盖重悬。
闻香足是食，见色本为禅。生即无馀想，谁云非自然。

千轮明足下，五道现光中。非引恒无绝，人归亦未穷。
口宣犹在定，心静更飞通。闻名皆愿往，日发几花丛。
慧力摽无上，身光被有缘。动摇诸宝国，侍坐一金莲。
鸟群非实鸟，天类岂真天？须知求妙乐，会是戒香全。

81

远寿如来量，遥音大土观。无缘能摄物，有想定非难。
花随本心变，宫移身自安。怖闻出世镜，须共入禅香。

恒明四海色，高贮一瓶光。莲开人独处，波生法自扬。
珠璎和日月，风树合宫商。倘如今所愿，何谈得真常？

光舒救毗舍，空立引韦提。天来香盖捧，人去宝衣赍。
六时闻鸟合，四寸践花低。相看无不正，岂复有长迷？

势至威光远，观音悲意浓。大小全相类，左右共成双。
花飞日日雨，珠悬处处幢。自嗟深有郼，所念未能从。

印手从来异，分身随类同。心至慈光及，人盛宝池充。
见树成三忍，闻波得五通。若解真严净，应观土亦空。

欲兴三昧道，止观一经开。心中缘相入，掌里见花来。
天乐非因鼓，法服不须裁。莫言恒彼住，有力念当回。

普为弘三福，咸令灭五烧。发心功已建，系念罪便销。
鸟化珠光转，风好乐声调。俱忻行道易，宁愁圣果遥？

座花非一像，映地乃千光。钟声闻旧习，宝树镜池方。
无灾由处静，不退为朋良。问彼前生辈，超斯几劫长？
圣取明门入，天衣业地居。自觉乘通易，即验受身虚。
枝阴交异影，光体一寻馀。但能逾火界，足得在金渠。

树非生死叶，池无爱见波。火来念声少，想成正观多。
莲中胎化亲，音内苦空和。五门能早建，三界岂还过？

珠色仍为水，金光即是台。以时花自散，随愿叶还开。
游池更出没，飞空互往来。真心如向彼，有善并须回。

六根常合道，三途永绝名。念须游方遍，还时得忍成。
地平无极广，风长是处清。寄言有心辈，共出一危城。

洗心甘露水，悦眼妙花云。同生机易识，等寿量难分。
乐多无废道，声远不妨闻。如何兹五浊，安然火自焚？

台里天人见，光中侍者看。悬空四宝阁，临回七重栏。
疑多边地久，德少上生难。且莫论馀事，西望已心安。

天亲回向日，龙树往生年。乐次无为后，心超有漏前。
共沼花光杂，隔殿网阴连。欲叙庄严事，妙乐岂能宣？

一土安恒胜，万德寿偏存。聊兴四句善，即叹十方尊。
微沾慧海滴，渐信向城因。回与众生共，先使出重昏。

四、真观法师无常颂

内藤湖南说："出南山道宣《续高僧传》。字圣达，吴郡钱唐人，俗姓范氏。陈时住泉亭光显寺，入隋住灵隐天竺寺。大业七年卒。观声辩

之雄，才学之富，躬具八能，遇劳三敕，名震江表，化施东夏。所著诸
导文廿余卷，诗赋碑集卅余卷。隋唐志及《日本见在书目》并不著录。
严氏《全隋文》录文五首，皆刺取《广弘明集》《续高僧传》。则此集所
载虽寥寥九首，亦足补释氏文苑之佚篇。"

真观法师无常颂

浮生易尽，幻质难坚。

四心役虑，三相催年。

象来行及，鼠至弥煎。

犹贪蜜滴，岂惧藤悬。

迅同过隙，危若临渊。

谁能回悟，自果长仙。

奉王居士请题九想即事依经总为一首

游童欢竹马^{此是第一童子时}，艳体爱春光^{此是第二壮年时}。老厌方扶杖^{此是第三老时}，违和遂
瘵床^{此是第四病时。已上四句赠生时}。神移横朽貌^{此是第一初死想}，血染闹狐狼^{此是第二青瘀(痴)想}。肉残惊鸟鹜
^{此是第三啖残肉想}，色瘘改红壮^{此是第四瘵(痂)想}。连骨青如鸽^{此是第五筋骨相连想}，离骸白似霜^{此是第六白骨离散想}。
年遥随土散，世久逐风扬^{此是第七九成尘想。已上九变死身，已下诗人见意以劝勉}。嗟矣含生界，悲哉轮转
乡。四时何有乐，九变好无常。始悟形名假，终知人我亡。徒然重
冠盖，空尔媚芬芳。鱼臭秦皇辇，虫膻齐后堂。顾瞻荣利族，并是
倒戈房。唯贵千金厚，宁哀五痛长。绮罗缠秽箧，珠玉佩虫囊。海
水真难净，山岩实未藏。凄凄颓日下，索索逝川傍。古人皆已没，
今余诚可量。聊开甘露药，冀得莹心王。倩语沉迷者，悕君思
道场。

观白骨叹无常

四相恒流转，无常念念催。红颜倏尔落，壮志须臾颓。
身名既不有，妻子定知非。悲哉一聚骨，终作陇头灰。

四相更来切，曾无一念住。轮回竟未穷，譬如流水注。

阳驾辰辰转，阴轩夕夕流。推移镇不定，生灭何时休。

石火乍时明，公知只暂有。竞捉浮绝戏，斯乐焉能久？

幡赞

华幡飏轻，散彩飞荣。日明金缕，风飘织成。
乍如花落，又类霞生。徘徊宝殿，摇裔王城。

幡影从风，绮丽玲珑。似虹横汉，如霓拖空。
云阴助紫，日彩添红。逶迤凤阙，袅娜龙宫。

奉请文

奉请观世音，慈悲降道场。敛容空里现，踊力曜威光。
腾神振法鼓，奋武怖魔王。手中香色乳，眉际白豪光。
风飘七宝树，声韵合宫商。枝中明宝相，叶外辨无常。
池回八味水，香芬戒惠香。恒餐九定食，渴饮四禅浆。
宝盖随身转，莲花逐步祥。翘心无与等，智慧特难量。
共破无明室，俱升智慧堂。愿舍阎浮报，一念往西方。

五、镜中释灵实集

内藤湖南说:"南山所续、通慧所进,并无灵实传。据集中所载,为人代作诸文,知其为唐开元中人。《日本见在书目·杂史家》有'释灵实撰《帝王年代历》十卷',《别集家》有'《释灵实集》十卷',新旧《唐志》皆不著录。《全唐文》亦无其名,而集中所载至卅首之多。捉刀之作,尤富篇什,辞笔之能,当推高手,其《独孤公画赞》《豫且画赞》,《祭禹文》二首,皆不关释教,于集中为异例。其人与书,沈薶(埋)一千二百年之久,而赖圣主宸翰存于金匮石室,虽不过千百之什一,抑非作者至幸欤? 题曰《镜中释灵实集》。按越州山阴有镜湖,任昉《述异记》:'轩辕氏铸镜湖边,或云黄帝获宝镜于此。'又云'本王羲之语,山阴路上,行如在镜中游'。故越州别名镜中。集中《为崔别驾祭禹文》'展骥足于千里,来游镜中'是也。"

自2001年以来的三年间,东京女子大学古代史研究会将《镜中释灵实集》各篇注解先后刊发于《续日本纪研究》各集。笔者为此撰《〈镜中释灵实集注解〉商补》[1]。东京女子大学古代史研究会后将分别发表的注解结为《圣武天皇宸翰杂集释灵实集研究》一书,部分吸收了笔者的见解。此书包括解题、本文影印、注解篇、研究篇并附有索引,研究篇收《镜中释灵实集》的意义与注解成果、杂集界限外行附点、《杂集》卷末的三言四句、越州法华寺与古代日本等四篇论文。笔者阅读此书后,撰有《日藏汉籍与敦煌文献互读的实践——〈镜中释灵实集研究〉琐论》[2]。

1　王晓平:《〈镜中释灵实集注解〉商补》,《域外汉籍研究集刊》第五辑,中华书局2009年版。

2　王晓平:《日藏汉籍与敦煌文献互读的实践——〈镜中释灵实集研究〉琐论》,《艺术百家》2010年第4期。

镜中释灵实集

画弥勒像赞

经称彩画佛像，书云绩事后素。是知匪绩靡由辨素，即色方乃明空。妙矣，夫诚言也。正议大夫、使持节都督越州诸军事、越州刺史、上柱国杨祇本，凝心实相，寂虑圆伊。银钱之好宿谐，宝瑟之欢俄谢。前夫人河东县君柳氏，妇德惟衷，母仪成性。过隙之光阴不驻，重壤之幽隔永缠。敬为图濮州圣弥勒像一铺，并十事及家口供养，庶得上升兜率，亲承慈氏之颜；下降阎浮，载奉菩提之会。赞曰：

大哉慈氏，昔号求名。兜率上降，阎浮下生。

三界火灭，五浊流清。爰哀窈窕，君子好仇。

五色鸣凤，四德睢鸠。天命何促，仙容不留。

彩缋成像，端严微妙。宝相凝姿，金山等曜。

文殊记别，燃传照□。唇开丹果，目净青莲。

功超百亿，妙绝三千。白业圆满，苍生福田。

冀龙华之三会，祈再奉于金仙。

画锭光像赞一首　并序

维大唐年月，泉州长史辛公，讳玄同，善宿君子，正直循良。屈廊庙之宏材，作维藩之上佐。岁不我与，谢职于归，途次会稽。大期奄及，乃投诚法海，结契能仁。冀雪冤魂，兼济泉壤。于大善寺重阁敬画锭光像一铺，盖以昭景福也。青莲夹住，若心虚空。丹果含姿，疑宣实谛。呜呼，自兹厥后，蒙降恩敕赠润州刺史，岂非冥祐哉！乃为赞曰：

至像非色兮非空，法身离相兮有感必通。

既雪冤兮沐霈泽，实昭彰兮我大雄。

倘不孤兮地下，期胜寄兮天中。

画弥勒像赞一首

夫随机应感，莫先于遍知；拔苦与乐，罕逾于善誓。固铭心若在，援手可期，有类屈申，无违咫尺矣。朝请郎、行右骁卫铠曹参军、摄越州都督府户曹参军事敬回，道自生知，惠因心悟，宿轻银宝，早媲金姿。歌鸣凤以得嫔，咏雎鸠而结好。夫人天水郡赵氏，幽闲婉嬗，玉润兰芬。总四德以成规，秉三从而作诚。忽婴膝理，未痊勿药。因共发心，敬图补处。冀得雪丛真味，入身聚以澄渟；月爱慈光，荡心源而照烛。赞曰：

正遍知兮无覆藏，有美一人兮鲜乐康。

目不舍兮心不忘，力巍巍兮福堂堂。

冀痊瘳兮勿药，欢琴瑟兮未央。

幸至真兮巧方便，资上善兮洞圆常。

祇洹寺经台内功德赞一首　并序

夫生不动之国者，形像之因为最；广无生之业者，泥染之渐攸积。况乎江夷感梦，仲若之思不稽；郗超立誓，安道之妙斯辨。固知铭心有在，机应遽逾于屈申；援手可期，感名宁违于咫尺？朝散大夫、行山阴县令白知节，冰壶湛虑，水镜清神。一同（国）流惠爱之声，百里奉威恩之化。由乃洞晓心聚，妙体身城。干蛊无扰于十缠，居家不着于三界。凡厥寸禄，尽入檀那；罄乎片产，皆资白业。仍于此经台内奉造素弥陀尊像并十事坐身高若干，又于西殿庄古弥勒圣像金色二躯。光趺连地，高若干。融金正峙，满月初开，万德成就，众相具足。又于台内东西两壁，画弥勒地藏观音等菩萨各一躯；又于台南白间，画观音、印手二菩萨。宝掌开文，印手腾

88

光于鹅网；金髻动色，螺彩彻曜于珠辉。又于北壁画八部神王，并诸壁山石等。琪树璀璨，石壁莓苔，若五岫之骈峰，如九疑之竞峙。神则有大威德，具大神通，易貌分形，护善持恶。缋事已毕，愿力熏修，位渐算延，天从人欲。乃为赞曰：

法身无色，至像无形。不昧而皎，非青见青。随机乃圣，应感惟灵。四心誓力，一善同宜。筏宰冲和，祈心上妙。彩画满月，融金聚照。等觉凝姿，普门腾曜。八部围绕，众峰耸峤。与劫石兮同拂，将须弥兮永劫。

画地藏菩萨像一首　并序

夫冥机不一，善诱良多。应物而形，固难详悉。斯则位阶十地，示见色身；源其理契三伊，湛然常寂者矣。越州都督仓曹参军事宁思庄，道自生知，慧因心悟，未辍琴瑟之好，遽惊泉壤之魂。敬为亡妻刘氏画地藏菩萨一铺，庶得生平五郭，藉愿力以销除；宿昔三空，乘慧光而早悟。赞曰：

佛界常寂，法理湛然。惟恍〔惟忽〕，非实非权。十住果极，等觉因圆。随机应变，不可言诠。勤行上土，情哀伉俪。白黑未分，丹青发誓。地藏凝察，乾仪永媲。幸秽国之长捐，希净邦之早契。

卢舍那像赞一首　并序

夫法身非色，为物而形；百亿阎浮，咸蒙示见。七处八会，善诱人天。等觉妙觉，凝圆佛地；清信土岑，相昆季等。君子温其如玉，交朋利而断金。居家以孝道为先，友于以仁让推最。乡曲以之延誉，侪僚于是与能。贤乎哉！若人也。奉为亡考敬画卢舍那像一铺，并八部。尊容圆满，疑处寂灭道场；童子善才，若入虚空法界。香云香善，暖礘氛氲，列卫分驱，荧煌肃穆。乃为赞曰：

莲藏世界，舍那如来。因圆果满，端坐苑台。神用无极，乐说宏谈。七处虚往，八会真开。弥轮百亿，旷矣悠哉！妙入法界，其唯善才。仁人孝友，绝后光前。劬劳至德，罔极昊天。爰凭彩缋，敬像凝圆。冀当来之觐奉，载膝下之良缘。

画观音菩萨像赞一首　并序

大哉观音之为化也。惟恍惟忽，非色非空。无缘慈以拔苦，平等悲以与乐。其应也，即月喻而随感；其道也，虽日用而不知。山阴县尉贾公名慎，良玉比德，清镜临人。一同（国）资以成政，百姓因而易俗。况深达幻境，洞晓身城。嗟二鼠之侵藤，惧四蛇之恚箧。解兹璎珞，命彼丹青，图等觉之圆常，祈普囗之妙力。赞曰：

普门示现，观音汲引。道王娑婆，地超堪忍。随机应感，非远非近。三身自在，四心无尽。多所饶益，能施无畏。拯溺救焚，翘诚必遂。等契乎唯一，同归乎不二。

瑞应像赞　并序

夫冥机舛互，圣授手而忘疲；寂照圆凝，凡资权而渐极。佛言彩画尽无生之业，自他皆不动之因。妙矣，夫诚言也。比丘尼妙净，体兹梦幻，厌彼樊笼。忘情乐受之中，黜聪苦空之外。敬为亡弟仍率众缘画瑞应变一铺，崇景福也。金刚起座，宝树低枝，降天魔而位极，踊地神而为证。赞曰：

至道一如，诚谛非虚。乖真起妄，秽浊沦湑。四弘誓力，七宝先居。乘机接引，应感权欤（舆）。奥若妙净，凝神至极。慧玉方心，莲花比色。桓山坠羽，鸰原罢翼。冀慈氏兮诞降，载姜肱兮共息。

迦毗罗王赞一首　并序

闻夫形分八部，必护善人；位阶十地，犹持恶鬼。东弗仰提头之号，南阎挹楼勒之名。捎魍魉以销灾，斫浮游而息横。岂徒礼拜者生福，固亦结愿者如心。所以达识缋事于丹青，贵游写真于塔庙，传诸不朽，其在兹乎？宣德郎、行越州参军事姚孝先，轩丘茂绪，舜海曾波，奉上以忠，事亲惟孝。自参卿远任，久暌色养之勤；循陔肆嘱，弥积庭闱之恋。敬为二亲画毗迦罗王一铺，伏愿寝膳元吉，寿算延遐。乃为赞曰：

若有人兮孝思，相林乌兮反哺。望西崦以增佇，循南陔以延慕。幸法将之保持，冀善权之扶护。销九横其无扰，掷三灾其回度。

毗沙门天王赞一首

善权护法，散体无垠。为四天王，见八部身。以坚固力，运大威神。驱除魍魉，保佑仁人。

画释迦像赞一首

夫灵山妙演，高彩画之功；圣道芳因，先形象之业。况天竺台内，模具相于青丹；明节陵中，写真容于缋事。是知一空一色，尽入玄门；运想翘诚，冥归极地。山阴县尉朱公，字守臣，太夫人荣阳郡〔君〕郑氏，闺门植德，礼乐传家。修满分之威仪，体圆常之秘赜。恭惟母因子贵，沐宠荣私，嘉懽（欢）坐臻，勤诚日荐，缅怀冲退，实愧明祇。庶几鬼神福谦，人道助信，所以归心大觉，图像遍知。祈妙善以保持，冀无骞于永锡。赞曰：

我母仪兮至思，颓玉容兮自持。

懼（欢）荣宠兮非据，昭月爱兮遥祈。

希不孤兮妙力，享元吉兮明时。

会稽县令独孤公画赞

亭亭茂宰，水镜临人。

穆穆风教，制锦惟新。

怀县脂粉，浙左声尘。

广开庠塾，况乃公勤。

豫且画赞

伟彼豫且，网入龙鱼。

庄生遗旨，张衡再敷。

惕轻万乘，戒在一夫。

微臣献款，上帝曰俞。

祭文为桓都督祭禹庙文

维大唐开元五年，岁在丁巳，九月口日，朝议大夫、使持节都督越州诸军事、越州刺史、上柱国、寿春县开国公臣范，谨以清酌少牢之奠，敬祭于夏帝大禹之灵。闻夫有非常之人，然后有非常之事；有非常之事，然后立非常之功。惟帝卯宿滕精，神珠诞曜，胸有玉斗，首戴钩钤，已文在足，虎鼻大口。此非常之人也。伊尧纂历，洪水横流，浩浩滔天，汤汤方割。犹乃傍咨俾乂，静念登庸。此即非常之事也。

帝乃栉风沐雨，脱履挂冠。致敬鬼神，尽力沟洫。耳徒参镂，胫无只毛。辟九河而别九州，县五声而制五服，此即立非常之功也。岂期会计涂山，遽没齿而忘返；祠临镜水，绵代革而犹存。蜿蜿黄龙，已藏舟于夜壑；翩翩群鸟，尚耘籽于时苗。

某以非才，共理务，绾专城。既属霖潦愆时，下圉昏垫。敢申祈祷，遽荷灵慈。召风伯以清尘，驱云师而屏翳。遂得化鱼之蠹，获免襄陵之灾；栖亩之禾，无复为萁之咏。敬诠吉日，奉荐嘉羞，式均椒糈之诚，有若蘋蘩之奠。伏愿灵心肸响，明德惟馨，歆微臣之薄酹，降洪慈之霈渌（泽）。伏愿尚飨。

为睦州别驾崔　祭禹文

维年月日，银青光禄大夫、前睦州别驾、上柱国、清河县开国公崔，谨以清酌之奠，敬祭夏帝之灵。石纽诞灵，金行启运。九河既辟，万国攸归。岂期会计涂山，精灵留而不返；祠临越甸，容卫俨而犹生。呜呼！某甲忝沐唐化，庇影周行。蹑飞履于缙云，杳同天外；展骥足于千里，来游镜中。申兹共被之欢，洽彼同蔬之惠。若非神心正直，明德惟馨，何由得花萼敷叶，嘤声韵合？今日吉，此辰良，怀椒糈，沐兰芳，冀明灵之昭奖，祈降福之穰穰。伏惟尚飨。

刘明府八日设悲敬二田文

弟子刘详古顿首稽首十方三宝：闻夫勤行为道，上士杰出于中庸；不舍称檀，下乞诚等于难胜。故须达长者，侧布黄金；邠坻太子，倾投国宝。是知白业因缘，诚斯尚矣。檀波罗蜜，可思议哉！但详古自惟虚薄委质，□□祯期，徒怀报国之心，曾微干时之用。乌台肃物，执霜简而多惭；凫舄临人，蕴冰清而有惧。幸属地神化花之日，微妙熏修；龙王洒水之辰，上善沾沐。爰因此寺设悲敬二田，仍命所部营三百人供，总斯景祐，奉荐圣神皇后，伏愿策绀马以长驱，乐歌天马；转金轮而不息，化括地轮。方劫石而作固，总恒沙而入寿，末及详古所部，愿得袭俗清夷，式遵提耳，灾风自退，无劳叩头广及云云。

大善寺造像文

寺僧及外缘等敬白乡党诸大长者：闻夫生死有畏，当依功德之力；涅槃善诱，无非不动之因。顾以井藤危命，三相屡迁；水月浮生，百年俄顷。每轸兰筋骎隙，委穷尘而遽远；大力负舟，溺幽泉而靡济。某等本寺愿造无量寿变一铺，紫磨融躯，皎千轮于满月；青莲写态，映八水以横波。上、中、下三品（之）往生，俨若宝池之内；天、龙、鬼之影卫，还疑珠树之前。兼铸宝烛二枚，又造香炉一口，烟浮五色，近接面门之光；气引六铢，遥荡栴林之吹。总斯景福，悟彼苦空，共捐秽土，同趋净域云云。

法花寺造净土院文

闻夫至象无色，韫常寂以为邦；应佛随机，跻群动于西净。由乃庵园高会，接妙喜于毗耶；鹤林胜集，变拘尸如忉利。是知广博严事，善诱莫先；绮饰雕文，白业居最。但某本寺晋代僧翼之所立也。五岫骈峰，四山萦映，状如城阙，又似耆阇，信福惠之道场，实东南之胜地。今于寺内，敬造净土院一所。倘荆棘可变，便成珍宝之林；庶琉璃在瞩，无闻砂砾之秽。然后倾耳珠树，聆三空之妙演；托阴莲池，鉴八解之清止。轻投短拙，敢慕良缘，共圆上善，俾夫无昧。

为人父母忌斋文

原夫禀质大炉，甄形巨炭。造成者，实荷于天地；鞠育者，莫先于父母。某顾惟邢渠养父，发白而更玄；老莱事亲，衣斑而去素。董黯痛心而遄返，曾参啮指而驰还。瞽瞍之目更开，丧明之亲再视。斯并至诚有感，万叶传芳。况乎孝悌未通于神明，蒸尝遽缠于哀戚。空思扇席，断绝于陟岵之心；虚陈几杖，悲慕于趋庭之训。而幽泉易溺，藉戒筏而方济；夜台难晓，非惠日者谁明？所以莹饰门庭，降延瓶锡，敢荐蔬菲，奉福玄夜。伏愿入如来室，餐法味以资神；着柔和衣，熏戒香而涤累。次以功德，奉福庄严。七祖不归，久悬长逝。愿得嬉游智殿，等悉达之三时；安步法堂，参舍那之八口。爰及中外，凭兹上善，长绥百福，永离三灾。用觉蕊为花鬘，持戒珠为缨珞。凡厥老病山之包裹，烦恼海之飞浮，高谢铁卫，超登宝岸。

为人父母设斋文

原夫志切天经，莫大于严父；情深地义，实荷于劬劳。虽复温清生前，宁报于罔极；而津梁殁后，方酬于爱敬。但某循陔起恋，陟岵崩心，扇枕席而无因，施几杖而何逮？荒凉蒿里，泣松色之成行；萧瑟滕城，听风枝而结恸。所以清净宅宇，庄严道场，幡盖浮空，香火洒地，尊容聚日，众掩弥天，大转法轮，高悬智炬。总斯福惠，奉荐亡灵。伏愿春水莹心，安持自得；秋雷动听，妙解开敷。然后御师子床，诱喻于诸子；坐金刚座，折挫于刚强。勉方便而安坐四衢，开善权而高视三界。七祖埋魂于幽石，荫此慈云；久悬委魄于穷尘，沾兹法雨。斋主宅舍，变耶迁而为吉祥。凡厥大小，静三灾而绥万福云云。

为人母远忌设斋文

弟子顿首稽首十方三宝：恭惟发肤之分，至造无垠；劬劳之恩，昊天罔极。未展温清之礼，俄缠霜露之哀。先妣逝川不归，穷尘邈远。萧萧风树，更增摧绝之心；杳杳泉台，再切荒凉之恳。而鐕舟遽徙，隙驷亘留。爰届今晨，便钟远讳。所以披拂三径，营树八关，庶此法流，涤兹尘累。然后戒香芬馥，回入檀林；德水澄淳，盈流宝岸。又七叶沉姿，久悬掩魄。或碑版磨灭，拱木残摧，慧日傍临，昏衢再朗云云。

为人母祥文

弟子某顿首稽首十方三宝：窃以圆常非色，驱至象于微尘；妙有非空，纳须弥于小芥。其身界也，量等于虚空；其心慧也，自然之寂灭。盖不可名言，得其惟佛法矣。但某宿以微善，甄形大造。每惟德逾穹昊，谁期蚋积彼苍？尚未达于分甘，遽兹缠于荼苦。况穷尘易远，隙驷难留，俄届即辰，三年礼毕，敬卜某日，敢以祥练。追惟罔极，愈切于循陔；远慕慈颜，情深于陟屺。而佳城郁郁，匪慧日者谁明？爰海滔滔，藉檀波而方济。所以远祈匠手，造像书经。贯花之偈，蕴八味之真常；满月之容，总千输于具相。又写育王宝塔一区，造铜钟一口。神僧旋绕，疑鸟道之飞来；步影相趋，若天台之响应。又造香炉珠幡等。春池明月，共虹影而浮辉；海岸栴檀，入烟空凶散馥。谨于今日，设斋式赞。总斯景祐，奉荐亡灵。伏愿觉花飞彩，发意树以明空；戒月澄晖，照禅云而辨色。然后方丈室内，不可思议；涅槃城中，还蒙乳养。次以奉福先亡等，爰及久远先灵，傍沾十方抱识。并愿宝坊高蹈，蒿里长辞，勿滞于人天，果圆于佛地。

为人妻祥设斋文

弟子某顿首稽首：满月真容，湛清晖于巨夜；法日圆照，朗苦露于重昏。爰及鸳鹭羽仪，龙天眷属，敢希清听，伏乞证明。夫乾川肇判，三星之礼实陈；人伦好仇，百两之仪遽展。故老莱之妇，笄首而簪蒿；梁鸿之妻，齐眉而举案。芳踪令躅，可略言焉。妻某氏兰桂其芳，冰霜其洁。正色端操，志挟于三从；清闲守静，总含于四德。偕老之望，永毕衡门；物故可言，奄埋重壤。逝川难驻，巨壑易迁，魂兮不归，再周俄及。风悲虚室，终无李氏之灵；月入长箦，徒有安仁之恸。升沉未卜，苦乐宁知？匪藉慧灯，岂明玄夜？所以迁延梵侣，营树蔬中（菲）。庶此法流，涤兹尘累。然后长驱觉路，□白牛而出化城；高蹈色空，驾香象而登极地。又新营宅舍，频致妖祸，或恐东西掘凿，触犯禁忌。设斋福祐，转作吉祥，六甲围绕，万灵符卫。山鬼木魅，各附于林亭；野鼠城狐，自安其窟穴。慈云广润，岂间飞浮；法雨傍沾，宁遗动植？预该品物，凡厥怨亲，咸坐菩提之树，俱成解脱之果。

为人妻妊娠愿文

弟子某顿首稽首：大权十力，悲心有鉴于丹诚；种觉三明，慈念无遗于赤子。妻某氏怀生有托，今见妊娠。虑不安宁，情深惶怵。谨舍前件，贴营功德。庶凭福善，保佑妊娠。所冀庭玉可期，弄璋无滞。然后光辉灼灼，远映韦氏之珠；逸态昂昂，宛若庞家之骏。一味甘雨，普洽群萌；三界慈云，傍荫含育。并得莲台之乐，同游欢喜之园。

为人息神童举及第设斋文

息某凤蕴生知，幼挺聪睿。排颍川之二宝，架济北之五龙。孔林辩雁之年，三端妙绝；车胤聚萤之岁，肆业弥勤。慕终童之弃缰，远谒金马；壮何晏之专席，聊背铜牛。遂乃赤县羁游，青山断望。天从人欲，名位如心。今日设斋，式赞光景。愿得亭亭耸干，如岁寒之松柏；穆穆流美，若东南之竹箭。然后禄位昌盛，寿算延遐，道路生光，歌钟竞响云云。

为人囚息赛恩斋文

弟子某顿首稽首十方灵觉：原夫天性至重，骨血情深。经著膝下之言，书称掌中之爱。况芝兰玉树，二宝八龙，斯号兴宗，实隆堂构。男某幼怀专席，早慕趋庭。去某月初，忽乖摄卫，顿卧床枕，弥旷旬朔。既切将雏之念，其如舐犊之心。仍跪如千僧功德，庶疾患痊愈，安排勿药。自从跪愿，所苦渐瘳。固知雪丛真味，顿愈身心；琼田神草，讵为良验。

但某识甄名教，预忝人伦，既殊朽木，每惟结草，敬克今日，莹饰衡门，营树蔬菲，式酬嘉惠。伏愿鬼神有知，幽明靡隔。歆此功德，长为福祐。家门昌盛，道路生光。食下万钱，归从百两。息某见任微职，希其悦茂松柏之御岁寒，得人肃仰高山之与清庙。

又亲堂有命，令造某经，因今功德，奉申庆度。夫骎骎落景，鲁阳之精诚尚驻；星星白发，邢渠之孝感更玄。斯并至节居衷，神明远应。某既忝仁子，敢越天经；每惟恩德，徒然罔极。非凭三宝，何以赛投杼之劳？匪藉四依，无由答分甘之惠。

总斯上善，奉祐亲堂。伏愿昭昭慧日，转桑榆之暮景；濛濛甘雨，濯蒲柳之衰年。亦以奉资久悬掩魄，七叶沉姿。藉涅盘（槃）之声光，昭临暗壤；泛般若之津济，汲引迷途。凡厥昭湿斑形，飞浮禀气，同登极乐，等契圆常。

大兴寺造露盘文

夫湛寂凝圆，冥其足迹。弥沦应感，物故施为。由乃忍土降生，鞞林构出生之塔；拘尸示灭，鹤树有入灭之基。是以八万四千，育王展其规制；已造再造，玄度验其神踪。

某等所营，才唯二级；彩缋雕饰，功圆一匦。月户开辟，若多宝之扣关；花龛照春，如栴檀之荡旭。诚人天踊跃，幽冥赞叹，犹有言者。特为轮相未全，今欲询求名匠，熔范毕功，而铣鋈阒然，炉锤罕汲，庶凭众力，卒此良缘。敢以轻投，请题嘉讳。

为人社斋文

闻夫竹林清宴，已流兴于昔辰；兰亭胜集，犹传芳于此日。斯乃高尚其志，栖托烟霞；山水其心，兀陶觞咏。岂若五百长者，献宝盖于庵园；二恒善宿，奉香薪于鹤树。今欲广慕良友，同发胜心，结社建斋，熏修过见。每年一集，古佛然灯之晨；大善道场，昔贤布金之地。味涅盘（槃）之食，以代于樵苏；坐空寂之座，以当于筵席。幸同斯唱，请题入月之名，传之不朽，永媲出尘之侣。

大善寺造桥文

夫登宝岸者，要藉乎津梁；升智殿者，莫先乎梯级。但某本寺，殿阁相望，尚阙于飞桥；步武之间，似阻于河汉。欲屈班输之巧，高挥郢匠之斧，伐海岸之旃檀，作慈庭之迥构。所冀瑠璃之柱，与月殿而分辉；虹蜺之梁，排云阁而跨迥。然后百劫千劫，共越邪源；若怨若亲，同趋正道。

七月十五日愿文

窃以大须弥之相好，迥拔四山；得满月之奇姿，光辉巨夜。不倾不动，巍尔排毗岚之风；无灭无生，焕矣烛轮回之境。如来功德，可思议哉！

伏乞遍知证明，檀越有千龄掩骼，已闷于滕城；或七祖埋魂，永沉于蒿里。听风枝而结恸，望松色以增哀。若不广树津梁，无由济于泉壤。今属三空行毕，八种施辰，率乡党之众缘，办盂兰之一供。众香之饭，气结于凝云；千里之羹，芳兼于芍药。

先兹奉佛，次以施僧。庄严万古沉沦，并及久悬腾逝。并愿乘斯景福，离黑暗之泥黎；藉此鸿因，超亿劫之生死。然后漾宝舟于法海，控八解之波涛；洒甘露于慈云，润三千之枝叶。次沾见在，长饗元吉，凡厥行藏，同登极果。

六、周赵王集

内藤湖南说："周赵王，名招，字豆卢突，文帝子。《周书》《北史》并有传。博涉群书，好属文，学庾信体，词多轻艳。武成初封赵国公。建德三年进爵为王。大象二年隋文帝将迁周鼎，招密图之，文帝陷以谋反，见害。有《文集》十卷行于世。然《隋志》著录止八卷。《日本见在书目》有《后周赵王集》十卷，乃同本传。《新唐志》则有《后周赵平王集》十卷。按本传作赵僭王，而无平王，《唐志》误也。招每与庾信、王褒等唱和。今本《庾子山集》载《赵国公集序》，极称其才，谓发言为论，下笔成章，逸态横生，新情振起，风雨争飞，鱼龙各变；论其壮也，鹏起半天；语其细也，鷦巢蚊睫。又有《和赵王诗》十五首、《谢赵王启》十二首。赵国公夫人纥豆陵氏墓志铭，乃系招配，可见其交态之密。冯氏《北周诗纪》亦载王褒《和赵王诗》二首。然招诗载《北周诗纪》者，止《从军行》一首，采自《文苑英华》，文则全佚。今集中所载《道会寺碑文》《平常贵胜唱礼文》，皆陈义玄深，雕辞靡丽，抚简栖之头陁，媲僧儒之忏悔；其余诸序，亦皆隽妙。中州词林之风流，代北贵种之文采，惟滕闻王庾集序与此诸篇，庶乎可以尽其大概也。"

小野胜年撰《〈宸翰杂集〉所收〈周赵王集〉释义》（一），载《南都佛教》第四十一号；《〈宸翰杂集〉所收〈周赵王集〉释义》（二），载《南都佛教》第四十二号。安藤信广撰《圣武天皇〈杂集〉所收〈周赵王集〉译注》(1)，载东京女子大学《日本文学》第九十三号；《圣武天皇〈杂集〉所收〈周赵王集〉译注》(1)，载东京女子大学《日本文学》第九十四号；《圣武天皇〈杂集〉所收〈周赵王集〉译注》(3)，载东京女子大学《日本文学》第九十五号。

周赵王集
道会寺碑文

若夫九成图盖，则康阳垂日；四柱方舆，则凝阴戴升。而君称龙首，既泣历于九宫；帝曰蛇身，遂亥爻于六位。是知鬼神无所逃形，天地之情尽矣。岂似真如寂绝，非千尺之可求；实相冥言，非一音之可证。毛滴海水，笇数之理无方；尘折须弥，测量之情逾远。

昔者五百罗汉，同来舍卫之城；十千天子，共诣迦陵之国。乃见安居鹿苑，说法鸡园，满面含光，通身微笑。自月落金棺，曰萎香炭，双林变色，四马生风。若使图光不写，则度敬靡托；方坟莫树，则栖庇焉奉。是以商人采宝，则龙宫自开；梵志求香，则海潮仍落。波斯檀越，图绀发而升天；须达长者，布黄金而满地。三十二相，传妙质而无穷；八斛四升，散全身而不灭。

汉皇宵梦，启正教于山东；吴宫夜明，悟斜心于江左。皇帝沉璧握图，怀珠受历，幽房贯月，苇渚落星。都平阳而受禅，坐玄扈

101

而披图。长赢（嬴）炎景，服缔葛而继百王；月纪玄英，衣鹿裘而朝万国。蓬莱羽客，弃神仙囚戾止；渭滨隐士，舍垂钓而来王。至如玉盘银瓮之祥，赤兽白禽之瑞。双苗三齐，以表至孝之征；神雀灵鸟，乃应太平之兆。丹□雨（两）凤，夜宿华山之桐；河汉双龙，朝游葛陂之水。接礼慈爱之文，睿德戢兵之武；安上治民之礼，移风易俗之乐。

若乃金绳玉字之书，石架银函之部，黄封万卷之言，青首五车之册，占月司星之术，观风候气之仪，中臂碍柱之精，惊猿落雁之巧。缘情则飞云玉髓，落纸则垂露银钩。白石紫芝，悬谙药性；四童九转，遥识方名。投壶则仙女含笑，弹棋则玉女度河。可谓唯圣唯神，多才多艺。上林秋兔，书而莫尽；睢阳竹简，载而弗穷。虽复迹住有为，而心存遣相，达五家非已，识三相莫停。汲亥群迷，绍隆释典，岂止驱之仁寿，方且归诸寂灭。

乃建斯刹，厥名天会。其寺盖昔某官姓名所兴也，观其揆日，面方崇基，架宇外喧，王舍内祇园，但以春灰数动，秋火屡移，台毁花菱，盖彫香灭。萧萧虚牖，或似相如之台；寂寂疏扉，乍同扬子之宅。乃于旧所，经始庄严。荆山春岭之珍，合浦朱提之宝，并充随喜，尽用行檀。转埴陶人，挥斤好匠，莫不椒泥挂柱，彩壁梅梁，绮井舒荷，雕楹散藻。三处红莲之殿，五时白鹤之宫。月映瑠璃，带春风而不堕；云连马脑，似秋雨而将垂。摩羯国中，翻惭净土，毗耶城里，到愧伽蓝。天乐恒调，不待周瑜之顾；空香自吐，无劳荀彧之衣。桂影澄渊，即是沈河之璧；揄落水□，□然投渭之钱。吉士诜诜，捧乳糜而竞入；名僧济济，抱应器而知归。是知缘觉争飞，终留世界；声闻听响，遂至他方。法雨才沾，枯苗即润；慧灯暂照，暗空方明。现五缚于离车，伏双魔于道树。鸽凭威而向影，大乐法而升阶。

寺主比丘某甲，僧徒英隽，法侣高明，心伏悭贪，身行忍辱。若夫酒泉开士，唯学禅友；钜鹿沙门，止通经论。未有守护雕甍，坚持宝刹。

皇帝辍万机之务，隆四海之尊，辇诣花园，舆回香苑，六龙严设，四校广陈，悬豹尾于属车，望灵乌于大史。鹿卢之剑，本带龙文；宛转之弓，旧合蛇影。于是顶戴天人，归依正遍。然后登宝座，抚金机，潜名教，阐大乘法。胜毗日云，义均废疾；呵梨成实，事等膏□（肓）。广说涅盘（槃），迦叶起问；高谈般若，善吉先知；遣有为，住无为，灭执相，存忘相。练石矿于贡金，变醍醐于乳酪。法华穷子，始悟慈颜；火宅童儿，方知离苦。足使提舍耻其头燃，纳衣惭其断见尔。其处也，国称四塞，地曰一金。一鸟朝翔，周王杖钺；五星夜聚，汉帝治兵。缘蔓蒲陶，斜悬别馆；青苗目蓿，遥映离宫。都尉诚船，独有昆明之水；将军置阵，唯馀细柳之营。南望上林，想仙童之来晚；西瞻青绮，思召（邵）子之瓜甜。正对旗亭，则五层迢递；傍临峻堞，则百雉逶迤。欲令胜叶恒传，福田永播。而灵光之殿，古字难存；羽陵之山，新书易蠹。唯当一刊玄碣，万古常观。岂使襄阳水中，独有镇南之颂；燕然山上，唯勒车骑之碑。舞蹈希有，乃为铭曰：

> 百非体妙，万德凝神。
>
> 空因相显，理寄言申。
>
> 赴机日应，反寂称真。
>
> 法身岂灭，世眼时沦。
>
> 俱迷苦海，孰晓良津。
>
> 我皇御宇，超兹文武。
>
> 迹染俗尘，心标净土。
>
> 道牙广润，胜幢高竖。

静监有空，缘思爱取。

是曰人王，兼祥法王。

惟天隆祉，雁地呈祥。

苗垂三穗，莲开两房。

鄠户赤雀，殷庭白狼。

璧连朝影，冀瞻夜光。

儒童剪发，难提承露。

水净洛池，花然宝树。

偈说多罗，经文妬路。

甘泉北接，细柳南邻。

河桥铁锁，灞岸铜人。

云低宝盖，花大车轮。

天晴雾解，景落霞新。

丝缕共缠，灯光相续。

水激珠泉，沙流银粟。

地慢黄金，床雕青玉。

凤皇之阁，芙蓉之宫。

雕栾婉转，镂槛玲笼。

窗疏受电，檐回来风。

澜（兰）生叶紫，莲吐花红。

园成树满，渠开水通。

禅□永定，智炬方融。

□道成果，果累尽空。

平常贵胜唱礼文

夫法身凝湛，似太虚而无际；妙理渊深，同沧海而难测。但沤和构舍，普应十方；毗卢遮那，遍该万品。大慈云起，等玉叶之重舒；甘露雨垂，譬濯枝之交落。一音所唱，随闻各解；三转所诠，因机并悟。或复散花含笑，俱证善生；动地放光，咸标罪灭。故知福惠尊高，威神降重，人天胜轨，智断良田。

今日施主弟子某甲，乃是三多，久树八恒。慕须达之前踪，口郁伽之后辙，所以于兹广厦，仍建道场；用此高因，便开法席。宝幡飘飏，杂□花而共色；法鼓铿锵，带梵音而俱响。果味甘美，如在欢喜园中；饭气纷馨，似出众香国内。大众证明，为礼寂灭，种智雄猛，灵觉能仁，调御慈氏法王。

愿施主乘斯福善，广沾九族，该被六亲，泽遍升庆，兼□存没，并使解穷七觉，识洞三明。弊（币）帛稍除，金体便现；灰炭斯尽，树想不生。叶恼皆谢，益缠永息。禅惠日增，道如方具。

盖闻因果冥符，豪厘弗爽；报应悬感，纤尘靡失。故经言虽无作者而有业，受者虽灭，果不败亡。故知善因既立，胜果便至；恶行若兴，苦报斯屏。

今日施主，树此洪基，乃欲舍我为他，先人后己。但响随声续，影逐形移，福不唐捐，善无空设。先用奉资久远，上拔亡灵，绖有游神。凡诸逝影，皆并泉门迢递，启疏莫因；玄夜艰关，瞻仰无所。凭此功德标心，奉为大众，相与证明，为礼观音极地，正法明尊，妙德本身，龙种上佛。愿施主先亡，即日生处，口定转深，神通稍广。蹑金花而从步，反笑乘龙；凭宝殿而游安，还嗤控鹄。法喜为味，讵假餐霞；惭愧是依，何待披雾。然后遍修万善，伏彼无知；通运一乘，度诸有识。然智惠火，烧烦恼薪；泛涅槃舟，济生死海。

无常一理，伤害似刀；有为三□，迁改如掷。所以日轮晓映，阳乌之羽不停；月桂夕悬，阴兔之光恒徙。又且四山交逼，如何可

105

免；二女竞来，罕能排斥。唯当深树德本，广植良基；藉福荡灾，寄善消郭，冀望千秋永乐，万寿无量。

今为施主，现在眷属，居门长幼，合宅尊卑，并皆归诚，致教为礼。十方众圣，三宝诸尊，应现法身，相从佛宝。

愿施主自身并诸眷属，爰至妻妾，傍及宾僚。并愿正报安宁，近须弥而可喻；依果丰溢，苦摩男而相拟。微烟小郭，寄神风而吹拂；霜露薄愆，因惠日而消荡。灾氛已散，宁劳刻杖高麾；厄运自祛，何待登山远避。身心快乐，似遍净而无忧；寿算遐长，类金刚而弗毁。宦途隆显，非因白燕之祥；禄位迁升，宁假黄花之施。诸佛之道，誓愿为先；大士之怀，慈悲是务。能晖暗室，取譬明灯。独胜群臣，方逾太子。故知菩提之善，常须勤发；弘誓之因，何宜待废。今为檀主，运此大心，随法界之少多，逐虚空之广狭。上则穷尽无色，下则极至阿毗。间中生处混渚，果报丛杂。乃至殊方异域，不近人情；被发雕身，无闻诗礼。或可赤城紫塞，碧海乌江，弱水梯山，毡帷板屋。爰及一臂之人，两头之鸟，三足之鳖，六眼之龟，乃至体上载（戴）星，背间生树，腹中容鸟，口里吞舟。如是地狱辛酸，修罗楚切，神祇诌曲，饿鬼饥虚，今日该罗，并皆逮（建）为教礼，尊像尊经，大士当使。诸天果报，常离委花之苦；地狱清凉，永绝碎身之痛。人中闲赏，罢长城之役；修多安务，无酿海之劳。饿鬼俱服，醍醐玄生，并餐甘露。

中时两拜

夫五阴虚假，四大浮危。事等惊飙，有同聚沫。兼复八苦煎虑，九横催年。所以缠忽暂生，俄顷还灭；妄想言实，毕竟俱空。智者深知过患，凡夫多生保着。虽复有为流动，曾不暂安而无明；或倒唯贪长久，若栖心正法，入光影之中；敛念至人，荷慈悲之

106

益，必得命同沧海，体类金山，不为风日所侵，岂是劫数能毁？

今假施主众多檀越，并皆生钟险世，运属危时。二鼠常煎，四蛇恒逼。若非妙善，何以自安？除此胜缘，孰知请护？道场大众，普为证明。

愿施主自身，并诸眷属，百福扶卫，万善加持。卧觉安宁，兴居快乐。虽复四时改变，雅质常然；三相迁流，正报无动。夫小乘心居，所以止度一身；大士意该，所以广沾六道。故知菩提之善，不可思议，□喻太虚，平如法界□，竖通三际，横亘十方，穷于不穷，尽于无尽。

今为檀主发兹大愿，随众生之阔狭，任含识之少多，莫不运此善根，普皆律被。上界天仙，冥中祇飨，山川房庙，里社丘墟，次及人间。凡诸果报，绖是四海之内，三千之土，居民贵贱，愚智尊卑，当愿国界安静，气序调和，兵革不兴，干戈无用，竞修礼让，争习仁慈，天下大同，兆民庆乐。下临三途巨夜，四趣幽关。铜柱剑林，刀峰铁网。凡诸逼恼，一时清净；绖是悲酸，普皆济拔。敬尊像经，大权大士，忏悔劝请，随喜回向，行愿善根，此时具足。

无常临殡序

夫无常之法，念念迁流；有为之道，心心起灭。虽复单越定寿千年，非相大期八万，而同居火宅之内，俱弊死生所逼。况复阎浮世界，命脆悬藘；娑婆国土，身危惊电。所以逝川觉其迅疾，过隙叹其奔驰。镜像喻其非真，乾城方其无实。

今者檀越，过去亡人，遘疾不瘳，奄然万古。光颜若在，便怀丘墓之悲；盛德未衰，仍为泉壤之隔。奈何罢去，更一面而无期。呜呼哀哉！岂再逢之可望？赗已赒赗，卜哈便毕；盖棺定谥，正是今时。非但子弟崩号，亲知悲恋，亦可（有）乡党嗟悼，宾游痛惜。

但有生皆死，自古同然；夫有盛必衰，何人得免？交且天地安静，气序调和。须枕告徂，高卧启尽。棺椁以礼，亲邻毕集，善始令终，差无遗恨。

必愿奔识解剑，示以天人之衢；阎罗报笔，题以功德之薄。必当升净神境，沐浴八解之池；游步宝阶，逍遥千花之殿。然后道心具足，无生之忍现前；惠命延长，一相之理明白。又当覆阴大小，令万寿无量；福利子孙，□千秋永豫。唯愿藉佛神力，因僧胜善。愿亡者曩生郢业，一念消除；积世瑕殃，俱时清净。出恩爱之缘缚，断烦恼之得绳；怀无始之有转，到涅槃之彼岸。

宿集序

夫玄原辽夐，妙理虚凝，超四勾而独高，离百非而自远。但通神感圣，必寄心云；除惑见理，要资智业。然拱树藉于豪叶，巨壑起于滥觞，莫不从微至著，自近之远。

今假施主，建此胜斋。方寄明晨，广陈法事。今宵既道场初设，座席新开，四众围绕，三尊罗列。梵音始唱，含渔岫之声；法鼓初鸣，浮泗滨之响。大众敛容整服，端心摄意，礼云云。

中夜序

夫灰琯不息，筹鼓相煎；初夜未机，中宵已届。风烟既歇，星汉未移；烛溜频凝，灯花骤落。恐大众端肃之容乍怠，虔恭之用或亏。必须重策情猴，再调心马，耳聆清梵，眼瞩尊仪，洗濯尘垢，泽弃爱着。必令始终无异，表里相应。

药师斋序

盖闻诸佛如来，本弘誓力，莫不哀矜六道，荷负四生。示出苦之舟帆，标入理之蹊径。所以逢光遇影，为益既多；见色闻声，获利弥重。

此药师经者，乃是佛游毗耶之国，偃息音乐之树，与八千比丘之众，及三万菩萨之僧，共会论经，方坐说法。是时对扬之主，名曰文殊，承佛盛神，即从坐起请，问诸佛国土利益众生之事。是时大师即为宣说，东方去此十恒河沙，有佛世尊，成等正觉，善治众病，故有药师之名。内外清彻，故受璃光之号。在因之日，妙愿庄严；成果之时，净土清洁。闻名之者，无鄣不除；礼敬之人，有求皆遂。

今假施主，依经行法，幡悬五色，灯曜七层，放生烧香，转经行道。

儿生三日满月序

夫众生果报，不可思议；眷属因缘，信谓殷重。自非久修善业，多树洪基，岂得子弟庄严，亲理成就？如旃檀之围绕，譬兰桂之芬芳。

今日施主，既有弄璋之庆，熊罴吉梦，其相已显，孤矢雅相。

七、释僧亮集

内藤湖南说："释僧亮，出梁慧皎《高僧传》。少以戒行著名。取湘州界铜溪伍子胥庙中铜器，还郡铸像，既成，焰光未备，宋文帝为造金薄圆光，安置彭城寺。梁武帝敕灵味寺释宝亮撰《大涅槃经集解》，所引多僧亮疏。其书久佚，近年中野达慧辑《续藏》时，借得南都西大寺古写足本，排印编录。集中所载廿七首，与此全不相涉，皆天地间已佚而仅存之篇，可宝重已。"

小野胜年撰《〈宸翰杂集〉所收〈观行内杂诗〉等释义》，载于《南都佛教》第四十五号；又撰《〈宸翰杂集〉所收早还林、净土、秽土释义》，载于《南都佛教》第四十九号。

观行内杂诗
像法吟　释僧亮

惟余生兮薄祐，缅释迦兮初晖。

仰淳风兮眇邈，抚颓运兮增悲。

年始替兮业道，庶日月兮可悕。

逾二纪兮弥勤，觉幽径兮转微。

望玄衢兮翳翳，瞻心脊兮奄遗。

映秀发兮过半，省内志兮告衰。

审馀命兮无几，知来生兮安归？

情恻切兮怀伤，目流泪兮交挥。

感鹤树兮奄照，思龙华兮开扉。

面扶桑兮延瞩，每辍餐兮忘饥。

恨天人兮道殊，想玄宫兮依依。

圣不违兮人愿，应我愿兮何迟。

性净法身八咏　并序

夫无边广大，难可形名；虚廓寂寥，叵原其旨。冲幽眇眘，万有湛然，涉入所窥，陈题其觌。余但生在秽海，长居惛世，愿与时移，心将事舛。尘恼自婴，无暇修习；负笈西东，经师非一。鹤立修虔，单鸡致敬。虽闻渐顿，冥若夜游；历涉甚多，不蒙良友。未获奖成，虔恭虚设；自慨自叹，情惭海岳。既欲投躯崖下，未蒙八字之音；割身出髓，未闻众香之国。

　　希遂乃荷帙游方，仰慕玄中之师；负经巡岳，望希冥里之训。思之不已，忽遇灵瑞于空中；念之长夜，感神岳于虚里。乃见真如光台之山，望之弥峻。中有性海先生、栖玄公子，共论法身，幽微性藏，三字为篇，八句成章。余时幸会，忝沾行末，乍闻斯句，晓若云开，遂写襟带，刊于竹素，讽之长夜，不离心首。句句演辞，号为八咏。叙之不足，且列其名。

第一　动会寂

动会寂，会寂无踪绪。

体相自无源，非为绝言语。

妙漭难可穷，不知谁为主。

游步任神栖，自放光明炬。

炬照囧会会，处光兮动动。

团所动兮实难穷，会所会兮无始终。

道言会寂寂无会，责其动处动自融。

欲源动会所以起，但观法界旋回风。

来无所从去无至，冥空纵放太清宫。

神性天灵妙光台，焰焰相次无去来。

流而不动动亦寂，自照照彼无人开。

无人开兮常自会，会寂动兮真三昧。

究竟法身无细处，知复名曰谁为大。

贪瞋痴海光台所，更知若为论五盖。

觉触恼乱恒皎洁，谁使于中诤利害。

于是观动会用常，寂满虚空遍不历。

体无知而幽照，涉八方而无迹。

朗照三千无见处，设教尘沙本无益。

恬怕乐兮实无形，无形相兮难指斥。

第二　光照融

光照融，照融同太虚。

光光不自照，暗焉有无迹。

纵令光照异，性相本不殊。

言融融即照，照融无可除。

所有施为处，举动自然如。

冥阒同本际，事理恒两俱。

照融融即照，炅炅若明珠。

明珠随物色，□处任卷舒。

任卷舒兮无异同，光照融兮体虚宗。

虚宗无相难名目，于中无拥设言通。

万有理冥应感现，辉赫晃耀剧升东。

朗然照物物无照，名相俱振绝缘功。

缘功寂绝无所归，光照自融何是非。

即缘皎皎无垢净，流光电转岂须疑？

法性光轮本无缚，遍历尘门无所着。

直照照物物无生，何用于中论前劫。

论前劫兮无所生，照物等兮挺然平。

缘动分别繁兴用，无有不如大光明。

于是思融所光照，源从因果随业动。

用生生于缘虑，从六识而见闻。

等太一兮无形貌，同世俗兮似风云。

第三　体本末

体本末，本末实难思。

本本不可得，末复焉可知？

究其本末体，不合亦不离。

欲问所由出，非异非同时。

非同不可见，非异莫能窥。

本末无源底，谁能更辨谁。

更辨谁兮无形相，究竟空兮泯诸郭。

怨亲杂类法性丛，何个于中生先让。

匪直清净法身光，觉观波动皆自放。

欲求自在无功用，苦乐违顺真法匠。

寻本末，本末本不住。

不住即实相，烦恼无生处。

幻焰影响从感应，遍入尘门行六趣。

逆顺施化益无益，帝（谛）满法界无来去。

不有不无非真伪，谁复更能诤胜如。

真放真光还照真，真无形相光自然。

光光照本本无状，运运流入萨婆津。

捉本收末末无尽，以末穷本本无人。

颠倒妄想非生灭，清净般若亦无真。

性净恬兮万有海，事用怕兮任贪瞋。

第四　无始终

无始终，始终不见本。

慧光所不鉴，亦非情思恃。

适性任神游，浮沉从世混。

于自犹不嫌，于他何所损。

所损无始终，天然自性浑。

自性浑兮无其始，浑自性兮复无终。

四大五阴不可尽，清净法身那可穷。

流而不竭苦乐受，反照反源还自融。

游观尘池无所着，从容高步于其中。

神游任纵自彷徨，觉照幽境放冥光。

大苞天地非定乱，细入无间岂在亡。

体非见闻修证成，亦非规矩能圆方。

事理不殊同异合，何妨法界有短长。

长无始兮甚奇特，短无终兮谁拥寒。

冥空真境如无状，从缘化物归静默。

洪通六道炽然起，终日繁兴无所得。

于是善自谢恶体，无等太一同清虚。

与冥灵如合体，共自然之同居。

历生死兮而无染，还寂静兮更何于。

第五　满法界

满法界，法界湛然盈。

日用常不灭，非为修证成。

窥看无状貌，响振不闻声。

运动恒不转，自体不称名。

所有真性起，谁能妨六情。

天然无垢洁，本性自然清。

自然清兮垢秽净，法界净兮谁邪正。

穷思极想无凡愚，不知若为名贤圣。

神性常流无住所，偏执一言那可定。

奸耶巧快方便勇，若剪方便还为□，

剪与方便同性出，影应尘门随巧拙。

法性海源无形状，中间无相难辞述。

指示法身庄严所，且作浮言诳道说。

因师受学谓殊闻，究竟真光还自发。

举数杂数类种种，形孰视形相无个物。

自照照处无所有，知辨谁凡谁作佛。

于是同凡圣，想缘求，随寂乱，任刚柔，

体不动而常用，满法界如圆周。

万物混兮同风转，照照真兮共波流。

第六　自性充

自性充，性充自性土。

真是形无形，非如不睹。

恶恶不自嫌，修善竟何补。

本无爱乐者，于中谁剧苦。

性充充于性，更无兴喜怒。

欲郭性充性，恒沙无可数。

无可数兮难度量，性恒沙兮非圆方。

笼罩诸有悉在内，生死杂乱岂能妨。

帝（谛）实法身动不动，性充充性何断常。

光光燢爅照性海，动动施化任开张。

旨玄绝，理事冥，迁而不变妙神灵。

无状之容随摸度，无音之响任人听。

熟视法身无住处，皎电流光焉可停。

放任自在光恒遍，始觉法身非无形。

形充法界功用转，生死杂质亦曾经。

欲晓性净明殊德，六道不变湛然清。

湛然清兮自体如，清湛然兮同太虚。

法性法炬常圆照，虑知分别悉冥符。

烦恼菩提本不异，生死涅槃谁卷舒？

动动多知皆性起，从使斗诤岂乖疏？

于是观功用，多巧便，随形质，性常真，

总浑合，无首尾，阔矇瞙，谁为亲。

不思议兮不见见，难可知兮极流津。

第七　灭功用

灭功用，功用体自无。

性相不可得，非为今始除。

以灭灭功用，功用似连殊（珠）。

未若灭无灭，功用体清虚。

清虚无状无形貌，何功何用复能俱？

性藏无俱无功用，一切诸佛自然如。

功用灭灭用，用灭功用用。

岂殊性海口？无灭无功用。

知辨谁圣谁凡夫，辨谁圣兮无来处。

欲辨凡兮复不去，焰光运运流不动，

各执一形何可住？

清净法身随用异，流光电起从缘虑。

反流熟视不见物，唯睹一块光明聚。

阿黎耶识光如练，法性法身于中现。

心起缘物物安静，反照寻源方始见。

恒居慧藏大严师，叵有一尘不周遍。

无暗翳普遍，身中灯转电。

于是随五盖，任六情，从痴爱，涉幽冥，

寂万有于真源，灭功用于神灵。

无所有兮秒浊谢，设名名兮号太清。

第八　理难穷

理难穷，理穷穷无体。

极想不睹源，穷思不见底。

浑浑无亲疏，谁能施教礼。

放纵无能继，无关而难启。

而难启兮叵可开，无继缚兮解脱哉。

既欲审此难穷所，不知个审何处来。

来已来，竟无去，去去已去竟何时回。

究竟来去所已发，正是自性难穷台。

流光通流流恒紧，应感自赴非物引。

阴阳运动自然然，中间无物相驱遣。

理相混合无他我，岂更于中沦哀褊。

匪直法身不可穷，烦恼众或亦无尽。

无尽则无穷，明知性相融。

法身无住处，谁能存始终。

存始终兮无所得，理难归兮归寂默。

贪瞋热烦无边畔，始知法身无尽国。

五门皎洁无垢染，更欲名谁作六贼。

性自摩尼种种辉，能澄浊水口幽微。

历落三涂不变色，六趣四生亦来依。

出尘不言垢净异，在世不曾亏是非。

权形布教多种化，任你唤作贪瞋痴。

于是从世流，随形质，任死生，不存一，

即万有而自空，非无形而寂灭。

色顽锢兮无所知，理难穷兮谁得失。

宝人铭 并序

余十有五而尚学文，卅而重世位。值京都丧乱，冠冕沦没，海内知旧，零落殆尽。喟然叹曰：夫以回天倒日之力，一旦早凋；岱山磐石之固，忽焉烬灭。定知世相无常，浮生虚伪，譬如朝露，其停几何？

大丈夫生当降魔，死当饲虎。如其不尔，修禅足以养志，读经足以自娱。富贵名誉，徒劳人耳。乃弃其簪弁，剃其须发，纳衣锡杖，听讲谈玄。战国未宁，安身无地，自厌形骸，甚于桎梏，思灭苦本，莫知其津。及见大乘经曰：如说行者，乃得圣法不可，但以口之所言，而得清净。小乘偈曰：能行说为正，不行何所说。若说不能行，不名为智者。且颜渊好学，勤改前非；季路未修，惧闻后语。巧劳知忧，役神伤寿。为道日损，何用多知？誓欲枯木其形，死灰其虑。除此患累，以求虚寂。乃作绝学箴，又名息心赞。拟夫周庙，亦曰铭文。其词曰：

法界有如意宝，人九针其胸，铭其膺，曰：古之摄心人也。诚之哉！诚之哉！

无多虑，无多知。

多知多事，不如息意。

多虑多失，不如守一。

虑多志散，知多心乱。

心乱生恼，志散妨道。

勿谓何伤，其苦悠长。

勿言何畏，其祸鼎沸。

滴水不停，四海将盈。

纤尘不拂，五岳将成。

防末在本，虽小勿轻。

开尔七窍，闭尔六情。

莫视于色，莫听于声。

闻声者聩，见色者盲。

一文一艺，空中小蚋。

一伎一能，日下孤灯。

莫贤文艺，是为愚弊。

弃舍淳朴，耽溺淫丽。

识马伤奔，心猿难制。

神既劳役，形必损毙。

邪径悠远，修涂永泥。

莫贵伎能，是日悑懵。

夸拙羡巧，其德不弘。

名厚行薄，其高速崩。

隆舒污卷，其用不恒。

内怀骄怡，外致怨憎。

或谈于口，或书于手。

邀人之誉，亦孔之丑。

凡谓之吉，圣以为咎。

赏悦暂时，忧悲长久。

畏影恶迹，逾走逾剧。

端坐树阴，迹灭影沉。

厌生患老，随思修造；

心想若灭，生死长绝。

不死不生，无相无名。

一道虚寂，万物齐平。

何胜可重，何劣可轻。

何贱可辱，何贵可荣。

澄天比净，皎日均明。

安夫岱岭，固彼金城。

敬贻贤哲，斯道利贞。

归去来二首

归去来，厌娑婆。

众生弊恶贪瞋厚，世界丘陵荆棘多。

八苦炽然然火宅，五浊漂浪浪痴河。

六趣有身如转辐，三界无明譬网罗。

释迦大仙今已度，弥勒慈父未来过。

从闇入暗无时晓，谁能久住诈亲寁。

归去来，举世并邪魔。

归去来，忻净土。

流转娑婆无数劫，谁能久住怀羁旅？

诸佛世界恒清净，菩萨庄严至容与。

地树花池俱宝成，风响琴声论法语。

归命大圣弥陀佛，决欲往生安乐所。

三福净业已思修，九辈逢迎悕接叙。

归去来，安心聊自许。

隐去来三首

隐去来，修道去。

菩提实行是余心，世间名利非余务。

无常苦空何所乐，有身系缚终难住。

粗餐一钵得安存，佛境空村足容与。

隐去来，谁知我家处。

隐去来，劝周游。

三世佛法皆须伴，一人学道亦当求。

强弱两缘相假藉，真应双门等共修。

废已成，恒灭迹，认恶推善自无头。

隐去来，同归佛性舟。

隐去来，自邀期。

心死心生心易灭，法违法顺法难持；

六根未净恒须隐，五眼开明得是非。

决定诚言终不退，乞愿诸佛助光辉。

隐去来，修心自不欺。

早还林十首

窃闻金轮太子，王四天下，七宝现前，千儿具足，尚自腾越宫
城，依林慕道。仍复雪山大士，隐岩穴而求真；迦叶能人，每停鸡
足。周陀独静，不辨岁年；祇兔私陀，并潜林野。因圆果满，犹爱

第一章　日藏中国文学文献写本研究

山泉。乃至说法谈经，亦在耆阇鹿苑。世才四皓，养德南峰；阮籍七贤，亦居山水。王乔子晋，控御以游林；白泽安期，乘轩而驾岭。莫不托境以怡神，安心而进道者也。

余虽隘运，瞩此聪翩，正是入道之良梯，忍苦之秘术。何者？自有上天极乐，去道转遥，荼毒三涂，不遑念佛，郁单越国，衣食自然，行出无由，收归八难。前贤所重，并赋山乐可归；更有逸才，复谈还山是苦。良以道体是一，取舍多端，如药类恒沙，水非禁例；雪山酪味，能出醍醐，未遇轮王，还生毒草。余闻二语，反覆思之，当是销即病愈，不销加疾。潜微之士，为生进退，心猛中贞，亦怀前劫。

余学无稽古，见等管天，未会苦乐两途，实踵前贤之迹，不量疏拙，敢制十首还林，愧以寸草度天，讵知高远，百字成篇，其辞云尔：

> 早还林，春秋代谢不相侵。
>
> 遥忆凝寒山变玉，时看绿叶似抽心。
>
> 异种色华能巧间，香气芬馥杂檀沉。
>
> 树鸣哀声千种转，松风骚索切鸣琴。
>
> 岭设重斋至虚廓，崖张石帐数千寻。
>
> 屡瞩仙童控鹄过，频闻逸士咏歌吟。
>
> 避暑松生自然盖，就暖披石背寒阴。
>
> 念食餐灵麲，想水饮清淡。
>
> 安神般若际，行道涅槃林。
>
> 位超过九劫，台乘紫磨金。
>
> 寄言修行者，观此可留心。
>
> 如何远久住，乐著纵贪淫。
>
> 还林去，永绝世浮沉。

早还林，世物无复一时心。

始见黄鹂调哢响，已闻秋蝉抱树吟。

高风飒飒呈寒信，疏林索索露飞禽。

谷静本自宣猿啸，喧村捣素巧声砧。

双燕相呼还北塞，唯余羁客独伤心。

不如归岩岭，避世宴青林。

归敬南无佛，实际足安心。

遍想恒沙诸净土，专精直注势观音。

脱若缘穷逢报尽，空中化佛应声寻。

合掌即是弥陀国，无生果证忽登林。

如何久滞诸烦恼，诈亲知识强相侵。

早还林，还林绝世佳。

依松堪进道，饮水当清斋。

天女呈仙药，神童捧玉杯。

灵芝持养性，法味长形骸。

若谢凡夫质，卧石不须埋。

鸟奏生天曲，龙吟别鹄哀。

重峰胜宝塔，云雾起楼台。

崖松林自茂，行柏岂须栽？

九品皆成就，空中化佛回。

合眼生安养，开目莲花开。

先登欢喜地，后奉诸如来。

何为久住此，游玩无明台。

还林去，无常晓夜催。

123

早还林，还林定不疑。

先舍凡夫地，后树菩提基。

戒闻生有果，般若出无知。

自利兼他利，彼我不相欺。

既登平等位，入应起慈悲。

形变尘沙算，言同万种机。

施张大教网，练漉取归依。

诱进三乘性，法水荡狐疑。

波旬将外道，匍匐叩头归。

散诞清虚里，逍遥离百非。

如何恋生死，倒被阎王追。

还林去，莫使惑风吹。

早还林，还林行最高。

独拔嚣尘外，顿尔舍尘劳。

慕德三贤地，久积学轻毛。

弘心救狱苦，代物忍锋刀。

修檀挑眼施，悔惜倦疲劳。

依缘言断郸，未见损厘毫。

如本无生起，妄体妄还逃。

豁然无所有，几许大骚骚。

何烦久住此，致被无明挠。

还林去，良伴也难遭。

早还林，还林万事可。

世道重伊余，出路真无我。

三界等浮虚，六道由心作。

瞬息刹那间，无常凡几个。

如体无来去，妄逐妄心生。

谁能开慧目，广济诸群萌。

终随生死叶，流转逐无停。

唯有归林野，执教理诸经。

安徐入般若，趣向涅槃城。

云何住有相，染着空中声。

还林去，魔军须早征。

早还林，还林须及时。

纵志游三界，只自长贪痴。

六根无六贼，触对妄生疑。

颠倒心无体，赖得真如持。

法忍将烦恼，非先后一时。

每共相随逐，不识如复之。

与物争人我，空度许多时。

迷归之恶道，然后始相思。

劫石虽言尽，解脱杳无期。

还林去，敬劝不相欺。

早还林，还林实是精。

世晚过风烛，强自竞空名。

八字投罗刹，半偈舍金形。

千钉不觉痛，万仞体安宁。

轮王如涕唾，谁论七宝璎。

捐身济虎子，乳獾夜叉擎。

秤肌贸鸽命，致诃平不平。

日输三两肉，只为听金经。

空间闻法语，劝向众香城。

头目面髓持，供养得口登。

□□□□□，般若证无生。

何为起贪着，与物共争荣。

还林去，如何不自惊？

早还林，还林真奇和。

独静对峰□，进道由心作。

安禅初夜后，调神离非过。

巢窠顶上生，眉间孚乳卧。

三昧发慈光，波旬军自破。

沐浴天王池，禽兽悲鸣和。

树曲引横枝，如莲物无污。

诸天奏乐器，同声唱善哉。

有遇逢斯庆，浊世奉如来。

乳糜足三斗，石钵四王裁。

散化成宝盖，幢幡映日回。

因梵王王请，法轮方始开。

有缘登圣地，无业受凡胎。

无际同如性，得果离尘埃。

迷荒那太久，爱饮无明杯。

还林去，莫恋色贪财。

早还林，还林真宝好。

白马遣还啼，车匿归忧恼。

贝多充宝殿，座蓐敷茅草。

麻麦用支持，安神入禅道。

独称无上土，魔王慑悕早。

战使仗为花，变女成耆老。

先追劳度差，劫伏尼乾道。

迢遰自忘忧，悲河润枯槁。

那忽强缠绵，爱水浇烦恼。

还林去，修心理须早。

净土

法净心还净，心真土亦真。

当修三福业，终作十方因。

宝地安灵刹，莲华养妙身。

难逢希有处，易往恨无人。

秽土

法秽心还秽，心邪土亦邪。

恒持三毒体，常住五烧家。

火焰垂崩宅，稠林养幻花。

空贪亦贼伴，谁肯逐三车。

谛思忍，慎口言；止内恶，息外缘。

天平三年九月八日写了

127

第三节

木村正辞《文馆词林盛事》写本释译

木村正辞（1827—1913），日本国学、国文学研究家，初名清宫庄之助，号枫斋。据《木村先生小传》，他自幼好读书，喜欢和歌，曾师从伊能颖则学习国学，师从《江户繁昌记》的著者寺门静轩学汉学，后入冈本保孝之门，研究和学、汉学音韵学[1]，曾在和学讲谈所等处任职，维新后做过官吏，后为帝国大学文科大学教授，对《万叶集》的研究几乎贯穿一生。著有有关《万叶集》的著述多达十八种，世称"万叶博士"，藏书极多[2]。他的《万叶集》研究，集江户时代的契冲、贺茂真渊、雅澄等大家之大成而有所开拓。

这位在日本学中属"少数派"而在汉学界则属"圈外人"的学者，对《文馆词林》的早期研究认真做了学术梳理，他所撰写的《文馆词林盛事》（以下简称《盛事》），也成为《文馆词林》研究绕不开的最初阶梯。

1866年，木村正辞在广泛搜集前人有关文献的基础上撰写的《盛事》，考证写本辗转易手的路径，引述前人之说加以笺注，纠正了不少误解。《盛事》未能刊印出版，1969年，长泽规矩也发行《影弘仁本文馆词林》，作为附录，影印了庆应义塾大学附属研究所斯道文库藏庆应二年（1866）写本。由于原文日文汉文交错，影印字小模糊，加之此影印本原印数不多，又一直未得重印，一般中国读者不易得到或读懂。本

---

1 佐佐木信纲：《文と筆》，广文堂1915年版，第1—5页。

2 《房總ノ偉人》，多田屋支店1925年版，第8—10页。

文对《盛事》相关部分加以校读翻译，不厌其长，予以评介。

正辞撰写《盛事》的直接契机，是他获得了义刚本，而撰写此文之时，尚未发现小林辰《文馆词林考证》。在他看到小林辰的考证之后，又对《盛事》做了补充。补写后的写本，现藏京都大学附属图书馆。《盛事》不仅搜集整理了江户时代有关《文馆词林》发现与研究的资料，而且整理了作者所见到的中日有关则天造字的相关资料，并进行了初步研究，对于了解《文馆词林》在日本的传播和影响有着重要价值。

《影弘仁本文馆词林》一书自1969年出版至今已过去半个多世纪，尚无机会重印，《盛事》也未见释录，相关研究也不甚多，我国学者较少有机会读到。这里对其中的汉文加以释录，对日文部分也加以翻译并作少量注释，供《文馆词林》研究者参考。

文馆词林盛事

木村正辞

文馆词林盛事序

汉魏晋唐旧帙亡于五代而存于我日本者匪鲜，而许敬宗《文馆词林》其一也。昔时我缁流之入宋，谈此书以夸，则其亡于彼也亦尚矣。独奈千卷钜典，不易完录，所传盖唯一本而已。于是不啻不能窥其全帙，虽零卷残轴，散在名山古刹者，亦人间苦不易披览，抑亦宜矣。

迨至近今好古之士，或得之搜讨之劳者有之，或泄之乎家藏之珍者有之。盖亦昭代奎运，于斯为盛焉。友人木村槻斋录该藏之目，得二十二卷，既而又旁鸠谈说涉此书者，作《文馆词林盛事》一卷，征序于余。余喜槻斋好学研覃孜孜不倦，而此撰最先获我心者矣。爰弁数言于简端，以谂世之今人，与居古人与稽者云。

庆应二年丙寅四月八日森立之养竹识于东都北岐之速读书屋

文馆词林盛事序

《文馆词林》一千卷，唐许敬宗撰。其书宋初既亡佚，而流传于我也久矣。源能州《倭名类聚抄序》载之云百帙，藤右丞《见在书目录》亦云一千卷，则本邦所传原是全部。而中世海内骚扰，干戈日继，官库数经兵火。先王之遗书秘籍，十不存一，良可惜也。是书亦散佚，遂不可求焉，不亦遗憾乎！近述斋林君获零卷，收诸《佚存丛书》中。其书既西，清孙星衍、阮元等引用之。

噫呜！国家文运之化，施及海外，实艺林一快事也。然所得仅四卷，后狩谷氏望之访求其逸卷，俱得十卷，《访古志》所载者是也。近日予亦得元禄抄本十册，又昌平坂学问所有新写本，与予所得者同种，其他各家所储藏者，今访之求之，记其所在，以贻同好。

庆应二年三月上巳木村正辞志

文馆词林盛事
书文馆词林后

王伯厚《玉海》引《唐会要》曰："显庆三年十月二日许敬宗修《文馆词林》一千卷上之，崔元晔等训注（据《唐书》晔当作晔）。"今案《唐书·艺文志》曰"《文馆辞林》一千卷"，许敬宗、刘伯宗等撰，又曰"崔元晔训注《文馆辞林策》二十卷"，乃知其书原一千卷，而元晔所注止其策二十卷也。《会要》系训注于一千卷下者，缪矣。《宋史·艺文志》录《文馆词林》诗一卷，而不录其全书，盖当时已阙佚，所存止一卷耳。但以其书之浩博，而诗仅一卷，是则可怪，一字误写，不者上下有脱字亦未可知也。

是编之流传于我者已久，而今亦不复完存。其古钞残本藏于古刹，或珍于好事家。余访求搜索，乃获四卷，其三卷尚多残阙。

其第六百六十二卷多用则天制字，岂以武周时之本而传焉欤？今皆以通行字更写之，其第六百九十五卷末记云："校书殿写弘仁十四年岁次癸卯二月为冷泉院书"，今以干支推之，正当唐穆宗长庆四年，则其传来之久，亦可见矣！

呜呼！千卷之钜典而缺佚殆尽，仅仅零编复可用，然赖此可以窥其体例于万一也，则又乌可不传焉乎？

庚申岁清明月之八日天瀑识

右《佚存丛书后序》。

又一卷有题记：

《文馆词林》卷第三百册八

校书殿写弘仁十四年岁

次癸卯二月为冷然院书

此二行中押三小方印。○背面载桥本肥州国字之文，云："《文馆词林》，《唐书·艺文志》作千卷，《和名类聚抄序》作百帙，此外亦见于藤原佐世《日本见在书目录》。"《善邻国宝记》亦载沙门奝然传于我国，虽谓全部，后多散佚。津国武库旁之胜福寺藏第六百九十五一卷、第三百册八残卷等。今春三月与佐佐木春一同窥其一斑，令好事者笔砚摹写且摹刻于樱木。

宽政十二年橘经亮

○按此蒹葭堂所珍藏一卷，书于佛书背面，文中往往用则天皇后造字。所捺印文，为嵯峨院印、冷然院印。所用料纸佛书，曰《三宗相对抄》。

唐许敬宗奉敕撰《文馆词林》一千卷。第三百三十八卷、第六百五十五卷二册，京师书估索价黄金三十两。每卷末题云"校书殿写弘仁十四年岁次癸卯二月为冷泉院写"，有嵯峨院印。其书未见。（鼎曰：《佚存丛书》所收《文馆词林》为其六百六十二、六百六十四、六百六十八、六百九十五四卷。当时使林公及见此册，必当并刻以在世，惜哉。）

右《近闻寓笔》卷四。

《文馆词林》一帖

此书本千卷，传于本朝，中古亡佚，今所传残缺，此摹刻乃桥本肥后守其家所刻。卷首：

《文馆词林》第六百九十五令下

中书令太子宾客监修国史弘文馆学士上柱国高阳

郡开国公臣许敬宗等奉敕撰

魏武帝收曰（田）租令一首

令文每行十二字，楷书也。

卷末题：

《文馆词林》卷第六百九十五

校书殿写弘仁十四年

捺小方印。

右《群书一览》卷二（法帖类）。

正辞按：魏武帝收田租令，本书第八章所载。桥本氏之文谓《善邻国宝记》云沙门奝然传于我国。此《国宝记》所云，但杨亿《谈苑》所引，载寂昭事之误也。亦见于同一人所著随笔《橘窗自语》卷二。

因整理校勘津国神户里俵屋久左卫门家古笔《万叶集》，与佐佐木春行同行，得观须磨大手胜福寺什物唐许敬宗《文馆词林》残卷，弘仁时代之物也。文中"安"字皆作"安"字。乃当时之避讳字也，省略之"安"字也。《大唐六典》云："其文有犯国讳者，皆为字不成。"亦多省字之末一画而作"安"。故作"安"，识者宜辨之。

右《橘窗自语》。

正辞按："安"字之说，误。"安"作"安"，自古有之，往往见于晋唐间之碑碣。皇朝不缺笔，但平城天皇讳安殿，故云。又按：《六典》乃礼部尚书之文也。桥本氏有考。

此短册，横山由清之得见之焉。据云后归柏木政矩。要之皆有载，可明其颠末。

《唐书·经籍志》云《文馆词林》一千卷，许敬宗撰。江少虞《宋朝事实类苑》载杨亿《谈苑》云："景德三年，予知银台通进司，有日本僧入贡，遂召问之。僧不通华言，善笔札，命以牍对，云住天台山延历寺，身名寂照，号圆通大师。本国有国史、《秘府略》《日本记》《文观词林》《混元录》等书。"

按：《文观词林》《混元录》，盖《文馆词林》《坤元录》之误。是等书宋代已亡失。故杨氏误作"文观""混元"，又以为皇国所作书也。而皇国所传《文馆词林》亦多散亡，名山古刹时有藏零本者。望之亦尝获古本二卷，皆是弘仁十四年校书殿写之，置之冷然院之官本也。近述斋林君钞得是书四卷，收于《佚存丛书》中，于是世人得窥子岁逸典。其书又传播西土，至孙星衍编《续古文苑》引用之，可谓文林盛事矣。后又得影钞古本若干卷，通前数十卷，将行上梓以公世。

右《倭名抄考证序》。

《文馆词林》零卷（弘仁十四年钞卷子本），现存百五十八（首缺）、四百五十二、四百五十三、四百五十九、六百六十二、六百六十四、六百六十八、六百九十一（首缺）、六百九十五、六百九十九凡十卷。卷首题"文馆词林卷第四百五十二　碑卌二　百官廿二"，次行署"中书令太子宾客监修国史弘文馆学士上柱国高阳郡开国公臣许敬宗等奉敕撰"，次行题"将军二"，载目录。界长六寸七分，幅七分，每行十三四字，笔力沈遒。卷末记云"校书殿写弘仁十四年岁次癸卯二月为冷然院书"，又有冷然院印（方一寸七分）、嵯峨院印（方一寸六分）二印。

按：《唐会要》云："显庆三年十月二日，许敬宗修《文馆词林》一千卷上之。"《见在书目录》："旧新唐志所载卷数皆同。此本依跋文考之，弘仁中奉敕书写，置之冷然院。冷然院乃储御书处，贞观十七年罹灾，秘阁收藏图籍文书悉为灰烬，事见《三代实录》。后以'然'字从'火'，改用'泉'（见《拾芥抄》引《天历御记》）。而是书得免灾仅存者，意当时从上皇在嵯峨离宫，故未捺'冷然''嵯峨'二印也。"（二印应称藏印权舆。）今零卷散在诸处，高野山所藏尤多（现存二十余卷，一云十六卷），憾未得尽窥之。

昔时僧奝然入宋，话及存我之书，内有《文观词林》，时人不知其目，以"馆"作"观"，且误谓皇朝人所著（事见《宋朝类苑》引杨亿《谈苑》），知是书在宋初已失传，则虽零卷残轴，所存不多，实可宝重矣。文化中述斋林君得是书零本，收于《佚存丛书》中。近日孙星衍《续古文苑》、阮元《四库未收书提要》皆援引之，则已播西土，但其所传四卷，不及其他，是亦可憾耳。

右《经籍访古志》卷六（总集类）。

正辞云：脋然乃寂照之误。此误与桥本氏同。

《文馆词林》四卷提要：

唐许敬宗等奉敕撰。敬宗，字延族，杭州新城人，官至太子少师。咸亨初以特进致仕。事迹具《唐书·奸臣传》。

案：宋王溥《唐会要》云："显庆三年十月二日，许敬宗修《文馆词林》一千卷上之。"与《唐书·艺文志》总集类卷帙合。《志》又云崔元晊注《文馆词林》第二十卷，又杂传类载《文馆词林》文人传一百卷，《宋史·艺文志》载《文馆词林》诗一卷，《崇文总目》载《文馆词林》弹事四卷，皆全书中之一类。是编亦仅存六百六十二及六十四、六十八、九十五四卷，皆汉魏以来之诏命，日本人用活字版摆印者。《会要》又云：垂拱二年二月十四日，新罗王金政明遣使请《礼》并杂文章，令所司写吉凶要礼，并于《文馆词林》内采其词涉规戒者，勒成五十卷赐之。是当时颁赐属国之本，原非足册。此虽断简残篇，而诏令则皆甚古，且全书之体例，亦可得其一斑矣。

右《四库未收书提要》卷二。

正辞云：属国之谓，指新罗，将皇国亦置于其中，此说乃阮元之私言也。据某所言，传入皇国者，非从全书抄出者，杨亿《谈苑》之文与载。《现在书目》谓《文馆词林》千卷，《倭名类聚抄序》谓一百帙可证。（枝斋云：古典籍以十卷为一帙，故此云一百帙也。）

余又近日得缩写本十册，其卷一百五十七、三百四十六、四百十四、四百五十二、四百五十七、四百五十九、六百六十五、六百

六十九、六百九十五、六百九十九是也。卷尾皆有"校书殿弘仁十四年岁次癸卯二月为冷然院书"，又有嵯峨院、冷然院二印，其跋记有元禄中以如意轮寺藏本写。按：据《吉野拾遗》后醍醐天皇驾崩，造如意轮寺（《大和志》云吉野山陵后醍醐天皇在如意轮寺后，又云吉野金峰山寺正堂东三百步，有寺号曰塔尾山如意轮寺），即是也。据此，后醍醐天皇自嵯峨迁幸吉野时，遂当在此寺。寂照，后三位中纳言维时之孙，式部大夫东宫学士齐光之子，俗称三河守定基。卷六百六十五尾题名旁有"仪凤二年五月十日书手吕神福写"。

又元禄之识语云："元禄十七年甲申三月晦日，改元宝永元年孟夏二十日，以如意轮寺所藏古本写毕，其本是唐人所书，而冷然院御物也。沙门义刚。"（亦有记作补陀洛院义刚。）卷三百四十六多用奇字，而、坒、❷、⊛、𡕨、𠫸、𡕀、𡆀等是也。按：而，天也。坒，地也。❷，日也。⊛，月也。𡕨，年也。𠫸，正也。𡕀，载也。𡆀，初也。此等字皆唐武后之造字也，《集韵》传之，《龙龛手鉴》皆作古文。

按：《说文》卷三下"臣"字，段注云："《论语音义》：恳，植邻切。古'臣'字，陆时武后字未出也。'武后'坒''恳'二字见《战国策》，六朝俗字也。"左春古《三馀偶笔》卷九云："宋范成大《桂海虞衡志》云：大理国间有文书，至南边及商人持其国佛经题识，犹有用'圀'字者。'圀'，武后所作'国'字也。今按：

---

1 栏上注：《十驾斋养新馀录》卷上云："《论语释文》于《泰伯》《先进》两篇，俱有'恳'字，云'古臣字'。案一忠为臣，其义浅鄙。当因草书臣作'恳'，与一忠相似，俗生附会成之。陆德明著书在隋季，已有此字，盖出六朝人妄作。陆氏仞为古文，由于不精小学故也。《战国策》亦有'坒''恳'字，姚宏校本以武后所造'濷'疑之。予谓武后颁行十二字亦有所本，非尽出臆造。要是魏、晋以后增加之字，若仞作秦、汉古文，则惑矣。"

《续玉篇》云：'圀'，古文'国'字。岂'圀'本古字与？又宋姚宏《战国策》题词曰：书中如用'坔''恖'字皆武后字，恐唐人传写相承如此。诸公校书改用此字，殊所不解。窦苹作《唐史释音》释武后字，内'坔'字云：'古字，见《战国策》。'不知何所据云。然'坔'乃古'地'字。又'坔'字见亢仓子《鹖冠子》，或有自来，至于'恖'字，亦岂出于古与？幽州僧行均作《切韵训诂》[1]，以此二字皆古文，岂别有所见邪？然余谓武后所制字，有确然知其为古字者，如天作'兀'，本篆文，《说文》可证。'正'作'芷'，亦作'舌'；'日'作'②'。《说文》古文'正'作'芷'，从二；'二'，古'上'字。古文'日'作'②'，象形。是二字皆古字。"

又"年"，《说文》亦作"秊"，武后作"埀"，取《说文》"秊"字而增益其文，虽非古字，亦不得谓其无所本也。（○正辞云：行均《切韵训诂》，即《龙龛手鉴》也。上部云：坔，古文，音地。心部云：恖，音臣。又杂部有圍、埀、兀、②、舌、正等字，曰皆古文。）此二氏之说，精核确论，可从。

余近日（元治元年甲子五月廿一日）于书侩赤松琴家观弘仁原本卷六百六十四、六百六十八两卷，其六百六十八有失代氏吉田氏之记，其文云：

　　右《文馆词林》卷六百六十八，吾同好高桥真末，今春游京师，广购古书所得也。归后秘袭而不敢示人。吾为言李唐之世邻好最亲，其事物至今多足征也，故真末以之归余。吁嗟，既亡彼见存此，实旷代奇书也矣。然所得仅六纸，亦足以见其体裁，何不为珍玩哉！宽政九年十月廿三日源弘贤识。

1　栏上注：正辞云："《龙龛手鉴》音臣，不云古文。左暄恐误。"

宋王应麟《玉海》引《唐会要》曰："显庆三年十月二日，许敬宗修《文馆词林》一千卷上之，崔元晔等训注。垂拱二年二月十四日，新罗王金政明遣使，请唐礼并杂文章，令所司写吉凶要礼，拜于《文馆词林》，采其词涉规戒者，勒成五十卷，赐之。廿四日书。"

尝闻畿内古刹有《文馆词林》，亡失焉。仅存第三百卅八、第六百五十五卷。其尾题"校书殿写弘仁十四年岁次癸卯二月为冷泉院书"廿字，印"嵯峨院印"四字云。今此卷亦其残缺乎？虽不知是书为谁手，笔力沉着，字样端严，波撇之末，咸有法度，妙妙不可思议，非学唐人者，决所不能也。以词林之奇与入木之妙，永为文库之荣焉。廿八日题。

《新（唐）书·艺文志》：许敬宗《文馆辞林》一千卷。向闻西京残册，又索观窥，颇疲企跂，丁巳十一月十日同李原君伯时，又观此一卷，于弘贤掌史家，洵为料外之希觏，岂匪幸哉！

篁暾青汉宦题

界之尺寸，如《访古志》所言，界外上空一寸一分，下空一寸三分强。按：《图书寮式》云，凡写书者云云，其装裁者界之外上一寸一分，下一寸二分，总得九寸五分。书法遒劲。晋唐之人之碑碣亦然。但俱缺卷尾二印，可谓遗憾。谓其价黄金二十两。卷六百六十八之背面书写佛经，为《法华玄赞》，其界长八寸，幅六分半；后卷六百六十四题友人古川美浓守躬行；卷六百六十八题小普清方大栋梁柏木若狭政矩之插架云。

武后制字考补

《唐书·后妃传》："作曌、而、埊、②、囝、〇、丙、恖、重、〇、〇、〇十有二文。太后自名曌，改诏书为制书。"

《宣和书谱》卷一：唐则天顺圣皇后武氏，讳曌，并州文水人云云。良以为训。考其出新意，持臆说，增减前人笔画，自我作古为十九字，曰〇（天）、〇（地）、②（日）、囝（月）、〇（星）、〇（君）、〇（年）、〇（正）、〇（臣）、曌（照）、〇（戴）、〇（载）、圀（国）、〇（初）、〇（证）、〇（授）、〇（人）、〇（圣）、〇（生）。当时臣下章奏与天下书契，咸用其字。然独能行于一世而止。唐之石刻载其字者，知其在则天时也。

郑樵《通志》卷三十五（六书略第五）：
〇代天　〇代地　〇代日　⑪代月（又作囝）　〇代星
〇代臣　〇代载　〇代初　〇代年　〇代正（又作〇）
曌代照　〇代证　〇代圣　〇代授　〇代戴　圀代国
右武后更造十八字，代旧十六字。史臣儒生皆谓其草创无义。以臣观之，天作〇、日作〇，并篆文也。年作〇、正作〇，并古文行于世者。授，古文亦有作〇〇者。国，亦有作囝者。地，籀文或有作〇者。星，崔希裕篆古而作。孰谓其草创而无所本与？

〇正辞按：〇字衍文，囝宜作圀，"而作"二字可疑。又所载武后制字，犹有误矣。毕沅云：珍州荣德县丞梁师亮墓志多用武后新字。郑樵《六书略》所载为板本所乱，以此与契苾明等碑考之，庶得其正云。

顾炎武《金石文字记》卷三：
碑凡大周年者，天作〇，地做〇，人作生，圣作〇，臣作〇，年作〇，月作🈁，亦作囝（《韵会》以囝为生字，误。考此碑及顺陵碑，匝字并是月字），日作②，星作〇，正作缶，授作𥠢（契苾明碑授作䕠），初作𡔈。唯𠨷字无可考，疑是应字云云。皆武后所改及自制字。

顺陵碑君字作𠁈，他碑所未见，疑古文君字亦类此。仁山金氏谓《商书·太甲上》篇“自周有终，相亦惟终”，当为“自君”，古文“君”字似“周”，故误作“周”。

《唐君臣正论》：武后改易新字，以山水土为地，千千万万为年，永主久王为证（萧元昚佛像赞证字作□），长正主为圣，一忠为臣，一生为人，一人大吉为君。

毕沅《中州金石记》卷二：

封祀坛碑有𠁈字、𤯔字，即君字、人字。《宣和书谱》载武后增减前人笔画，为十九字，有此文，但微误耳。郑樵《通志·六书略》作十八字，乃遗此二字。《新唐书·后妃传》又作十二字，俱不同。𠁈亦见顺陵碑。𤯔亦见司稼寺卿杜天𤯔墓志。

御制《夏日游石淙》诗有𡔈字，即初字也。郑樵《金石略》作𠕋，传写误。

大云寺皇帝圣祚碑圣作𨲢，用武后字。

正辞按：《说文》卷七上（晶部）曐，万物之精为列星，从晶从生声，一曰象形从〇。（段玉裁云从三〇，故曰象形也。大徐〇作口，误。）古〇复注中，故与日同。（段云古文从三〇，而或复丶其中，则与晶相似矣。）𣊫，古文。（段云所谓象形从〇。）星或省，据之武后〇字原古文也。

郭忠恕《佩觿》：

唐天后以𠀑、埊、②、㊐（又作匝）、〇𠁈、𢘑、𠕋、𠁈、〇、示（又作岙）、〇、〇、〇、〇、〇、〇，代天、地、日、月、星、君、臣、载、初、年、正、照、证、圣、授、载、国等字。

王观国《学林》卷十：

《唐书》则天武氏自制十有二字，曰〇（照）、而（天）、〇（地）、〇（日）、囝（月）、〇（星）、〇（君）、〇（臣）、〇（载）、〇（初）、〇（年）、〇（正）。而则天自名〇。取古人已制之字而改易之，意者古人已制之字未尽善耶？兹可谓赘矣。按：《集韵》载则天自制者十有八字，于《唐史》十有二字之外，复有六字。如〇（人）字、圀（国）字之类，皆见于当时薛稷所书之碑，则知则天所自制者不止乎十有二字。盖《唐史》所载未之尽也。

《盛事》下录《龙龛手鉴》《集韵》所载则天造字，末附《文馆词林存目录》。姑略不录。

《盛事》撰写于明治维新前夕，明治维新后学界风气渐变，而正辞仍希望对《词林》能有新的发现。1876年，正辞在横山由清所编《尚古图录二编》中刊载《词林》写本书影，其中包括《词林》卷六六四（长井十足藏）首页、卷六六八（柏木政矩藏）首页、正辞藏义刚本一页。附录1871年9月撰写的跋文，这篇跋文，可谓《盛事》的精缩与补正：

《文馆词林》一千卷，唐许敬宗撰。昔时僧寂照之入宋也，话及此书，而"馆"误"观"，且谓皇国人所著，事见《宋朝事实类苑》所引杨亿《谈苑》。时人不晓其误，知是书在宋初已失传。

宽政中，述斋林氏得是书四卷，收之于《佚存丛书》中，其书传播西土。清阮元《四库未收书提要》载之，而依《唐会要》"垂拱

141

二年，新罗王使《文馆词林》内采其词涉规戒者，勒成五十卷赐之"之文，谓当时颁赐之本，原非足册也者，误矣！案：源能州《倭名类聚抄序》云一百帙《文馆词林》，藤右丞《见在书目录》亦云一千卷，则本邦所传，原是完帙可见矣。而中世海内骚扰，干戈日继，官库数经兵火，先王之遗书秘笈，十不存一，良可惜也。是书亦散佚，遂不可求焉。不亦遗憾乎？

近狩谷氏望之访求其逸卷，俱得十卷。此所载者，即系狩谷氏旧藏。余亦得元禄抄本十册（释义刚所书）。又官库有新写本，而与余所得者同种。其他好事家或藏零卷残轴。世所传凡二十二卷。余别著《文馆词林盛事》一卷以详之。后观大和国小林辰者所著《文馆词林考》，其所载目凡三十卷，据自序皆是元禄抄本，而出义刚之手者也。义刚以如意轮寺本誊写，见自跋。如意轮寺，则高野山之塔中也。而余日所录二十二卷，辰之书亦皆有之，则知世所传之本者，悉系如意轮寺之旧藏也。其元禄本，原凝紫楼成岛氏所藏，后流传归小林辰者，今复为余架中。然余所得实十卷，辰所得之三之一耳，是为遗憾。

今就原本审纸墨，疑是唐人所书。书法道劲，笔力精超，古香满纸，真希世之珍也。卷第六百六十五跋文可以证矣。其吕神福未详为何人也。但每卷尾所题弘仁之文，颇为可疑也。盖当时于本邦所追书欤？未见其跋题之存者，故决不能云，姑书以俟续考。

明治四年辛未九月枫斋木村正辞识

考证

"䄂""䇦""❀"是武后造字，"年""正""月"之异文。此他书本有"而""坔""黼""凰"等之字，亦皆武后制字也。《唐书》本传云：太后从配。作"曌""而""坔""❀""囝""〇""凰"

142

"曌""埊""圀"十有二文。太后自名曌。按《宣和书谱》载武后造字为十九字，郑樵《通志·六书略》为十八字，而于其字形亦互有异同。"埊"，本传、《书谱》作"埊"，《通志》《集韵》作"埊"，《金石文字记》作"埊"，郭忠恕《佩觿》作"埊"，王观国《学林》作"埊"。据《唐君臣正论》"千千万万为年"之说，则以作"埊"为正。"圀"，诸书同。或亦作"𤇍"，即古文"正"字。"圀"，本传、《书谱》及《集韵》《学林》并作"囝"，《通志》作"囤"，《佩觿》作"圐"，《文字记》作"圐"，《龙龛手鉴》作"圙"。钱大昕、段玉裁、左春谷辈，"悉""埊"二字以见《战国策》及《论语音义》为六朝俗字，其说可从矣。案：武后取古人已制之字，或少改易之耳，非尽臆造也。又本书国名"隋"字皆作"随"。《广韵》云"'隋'本作'随'，隋文帝去辵"，《佩觿》云"随文以周齐不遑宁处，故去辵，言辵，走也，遂作'隋'"。清顾炎武云："虞世南《孔子庙堂碑》、欧阳询《九成宫醴泉铭》、王知敬《李卫公碑》、高宗《李英公碑》、天后《顺陵碑》、于敬之《华阳观王先生碑》、斐漼《少林高碑》，并'隋'字作'随'。当时金石之文二字通用，自司马温公作《通鉴》以后，始壹用'隋'字。而《水经注》'滇水东南径隋县西'，'随'字作'隋'，则知此自古人省笔之字，谓文帝始去辵而为'隋'者，未必然也。"其说确实可从矣。正辞又识。

辛未嘉平月下浣于左升右蕉罗府趋古中原光义书

　　桥本经亮（肥后人，字橘窗）所撰《文馆词林之事》是木村正辞《盛事》之前，《文馆词林》研究考证最详实之文，兹译出载录于下，以供比较分析。

桥本经亮《文馆词林之事》

《唐书·艺文志》第五十文史类云《文馆词林》一千卷，许敬宗、刘伯庄等撰。又佛祖三经，记出唐太宗皇帝施行遗教经之文《文馆词林》六百十三卷。本邦顺《和名抄序》言有一百帙《文馆词林》。又予阅宽政九年十一月廿三日（古写本，粘叶里有室山室生寺印）近日板行《日本国见在书目录》，册总集家条录《文馆词林》（词林，唐人作辞林）。《见在书目录》见于《河海抄》（《源氏》抄物）《若菜》卷引书，云正五位下行陆奥守兼上野权介藤原朝臣佐世奉敕撰。佐世，大系图云："佐世，文章博士，藤氏儒士，始宇多、醍醐朝人。"《台记》（宇治左府赖长公记）载：康治二年四月十四日，借《古今集注孝经》（为书写）付便被，佐世（我朝博士）所撰（九卷），其七卷佐世草本也。博士也。《词林》第六百九十五一卷、第三百册八欠卷等，摄津国八田部郡须磨大手村胜福寺有焉。

第六百六十八残卷在大和国宇智郡荣山寺，传闻今在江户。见其卷首署作"中书舍人"，盖传写之讹。观本书，"中书舍人"与"中书令"有长官与判官之不同。考《大唐六典》作"中书省中书令二人、中书次郎二人、中书舍人六人"。传闻本次白云上人持来第六百六十二卷（末二行处缺）一卷、第五百七缺一欠等全卷残卷，知存在六卷。有题记"校书殿写。弘仁十四年，岁次癸卯二月，为冷然院书"。校书殿在大内里安福殿北。《拾芥抄》云"校书殿（月华美北七间三面）"，则于藏人所弘仁御宇别当以下置也。《日本纪略》云："天德三年晦日，召文人秘书阁，令赋《春被莺花送》之诗，有御制。"言校书殿之事欤？御书所谓艺阁，可参考。冷然院见于《拾芥抄》（大炊御门南、堀川西，嵯峨天皇御宇世院累代后院弘仁帝，本名冷然院云云。而依火灾改"然"字为

"泉"。《天历御记》"然"者，改"冷然"为"冷泉"）。《三代实录》天安二年八月七日作"冷然院"，后亦未仅强作"泉"字。又亦作"冷势院"，假名物语中亦作"れいせい"，盖为读"冷然"之发声。则冷然院之印，当为之后该院之印。嵯峨院之印，盖当为嵯峨院谢世后之印。《续日本后纪》作"承和二年三月庚午印一而充冷冷然院"，当为此前之印，或可考虑文字残缺令其如此。就其有冷泉院之印考之，《见在书目录》中除《周易》三卷（冷泉院）、《今文尚书》十卷（王肃注·冷泉院）、《周礼仪疏》六卷（冷然院）之外，尚有多处冷泉院作冷然者。今或有《文馆词林》之类之书。又，嵯峨天皇于我神社亦有殿堂，更当参拜。印亦与久我殿里村山天皇之印相承，绝代之事也。又不仅嵯峨院之御物，拜见其印，有难以言传者。此外尚需考证，此仅陈管见。

宽政十二年十月廿六日

第二章
日藏中国幼学书写本研究

第一节

上野本《注千字文》释录

　　下面所录，为上野淳一所藏，被指定为"重要文化财"的《注千字文》一轴，尾形裕康在《我国千字文教育史的研究》（校仓书房1965年版）曾予以介绍。张娜丽《敦煌本六字千文初探析疑——兼述〈千字文〉注本问题》曾予以评述[1]。

　　南北朝周兴嗣所作、李暹所注《注千字文》与《蒙求》《百咏》等被称为"四部书""三注"等幼学书的代表。古注《千字文》现存三种，即上野本《注千字文》、敦煌本《注千字文》（斯5471、伯3973）和《纂图附音》本。上野本《注千字文》，外题《学明笔千字文八》，有弘安十年（1287）书写的题记、建仁二年（1202）本题记，是纵29.9厘米、横813.6厘米的卷子本。题记中有：

　　　于幡州佐用乡市庭书之也

10　《敦煌研究》2001年第3期，2001年3月。

本云　建仁二年壬戌　六月十六日于幡州书写山东狱房

书了　载记勇猛有五

　　题记中提到的幡州佐用乡，是现兵库县佐用郡佐用町（市町，未详）。关于本题记中所说的书写山圆教寺的东狱房（"狱"字疑为"岳"字之误），在《捃拾集·一后醍醐御幸事》（元弘三年，即1333年）里有"密大阿阇梨慈真　东岳院觉如房"，同书《一塔供养诸事付愿文事等》有"一头幸松殿　东岳坊"，另外《书写山圆寺长吏记》一书中有"第七十二世　长吏慈祐　东岳坊"（《姬路市史史料编1》，姬路市役所1974年版）。"载记"意为岁。"勇猛"是"萨埵"的译语，从菩萨（菩提萨埵）的略字"卝"，而转为廿，或四十之义。"勇猛有五"就是廿五岁或四十五岁的意思。

　　本书是现存最古的《千字文》注本，而敦煌本已残缺。平安时代末年成书的《和汉朗咏集私注》已引用上野本系统的《注千字文》。[1]这里的释录，多参考黑田彰、后藤昭雄、东野治之、三木雅博编著《上野本注千字文注解》（以下简称《注解》）[2]，岩波书店出版的小川环树、本田章义注解《千字文》（以下简称岩波本）[3]，顺致谢意。底本"已""之""也"多相混，其余讹俗字甚夥。一般俗字，如"渊"作"渊"、"简"作"蕳"、"误"作"悮"之类，径改为正字，有必要时简注说明。日本国立国会图书馆藏《纂图附音增广古注千字文》三卷，为元和三年（1617）刊活字本，可一并对照研读。

1　三木雅博：《和漢朗咏集私注の方法》，《文学史研究》1981年第21期。

2　黑田彰、后藤昭雄、东野治之、三木雅博：《上野本注千字文注解》，和泉书院1989年版。

3　小川环树、本田章义注解：《千字文》，岩波书店2001年版。

千字文赵¹人暹李序注

　　《千字文》者，魏太尉钟繇之所作也。梁邵²陵王萧论（纶）评书曰：钟繇之书，如云³鹄游天，群鸿戏海，人间难遇。王羲⁴之书，字势雄强，如龙跳渊门，虎卧凤阁。历代宝之。永以为训⁵，藏于秘府。

　　逮永嘉失据，迁移丹⁶阳⁷，然川途重阻，江山退险，兼为石氏⁸逼逐⁹，驱驰不安，复经暑雨，所载典籍，因兹糜烂¹⁰。《千字文》几将湮没。晋末宋¹¹元皇帝恐其绝灭，遂敕右军琅琊之人王羲之缮写其文，用为教本。但文势不次，音韵不属，及其奖导，颇以为难。

　　至梁武帝爱命员外散骑侍郎周兴嗣，令推其理致，为之次韵也[1]。盖玄途渊赜，理趣绵长，味之亹亹，寻之郁郁，字简不烦，文约理备，省而易通，妙贯典谟¹²。恢恢乎，有物斯在；洋洋乎，有盈耳之美。

　　暹奇其文理，志传¹³其训。昔东朝武定年内，任秘书郎中，王

1　"赵"字下有"骹"字，为"赵"的移位字，同"赵"，为衍文。

2　"邵"，底本作"郜"，右旁书小字"邵"。

3　"云"，底本字残。日本国立国会图书馆藏《纂图附音增广古注千字文》作"云"，"人间难遇"作"人间茂蜜，实亦难遇"。

4　"羲"，底本作"羲"。日写本"羲"多误作"羲"。

5　"训"，底本作"誉"，为"训"的位移字。下同。

6　"丹"，底本右旁注"月亻"，意为一本作"月"。

7　"阳"，底本作"楊"，右旁注"阳亻"。

8　"氏"，底本右旁书"勒"。

9　"逼逐"，底本作"通遂"。

10　"烂"，底本作"蘭"，左下旁书"爛"。

11　"末宋"，底本作"中宗"，据《纂图附音增广古注千字文》改。

12　"谟"，底本作"摸"。

13　"传"，底本右旁注"博亻"。

事靡盬，不暇宁居。奉使楚城，慰抚边蛮，路次颍川，遇大司徒侯景称兵作乱，遂为之维絷[1]。奔梁不可得，还邺[2]无路。岁次[3]大火，被逼入关，遂在西京，经卅余年[4]。由直言误旨，屡空被褐，鹿裘带索[5]，行歌拾穗，恨时不遇，怀川上之悲。知不可求，从吾所好，退守蓬庐[6]，述经明道。

叹曰："若彼姬昌，不拘[7]羑里[8]，《周易》莫[9]兴。故曰：作《易》者，其忧患乎？孔丘[10]如不为诸侯所逐，洙泗之教，曷为得阐？屈原被怀襄所放，《离骚》之经，郁尔而明也。寻诸古今，著述士多是不遇而有作斯也。或因文申志，或托词而陈情矣。冀来世之君子，察其意焉。由此感怀，故捃摭典谟[11]，注赞云尔也。

[1]《纂图附音增广古注千字文》所载《注千字文序》以上部分大体相同，而以下部分则大异，兹录于下："夫学者盖立身之本，文者乃入官之开始也。是以开天立地，三曜于是生焉；二仪既立，四节以由序。上古玄朴，坟典之诘未宏；下代称文，丘索之书乃著。故五经诸字，卷轴宏多，积载累功，用窥其户牖。《千字文》要略，义括三才，包揽百家，意存省约。上论天地，下次人伦，义及九州岛岛，泛论五岳。日月星辰之度，建首明王；三皇封

---

1 "维絷"，底本右旁注"被拘絷亻"。"絷"字右下旁注"系也"。

2 "邺"，底本作"业"。

3 "次"，底本右旁注"在亻"。

4 "年"，下右旁书小字"无也"。

5 "索"，底本作"絮"，右旁注："素亻"。

6 "庐"，底本作"芦"。

7 "拘"，底本作"物"，依意改。

8 "羑里"，底本作"差裹"，依意改。

9 底本"莫"下有"不"字，疑衍。

10 底本"丘"下有"其"字，右旁注"无也"。

11 "谟"，底本作"摸"。

禅之书，亦在其内。前汉后汉之事，次第俱论；秦始刻碑之勋，于斯辨释。然王羲（義）之本有余文，传通世俗，以为法轨。萧王乃令周兴嗣次韵之正焉，得千字文。悭义奥诠者难寻，若不解释，无以得悟。寂虽不敏，曾在学门，依据诸处，敢注斯记。意浅义深，如或未周，辄率己情，万无一是。上才其所见，以晓愚学，若有智者，望重更为润色焉。"

1.2 天地玄黄，宇宙洪荒。

《易》曰"天玄地黄"也。[1]《老子》曰"天得一以清，地得一以宁"也。[2]

四方上下，谓之宇；往古来今，谓之宙。[3]洪，大。洪荒，大荒也。荒，芒也。言天地宇宙之内，广大荒芒，谁[1]可测知之乎？

[1]《易·坤》："夫玄黄者，天地之杂也。天玄而地黄。"

[2]《老子》第三十九章："天得一以清，地得一以宁。"

[3]《淮南子·齐俗训》："往古来今，谓之宙；四方上下，谓之宇。"

3.4 日月盈昃，辰宿烈[2]张。

日中则昃[3]，月盈则亏也。[1]《易》曰"天道盈亏而就谦"也。[2]

辰者，北辰，北极五星是也。行列在紫微宫中。宿者，廿八宿是也。东方七星成苍龙之体；北方七星成玄武之身；西方七星成白虎之状；南方七星成朱雀之形。并张设宫司，匡弼天帝，使无愆失也。

---

1 "谁"，底本作"难"，依意改。

2 "烈"，《纂图附音增广古注千字文》作"别"，当作"列"。

3 "昃"，底本作"昇"，依意改。

[1]《易·丰》:"日中则昃,月盈则食。"

[2]《易·谦》:"天道亏盈而益谦。"

5.6 寒来暑往,秋收冬藏。

《易》曰:"寒来则暑往,暑往则寒来。"[1]

秋熟收敛,冬则盖藏,[2] 以拟自供,养老济弱也。

[1]《易·系辞下》:"寒往则暑来,暑往则寒来。"

[2]《荀子·王制》:"春耕夏耘,秋收冬藏。"

7.8 闰馀成岁,律吕调阳。

周天有三百六十五度四分度之一。一日行一度。十二月一周天,馀有五度四分度之一。一度为一日,五度为五日也。四分度之一,是入六日四分度之一也。一岁十二月,六月小,小月大,有六日。通前五日四分度之一,是为一岁。岁十一日四分度之一不满。三年足得润(闰),为成一岁之历象也[1]。

律,六律也。吕,六吕也。律,阳也;吕,阴也。言人君有道,则阴阳调顺,各应其节,不相夺伦。故冬无伏阳,夏无愆阴也[2]。

昔伶伦氏者,黄帝之臣,于大夏之西、昆仑之阴,取其竹窍坊节者,断取两节吹之,以黄钟之管,制十二篇,以像凤凰雄雌,以定律吕,以分星次[1]也。

[1]《尚书·虞书·尧典》:"帝曰:咨!汝羲暨和,期三百有六旬有六日,以闰月定四时成岁。"孔安国传曰:"四时日期,一岁十二月三十日,正三百六十日。除小月六为六日,是为一岁有余十二日,未盈三岁,足得一月,则置闰焉,以定四时之节气,成一岁

---

1 "次",底本作"吹"。

之历象。"

《汉书·律历志上》："故书曰：……岁三百有六旬有六日，以闰月定四时成岁。"颜师古注云："此皆《虞书·尧典》之辞也。……四时凡三百六十六日，而定一岁，十二月月三十日，正三百六十日，则余六日矣。又除小月六日，是为岁有余十二日，未盈三岁，便得一月，则置闰焉，以定四时之节气，成一岁之历象。"

[2]《汉书·律历志上》："律十有二，阳六为律，阴六为吕。"《左传·召公四年》："冬无愆阳，夏无伏阴。"

9.10 云[1]腾致雨，露结为霜。

言人君有道，通于神祇者，应云升，则时雨降；如其无道，假令密云四郊[1]，终无崇朝[2]之雨[2]也。《诗》云"其雨其雨，杲杲出日"也[3]。[3]

人君有道，著于神祇。得致其[4]露，其露者，则阴气结[5]草为露，露气严结为霜也。

[1]《易·小畜》："密云不雨，自我西郊。"

[2]《诗·鄘风·蝃蝀》："朝隮于西，崇朝其雨。"

[3]《诗·卫风·伯兮》："其雨其雨，杲杲出日。"毛公传："杲杲然日复出矣。"郑玄笺云："人言其雨其雨，而杲杲然日复出。"

---

1 "云"，底本作"雲"，"云"的繁体。

2 "朝"，底本作"庙"，依意改。

3 "其雨其雨，杲杲出日"，底本作"云雨云雨，皓皓日复出也"。

4 "其"，底本作"日"，右旁注"其"。

5 "结"，底本作"法"，依意改。

11.12 金生丽水，玉出昆[1]岗。

丽水者，在益部永昌[2]郡，水中有金浮出。

荆[3]山，昆仑之岑也。昔楚国井里人卞和，于此岗得玉璞，献厉王。王曰："石也。和欺[4]寡人。"刖[5]其右足。厉王死也[6]，子武王立。和复献之武王。武王曰："石也。"刖其右足。和不胜其枉[7]，抱玉璞哭于荆山下。泪尽，继之以血也。荆山为之崩颓[8]也。武王死，其子成王立，和复献之成王。成王使工人攻[9]之，果得夜光之璧也。[1] 谢惠连诗曰"莳兰莫当门，怀玉莫向楚。楚无别玉人，门非莳兰所"也。[2]

[1]《文选》卷三十九《狱中上书自明》曰："昔玉人献宝，楚王诛之；……臣闻名曰之珠，夜光之璧。"

[2]《南史·袁淑传》："种兰忌当门，怀璧莫向楚。楚少别玉人，门非植兰所。"

13.14 剑号巨阙，珠称夜光。

楚有宝剑五种矣。一曰纯钧[10]，二曰湛庐[11]，三曰镆铘，四曰鱼肠，五曰巨阙也。[1]

---

1 "昆"，底本作"崐"，"昆"的异体字。
2 "昌"，底本作"曷"，左旁有小圈，乃删改号，右旁注"昌"。
3 底本"荆"字前有"玉"字，疑衍。
4 底本"欺"前有"斯"字，乃受下"欺"字影响而衍。
5 "刖"，底本作"削"，依意改。下同。
6 "也"，底本作"之"。
7 "枉"，底本作"柱"，依意改。
8 "颓"，底本作"頹"。
9 "攻"，底本作"改"，依意改。
10 "钧"，底本作"釰"，依意改。
11 "庐"，底本作"厉"，依意改。

夜光珠名者，昔隋[1]侯出行，路见断蛇，哀之，傅以神膏[2]。蛇即道[3]去。经数日月，此蛇衔[4]一明珠，径七寸，于阴暗之夜送隋侯门，唤隋侯。隋侯谓盗人，按出剑应之。蛇以明珠报恩而去。故世人号为夜光珠。[2]传记详也。

[1]《文选》卷六《吴都赋》李善注："《越绝书》曰：昔越王勾践有宝剑五……一曰纯钧，二曰湛卢，三曰莫耶，四曰豪曹，五曰巨缺。"《越绝书》卷十一："昔者越王勾践有宝剑五：……一曰湛卢，二曰纯钧，三曰胜邪，四曰鱼肠，五曰巨阙。"《太平御览》卷三四三："《吴越春秋》曰：越王允常聘欧冶子作名剑五枚：一曰纯钧，二曰湛卢，三曰豪曹，或曰盘郢，四月鱼肠，五曰钜阙。"《博物志》："宝剑名：纯钧、堪卢、豪曹、鱼肠、巨阙。五剑皆欧冶子所作。"镆铘，见《庄子·大宗师》。

[2]《搜神记》卷二十："隋县溠水侧，有断蛇邱。隋侯出行，见大蛇被伤中断。疑其灵异，使人以药封之。蛇乃能走。因号其处断蛇邱。岁余，蛇衔明珠以报之。珠盈径寸，纯白而夜有光明，如月之照，可以烛室。故谓之隋侯珠，亦曰灵蛇珠，又曰明月珠。邱南有隋季良大夫池。"

15.16 果珍李柰，菜重芥姜。

燕国县道有好李，大如鹅卵，八月乃熟也。王农家有好李，恐

---

1 "隋"，底本作"随"，下同。唐写本"隋朝"之"隋"多作"随"，平安时代写本亦然。
2 "傅以深膏"，底本作"禄以神高"，依意改。
3 "道"，底本作"導"，依意改。
4 "衔"，底本作"衔"。

人得其种，钻其破核而卖之也。[1]《梁州记[1]》曰："楼，天下知名，可以为脯也。"《蜀都赋》曰"素柰夏成"矣。[2]

赵国出好芥菜，食之香美[2]，其子可以为酱焉。《论语》曰"鱼脍芥酱"之属也。蜀地出生姜也。临海郡出干姜、高良姜也。《论语》曰："不彻姜食。"[3]

[1]《世说新语·俭啬》："王戎有好李，卖之，恐人得其种，恒钻其核。"敦煌本《注千字文》："《世说》曰：燕国高道县王丰家有好李，大如鹅〔卵〕。恐人得种，钻其核，破而卖之。凉州出柰，堪为脯。"

[2]《文选》卷四《蜀都赋》李善注："朱樱春熟，素柰夏成。善曰……王逸《荔枝赋》曰：酒泉白柰。"

[3]《论语集解·乡党》："不得其酱不食。马融曰：鱼脍非芥酱不食也。"《论语·乡党》："不撤姜食。"

17.18 海咸河淡，鳞潜羽翔。

海水咸，可以煮盐；[1]河水淡而黄。

鳞，龙鱼之属，并潜行水中。羽，飞鸟之类，皆翱翔于林野。

[1]《文选》卷五《吴都赋》："煮海为盐。善曰：《史记》曰：吴有豫章郡铜山，吴王濞则招致天下亡命者，盗铸钱，煮海为盐，国用富饶。"

19.20 龙师火帝，鸟官人皇。

言伏羲氏王天下，有龙瑞，因龙名官也。

---

1 "记"，底本作"出"，右旁书"记"。
2 "美"，底本作"吴"，右旁书"美"。

少暤氏王天下，有凤凰至，故犹鸟纪官也。祝鸠氏为司徒，雎鸠氏为司马，尸鸠氏为司空，爽鸠氏为司寇也。炎帝神农氏王天下，有火瑞，因火纪官哉[1]。天地开辟，有天皇十三头，地皇有十一[1]头，人皇有九头也[2]。是以云尔。

[1]《左传·昭公十七年》："郯氏曰：……炎帝氏以火纪，故为火师而火名。……大暤氏以龙纪，故为龙师而龙名。我高祖少暤挚之立也，凤鸟适至，故纪于鸟，为鸟师而鸟名。……祝鸠氏，司徒也；雎鸠氏，司马也；鸤鸠氏，司空也；爽鸠氏，司寇也。"

[2]《三五历记》(《玉函山房辑佚书》所收)："岁在摄提，元气始肇。有神灵一人，十三头，号曰天皇。""有神圣人，十二头，号地皇。""有神圣人，九头，号人皇。"

21.22 始制文字，乃服衣裳。

自伏羲氏以前，人民淳。其文字也，唯刻木结绳，以记其事也。伏羲氏王天下，人民奸伪，故设十言之教而用治之。十言者，谓八卦与消息也。[1]《易》曰"古者伏羲氏王天下，始作八卦"，由此文字始制也。[2]

《易》曰"上古者，结绳而治，后世圣人以为书契"，乃衣服裳也，始黄帝、尧、舜也。[3]《易》曰"黄帝、尧帝舜帝垂衣服以治。盖取诸乾坤"[4]，《系辞》详也。

[1] 郑玄《六艺论》(《玉函山房辑佚书》所收)："宓羲作十言之教，曰：乾、坤、震、巽、坎、离、艮、兑、消、息。"

[2]《易·系辞下》："古者包牺氏之王天下也，……于是始作

1　"一"，底本作"二"，右旁注"一"。

八卦，以通神明之德。"《尚书》序："古者伏羲氏之王天下也，始画八卦，以代结绳之政，由是文籍生焉。"

[3]《易·系辞下》："上古结绳而治，后世圣人易之以书契。"

[4]《易·系辞下》："黄帝、尧、舜垂衣而天下治。盖取诸乾坤。"

23.24 推位让国，有虞陶唐。

高辛氏卒，其子帝挚立。九年，让国与异母弟唐侯尧[1]。尧年廿七岁即位，在位七十年，推位与舜。舜摄政廿八年，然后即位[2]，其[1]五十年，推位与禹也。

尧号陶唐，舜号有虞氏也。尧初封唐侯，舜殡于有虞也[3]。

[1]《史记·五帝本纪》："帝喾（高辛氏）崩，而挚代立。"张守节正义："《帝王纪》云：帝挚之母，于四人中，班最在下，而挚于兄弟最长，得登帝位，封异母弟放勋为唐侯。挚在位九年，政微弱，而唐侯德盛，诸侯归之，挚服其义，乃率群臣，造唐而致禅。唐侯自知有天命，乃受帝禅。"

[2]《史记·五帝本纪》张守节正义："皇甫谧云：尧即位九十八年，通舜摄二十八年也。"

[3]《史记·五帝本纪》："帝喾为高辛，帝尧为陶唐，帝舜为有虞。"裴骃集解："张晏曰：尧为唐侯，国于中山，唐县是也。""皇甫谧曰：舜殡于虞，因以为氏。"

25.26 吊[2]民伐罪，周发[3]殷汤。

---

1 "其"，底本作"真"。
2 "吊"，底本作"予"，依意改。下同。
3 "发"，繁体为"發"。

吊，恤也[1]，怜恤也。夏殷之民，遭此桀纣酷虐之王。

周武王，名发[2]，义兵伐殷纣之害民也。《周书》曰"牧野一战，前徒倒戈[1]，血流漂杵"。[3]纣败，衣宝玉衣，投鹿台，火而死。[4]殷汤伐夏桀苛[2]政之罪，战于鸣条[3]也[4]。[5]谥法曰"除唐（虐）去残曰汤"[6]，败桀奔南巢而死之，"克定祸乱曰武"也。[5]

　　[1]《左传·襄公十四年》"有君不吊"，杜预注："吊，恤也。"

　　[2]《史记·周本纪》："太子发立，是为武王。"

　　[3]《尚书·周书·武成》："甲子昧爽，受率其旅若林，会于牧野。罔有敌于我师，前徒倒戈。攻于后以北，血流漂杵。"

　　[4]《史记·殷本纪》："周武王于是遂率诸侯伐纣。纣亦发兵，距之牧野。甲子日，纣兵败，纣走入登鹿台，衣其宝玉衣，赴火而死。"

　　[5]《史记·夏本纪》："汤遂率兵，以伐夏桀。桀走鸣条，遂放而死。"张守节正义："《淮南子》云：汤败桀于历山，与妹喜同舟浮江，奔南巢之山而死。"

　　[6]《史记》张守节正义所引《周公谥法》："克定祸乱曰武……除残去虐曰汤。"

27.28　坐朝问道，垂拱平章。

　　昔尧、舜帝有天下，举十六族任之以政，并得其人。

　　故端坐朝堂，垂拱无为，问至治之道。平章，百姓也。《书》

1　"戈"，底本作"弋"，依意改。

2　"苛"，底本作"荷"，右旁注"苛"。

3　"鸣条"，底本作"鸟修"。

4　"也"，底本作"之"。

5　"也"，底本作"之也"。

曰"九族既穆，百事若无为"[1]也。

　　[1]《尚书·尧典》："克明俊德，以亲九族。九族既睦，平章百姓。百姓昭明，协和万邦。"

29.30　爱育黎首，臣伏戎羌。

　　黎，众；首，民也。众民之渠师。尧舜之为君也，爱育众民，怜周也。

　　子思如渠师，惠被远夷，故遐迩慕化，思为臣妾也。昔周道既兴，越裳贡宝，肃慎来朝。

31.32　遐迩壹体，率宾归王。

　　王，姓也；遐，远也；迩，近也。言人君道广被，四夷慕德，远近同心，共为一体，共□□师往朝天子所也。《诗》曰："自东西，自南北"，无恩惠不服乎。

33.34　鸣凤在树[1]，白驹食场。

　　明王兴世，则凤鸟至也。昔周之兴世，则鸑[2]鷟[3]鸣岐山。

　　有贤人乘白驹来朝也。《诗》云："皎皎白驹，食我场苗，絷[4]之维之，以永今朝。"

1　"树"，《纂图附音增广千字文》作"竹"，旁注"树亻"。下注："竹，凤之所栖；场，驹之所止。上天降凤的瑞凤，来则在竹间，盖凤之所欲也。《毛诗》注云：凤凰非竹实不食也。"
2　"鸑"，右旁注"仕角反"。
3　"鷟"，右旁注"午角反，鸾凤族"。
4　"絷"，右旁注"竹土反，缚也，连也"。

35.36 化被草木，赖及万方。

　　万方者，万国也。君王有道，惠化广被，泽及草木，花叶敷荣也。

　　赖，利也。有君仁德，利及万国也。昔黄帝之王天下，视[1]方万里，得百里之国者万也。

37.38 盖此身发[2]，四大五常。

　　盖，语之端也。八尺之躯，总名为身。四大，四枝也。五常谓仁义礼智信。《孝经》说云"人怀五常之姓"也。

39.40 恭惟鞠养，岂敢毁伤?

　　《孝经》曰："身体发肤，受之父母，不敢毁伤。孝之始，惟敬也。"

41.42 女慕贞洁，男效才良。

　　卫世子恭伯早死，其妻守义，父母欲夺而嫁之，誓而弗许，故作是诗以绝之："泛[3]彼柏舟，在彼河侧[4]。髧[5]彼两髦[6]，实维我特[7]。之死矢靡慝[8]。"[1]

　　昔魏文帝曹丕[9]始同母弟陈思王植，欲杀之，命于七步内成诗，不成即杀之。陈思王受诏为诗。诗曰："煮[10]豆燃豆萁，豆在釜

1　"视"，底本作"觊"。
2　"发"，繁体为"髪"。
3　"泛"，底本误作"沉"。
4　"侧"，底本作"测"。
5　"髧"，底本作"髭"。
6　"髦"，底本误作"髭"。
7　"特"，底本误作"待"。
8　底本脱"之"字，"慝"误作"迓"，句尾衍一"也"字。
9　"丕"，底本误作"否"。
10　"煮"，底本作"煳"，"煮"的位移俗字。

中泣。本是同根生，相煎何太急[1]！"[2]

[1]《诗·鄘风·柏舟》："泛彼柏舟，在彼河侧。髧彼两髦，实维我特。之死矢靡慝。"

[2]《世说新语·文学》："文帝尝令东阿王七步中作诗，不成者行大法。应声便为诗曰：'煮豆持作羹，漉菽以为汁。其在釜下燃，豆在釜中泣。本自同根生，相煎何太急！'帝深有惭色。"

43.44 知过必改，得能莫忘。

知己有过，必速改之，祥[2]也。《传》曰"宿不善，而宿不详[3]"也。[1]

学得艺伏记之，莫忘也。[2]。

[1]《文子》曰："老子曰：积薄成厚，积卑成高，君子日汲汲以成辉，小人日快快以至辱。其消息也，虽未能见，故见善如不及，宿不善如不祥。苟向善，虽过无怨；苟不向善，虽忠来恶。故怨人不如自怨，勉求诸人，不如求诸己。"

宿善，谓善事隔宿而不立行。汉刘向《说苑·政理》："文王问于吕望曰：'为天下若何？'对曰：'王国富民，霸国富士，仅存之国富大夫，王道之国富仓府，是谓上溢而下漏。'文王曰：'善。'对曰：'宿善不祥。'是日也，发其仓府，以振鳏寡孤独。"

[2]《论语·学而》"过则勿惮改"。《续日本纪》神护景云三年十月一日："又云：过知必改，能得莫忘。"

45.46 罔谈彼短，靡恃己长。

---

1 "急"后有"守矣"二字，疑衍。

2 "祥"，底本作"详"。

3 "详"，底本作"祥"。

罔，无也。[1] 说为仁者之行，勿说他人之短事，恃己德之长而骄1于物。宜自2卑谦也。《易》曰"劳谦吉祥"也。[2]

[1]《尔雅·释言》："罔，无也。"

[2]《易·系辞上》："劳谦，君子有终吉。"

47.48 信使可覆，器欲难量。

贤人有忠信之德，使于四方而能专对，不辱3君命；有使乎之义。故其4言辞可返覆而观之。言其德美，才器难量也。

49.50 墨悲丝染，诗赞羔羊。

羔羊者，童羊也。墨子，梁惠王时人也，盖有道之士也。与庄周游，著书十四篇，号曰道家也。见素丝，从所成也，悲其异本。喻人养生失方，违5其本性6。[1] 故曰："杨朱哭歧路，墨子悲染丝。"[2]

羔羊，裘翔之姓，孝7顺有礼，跪而饮乳也。《诗》曰："羔8裘翱翔。"[4]

[1]《墨子·所染》："子墨子见染丝者而叹曰：'染于苍则苍，染于黄则黄，所入者变，其色亦变。五入必，而已则为五色矣。故染不可不慎也。"

东北大学本《和汉朗咏注抄·春·雨》"或水花下"注："墨子

---

1 "骄"，栏上注"鸟高反，马行貌"。
2 "自"，底本作"目"。
3 "辱"，底本作"褥"。
4 "其"，底本作"且"。
5 "违"，底本作"表"，右旁书"违"。
6 "性"，底本作"姓"。
7 "孝"，底本作"字"。
8 底本"羔"下衍一"羊"字

者，梁惠王时人也。盖有道之士也。见素丝所染成色，悲其异本。喻人养生失方，哀其本姓（性）故。"

[2]《淮南子·说林训》："杨朱见歧路而哭之……墨子见练丝而泣之。"

[3]《毛诗·桧风·羔裘》："羔裘翱翔。"

51.52 景行维贤，克念作圣。

景，大也。[1]君有大德行者，维是贤君也。

克己念道，作圣人之法，而治天下也。《尚书》曰"虽狂克念作圣，罔念作狂"哉。[2]

[1]《尔雅·释诂》："景，大也。"

[2]《尚书·多方》："惟圣罔念作狂。惟狂克念作圣。"《日本书纪》推古十二年《宪法十七条》："世少生知，克念作圣。"用字与《千字文》及其注同。

53.54 德建名立，形端表正。

建，立也。[1]人君立德以治民，令名立于后世，而如人形端，影必自正者[2]。

[1]《老子》第五十四章："善建者不拔。"河上公注："建，立也。"

[2]《纂图附音增广古注千字文》："《杂记》云：夫形正影必端，表斜影必曲。君子之人，不受斜僻之言，抱志贤贞，不见二行。纵逢衰乱，不为强暴之勇；俗有倾移，不夺恭谦之操。"

55.56 空谷传声，虚堂习听。

山谷空，故传声则审；花堂虚靖，习听则专。

57.58 祸因恶积，福缘善庆。

言受祸由其恶积，享福实因善庆也。《老子》曰："祸兮福之所倚，福兮祸之所伏。¹"[1]君子宜慎也。

《易》曰："积善之家，必有余庆；积恶之家，必有余殃。"[2]

[1]《老子》第五十八章："祸兮福之所倚，福兮祸之所伏。"

[2]《易·坤》："积善之家，必有余庆；积不善之家，必有余殃。"

59.60 尺璧非宝，寸阴是竞。

《传》曰"庶人无辜²，怀［璧］为罪"，故曰非宝[1]；寸阴虽少，令人得道疾，故人竞所也[2]。

[1]《左传·桓公十年》："初虞叔有玉，虞公求旃。弗献，既而悔之曰：'周谚有之：匹夫无罪，怀璧其罪。'"《三国志·魏志·华歆传》："本无拒诸君之心，而所受遂多，念单车远行，将以怀璧为罪，愿宾客为之计。"

[2]《淮南子·原道训》："圣人不贵尺之璧，而重寸之阴。时难得而易失也。"

61.62 资父事君，曰严与敬。

《孝经》曰："资事于父，以事于君。"[1]竞所而敬。曰者，辞³也[2]。

[1]《古文孝经·士章第五》："子曰：'资于事父，以事母，其

---

1 底本"伏"字后衍一"也"字。

2 "辜"，底本作"辜"。

3 "曰者，辞也"，底本作"同暑郜也"。盖"同"，"曰"字之讹；"暑"，"者"字之讹；"郜"，"辞"字之讹。

爱同；资于事父，以事君，其敬同。"同《圣治章第十》："圣人因严以教敬，因亲以教爱。"

［2］《唐韵》："曰，辞。"《广韵》："曰，辞也。"

63.64　孝当竭力，忠则尽命。

竭力以行孝，尽忠以事君矣。[1]传曰"若求忠臣，必出孝子之门"也。[2]

［1］《论语·学而》："子夏曰：贤贤易色，事父母能竭其力，事君能致其身。"

［2］《古文孝经·广扬名章第十八》："子曰：'君子事亲孝，故忠可移于君；事兄弟，故顺可移于长；居家理，故治可移动于官。'"孔安国传："能孝于亲，则必能忠于君矣。求忠臣必于孝子之门也。"

65.66　临深履薄，夙兴温清。

夙，早也。[1]兴，起也。[2]言臣之事君，常自试博，必须晚卧早起，昏定晨省，问其寒温所须[3]。

《诗》云"战战兢兢，如临深渊，〔如〕履薄冰"也。[1][4]

［1］《尚书·舜典》"夙夜在公"，孔安国注："夙，早也。"

［2］《说文》："兴，起也。"

［3］《礼记·曲礼上》："凡为人子之礼，冬温而夏清，昏定而晨省。"郑玄注："安定其床衽也，省问其安否何如。"吐鲁番出土《典言》断简："尸子曰：孝己事亲，一夜而五起，视衣之厚薄，枕

1　底本"冰"后有"也"字。

之高卑。""汉文躬性至孝，事其父母，暑则扇床热，寒则以身温席被。《广州先贤传》曰：罗威，字德仁，事母至孝，寒则以身温席，暑则进扇。"

[4]《诗经·小雅·小旻》："战战兢兢，如临深渊，如履薄冰。"《古文孝经·诸侯章第三》："《诗》云：战战兢兢，如临深渊，如履薄冰。"

67.68 似兰斯馨，如松之盛。

馨，香气氛氲也。兰，香草也。[1]臣有忠贞之行者，如香草氛氲之气远闻也，若松柏之茂盛郁郁状也。

[1]《说文》："兰，香草。"

69.70 川流不息，渊澄取映。

映，照也。百川东流，不舍昼夜。[1]渊泉澄清，照物则明也。

[1]《论语·子罕》："子在川上曰：逝者如斯夫，不舍昼夜。"

71.72 容止若思，言辞安定。

人君容仪进止，必须安审，智有所思也。

言辞和雅[1]，可为法则也。自安其身而后动，易心[2]而语也[1]。

[1] 和雅：温和文雅。《宋书·殷琰传》："琰性和雅静素，寡嗜欲。"《旧唐书·文苑传中·贺知章》："贺知章器识夷淡，襟怀和雅，神清志逸。"

[2] 易心：改变心志，改变想法。《韩诗外传》卷六："小人易心，百姓易俗。"

---

1 底本"也"前有"之"字，疑衍。

73.74 笃初诚美，慎终宜令。

笃，厚也。[1] 初，始也。[2] 美、令，皆是善也。人君有亨[1][3]诚，美政之道也。

慎终而〔如〕[2]始，则无败事矣。[4]《诗》曰"靡[3]不有初[4]，鲜克有终"也。[5][5]

[1]《礼记·中庸》："天之生物，必因其材而笃焉。"郑玄注："笃，厚也。"

[2]《说文》："初，始也。"

[3]亨：通达。唐元稹《思归乐》诗："我心终不死，金石贯以诚。此诚患不立，虽困道亦亨。"

[4]《老子》第六十四章："民之从事，常于几成而败之。慎终如始，则无败事。"

[5]《诗经·大雅·荡》："天生烝民，其命匪谌。靡不有初，鲜克有终。"

75.76 荣业所基，籍甚无竟。

无竟者，无穷也。君有德义[6][1]之尊，为子孙作荣业之基，名籍著于史策[7]，传之万代，无有穷竟焉。

[1]德义：道德信义。《左传·僖公二十四年》："心不则德义

_____

1 "亨"，底本作"享"。《注解》："享，或'淳'之讹。"
2 底本无"如"字，依文意补。
3 "靡"，底本作"糜"，右旁书"靡"。
4 "初"，底本作"物"，右旁书"初力"，意为"盖当作初"。
5 底本"终"后有"也"字。
6 "义"，底本作"仪"。
7 "策"，底本作"荣"。

167

之经为顽，口不道忠信之言为嚚。"汉荀悦《汉纪·高祖纪二》："彼皆戴仰大王德义，愿为大王臣妾。德义已行，南面称伯，楚必敛衽而朝。"

77.78 学优登仕，摄职从政。

言仕学有优宽[1]之德者，则建于从政之道，可任其[1]政；君朝摄己职，可从于王政。故曰："不在其位，不谋其政。"[2]

[1] 优宽：宽厚，宽和。《后汉书·吴延史卢赵列传》："夫刚烈表性，鲜能优宽；仁柔用情，多乏贞直。"

[2]《论语·泰伯》："子曰：不在其位，不谋其政也。"

79.80 存以甘棠[2]，去而益咏。

邵公，名奭，为周之西伯，巡于封[3]邑，听男女之讼，恐劳百姓，舍于甘棠树下而断讼焉。邵伯既去之，周人思其德之政，不伐[4]其树，作《甘棠》之诗以咏其德也。[1]《诗》云"蔽[5]芾[6]甘[7]棠，勿剪勿伐，邵伯所茇[8]"也。[2]

[1]《诗经·召南·甘棠》郑玄笺："召伯听男女之讼，不重烦劳百姓，止舍小棠之下而听断焉。国人被其德，说其化，思其人，

---

1 "其"，底本作"甘"，依意改。

2 "棠"，底本作"堂"，右旁注"棠"。

3 "封"，底本作"卦"，依意改。

4 "伐"，底本作"夋"，《注解》录作"茇"。郑玄笺："茇，草舍也。"文意不通，"夋"或受下文"茇"字影响而误。

5 "蔽"，底本作"弊"。

6 "芾"，底本作"沛"。

7 "甘"，底本作"其"，依意改。

8 "茇"，底本作"枝"。底本"枝"字后有"也"字。

敬其树。"《史记·燕召公世家》："召公之治西方，甚得兆民和。召公巡行乡邑，有棠树，决狱政事其下。自侯伯至庶人，各得其所，无失职者。召公卒，而民人思召公之政，怀棠树不敢伐，歌咏之，作《甘棠》之诗。"

[2]《诗经·召南·甘棠》："蔽芾甘棠，勿剪勿伐，召伯所茇。"

81.82 乐殊贵贱，礼别尊卑。

公谷梁说曰："天子八佾也¹，诸侯六佾也，大夫四佾也，士二佾也。"[1]君父之尊，臣子之卑，在于礼制极乎？

[1]《春秋穀梁传》："天子八佾，诸公六佾，诸侯四佾。"《左传·隐公五年》："天子用八，诸侯用六，大夫四，士二。"

83.84 上和下睦，夫唱妇随。

睦，亲也。[1]人君有宽和仁恕²之德者，则诸侯来亲也。夫唱善道，则女随其命也。[2]

[1]《尚书·尧典》"九族既睦"，孔颖达疏："睦，即亲也。"

[2]《关尹子·三极》："天下之理，夫者倡，妇者随。"

85.86 外受傅训，入奉母仪。

男子八岁，外受就师训；女子十岁，在于内宫，奉之傅也。教习于妇之礼事也[1]。

[1]《礼记·内则》："十年出就外傅，居宿于外，学书计……

---

1 "也"，底本作"之"，下同。

2 "恕"，底本右旁书"慈"。

女子十年不出，姆教婉娩听从。"

87.88 诸姑伯叔，犹子比儿。

　　《礼记》曰："兄弟之子，如己子也。"[1]

　　[1]《礼记·檀弓上》："丧服，兄弟之子犹子也。"

89.90 孔怀兄弟，同气连枝。

　　言兄弟同在父母怀抱，共受父母之血气而生。

91.92 交友投分，切磨箴规。

　　箴，谏也。[1]规，正也。[2]朋友礼义相交也。有恩[1]义之重，以身分投，共相琢磨切磋，迭相谏正，以成仁恕之行也。《孝经》曰"士争友，则身不离于后世令名"也。[3]

　　[1]《尚书·盘庚上》："无或敢伏小人之攸箴。"马融注："箴，谏也。"

　　[2]《左传·昭公十六年》昭公十六年："子宁以他规我。"杜预注："规，正也。"

　　[3]《孝经·谏争章第十五》："士有诤友，则不离于令名。"

93.94 仁慈隐恻，造次弗离。

　　人君有慈仁之德，见其人民有饥寒困苦切[1]己者，恻然伤心，为除其寒，不得仓卒舍而不救[2]也。

　　[1]《广韵》："切，忧心貌。"

1　"恩"，底本作"思"，依意改。
2　"救"，底本作"捄"，"救"的俗写。

95.96 节义廉退，颠沛匪亏。

言有其节义[1]廉让[2]之士，假有颠沛之急，不亏损其志。《论语》曰"颠沛必于是，造次必于是"也[3]。

[1] 节义：谓节操与义行。《管子·君臣上》："是以上之人务德，而下之人守节义。"《后汉书·安帝纪》："其赐人尤贫困、孤弱、单独谷，人三斛；贞妇有节义十斛。"李贤注："节谓志操，义谓推让。"

[2] 廉让：清廉退让。汉王符《潜夫论·遏利》："世人之论也，靡不贵廉让而贱财利焉；及其行也，多释廉甘利。"

[3]《论语·里仁》："君子无终食之间违仁，造次必于是，颠沛必于是。"

97.98 性静情逸，心动神疲。

心性安，则竭心有悦乐也；心动百虑，则神明劳疲也。

99.100 守真志满，逐物意移。

心守真理，则得志满也；逐物飘扬，则移方[1]起也。

101.102 坚持雅操[2]，好爵自縻。

縻，继[3]也。操，节也。[1]人臣能坚正节，临难不动，立其忠义之功者，尊官好爵，来[4]继其身耳也。

[1]《正字通》："操，节操。"

---

1 "扬"，底本作"伤"，依意改。"方"，底本作"万"，依意改。
2 "操"，底本作"捹"，右旁书"操"。"捹"，"操"字俗写。
3 "继"，底本作"继"，《注解》录作"缝"。
4 "来"，底本作"朱"。《注解》："意为きわだつ，或'来'字误写。"

103.104 都邑华夏，东西二京。

绝高谓京也。[1] 君王宗庙所¹在日都也。县鄙日邑也。[2] 服虔曰："诸夏距²王宫三千五百里。九州之内谓华夏也。"东京，洛阳矣。西京，酆镐。

[1]《尔雅·释诂》："丘绝高日京。"

[2]《左传·庄公二十八年》："凡邑有宗庙先君之主日都，无日邑。"《初学记·居处部·都邑》亦引。

105.106 背芒面洛，浮渭据泾。

言东京后背芒山也，南临洛水也。[1] 西京，北带渭水，越据泾水也。[2]《禹贡》日"渭³于浮水，乱于河"也。[3]

[1]《文选》卷六十《齐竟陵文宣王行状》"芒山洛水"，李善注："应璩与程文信书日：南临洛水，北据芒山。"《文选》卷三《东京赋》："溯洛背河，左伊右瀍。"

[2]《文选》卷二《西京赋》："于后则高陵平原，据渭踞泾。"

[3]《尚书·禹贡》："西倾因桓是来，浮于潜，逾于沔，入于渭，乱于河。"

107.108 宫殿磐郁，楼观飞惊。

言东西二京，宫殿磐¹连，交²错连飞，薨栋蓊郁[1]，静³楼观，舒檐侧，峤⁴如似孤鸣失侣，有惊飞之势也。

[1]《文选》卷四《南都赋》："杳蔼蓊郁于谷底。"卷四《蜀都赋》："松柏蓊郁于山峰。"

109.110 图写禽兽，画彩仙灵[1]。

图写奇禽异兽，似圣貌。画于帝王宫殿之内，令人君观之，自省进德[2]也。

[1]仙灵：神仙。晋左思《吴都赋》："图以云气，画以仙灵。"南朝宋鲍照《代升天行》："从师入远岳，结友事仙灵。"

[2]进德：犹言增进道德。《易·乾》："忠信，所以进德也。"晋潘岳《闲居赋》："是以资忠履信以进德，修辞立诚以居业。"

111.112 丙舍旁启，甲帐对楹。

楹，柱也。[1]天子宫内有四部之第也，丙舍是也。第三部不得正闻，暗阁旁户门，故言旁暗。

甲帐，是汉武帝帐名也。昔武帝造甲乙帐，是第一部，结之以隋珠和璧，天子负黼展龙翠被，冯玉几⁵，而处其中也。[2]

[1]《说文》："楹，柱也。"

───────────────

1 "磐"，底本左旁注"大石"。
2 "交"，底本作"文"，《注解》改作"交"。
3 "静"，底本作"竫"，《注解》作"呼"。"静"，同"靖"。靖，静，斯388《正名要录》："右字形虽别，音义是同。古而典者居上，今而要者居下。""静"俗写或作"竫"，"口"旁俗写或作"マ"，则"静"经"竫"，再经"净"，而最终成了"竫"。
4 "峤"，底本作"嵏"，依意改。《注解》作"嵏"，注："此字意义不明，或为某字误写。"
5 "几"，底本作"凡"，"几"字之讹。

[2]《汉书·西域传》：“赞曰：孝武之世……兴造甲乙之帐，落以随珠和璧，天子负黼衣，袭翠被，冯玉几，而处其中。”

113.114 肆筵设席，鼓瑟吹笙。

肆，陈也。[1] 筵，竹[1]席也。[2] 敷陈筵席于正殿之内，作燕乐而见群臣。昔包羲氏造瑟，瑟长八尺一寸，卅五弦也。黄帝使素女鼓之。帝悲不能止矣。破为七尺二寸，廿五弦也。今瑟长五尺二寸，非正器也。女娲氏造笙，十一管，长四尺。大笙十九簧，小笙十五簧。簧笙，笙中之簧像凤凰之身，亦像物实依地而生也。

汉文帝时，零陵文学素景于泠道县[2]界舜祠下得玉管。舜时，西王母所献之物是也。

[1]《说文》：“肆，积陈也。”

[2]《说文》：“筵，竹席也。”

115.116 升阶纳陛，弁转疑星。

言天子皮弁以玉饰之，泠泠明如星。诸侯皮弁亦饰之以玉，唯其数道依命秩有别。言诸侯朝天子之所时，礼容俯仰，折旋进退，弁随身转，望之如星，故曰疑星也。《诗》云“绘弁而星”也[1]。

[1]《诗经·卫风·淇奥》：“会弁如星。”

117.118 右通广内，左达承明。

通，亦达也。[1] 广内、承明者，二殿名也。言正殿阶道与此二

---

1 “竹”，底本误作“亦”。

2 “县”，底本作“悬”。

殿相通焉也。

[1]《说文》："通，达也。"

119.120 既集坟典，亦聚群英。

言坟，三王也；典，五典也[1]。并是古书矣。

《传》曰"楚左史倚相能读三坟、五典、八索、九丘"也[1]。[2]即是上古遗言也。群英，硕[2]学群儒之英秀也。

[1]《纂图附音增广古注千字文》："坟，三皇之书，……典，五帝之书。"

[2]《左传·昭公十二年》："王出复语，左史倚相……是能读三坟五典八索九丘。"《初学记》文部《经典》："书者，……上世帝王之遗书。有三坟五典……以其上古之书，故曰《尚书》。"

121.122 杜藁钟隶，漆[3]书壁经。

杜操，字伯度也。汉时齐相，善草书也。能杀[4]字，甚安之。书体微瘦[5]也。[1]藁[6]犹草也。钟会，字士季也[7]。善能隶书之[2]。

鹄[8]之用笔，书其势矣。魏武帝悬鹄[9]书者于帐内，以钉壁上，恐其字灭，令以漆书之。后汉灵帝时，敕洛阳刺史，凿[10]书五经正

---

1 "也"，底本作"之"。
2 "硕"，底本作"颇"。
3 "漆"，底本作"涑"，栏上注"漆亻"。
4 "杀"，底本作"郊"。
5 "瘦"，底本栏下注"于部反，颈肿"。
6 "藁"，底本作"蒿"。
7 "也"，底本作"之"。
8 "鹄"，底本作"頡"，左旁注"人名"。
9 "鹄"，底本作"頡"。
10 "凿"，底本作"毁"。

字于嵩山石壁上也。今犹见在，天下学士，多往其所，取正字也[3]。

　　[1]《四体书势·草书》："至章帝时，齐相杜度……杜氏杀字甚安，而书体微瘦。"杀字，书法中草书的收笔。

　　[2]《四体书势·隶书》："魏武帝悬著帐中，及以钉壁玩之……鹄宜为大字，邯郸淳宜为小字。鹄谓淳得次仲法。然鹄之用笔，尽其势矣。"鹄，梁鹄，字符鸿。

　　[3] 毗沙门堂本《古今篆隶文体》末尾引录陈诚甫编《博闻录》逸文："漆书者，《汉书》云：溢（汉）灵帝有诏，使人于嵩山石壁以漆书，恐其字灭绝，凿石壁作字。《千字文注》云：汉灵帝石壁之漆书，见在嵩山，学士向彼正五经字。"《博闻录》为南宋至元的通俗类书，文中提到的《千字文注》或与上野本同一系统。

123.124 府罗将相，路夹¹槐卿。

　　罗，列也。[1]汉高祖既平天下，定十二诸侯及卿相之位次，列于朝肆，又藏在秘府也。于其京师衢²两旁皆使莳槐树，以拟九卿三公之次，来去遂阴矣。

　　[1] 宋洪兴祖《楚辞补注·招魂》："罗，列也。"

125.126 户封八县，家给千兵。

　　言封有功诸侯八县之邑也。[1]

　　卿大夫有勋者，给其千兵者哉。[2]

　　[1]《后汉书·王常传》："封为邓王，食八县，赐姓刘氏。"

---

1 "夹"，底本作"侠"，依意改。
2 "衢"，底本作"瞿"。

［2］《晋书·陆晔传》："加卫将军，给千兵百骑，以勋进爵为公。"

127.128 高冠倍[1]辇，驱毂振缨。

言天子行于宫内，则乘辇也。卫士皆着高冠，执戟而倍辇也。

三公以下大夫¹以上，皆乘车而朝之，驱谓毂也。振缨者，整冠缨也。

［1］"倍"，《纂图附音增广古注千字文》作"陪"，其注曰："天子冠高七寸。辇者，天子所乘车辂也。毂，车轮也。缨，冠蒂也。卫从天子出入曰陪辇，则必推其毂而使行，振其缨而结就也。"

129.130 世禄侈富，车驾肥轻。

言贤臣有勋，世食采²必禄，有侈富之美，故车驾轻妙而马有肥壮³之也。

131.132 策功茂实，勒碑刻铭。

言贤将忠臣有大功于国者，生则书名大策，死则立碑刻而表其德迹，传之后世也。

133.134 磻溪伊尹，佐时阿衡。

《世说》云："磻溪谷，在渭水上源也。"大公吕望，避纣⁴之乱，居于北海之滨矣。闻文王祚兴，而来归周，钓于磻溪之谷焉。

---

1 底本"夫"字后有"皆"字，疑衍。
2 "采"，底本作"菜"。
3 "肥壮"，底本作"侈社"，依意改。
4 "纣"，底本误作"封"。

文王游猎得之，知其贤，载与归，而〔之〕师事之。又案：《史记》曰：大公吕望避纣之难，而居于辽东卌余年。闻文王祚兴，而来归周。中路贫困，屠牛于朝歌市矣。文王知其贤，而与之语大公，大公曰："上屠屠国，下屠屠牛也[1]。"文王遂与之俱归，而师事也。

伊尹相汤，号曰阿衡，故曰佐时阿衡也。《传》曰：伊尹之母怀伊尹时，居伊。有神人告之曰："明日白[2]水出东，走慎勿回顾。"明日白水遂出。伊尹之母东走十余里，回顾其邑，水遂淹之，身化为空桑之树。有莘[3]氏女采桑，闻儿啼空桑之中，收取以献其君。君令抱人养之，长大有圣德，献之成汤，汤用为左相矣。《尚书》详也。

135.136 奄宅曲阜，微旦孰营。

曲阜之地者，少昊氏之故墟[4]也。今在鲁城内也。[1]

微周公旦摄政七年，成周道致太平功者，谁能经营？有曲阜之地而为鲁侯地，封七百里，[2]立社稷，安宗庙宫室。

[1]《史记·鲁周公世家》："封周公旦于小昊之虚曲阜，是为鲁公。"

[2]《礼记·明堂位》："是以封周公于曲阜，地方七百里，革车千乘。"

137.138 桓公匡合，济弱扶倾。

---

1 "也"，底本作"之"。

2 "白"，底本作"各"，下同。

3 "莘"，底本作"华"。

4 "墟"，底本作"橹"。

桓公小白，致霸功，九合诸侯，一匡天下，齐于弱周，扶持顾之。[1]《周书》云"亡推固存"者，扶倾也。[2]

[1]《史记·齐太公世家》："诸侯莫违于寡人……九合诸侯，一匡天下。"《论语·宪问》："子曰：管仲相桓公，霸诸侯，一匡天下。"

[2]《尚书·商书·仲虺之诰》："推亡固存，邦乃其昌。"

139.140 绮回汉惠，说[1]感武丁。

昔汉高祖之吕后生惠帝，立赵王如意为太子矣。大臣听群臣立计，迎商[2]山四皓绮里先生、茵[3]等，令朝焉。高祖见绮里先生衣冠伟丽，肃然动心，问四皓[4]曰："公等何乃从我儿游矣？"绮里先生曰："臣等闻太子仁惠慈孝，故来从之。"高祖回心，遂不废太子。《惠帝本纪》详矣。

傅说，上古仙人，居于北海员土之上，为辅殿室，见梦于武丁。丁梦见良弼将代予，言遣大臣以梦中所见形像，令四方求之，得于傅岩之野，立左。

141.142 俊乂密勿，多士实[5]宁。

密[6]，慎也。勿，无也。实，是也。俊乂是贤圣智惠之人也。人君若用此为臣，是宁封[7]国也。慎勿舍也。

---

1 "说"，右旁注"六悦"，"六"为"音"字之省。
2 "商"，底本作"南"，右旁注"商也"。
3 "茵"，底本作"兰"，右旁注"茵也"。
4 "皓"，底本作"晧"。
5 "实"，底本作"寔"。下同。
6 "密"，底本作"蜜"。
7 "封"，底本作"卦"。

《诗》云："济济多士，文王以宁。"[1] 是其义也。

[1]《诗经·大雅·文王》："济济多士，文王以宁。"

143.144 晋楚更霸，赵魏困[1]衡。

关东为纵，关西为横。晋文侯先霸诸侯也，楚灵王后霸诸侯，故曰更霸也。是时秦昭[2]王强盛，有并诸侯之志也。

洛阳人苏□□□关东诸侯，令共金从，同心并力，而拒秦师，于是关东诸侯从苏秦为约[3]长，身相六国。[1] 但赵魏二国近于秦，每为秦所伐。故曰关苏秦也。

[1]《史记·苏秦列传》："于是六国从合而并力焉。苏秦为从约长，并相六国。"

145.146 假途灭虢[4]，践吐[5]会盟。

言晋侯听荀息之言，以屈产之乘马、垂棘之璧，道于虞，以伐号（虢）。虞公许辞而名所灭矣。其事《春〔秋〕》详[1]。

郑地，在河南也。晋文侯与楚战，胜之而还。甲子主（于）践土作周襄王之宫，以纳襄王矣。襄王以九命，命文侯为伯而会诸侯，施同盟之礼也。服虔曰"既败楚师，以为践土之会"也。

[1]《左传·僖公二年》："晋荀息请以屈产之乘与垂棘之璧，道于虞以伐虢。公曰：'是吾宝也。'对曰：'若得道于虞，犹外府也。'公约：'宫之奇存焉。'对曰：'宫之奇之为人也，懦而不能强

---

1 "困"，右旁注"用亻"。

2 "昭"，底本作"照"。

3 "约"，底本作"幻"。

4 "虢"，底本作"号"，栏上书"虢 クワク"。

5 "吐"，右旁注"土亻"。

谏，虽谏将不听。'"

147.148 何遵[1]约法，韩弊烦刑。

弊，踣也[1]。踣犹死也。萧何，汉高祖丞相，导周三章约法，除秦苛政，天下便之。

非，韩人也。秦始皇十三年使秦，秦始皇用李斯计，留韩非。苦，酷也。秦人苦之。后年为秦人所杀也。

[1]《尔雅·释诂》："弊，踣。"

149.150 起[2]翦[3]颇牧[4]，用军最精[5]。

白起者，眉城人。少立，读兵书矣。秦昭王用为将，破赵长平四十万众也。王翦者，频阳人，秦始皇十三年用为将，将兵六十万人，南灭荆楚矣。廉颇者，栾[6]城人也；李牧者，伯仁县人也：并是赵悼襄王大将军。此四子，用兵最胜也。

151.152 宣威沙漠，驰誉丹青。

宣，犹重也。汉[7]四将逐[8]出匈奴于沙漠之塞也。驰，其令名书之史策，传于后世也[9]。

---

1 "遵"，右旁注"尊亻"。
2 "起"，右旁注"卜云シ人"，意此为人名。
3 "翦"，右旁注"セント云人"。
4 牧，右旁注"云人"。
5 "精"，底本作"糒"，右下旁注"精亻"。
6 "栾"，底本作"牢"。
7 "汉"，底本作"美"，依意改。
8 "逐"，底本作"遂"，依意改。
9 底本"也"前有"之"字，"之"字误书且衍。

181

153.154 九州禹迹，百郡[1]秦并。

九州之地，有夏禹治水迹，《禹贡》详也。[1]九州者，冀、兖、青、徐、扬、豫、梁、雍、荆矣。

昔秦始皇既灭六国，吞并四海，所见周室微弱，诸侯强盛，自相迹伐，不由天子之命，征[2]之此失，欲强本弱末，又称帝，□有天下。南至九嶷，北及阴山，东渐沧海，西被流沙，地[3]方万有余里。并诸侯之国，以为百郡。故百郡矣。秦并始置郡一百，置县廿也。县管五郡，五郡管十州。州立其秩长。地百石也。年终县[4]遣府史，刺其善恶，以申上台，称曰刺史。百官之中，县令官长。故曰号长官矣。前汉时，韩延寿为中牟县□司马。三百人为坠伏，出入川佢，鼓吹是也。至后汉末灵帝之时，奸臣曹操秉政，易官号[5]，以州在郡县上。自魏篡汉位，因兹不改，至于今日。所谓葛屦五两，冠绥双〔止〕。深可悲也。

[1]《尚书·禹贡》："禹别九州，随山浚川，任土作贡。"

155.156 岳宗恒岱，禅主云亭。

宗，尊也。[1]五岳之中，东岳之为尊，北岳恒山次之。今言恒岱者，合句[6]而已，非是实录也。

云亭者，东岳神祠所在处。自古帝王至此，并皆封禅[7]而还也。

[1]《说文》："宗，尊祖庙也。"

---

1 "郡"，右下旁注"鬼因"。
2 "征"，底本作"徴"。
3 "地"，底本作"池"，因前"沙"字类化而讹。
4 "县"，底本前有"悬"字，左旁有"卜"，示删去。
5 "号"，底本作"方"。
6 "句"，底本作"勾"。
7 "禅"，底本作"神"，依意改。

157.158 雁门紫塞，鸡田赤城。

雁门者，山名也。今以为郡。其山高峻，鸟飞不得过。其内有缺处，而似于门。鸿雁之属，皆从此而度，向于南北，因号曰雁门山。

鸡田者，则鸡泽也。

赤城者，在花阴界东岸，周之古关也。

紫塞[1]者，今之驴龙是也。彼塞口石土及草木，并皆作金色也。

[1] 北方边塞。崔豹《古今注·都邑》："秦筑长城，土色皆紫，汉塞亦然，故称紫塞。"南朝宋鲍照《芜城赋》："南驰苍梧涨海，北走紫塞雁门。"

159.160 昆池碣石，钜野洞庭。

安西传说云：昆明池在北天竺国西方万有余里，近于西海矣。其池方圆八百里焉。今长安城西南四十里，有昆明池，南北方卅里也[1]，东西廿五里也，是汉武帝所造也。碣石山，在北平东北耶，入于海也。昔秦始皇表此山，以为周之东门也。

钜野泽，在涿[2]县南北三四百里，东与海接，西与山连也。昔黄帝与蚩尤战于此野矣。洞庭者，大湖名也[3]。《楚辞》曰："洞庭波[4]兮木叶下。"一云：钜野泽，在梁山南也[5]。今见钜野城。叔孙氏西狩得麟于此野。

---

1 "也"，底本作"之"。下同。

2 "涿"，底本作"遂"。

3 底本"湖"前有"潮"字。"湖"，右旁注"亻"。"也"，底本作"之"。

4 "波"，底本作"彼"。

5 "也"，底本作"之"。

161.162 旷远绵邈，岩岫[1]杳[1]冥。

重理说云：五岳至于洞庭，其间旷阔，形势辽远哉。

[1]岩岫：山洞。唐玄奘《大唐西域记·摩揭陀国下》："石室西南隅有岩岫，印度谓之阿素洛宫也。"又，峰峦。唐戴叔伦《听霜钟》诗："仿佛烟岚隔，依稀岩岫重。"

163.164 治本[2]於农，务兹稼穑。

治国家之本，作农为先也。故天子籍田千亩[1]，以劝其民营此稼穑之事。种之曰稼，敛之曰穑。[2]营作及时，勿使失其所。

[1]《汉书·郊祀志下》："《礼记》曰：天子籍田千亩。"《礼记·祭义》："昔者，天子为籍千亩。"

[2]《诗·大雅·桑柔》："降此蟊贼，稼穑卒痒。"郑玄笺："耕种曰稼，收敛曰穑。"

165.166 俶载南亩，我艺黍稷。

俶，始也。[1]春分日，遒[3]人以铎[2]，备于器，号令农夫，始载耒[4]耜南亩，种艺黍稷[3]，播厥[5]百榖[4]。《诗》云"东南其亩"[5]也。

[1]《经典释文》卷六："俶，音尺叔反，始也。"

[2]《古文尚书·胤征》："每岁孟春，遒人以木铎徇于路。"《诗·小雅·大田》："大田多稼，既种既戒，既备乃事。以我覃耜，

俶载南亩。播厥百谷，既庭且硕，曾孙是若。"郑玄笺："季冬，令民出五种，计耦耕事，修耒耜，具田器，此之谓戒，是既备矣。"

[3]《诗·小雅·楚茨》："自昔何为，我艺黍稷。"

[4] 榖：同谷。汉王充《论衡·偶会》："无禄之人，商而无盈，农而无播，非其性贼货而命妨谷也。"刘盼遂集解："谷作榖，乃汉以来别字。"北魏贾思勰《齐民要术》卷十《五榖》："《山海经》曰：广都之野，百榖自生。"

[5]《诗·小雅·信南山》："我疆我理，南东其亩。"

167.168 税熟贡新，劝赏黜陟。

黜，退也。陟，进也。古者税田之法，上熟一亩税三升，中熟一亩税二升，下熟一亩税一升，不熟者〔不〕税。税黍稷也。新熟必先贡于君也。

劝田得功者，依格酬赏，以劝其善；若堕其农失功者，依格黜退，罚其无功，而明农典刑之法也。

169.170 孟[1]轲敦素[1]，史鱼秉直。

孟轲者，齐人也。敦其朴素之行，著书廿篇[2]，号曰《孟子》矣。以然者，弥子瑕不肖，我不能退之；蘧曰贤，我不能进矣[3]。

史鱼者，卫大夫，临死诫其子曰："我死莫殡于正堂也[4]，但于

---

1 "孟"，底本作"盆"。

2 "篇"，底本作"䔡"。

3 自"以然者"至此或为衍文。

4 "也"，底本作"之"。

侧阶足矣。所以然者，弥子瑕[1]不肖[2]，我不能退之。蘧[3]伯[4]玉贤，我不能进矣，是我不肖也。"卫君闻之，敕令[5]殡于正堂，自往哭之，遂退弥子瑕而进伯玉矣[6]。君子之闻，直哉史鱼，死尸而谏，不忘君过也[2]。

[1] 敦素：敦厚素雅。明顾起纶《国雅品·士品三》："张尝与启札神交，词多敦素，亦是恬雅人。"

[2]《韩诗外传》："昔者卫大夫史鱼病且死，谓其子曰：'我数言蘧伯玉之贤而不能进，弥子瑕不肖而不能退。为人臣生不能进贤而退不肖，死不当治丧正堂，殡我于室足矣。'卫君问其故，其子以父言闻。君造然召蘧伯玉而贵之，而退弥子瑕，徙殡于正堂，成礼而后去。生以身谏，死以尸谏，可谓直矣。"

171.172 庶几中庸，劳谦[1]谨敕。

言中庸，善人也。唯庶几于善，有劳谦也[7]，让谨约身，深深自敕诫[2]，日三省[3]，不敢为非法也。

[1] 劳谦：勤劳谦恭。《易·谦》："劳谦，君子有终，吉。"《后汉纪·桓帝纪下》："往者孝文劳谦自约，行过于俭。"

[2] 敕诫：同敕戒，警诫、教诫。《汉书·息夫躬传》："天子见异，所以敕戒人君，欲令觉悟反正，推诚行善，民心悦而天意得矣。"南朝梁刘勰《文心雕龙·诏策》："敕戒恒诰，则笔吐星汉之

---

1 "瑕"，底本作"暇"。下同。
2 "肖"，底本作"省"。下同。
3 "蘧"，底本作"蓬"。
4 "伯"，底本作"曰"。
5 "敕令"，底本作"勑合"。盖"敕"亦作"勑"，误书作"勑"。《注解》录作"勑"。
6 "矣"，底本作"英奂"，疑皆"矣"字之讹。
7 "也"，底本作"之"。

华；治戎燮伐，则声有浡雷之威。"

[3]《论语·学而》："曾子曰：吾日三省吾身：为人谋而不忠乎？与朋友交而不信乎？传不习乎？"

173.174 聆音察理，鉴貌辨色。

凡人薄皮厚肤，心在于内也[1]。贤思吉恶，不可知恶也。须听其言而观其行，察其情理，视容也。审得人善恶之行，勿得豫有臆度[2]，使失其人也。

175.176 贻厥嘉猷，勉其祗植。

贻，遗也。厥，其也。嘉，皆善也。猷，道也。

祗，敬也。植，置也。君子以善道遗于人也[3]，恐其不爱教敕，敬勉置其忠孝行也。

177.178 省躬讥诫，宠增抗[4]殛。

言君子之人，日有三省，谦讥自诫[5]，不可为非法之行。

莫如小人恃宠，抗极陵物必败矣。《易》曰"亢龙[6]有悔"也。

179.180 殆辱近耻，林皋[7]幸[8]即。

---

1 "也"，底本作"之"。
2 "臆度"，底本作"忆庆"。
3 "也"，底本作"之"。
4 "抗"，底本作"栴"，栏下注"杭亻"。
5 "诫"，底本作"诚"，依意改。
6 "亢龙"，底本作"梅寵"。
7 "皋"，底本作"幸"，右旁书"皋"。
8 "幸"，底本作"翠"。

人有犯害殆之行，必近耻辱之丑也。

昔汉之林皋[1]恃宠蒙罪。赖其有幸罪，即其身不及其宠属也。

181.182 两疏见机，解组谁逼。

两疏者，谓疏广、疏受，东海人也。受是广之兄子也。汉宣帝时，广为太子大傅也[2]，受为太子少傅。广之谓受曰："我与汝俱为帝之师。富贵重叠，如裁之实木，其根必厄也。《老子》曰：'知足不辱，知止不殆。'可以举身而退，不亦可乎?"受曰："敬从大人之命。"父子二人遂辞病而去。

帝共太子不夺其志，听其蛰。宣帝赠金百两矣。太子赠金亦如是。于是二子解其组绶，出长安城，挂冠于东都门上而去。时人见之叹曰："贤哉二丈夫也。"

183.184 索[3]居闲处，沈默寂寥。

汉人索清也，晋人沉默，并志乐闲旷，不染尘俗。所谓隐居以求志心也。

185.186 求古寻论，散虑逍遥。

言此二人求古昔世之道，寻论云义，散心逍遥无为也。

187.188 欣奏累遣，戚[4]谢欢招。

累者，尘累也。谢，往也。逍遥似退，累则往也。

---

1 "皋"，底本作"睪"。
2 "也"，底本作"之"。
3 "索"，底本作"絮"。
4 "戚"，底本作"慼"，"戚"的异体字。

戚既去，欢乐招而至也。

189.190 渠荷的历，园莽抽条。

渠者，满渠也。荷，莲荷也。春冰既泮，渠荷吐叶。沼[1]池融液[1]，玄泉[2]的历[3]。

山林色翠[2]，园[3]草抽条[4]。

[1] 融液：融化成液体。《晋书·王濬传》："又作火炬，长十余丈，大数十围，灌以麻油，在船前，遇锁，然炬烧之，须臾，融液断绝，于是船无所碍。"

[2] 玄泉：深泉，《文选》张衡《东都赋》："阴池幽流，玄泉清泂。"薛综注："水黑色，故曰玄泉。"

[3] 的历：光亮、鲜明貌。唐王勃《越州秋日宴山亭序》："参差夕树，烟侵橘柚之园；的历秋荷，月照芙蓉之水。"

[4] 抽条：长出枝条。宋张先《定风波》词："素藕抽条未放莲，晚蚕将茧不成眠。"

191.192 枇杷晚翠，梧桐早凋[4]。

枇杷，木出益部郡，大叶，冬生实，实似柿，故曰晚翠[5]也。

梧桐出冀州龙门山。至八月叶落已尽，故早凋。故沈约《八咏》曰"燕至叶未抽，鸿来枝已素"也。

---

1 底本"沼"字前有"名"字，疑为"召"字之讹，"召"则为受下"沼"字影响而衍。

2 "翠"，底本作"琴"，《注解》录作"蓼"。"翠"俗写作"翆"，讹而作"琴"。

3 "园"，底本作"菵"，疑为"菌"字之讹。《注解》录作"菵"。

4 "凋"，底本字作"彫"，下书"凋"。

5 "翠"，底本作"翆"，为俗写。

193.194 陈根委翳，落叶飘飖。

陈树之根，多有委翳之草；霜下之木，落叶近[1]飘飖[1]。

[1]《文选》宋玉《风赋》："飘忽淜滂，激飏熛怒，耾耾雷声，回穴错迕。"

195.196 游鹍独运，陵摩绛霄。

霄，天也。《庄子》曰："北溟有鱼，其名为鲲，不知几千里也。化而为鸟，其名鹏，不知几千里也。是鸟之值海运，将[2]徙于南溟。抟扶摇羊角而上者九万里，负青天而绝云气，逼于南溟。去六月，乃息然矣。"事见《庄子》也。

197.198 耽读玩市，寓目囊箱[1]。

后汉时，王充，字仲任[3]，会稽上虞人也。爱学家贫，无书可读之。借钱诣市，以钱为假其书读之。又于他人囊箱中寄目，看其书字也。

[1]《后汉书·王充传》："王充，字仲任，会稽上虞人也。……好博览，而不守章句。家贫无书。常游洛阳市肆，阅所卖书，一见辄能诵忆。遂博通众流百家之言。"《雕玉集·聪慧篇第一·王充寄目》："王充，字仲任，后汉会稽上虞人也。家贫无书。常游洛阳市，阅所卖书，一见诵忆，并即不忘。遂诵百家之言，著《论衡》廿五篇，皆行于世。充仕至治终也。出《后汉书》。"

1 "近"，《注解》："或为'迕'字之讹。"

2 "将"，底本后有重文号，疑衍。

3 底本"任"字后有"之"字。

199.200 易辅攸畏，属耳垣墙。

攸，所也。[1] 辅，堕也。[2] 言君子有所畏慎，不妄出口，畏于世人属耳垣墙之外听也。《诗[1]》云："无易攸言，耳属于垣墙。"[3]

[1]《尔雅·释言》："攸，所也。"

[2]《说文·车部》："辅，轻车也。"《诗·大雅·烝民》"德辅如毛"，郑玄笺："辅，轻。"

[3]《诗·小雅·小弁》："莫高匪山，莫浚匪泉。君子无易由言，耳属于垣。"

201.202 具膳餐饭，适口充肠。

辨其善膳之食供养父母也，众[2]人食其粗[3]食充饥而已也。

203.204 饱饫烹宰，饥厌糟糠。

饫，亦厌也。凡人若饱必厌美食；及其饥倦[4][1]，厌其糟糠也。

[1] 饥倦：饥饿疲倦。汉刘向《列女传·楚庄樊姬》："王尝听朝罢晏，姬下殿迎曰：'何罢晏也，得无饥倦乎？'"《后汉书·冯异传》："异以士卒饥倦，可且休，禹不听，复战，大为所败。"

205.206 亲戚故旧，老少异粮。

傍亲曰戚[1]也。食有糟糠，粗异于常食也。

[1] 傍亲：又作"旁亲"，旁系亲属。《晋书·河间平王洪传》："章武、新蔡俱承一国不绝之统，义不得替其本宗而先后傍

---

1 "诗"，底本作"书"，依意改。

2 "众"，底本作"冢"。

3 "粗"，底本作"蔗"，"麄"字之讹。

4 "倦"，底本作"堵"。

亲。"《礼记·丧服小记》"其余以麻终月数者"。汉郑玄注:"其余,谓旁亲也。"《宋书·礼志二》:"礼天子止降旁亲,外舅缌麻,本在服例。"

戚:亲属,亲戚。《吕氏春秋·论人》:"何谓六戚?父母兄弟妻子。"《史记·秦本纪》:"法之不行,自于贵戚。"

207.208 妾御绩纺,侍巾帷房。

言织维纺绩,执侍巾栉[1],接¹事[2]君子,是妇人之职也。

[1]巾栉:巾和梳篦。泛指盥洗用具。《礼记·曲礼上》:"男女不杂坐,不同椸枷,不同巾栉。"宋苏轼《庄子祠堂记》:"公执席,妻执巾栉。"

[2]接事:奉事。《太平广记》卷四二引唐皇甫口《原化记·贺知章》:"遂云善黄白之术。贺素信重,愿接事之。"

209.210 纨扇员洁,银烛炜煌。

齐地出冰纨之素,可以为扇矣。[1]班²婕妤诗云:"新制齐纨素,皎洁如霜雪。裁为合欢³扇,团团似明月。"[2]转轮矣。班婕妤,予雅之女也。有才,能文也⁴。成帝时人,为九嫔也。班称臣姑为嫔女,是也。后得赵飞燕,失宠,本太后于长信宫作自伤赋曰。

银镯,为灯器也。《山海经》曰"摇碧之山出银之精,如烛炜

---

1 "接",底本原书作"梳",又改作"接",两字体相合。

2 "班",底本作"斑"。下同。

3 "合欢",底本作"令劝"。

4 "也",底本作"之"。

煌"也。[3] 一云：古诗曰"安寝北堂上，明月〔入〕我¹牖"者，光
采照曜也。"照之有余晖，揽之不盈手"[4]也。

[1]《文选》卷二十七《怨歌行》李善注："范子曰：'纨素出
齐。'"《太平御览》卷八百十九："《范子计然》曰：'白纨素出齐
鲁。'"

[2]班婕妤《怨歌行》："新裂齐纨素，皎洁如霜雪。裁为合欢
扇，团团似明月。"

《古烈女传》八："班婕妤者，左曹越骑班况之女，汉孝成皇帝
之婕妤也。贤才通辩……飞燕骄妒，婕妤恐久见危，求供养皇太后
于长信宫。上许焉。婕妤退处东宫，作赋自伤。"《玉台新咏》："昔
汉成帝班婕妤失宠，供养于长信宫，乃作赋自伤，并为怨诗。"

[3]《山海经·中山经》："瑶碧之山……其阳多白金。"

[4]《文选》陆机《拟明月何皎皎》："安寝北堂上，明月入我
牖。照之有余晖，揽之不盈手。"

211.212 昼眠夕寐，蓝笋象床。

蓝笋，竹笋，为菹甚美。象牙之床，可以卧息也。

213.214 弦歌[1]酒宴²，接杯举觞。

觞，酒杯³也。燕会之席，则有弦歌之乐。乐饮相欢，则接杯

---

1 "我"，底本作"哉"。
2 "宴"，底本作"讌"，"宴"的异体字，栏下注"醼イ"。
3 "杯"，底本作"坏"。

献酬[1][2]也。

　　[1] 弦歌：亦作献酢，依琴瑟而咏歌。《周礼·春官·小师》："小师掌教鼓鼗、柷、敔、埙、箫、管、弦、歌。"郑玄注："弦，谓琴瑟也。歌，依咏诗也。"

　　[2] 献酬：亦作献酢，谓主宾相互敬酒。《诗·大雅·行苇》："或献或酢，洗爵奠斝。"郑玄笺："进酒于客曰献，客答之曰酢。"《诗·小雅·楚茨》："献酬交错，礼仪卒度，笑语卒获。"郑玄笺："始主人酌宾为献；宾既酌主人，主人又自饮酌宾曰酬。"

215.216 矫手顿足，悦豫且康。

　　康，乐也。[1]饮谶之兴，屡舞焉[2]。《诗序》云"手足之舞之"踊也。[2]

　　[1]《尔雅·释诂》："康，乐也。"

　　[2]《毛诗序》："永歌之不足，不知手之舞之，足之蹈之。"

217.218 嫡后嗣续，祭祀烝尝。

　　嫡子继续祭祀其祖考矣。

　　春曰禴[3]，夏曰祀，秋曰尝，冬曰烝[1]。《诗》云"禴烝"也。《诗》云"禴礼烝尝，于公先王"，是其义也。

　　[1]《诗经·小雅·天保》："禴祠烝尝，于公先王。"毛传："春曰祠，夏曰禴，秋曰尝，冬曰烝。公，事也。"《礼记·王制》：

────────────

1　"接杯献酬"，底本作"接坏酬酢也献"。写本中句中漏写之字，或补写在句末尾。"献"为句中漏写之字。依文意，读作"接杯献酬"或"接杯献酢"，而"酢"字右下有"ヒ"。"非""否"日语音读皆作"ヒ"，则"ヒ"即表删去，为删改符。

2　"焉"，底本作"为"。

3　"禴"，底本作"蕭"，下同。

“天子诸侯宗庙之祭，春曰礿，夏曰禘，秋曰尝，冬曰烝。”《尔雅·释诂》：“禋、祀、祠、蒸、尝、禴，祭也。”

219.220 稽颡[1]再拜，悚惧恐惶[2]。

稽，考也。[1]颡，头也。累拜为再也。言祭祀祖考，古道而行之也。祭神如神在[2]，叩[3]头至地，恭敬惶恐。魄祖考也[4]。

[1]《易·系辞下》王弼注：“稽，犹考也。”

[2]《论语·八佾》：“祭神如神在。”

221.222 笺牒[5]简要，顾答审详。

言非礼勿言，非礼勿动，非礼勿交，非礼勿亲也。[1]

[1]《论语·颜渊》：“子曰：‘非礼勿视，非礼勿听，非礼勿言，非礼勿动。”

223.224 骸垢想浴，执热愿凉。

形垢思浴也，执热求凉，恒物之情也。

225.226 驴骡特犊，骇跃超骧。

六畜[1]肥健，则能奔逸、跳骧、驰走也。

[1] 六畜：马、牛、羊、猪、狗、鸡。

1 “颡”，左旁注“头”。

2 “惶”，左下旁注“皇”。“惶”日音读“コウ”，同“皇”。“惶”右下旁注“王”。

3 “叩”，底本作“啰”。

4 底本“也”前有“之”字，疑衍。

5 “牒”，右旁注“亻”。

227.228 诛斩贼盗，捕获叛亡。

叛亡，背走也。除恶逆剪，故捕逋逃[1]者，乃是有用之典刑之法也。

[1] 逋逃：逃亡中的罪人。

229.230 布射辽丸，嵇琴阮¹啸。

吕布者，五原人[1]，驰名后汉也²。善射骑，百放百中，弦不虚发也。

宜辽，楚人，能弄丸。七丸常在空中，两丸恒在其手。齐公胜欲作乱，闻其贤，欲与图事，数召不从。故以兵往劫之，宜辽彼胸受刃，弄丸如故也。[2]《庄子》曰“宜辽弄丸，二家难解”也。

嵇康之字叔夜，谯郡人，魏中散大夫。善琴。尝游白鹿山，见道士孙登。诚嵇康曰："子有逸群之才，于养身之道不足矣。"后果为晋文王所害。临刑东市，颜色不变，援琴奏《广陵散》³也。因曰："外弟袁孝尼⁴，从吾求斯曲，靳固⁵吾谨而不与。《广陵散》于今绝矣。"[3]赋诗⁶自责曰"昔惭柳下，今愧孙登"云尔也[4]。

神农造琴[5]，长三尺六寸三分，五弦也⁷。周文王益二弦，为七弦，合君臣之义矣，琴增四寸八分也。后汉蔡伯〔喈〕益二弦为九弦也[6]。

---

1 "阮"，底本作"既"，右旁注"阮"。
2 "也"，底本作"之"。
3 "广陵散"，底本作"广陵取散之"。
4 "袁孝尼"，底本作"表孝君"。
5 "靳固"，底本作"祈图"。
6 "诗"，底本作"请"。
7 "也"，底本作"之"。

阮籍，字[1]嗣宗，陈留人，魏步兵校尉。尝游苏门山，见苏门先生，与之谈论。先生啸而不闻对之。阮乃长啸，清韵响亮[2]也[3]。先生逌[4]尔而笑[5]，因此而啸若凤凰之音声。[7]

[1]《三国志·魏书·吕布传》："吕布，字奉先，五原郡九原人也。"

[2]《和名抄》卷四《术艺部·杂艺类》："弄丸，梁武帝《千字文注》：宜辽者，楚人也，能弄丸（此间云，多末斗利），八在空中，一在手中。"

《庄子·徐无鬼》："市南宜僚弄丸，而两家之难解。"郭象注："司马云：宜僚，楚之勇士也，善弄丸。楚白公胜将作乱，杀令尹子西。子期石乞曰：'市南有熊宜僚者，若得之，可以当五百人。'乃往告之，不许也。承之以剑，不动，弄丸如故。"

[3]《晋书·嵇康传》："嵇康，字叔夜，谯国铚人也……与魏宗室婚，拜中散大夫……弹琴咏诗，自足于怀。"

《世说新语·栖逸》："嵇康游于汲郡山中，遇道士孙登，遂与之游。康临去，登曰：'君才则高矣，保身之道不足。'"亦见于《三国志·魏书·王粲传》裴松之注及《晋书·嵇康传》。

《世说新语·雅量》："嵇中散临刑东市，神气不变。索琴弹之，奏《广陵散》，曲终，曰：'袁孝尼尝请学此散，吾靳固不与，《广陵散》于今绝矣。'"

---

1 底本"字"前多一"子"字，疑衍。
2 "亮"，底本作"高"。
3 "也"，底本作"之"。
4 "逌"，底本作"招"。
5 "笑"，底本作"垃"。

197

第二章 日藏中国幼学书写本研究

［4］《三国志·魏书·王粲传》裴松之注引《魏氏春秋》："及遭吕安事，为诗自责曰：'欲寡其过，谤议沸腾。性不伤物，频致怨憎。昔惭柳下，今愧孙登。内负宿心，外赧良朋。'"诗全文亦载《晋书·嵇康传》。

［5］《汉魏遗书钞·鸟部上·雉》所收《琴清音》："昔者神农造琴。"

［6］《河海抄》卷三《若紫》："《琴操》曰：'伏羲作。长三尺六寸六分也……五弦象五行也。大弦，君也，宽和而温，小弦，臣也。清廉不紊（乱）。文王加二弦，合君臣恩也……《琴书》曰：'……加二弦，文武也。'注云：'至后汉蔡邕又加二弦，象九星，在人法九窍。'"

［7］《三国志·魏书·王粲传》："瑀子籍……官至步兵校尉。"《晋书·阮籍传》："阮籍字嗣宗，陈留尉氏人也。"

《三国志·魏书·王粲传》裴松之注："籍字嗣宗。《魏氏春秋》曰：'……籍少时，尝游苏门山。苏门山有隐者，莫知名姓，有竹实数斛，臼杵而已。籍从之，与谈太古无为之道，及论五帝三王之义，苏门先生萧然曾不经听。籍乃对之长啸，清韵响亮。苏门生逌尔而笑。籍既降，苏门生亦啸，若鸾凤之音焉。至是籍乃假苏门先生之论，以寄所怀。'"《晋书·阮籍传》："籍尝于苏门山遇孙登，与商略终古及栖神道气之术，登皆不应。籍因长啸而退。至半岭，闻其声，若鸾凤之音响乎岩谷，乃登之啸也。遂归，著《大人先生传》。"

231.232 恬笔伦纸，钧巧任钓。

蒙恬，秦始皇大将军，始造笔。用狐毛心、兔毛为制也。[1]

后汉人蔡伦始造纸，捣鱼网为矣。后人因以楮[1]皮及麻根皮为之。[2]

晋人马钧，大巧。绫文机本五十六蹑，钧改十二蹑，文章不异之。大省人巧之。作指南车、木人吹箫[2]。又作木新妇[3]人，令遣织维也。

任公子善钓，蹲于会稽[4]，投饵东海，得大鱼焉。奋[5]鬐[6]，白波若山，海水震荡，声争鬼神。离而腊之，自制河[7]以东，苍梧以北，莫不厌鱼肉也。事见《庄子》。[3]

[1]《类林杂说》卷十四《笔墨篇》："《博物志》：'蒙恬世为秦将，制笔。世之有笔，自恬始。'"《和名抄》卷十三《文书具》："笔，张华《博物志》云：'蒙恬造笔。'"

[2]《后汉书·蔡伦传》："伦乃造意，用树肤、麻头及敝布、鱼网以为纸。"

《三国志·魏书·杜夔传》裴松之注："时有扶风马钧，巧思绝世。傅玄序之曰：'……旧绫机五十综之五十蹑，六十综者六十蹑。先生患其丧功费日，乃皆易以十二蹑。……于是二子遂以明帝，诏先生作之，而指南车成。……其后人有上百戏者……帝曰："其巧可益否？"对曰："可益。"受诏作之……至令木人击鼓吹箫。'"

[3]《庄子·杂篇·外物》："任公子为大钩巨缁，五十犗以为饵，蹲乎会稽，投竿大海，旦旦而钓，期年不得鱼。已而大鱼食

---

1 "楮"，底本作"栳"。
2 "箫"，底本作"啸"。
3 "妇"，底本作"好"。
4 "稽"，底本作"愁"。
5 "奋"，底本作"鸢"。
6 "鬐"，底本作"鬣"。
7 "河"，底本作"何"。

之，牵巨钩，錎没而下，鹜扬而奋鬐，白波如山，海水震荡，声侔
鬼神，惮赫千里。任公子得若鱼，离而腊之，自制河以东，苍梧已
北，莫不厌若鱼者。"

233.234 释纷利俗¹，并皆佳妙。

言纸笔之用，其功省约，除其刀笔纷纭之务。马钧之机亦然，
为利²于时俗也。言四子[1]之工，并为佳妙功巧也。

[1]"四子"，指前述蒙恬、蔡伦、马钧、任公子。

235.236 毛施淑姿，工颦妍笑。

言毛嫱、西施二人，并是之美女。善为姿貌，嚬眉而笑，妍雅
并好也。[1]事见《庄子》也。《诗》云"〔巧笑〕倩兮³，美目盼⁴
兮"也。[2]

[1]《庄子·齐物论》："毛嫱丽姬，人之所美也。"《庄子·天
运》："西施病心而矉其里，其里之丑人见而美之。"

[2]《诗经·卫风·硕人》："巧笑倩兮，美目盼兮。"

237.238 年⁵矢每催，曦⁶晖朗曜。

年年相催，如流水而不住。

日月行，昼夜照耀朗然也。《易》曰："日往则月来。"[1]

---

1 "俗"，左下旁注"食"。"俗"日语音读作"ショク"，同"食"。

2 "利"，底本作"剌"。

3 "兮"，底本作"号"。

4 "盼"，底本作"取"。

5 "年"，右旁注"季亻"。"季"为"年"字俗写"季"之讹。

6 "曦"，底本作"曦"。

日月相催而不住，是以圣人自伤如日月往来不觉老至也。

[1]《易·系辞下》："日往则月来，月往则日来。日月相推而明生焉。"

239.240 璇玑悬斡[1]，晦魄环照。

璇玑北斗，悬处紫微宫中，随日而建，谓之悬斡。

晦，月尽也。[1] 魄，月生三日之光明。言月始生魄，光照于物，如玉环也[2][2]。《尚书》云"哉生魄"[3]，曜耳（目）也。

[1]《说文》："晦，月尽也。"

[2]《礼记·乡饮酒义》："象月之三日而成魄也。"

[3]《尚书·康诰》："惟三月哉生魄，周公初基。"《尚书·顾命》："惟四月哉生魄，王不怿。"

241.242 指薪修祜[3]，永绥[4]吉邵。

指薪[5]为喻，如薪传火，照物无穷[1]，若能修祜，善行传与施人，则亦德化不亡长安尹吉甫、邵公奭之德也[2]。

[1]《庄子·养生主》："指穷于为薪，火传也，不知其尽也。"

[2]《汉书·陈汤传》："昔周大夫方叔、吉甫，为宣王诛狁犭戎而百蛮从……吉甫之归，周厚赐之。其诗曰：吉甫燕喜，既多受祉。来归自镐，我行永久。"《诗经·小雅·六月》："薄伐狁犭戎，至于大原。文武吉甫，万邦为宪。"

1　"斡"，底本作"斡"。下同。

2　"也"，底本前有"之"字，疑衍。"之""也"日本俗写形近。

3　"祜"，底本作"祜"。

4　"绥"，左下旁注"水"。"绥"日语音读作"スイ"，同"水"。

5　"薪"，底本作"新"。

243.244 矩步引领，俯仰廊庙。

言在天子宫内，行步必依规[1]，俯[1]仰全[2]于磬折[2]之礼也。

[1]《礼记·玉藻》："古之君子必佩玉……趋以采齐，行以肆夏，周还中规，折还中矩。"

[2]《管子·弟子职》："俯仰磬折"。《礼记·曲礼下》："立则磬折垂珮"。《后汉书·马援传》："警跸就车，磬折而入。"李贤注："磬折者，屈身如磬之曲折，敬也。"

245.246 束带矜[3]庄，俳佪瞻眺[4]。

出门如见大宾，必须矜庄其容[1]，俳佪瞻眺，安详而正之。《孝经》曰"容止可观之"也。[2]

[1]《周礼·地官·保氏》注："宾客之容，严恪矜庄。"

[2]《孝经·圣治章》："容止可观，进退可度，以临其民。"

247.248 孤陋寡闻，愚蒙等诮[5]。

言孤陋少闻[1]，人有所言说，不合道理，为愚蒙之人诽毁其语也。

[1]《礼记·学记》："独学而无友，则孤陋而寡闻。"

249.250 谓语助者，焉哉乎也。

晋元帝处迁江东，在路《千字文》坏烂，遂失八字，故寓王羲之，以此八字续之，以满千字。故曰"谓语助者"以下八字，王羲之所续也。[1]

[1]《纂图附音增广古注千字文》："昔梁武帝使待中周兴嗣次韵，少两句，故以语助足之也。晋武帝承魏之后，始在路州城。大夫钟繇造得其文，上天子，帝不离其手。晋被宋文帝逐，移向丹阳避难。其《千字文》在车中，路逢雨，车漏，温（湿）《千字文》。行至丹阳，藏书箧中。晋治天下，得十五帝，共一百五十年。被（后）宋文皇帝刘裕承位治天下，开晋帝书库中见此《千字文》，雨乱损失其次，第使右将军王羲之次韵，不得。宋帝治天下凡六十年，齐承位，治丹阳，亦无人次得。齐七帝，治天下三十年。梁武帝承位，乃命周兴嗣次韵，得《千字文》也。"

五书校本注记千字文卷
序并注第二品

北平府刑狱参军肯注。《千字文》者，敕大学士周兴嗣之所作。秘书仲有太王书，年月久远，悉皆注败，宝之则无用，弃之则可惜。使周剪取其文，糊之于纸，集为此篇。周雅有精纲，弗大渊博[1]，辞义总丽，声竞标奇，超于万古，实称制。

予见而说之，聊为注解。古来少说，皆是教为僮幼陈说。幼识性寡狭，志用宜须渐染，然后开悟。前汉司马相如作所《仇（凡）将》，史游制《急就》，后汉蔡邕作《学劝（劝学）文》《月仪》之

---

1 "博"，底本作"传"，依意改。

例。故孔子云："虽小[1]道，有可观者。"代既远，文质不同，各观时俗，更造新音。周之所制，最为典美，行行隆[2]丽，间间富博[3]。以短[4]绠[5]，希汲彼[6]深泉，如有不逮，存之下[7]问。所谓以蠡测海，以管窥天。若有见者，幸详[8]加释[9]也。

嶷作解序云：不以仇墅，解此《千字文》，如戴瓮窥天，寸绠[10]测海，安能见其高深?《千字文》，又王逸少书，书嶷解之。其文足千字而不重，故曰《千字〔文〕》也。王羲之，字逸少，晋左将军，能书者（称王献之称羊仰去古莫二王者）也。其子献〔之〕能书，与父齐名，世人云二王者也。羲之以为大王，〔献〕之以为少王。逸少有此《千字文》遗迹，爱其迹，重其人，故次其成文义者也。

注千字文

弘安十年丁亥十二月　日

于播州佐用乡市庭书之也

本云建仁二年壬戌六月十六日于播州书写山东狱房书　载记[11]勇猛有力

1 "小"，底本作"少"。
2 "隆"，底本作"薩"。
3 "博"，底本作"搏"。
4 "短"，底本作"拒"。
5 "绠"，底本作"便"。
6 "汲彼"，底本作"彼彼"。
7 底本"下"字前有"不"字。
8 "详"，底本作"徉"。
9 "释"，底本作"择"。
10 "绠"，底本作"便"。
11 "记"，底本作"祀"。

第二节

日藏《孝子传》古写本两种校录

　　日本所藏两种《孝子传》写本，一为阳明文库藏本（简称阳明本），一为船桥文库藏本（简称船桥本），我国罕见论及。拙著《唐土的种粒——日本传衍的敦煌故事》[1]有《日本传〈孝子传〉和孝子故事》一文评述了两写本的文献价值，也谈及其对日本文学的影响，然而它们与敦煌写本有何关联，原书编撰于何时何地，为何人所编等问题均未解决。日本幼学会所编《孝子传注解》[2]，收录了两写本的影印本，并加以释录注释，可惜国内研究者难以见到，且释录采用日文标点，校注中尚存在不少遗留问题。本文拟对相关问题略加探讨，并将两写本全文校录，以供进一步展开研究。

一、日本两《孝子传》原初底本是否系中国传入

　　日本学者西野贞治认为阳明本与船桥本属于同一系统。他推测阳明本当成书于六朝末期，时间约为陈隋之间。其理由是该书"承袭了六朝末期、北朝成书的《孝子传》的形态"，而编撰者则是"村夫子程度教养的人物"，编者不仅仅是忠实转录和组合书上乃至民间传说中的孝子故事，而是发挥了相当的想象，意在增添趣味，故事中可见改写的痕迹。他还推测，十二世纪成书的日本佛教故事集《今昔物语集》中的"孝养故事"，均是根据清家本即船桥本编写的，所以船桥本的原本当是

1　王晓平：《唐土的种粒——日本传衍的敦煌故事》，宁夏人民出版社2005年版，第89—110页。

2　幼学の会：《孝子伝注解》，汲古书院2003年版。

我国北宋时代的本子。

船桥本有训读标记，每则前有序号。

两《孝子传》收入的孝子故事计四十五则，比敦煌本所收数目多。

敦煌写本被拟题为《孝子传》者，共辑写26则孝行故事（凡5个写卷，重复条不计），大多被元代郭居敬编纂的《二十四孝》编入。敦煌本《孝子传》收入两《孝子传》的有舜子、姜诗、蔡顺、老莱子、孟宗、曾参、子路、闵损、董永、郭巨、王祥、丁兰，计十二人。同一人物，敦煌本与两《孝子传》文字不同。在两《孝子传》中特别值得注意的是眉间尺的故事。

眉间尺的故事，应见于古《孝子传》。笔者从《祖庭事苑》中看到，该书所录《甔人》故事，与日本两写本《孝子传》中的眉间尺故事同出一源，而篇末明确说明"见《孝子传》"，是《祖庭事苑》作者从《孝子传》中摘录出来的。《祖庭事苑》八卷，是北宋睦庵善卿所编的佛学辞典。收在《卍续藏》第一一三册、《禅宗全书》第八十四册、《新纂大日本续藏经》第六十四卷。内容系对云门文偃、雪窦重显等师之语录所作的注释。凡其书中之难解语句，包括佛教或世典之故事、成语、名数、人名、俚语、方言等，凡二千四百余项，皆加以诠解。书中卷三有甔人故事。现全文录于下，以便与两《孝子传》相对照：

楚王夫人尝夏乘凉抱铁柱，感孕后产一铁。楚王令干将铸以为剑，三年乃成双剑，一雌一雄。干将密留雄以进雌于楚王。王闭于匣中，常闻悲鸣。王问群臣，臣曰："剑有雌雄，鸣者忆雄耳。"王大怒，即收干将，杀之。干将知其应，乃以剑藏屋柱中，因嘱妻莫耶曰："日出北户，南山其松。松生于石，剑在其中。"妻后生男眉间尺。年十五，问母曰："父何在？"母乃述前事。久思惟，剖柱得剑，日夜欲报楚王。王亦慕觅其人，宣言："有得眉间尺者，厚赏

之。"尺遂逃。俄有客曰:"子得非眉间尺耶?"曰:"然。"客曰:
"吾甔山人也。能为子报父仇。"尺曰:"父昔无辜,枉被荼毒。君
今惠念,何所须耶?"客曰:"当得子头,并子剑。"尺乃与剑并
头。客得之,进于楚王。王大喜。客曰:"愿烹之。"王遂投于鼎。
客绐于王曰:"其首不烂。"王乃临视。客于后以剑拟王,头堕鼎
中。于是二首相啮,客恐尺不胜,乃自刎以助之。三头相啮,寻亦
俱烂。见《孝子传》。绐音待,欺也。[1]

室町中后期成书的写本、东阳英朝所编《句双纸》中有"剑握甔人
手,鱼在谢郎船"[2]一句,前半句用的当是上述"甔人"故事。
《祖庭事苑》卷五还有两则出自《孝子传》:

扣冰:王祥母思鱼食,冬求之,冰合,祥剖冰开,感双鲤出。
又王延后母敕求鱼不得,杖之血流,延叩头于冰而哭,有一鲤跃,
长五尺。
泣竹:孟宗后母好笋,令宗冬月求之。宗入竹林恸哭,笋为之
出。并出《孝子传》。[3]

日藏《孝子传》古写本两种,多用六朝至初唐俗字、俗语与俗语故
事的叙述方式,这与敦煌本《孝子传》等俗文学颇有相近处。俗字如

1　西义雄、玉城康四郎监修:《新纂大日本续藏经》第六十四卷,国书刊行会1986年
版,第334页。
2　山田俊雄、入矢义高、早苗宪生:《庭训往来　句双纸》,岩波书店1996年版,第
250页。
3　西义雄、玉城康四郎监修:《新纂大日本续藏经》第六十四卷,国书刊行会1986年
版,第385页。

"肉"作"完"（"宍"之变体）、"养"作"養"、"弘"作"弘"、"寔"作"寔"、"逢"作"逢"等，与敦煌本同。俗语如以"申"表陈述，在敦煌变文中有"申吐""申问""申宣"之类，这种说法在日语中后发展为谦敬语"モウス"。俗文的叙述方式如在叙事中随时转换人称，是民间故事多用的手法。这些语言文字现象使我们有理由相信，尽管两《孝子传》写本已经经过不同程度的本土化（即日本化），但它们最初的底本还是来自中国民间流传的俗本，是与敦煌本《孝子传》源流相类似的传本。这样本来在中国民间流传的文学，也曾在日本社会长期保存和流传，这本身便是东亚汉字文化圈中特有的现象，这在我国与欧洲古代的文化交流中很少看到的。

二、孝子故事的东渐日本与佛教讽诵

两《孝子传》的原本虽然来自中国，但经过辗转传抄，已经掺入了很多日语的表述方式，有些是汉语习惯与日语习惯的混搭。日语不仅与汉语语序不同，还有不同于汉语的敬语表达习惯，这些都在两《孝子传》中有明显的反映。特别是船桥本还增加了很多训读符号，也有将训读假名或者符号混入正文的情况。这些都是日本学者为了给日本人阅读方便而对原本进行的有意无意的加工。现略举数例。

阳明本《伯奇》："母语吉甫曰：'伯奇常欲杀我小儿，君若不信，试往其所看之。'果见之，伯奇在（有）瓶蛇焉。"日本人进行日汉互译时常常混淆"有"和"在"的用法，这里的意思是伯奇有装着蛇的瓶子。船桥本《伯奇》："乃母倒地云：'吾怀入蜂，伯奇走寄，探怀扫蜂。'""走寄"是日语，"寄"（よせる）是靠近、挨近、接近。走寄（步き寄せる）就是走近。

阳明本《曾参》："即归，问母曰：'太安善不？'母曰：'无他。'遂具如向所语，参乃尺（释）然。所谓孝感心神，是二孝也。""尺"日语

读作"シャク","释"日语亦读作"シャク",故借"尺"为"释"。

阳明本《董黯》:"董黯家贫,至孝,虽与王奇并居,二母不数相见。""二母不数相见",汉语来读很别扭,意思是两位母亲不常见面。

阳明本《蒋诩》:"诩曰:'为孝不致。不令致,母恐罪犹子也。'"有日语敬语的影响,日语多用被动表示谦敬,"不令致"中的"令"就属于这一种。后面的"母恐罪犹子也",与汉语语序不同,汉语说法当是"恐母犹罪子也"。

船桥本《禽坚》:"母怀妊七月,父奉使至夷,夷转(缚)卖之。历十一ケ年,母生禽坚,复改嫁也。坚生九岁,而问父所在,母具语之。坚闻之悲泣,欲寻父所,遂向眇境,佣作续粮,去历七ケ年,仅至父前。""历十一ケ年"就是经过十一年,"去历七ケ年"就是离开了七年,"ケ"是日语,来源于汉语的"个",这是训读标记,在用日语来读时,这个"ケ"是不可缺少的,而汉语则不这么说。

《孝子传》在传入日本后,对日本文学产生了影响。《万叶集》《日本灵异记》《注好选》《今昔物语集》等皆收有《孝子传》故事。黑田彰《孝子传研究》[1]、田中德定《孝思想的接受与古代中世文学》[2]等有比较系统的论述。

值得注意的是,《孝子传》的故事在日本的传播,不少场合与佛教有关。这是因为佛教传入中国将中国古老的孝道思想吸收进来以后,孝子故事也成为向民众传播佛教思想的手段了,特别是在祈愿亡者冥福的讽诵文、愿文当中,孝子故事更是常被引述。奈良时代写本《东大寺讽诵文稿》中提及的孝子故事有丁兰、重尺、曹娥、会稽、缇萦、董永、重华(帝舜)、毕悛、蔡顺、孟仁、张敷,计十一人:

1　黑田彰:《孝子伝の研究》,思文阁出版2001年版。
2　田中德定:《孝思想の受容と古代中世文学》,新典社1997年版,第31页。

丁兰雕木为木；重尺凿石为父；曹娥入水而探父尸；会稽哭血觅父骸；宏提（缇萦）作官奴而赎父罪；董永卖身葬父尸；重华担盲父而耕历山，而养盲父；毕悛寺侧作舍，求育老母；菜（蔡）顺采桑子供母；孟仁拔霜笋奉祖；张数（敷）对扇恋母。[1]

这十一人中，多见于《二十四孝》，但也有不在其中的。其中重尺、会稽、毕悛三人，所指还需要考订。

《今昔物语集》是一部佛教故事总集。卷第九中收录的"孝养"故事中包括郭巨、孟宗、丁兰、鲁州人、杨威、张敷、曹娥、欧尚、禽坚、颜乌、伯瑜、朱百年、申生、厚谷（原谷）、眉间尺等[2]，皆见于日本所传《孝子传》。平安末期镰仓初年天台宗僧人、安居院之祖澄宪（1126—1203）编撰的表白范文《澄宪作文集》中的《第二十三　父母报恩》：

所以丁兰刻木，为后世无益；伯瑜泣杖，不代阎魔厅；黄香扇枕，未云解脱清冷风；刘殷蔬荷，何法喜禅悦味。周文王一夜三起问其寝，生死长夜难访；唐高祖朝大公；出离要道不行。夫报恩志至切，应时必有感应。故《孝经》云："孝之至，通于神明，光四海，忘所弗也。"所以王祥孝顺地，赤鲤踊水上；孟宗至孝处，紫笋生雪中。元律（伟）涕泣，泪变松柏色；李广至孝之，矢彻暗中岩。翁子恸哭，开盲母眼精（晴）；燕丹悲泣，得马乌灵异。夫知恩报恩，其德还加身。所以唐土虞舜，好至孝，赐尧帝禅。我朝继体，专孝顺得群臣迎。阳公担水，天神与璧；郭巨埋子，精灵投

1　中田祝夫：《東大寺諷誦文稿》，勉诚社1976年版。
2　小峰和明校注：《今昔物語集》，岩波书店1999年版，第178—276页。

金。陆绩随橘，留名于万代；萨（薛）苞（包）扫门，布德于千古。[1]

以上提到的孝子有丁兰、伯瑜、黄香、刘殷、周文王、唐高祖、王祥、孟宗、元律（元伟，即王褒）、李广、翁（睒）子、燕丹、帝舜、阳公、郭巨、陆绩、薛包，其中大部分见于二十四孝，也有的不在里面，说明当时日本流传的孝子故事，除了《二十四孝》之外，还有其他出自各种《孝子传》的孝子故事。

江户时代的佛寺不少也从事儿童文化教育的工作，在僧侣编写的教材中，也可看到利用孝子故事进行道德教育的内容。纪州净福寺僧觉贤惠空所编《童子教解》中提到的孝子，都见于两《孝子传》：

> 郭巨为养母，掘穴得金釜。
>
> 姜诗去自妇，汲水得庭泉。
>
> 孟宗哭竹中，深雪中拔笋。
>
> 王祥叹叩冰，坚冻上踊鱼。
>
> 舜子养盲父，涕泣两眼开。
>
> 邢渠养老母，啮食龄成若。
>
> 董永卖一身，备孝养御器。
>
> 杨威念独母，虎前啼免害。
>
> 颜乌墓负土，乌鸟来运埋。
>
> 许孜自作墓，松柏植作墓。[2]

---

1 大曽根章介：《澄憲作文集》《中世文学の研究》，东京大学出版会1972年，《大曽根章介日本漢文學論集》第二卷所收。

2 山田俊雄、入矢义高、早苗宪生校注：《庭訓往来 句雙紙》，岩波书店1996年版，第356—366页。

虽然文句中掺杂了日语词汇和语法（如"啮食龄成若"，就是说能吃饭了，变年轻了，"若"是日语嫩、年少的意思），即使不懂日语也能大致了解其中引用的几位孝子的故事。在罗列了这些孝子故事之后，作者归结为："此等人者皆，父母致孝养。佛神垂怜愍，所愿悉成就。"可见，这些孝子故事已被完全融会到日本佛教的教义之中。

三、汉字文化圈的《孝子传》

中国《孝子传》传入日本后，催生出一些本土孝子故事，拙著《唐土的种粒——日本传衍的敦煌故事》介绍了一些明治时代以前的孝子故事和不孝子故事，实际上明治时期也有一些希望用中国元素去抵抗过度欧化倾向的学者撰写的"孝子文学"。如竹添光鸿写有《李孝子歌》：

> 山左有孝子，世居日照里。
>
> 天日不照孝子身，既盲其目又聋耳。
>
> 儿聋母亦聋，儿盲母亦盲。
>
> 儿唯有一诚，此诚通天神。
>
> 盲则视无形，聋则听无声。
>
> 承意扶起居，抚体问寒暖。
>
> 母心乐融融，何须耳与目。
>
> 李孝子明且聪，绝胜世上为人子。
>
> 有目如盲耳如聋，一朝血泪染斩麻。
>
> 孝子性命风中花，吾闻天亦有耳目，
>
> 独厄孝子一身毋乃酷！[1]

1　[清] 俞樾编：《东瀛诗选》，汲古书院1981年版，第486页。

朝鲜半岛学者所编撰的孝子故事也在日本传播。朝鲜李朝益斋李齐贤（1287—1367）所撰《孝行录》，东京大学图书馆藏有写本，大正、昭和年间都有刻本刊行[1]。

《孝行录》书前有至正六年五月初吉李齐贤所撰写的序言：

> 府院君吉昌权公尝命工人画二十四孝图，仆即赞，人颇传之。既而院君以画与赞献之大人菊斋国光。菊斋又手抄三十有八事。而虞丘子附子路、王延附黄香，则为章六十有二。其辞语未免于冗且俚，欲田野之民皆得易读而悉知也。文士是不指以为调嗤符者几希。然念菊斋公八旬有五，吉昌公六旬有六，而晨昏色养，得其欢心，此亦老莱子七十二戏彩者何异？仆将大书特书，更为权氏赞一章，然后乃止。

该书在二十四孝的基础上又增添了三十八孝，合计六十二孝。这六十二孝为：

大舜象耕	老莱儿戏	郭巨埋子
董氏赁身	闵子忍寒	曾氏觉痛
孟宗冬笋	刘殷天芹	王祥冰鱼
姜诗泉鲤	蔡顺分椹	陆绩怀橘
义妇剖股	孝娥抱尸	丁兰刻母
刘达卖子	元[2]觉警父	田真谕弟
鲁姑抱长	赵宗替瘦	鲍山负筐
伯瑜泣杖	琰子入鹿	杨香跨虎

1　（朝）李齐贤：《孝行录》，橘井清五刊1922年版。竹内松治校：《孝行录》，松邑三松堂1933年版。

2　"元"，写本误作"文"，依意改。

有前所赞二十四章

周后问安	汉皇尝药	仲由负米
黄香扇枕	日碑拜像	顾恺泣书
张允疗目	少玄镵肤	缇萦[1]赎父
景休乳弟	文贞穿圹	大初伏棺
王衰泣柏	宗承生竹	文让乌助
表师狼驯	薛包被殴	庚衮护病
刘政焚香	许孜负土	申徒不食
干邕过哀	王阳邂险	李诠投江
戴良驴鸣	吴猛蚊噬	鲍永去妻
邓攸弃子	茆容设膳	黔娄尝粪
江革自佣	世通永慕	子平罪己
寿昌弃官	英公焚须	文正拊背
陈氏养姑	长孙感妇[2]	

有后所赞三十八章，章八句。

这是笔者所见近代以前编写的最完备的《孝子传》之一。

以上所述几种《孝子传》，都可以和敦煌《孝子传》一起归为东亚孝子故事大类。

以下根据日本幼学会著《孝子传注解》（以下简称《注解》）所附两《孝子传》影印件对两《孝子传》加以校录。底本中俗字颇多，常见俗字径改为正字，有必要者出校记。底本中可以确定是误字的，径改为正确的字；有必要保留原貌的，在括号后面注明正确的字。底本中可以

---

1 "萦"，底本误作"荣"。

2 （朝）李齐贤著，竹内松治校：《孝行录》，松邑三松堂1933年版，第4—5页。

确定为衍字的，也直接删除；确定有脱字者,则在〔〕内注明所脱之字。底本中序与各则均不分段；为阅读方便，录文中根据文意分了段。编号及其后面的孝子人名为校录者所加。

孝子传校录

一、阳明本《孝子传》

孝子传一卷

盖闻天生万物，人最为尊；立身之道，先知孝顺。深识尊卑〔有〕别，于父母孝悌之扬名，后生可不修慕[1]？

夫为人子者，二亲在堂，勤于供养，和颜悦色，不避艰辛。孝心之至，通于神明。是以孟仁泣竹而笋生，王祥扣冰而鱼跃，郭巨埋子而养亲，三州义士而感天。况于真亲，可不供养乎？父母爱子，天性自然，出入怀愁，忧心如割。故《诗》云："无父何怙？无母何恃？""欲报之德，昊天罔[2]极。"父母之恩，非身可报；如其孝养，岂得替乎？乌知返哺，雁识衔餐，禽鸟尚尔，况于人哉！故蒋诩徒卢以显名，子骞规言而布德，帝舜孝行以全身，丁兰木母以感瑞。此皆贤士圣[3]之孝心，将来君子之所慕也。

余不揆凡庸，今录众孝，分为二卷，训示后生，知于孝义。通人达士，幸不哂焉。

孝子传目录上

帝舜　董永　邢渠

1　《注解》此句断为"立身之道、先知孝顺深、识尊卑别。于父母、孝悌之扬名。后生可不修慕"。
2　原文作"図"，"罔"字俗写"冈"字稍讹。
3　"圣"字后疑阙一字，姑以"哲"字补之。

伯瑜　郭巨　原谷

魏阳　三州义士　丁兰

朱明　蔡顺　王巨尉

老莱子　宗胜之　陈寔[1]

阳威　曹娥　毛义

欧尚　仲由　刘敬宣

谢弘微　朱百年

以上廿三人

孝子传目录下

高柴　张敷　孟仁

王祥　姜诗　孝女叔光雄[2]

颜乌　许孜　鲁国义士

闵子骞　蒋诩　伯奇

曾参　董黯　申生

申明　禽坚　李善

羊公　东归节女　眉间尺

以上廿一人

孝子传上

（一）帝舜

　　帝舜重花[3]，至孝也。其父瞽瞍，顽愚不别圣贤。用后妇之言，而欲杀舜。便使上屋，于下烧之。乃飞下，供养如故。又使治

1　原文作"寔"，是"寔"的增笔字。

2　叔，原文作"升"，是"叔"的俗字。

3　"花"同"华"，日本古写本多以"花"代"华"。

井，没井，又欲杀舜。舜乃密知，便作傍穴。父毕以大石填之。舜乃泣，东家井出。

因投历山以躬耕种谷。天下大旱，民无收者，唯舜种者大丰。其父填井之后，两目清盲。至市就舜籴米。舜乃以钱[1]还置米中。如是非一。父疑是重华，借人看朽井，子无所见。后又籴米，对在舜前。

论贾未毕，父曰："君是何人？而见给鄙，将非我子重华耶？"

舜曰："是也。"

即来父前，相抱号泣。舜以衣拭父两眼，即开明，所谓为孝之至。

尧闻之，妻以二女，授之天子。

故《孝经》曰："事父母孝，天地明察，感动乾灵也。"

（二）董永

楚人董[2]永，至孝也。少失母，独与父居，贫穷困苦，佣赁供养其父。常以鹿车载父自随，着阴凉树下，一锄一回顾，望父颜色。供养蒸蒸，夙夜不懈。

父后寿终，无钱[3]不葬送。乃诣主人，自卖[4]为奴，取钱十千。

葬送礼已毕，还卖主家。道逢一女人，求为永妻。

永问之曰："何所能为？"

女答曰："吾一日能织绢十四。"

于是共到卖主家。十日便得织绢百匹，用之自赎。赎毕，共辞

---

1 钱，原文作"銭"。

2 "董"，底本误作"薰"。

3 "钱"，底本作"銭"。

4 "卖"，底本误作"买"。

主人去。

女出门，语永曰："吾是天神之女，感子至孝，助还卖身，不得久为君妻也。"便隐不见。

故《孝经》曰："孝悌之志，通于神明。"此之谓也。

赞曰：董永至孝，卖身葬父。事毕无钱，天神妻女。织绢还卖，不得久处。至孝通灵，信哉斯语也。

（三）邢渠

宜春人邢渠，至孝也。贫穷无母，唯与父及妻共居，佣赁养父。父年老不能食，渠常哺之。见父年老，夙夜忧惧，如履冰霜。精诚有感，天乃令其发白更黑，齿落更生也。

赞曰：邢渠养父，单独居贫。常作佣赁，以养其亲。躬自哺父，孝谨恭勤。父老更壮，感此明神。

（四）伯瑜

韩伯瑜者，宋[1]都人也。少失父，与母共居，孝敬蒸蒸。若有小过，母常打之，和颜忍痛。又得杖，忽然悲泣。

母怪，问之曰："汝常得杖不啼，今日何故啼怨耶？"

瑜答曰："阿母常赐杖，其甚痛；今日得杖不痛，忧阿母年老力衰，是以悲泣耳，非敢奉怨也。"

故《论语》曰："父母之年，不可不知。一则以喜，一则以惧。"

赞曰：唯此伯瑜，事亲不违。恭勤孝养，进致甘肥。母赐笞杖，感念力衰。悲之不痛，泣啼湿衣。

---

1 "宋"，底本误作"字"。

（五）郭巨

郭巨者[1]，河内人也。时年荒，夫妻昼夜勤作，以供养母。

其妇忽然生一男子，便共议言："今养此儿，则废母供事。"仍掘[2]地埋之。

忽得金一釜。釜上题云："黄金一釜，天赐郭巨。"于是遂致富贵，转孝蒸蒸。

赞曰：孝子郭巨，纯孝至真。夫妻同心，杀子养亲。天赐黄金，遂感明神。善哉孝子，富贵荣身。

（六）原谷

楚人孝孙原谷者，至孝也。

其父不孝之甚，〔祖父年老〕，乃厌[3]患之。使原谷作輂，祖父送于山中。原谷复将輂还。

父大怒曰："何故将此凶[4]物还？"

答曰："阿父后老，复弃之，不能更作也。"

顽[5]父悔悟[6]，更往山中，迎父率还，朝夕供养，更为孝子。此乃孝孙之礼也。于是阖[7]门孝养，上下无怨也。

---

1 "者"字有旁注"家贫养母"。
2 "掘"，底本误作"堀"。
3 此处疑有阙文，《注解》"乃"后补"祖父年老"四字，可从。此依意补于"乃"字前。"厌"，原文作"猒"。
4 "凶"，原文作"凶"。
5 "顽"，底本误作"颜"。
6 "悟"，底本误作"惧"。《注解》录作"悔惧"。
7 《注解》录作"闬"，似非。"阖门"，全家。"阖"与"闬"形近。

（七）魏阳

沛郡人魏阳，至孝也。

少失母，独与父居。孝养蒸蒸。其父有利戟，市南少年欲得之，于路打夺其父。阳乃叩头。

县令召问曰："人打汝父，何故不报，为力不禁耶？"

答曰："今吾若即报父怨，正有饥渴之忧。"

县令大诺之。阿父终没，即斩得彼人头，以祭父墓。州郡上表，称其孝德。官不问其罪，加其禄位也。

（八）三州义士

三州义士者，各一州人也。

征伐徒行，并失乡土。会宿道边树下。老者言："将不共结断金耶？"

二少者敬诺，遂为父子。慈孝之心[1]，倍于真亲也。父欲试意，敕二子于河中立舍。二子便昼夜辇土填河中，经满三年，波流飘荡，都不得立。

精诚有感，天神乃化作一夜叉，持一丸土投河中。明忽见河中土高数十丈，瓦宇数十间。

父子仍共居之。子孙生长，位至二千石，家口卅余人。今三州之氏是也。后以三州为姓也。

（九）丁兰

河内人丁兰者，至孝也。幼失母。年至十五，思慕不已，乃克木为母而供养之，如事生母不异。兰妇不孝，以火烧木母面。

---

1 "心"，原文写作"志"，而于字左上有圈，外注"心"字。

兰即夜梦语，木母言："汝妇烧吾面。"

兰乃答治其妇，然后遣之。

有邻人借斧，兰即启木母。母颜色不悦，便不借之。邻人嗔恨而去。伺兰不在，以刀斫木母一臂，流血满地。兰还见之，悲号啼[1]恸，即往斩邻人头以祭母。官不问罪，加禄位其身。

赞曰：丁兰至孝[2]，少丧亡亲。追慕无及，立木母人。朝夕供养，过于事亲[3]。身没名在，万世惟真。

（十）朱明

朱明者，东都人也。

兄弟二人，父母既没不久，遗财各得百万。其弟骄奢，用财物尽，更就兄求分。兄恒与之。如是非一。嫂便忿怨，打骂小郎。

明闻之，曰："汝他姓之子，欲离我骨肉耶？四海女子，皆可为妇；若欲求亲者，终不可得。"

即便遣妻也。

（十一）蔡顺

淮南人蔡顺，至孝也。

养母蒸蒸。母诣婚家，醉酒而吐，顺恐中毒，伏地尝之。启母曰："非毒，是冷耳。"

时遭年荒，采桑椹赤、黑二篮，逢赤眉贼。

贼问曰："何故分别桑椹二种？"

顺答曰："黑者饴母，赤者自供。"

1　原字不清，《注解》作"叫"，据余留字形，疑为"啼"。

2　"至孝"，底本误作"孝至"。

3　底本"亲"字前衍一"生"字。

贼还，放之，赐肉十斤。[1]

其母既没，顺常在墓边。有一白虎，张口向顺来。顺则申臂采之，得一横骨。虎去，后常得鹿羊报之。所谓孝感于天，禽兽依德也。

（十二）王巨尉

王巨尉者，汝[2]南人也。兄弟二人，兄年十二，弟年八岁。父母终没，哭泣过礼，闻者悲伤。弟行采薪，忽逢赤眉贼，缚欲食之。兄忧其不还，入山觅之，正见贼缚将杀食。

兄即自缚，往贼前曰："我肥弟瘦，请以肥身易[3]瘦身。"

贼则嗟之而放，兄弟皆得免之，贼更牛蹄一双以赠之也。

（十三）老莱子

楚人老莱子[4]者，至孝也。年九十，犹父母在。常作婴儿，自家戏以悦亲心，着斑斓[5]之衣，而坐[6]竹马。为父母上堂取浆水，失脚倒地，方作婴儿啼，以悦父母之怀。

故《礼》曰："父母在，言不称老，衣不纯[7]素。"此之谓也。

赞曰：老莱至孝[8]，奉事二亲。晨昏定省，供谨弥勤。戏倒亲前，为婴儿身。高道兼备，天下称仁。

1　栏下注："或云白米二斗，牛蹄一双与顺。"
2　"汝"，底本误作"淮"。
3　"易"，底本误作"昜"。
4　"子"，底本误作"之"。
5　"斑斓"，底本作"班兰"。
6　底本"坐"后有"下"字，疑将表训读的"下"字混入正文。
7　底本"纯"字前有"绝"字，盖受后文"纯"字影响而衍。
8　"孝"，底本误作"老"。

（十四）宗胜之

宗胜之者，南阳人也。少孤，十五年并丧父母。少有礼义，每见老者担负，便为之。常猎得禽兽，肉分与乡亲。如此非一。贫依妇居，乃通明五经[1]，乡人称其孝感[2]，共记之也。

（十五）陈寔

陈寔至孝，养父母，其[3]年八十，乃葬送之。海内奔赴三千人，议郎蔡邕制碑文也。

（十六）阳威

阳威者，会稽人也。少丧父，共母入山采薪，忽为虎所迫，遂抱母而啼。虎即去，孝著其心也。

（十七）曹娥

孝女曹娥，会稽人也。

其父盱[4]，能弦歌，为巫婆神溺死，不得父尸骸。娥年十四，乃缘江号泣，哭声昼夜不绝，旬有七日。遂解衣投水，咒曰："若值父尸骸，衣当沉。"

衣即便沉。娥即赴水而死。县[5]令闻之，为娥立碑，显其孝

---

1 "经"，底本作"注"，旁注"经是"。
2 《注解》此句断作"乡人称其孝，感共记之"。孝感，孝行的感应。《宋史·孝义传·易延庆》："本州将表其事，延庆悬辞。或画其芝来京师，朝士多为诗赋，称其孝感。"
3 "其"，底本误作"某"。
4 "盱"，底本误作"肝"。
5 "县"，底本误作"悬"。

名也。

（十八）毛义

毛义者，至孝也。

家贫，郡举孝廉，便大[1]欢喜。

乡人闻之，感曰："毛义平生立行，以不受天子之位。今举孝廉，仍大欢悦，如此不足重也。"

及至母亡，州郡以公交车迎之。义曰："我昔应孝廉之命，只为家贫，无可供养母，母命既亡，复更仕。"

于是乡人感称其孝也。

（十九）欧尚

欧尚者，至孝也。

父没，居丧在庐。乡人逐虎，虎急投尚庐内，尚以衣覆之，乡人执戟欲入庐。

尚曰："虎是恶兽，当共除剪。尚实不见，君可他寻。"

虎后得出，日夕将死鹿来报，因此乃得大富也。

（二十）仲由

卫国仲由，字子路，为姊[2]着服数三年。

孔子问曰："何不除之？"

对曰："吾寡[3]兄弟，不忍除也。"

孔子曰："先王制礼，日月有限期，可已矣。"因即除之也。

---

1 "大"字前底本衍一"人"字。

2 "姊"，底本作"姊"。

3 "寡"，底本误作"冥"。

（二十一）刘敬宣

刘敬宣[1]，年八岁丧母，昼夜悲哭。赖是，人士莫不异之也。

（二十二）谢弘微

谢弘微[2]遭[3]兄丧，服已除，犹蔬食。

有人问之曰："汝服已讫，今将如此。"

微答曰："衣冠之变，礼不可逾。生心之哀，实未能已也。"

（二十三）朱百年

朱百年者，至孝也。

家贫，母以冬月衣常无絮，百年身亦无之。共同〔郡〕孔颜为友。天时大寒，同往颜家。颜设酒，醉，留之宿，以卧具覆之。

眠觉，除去，谓颜曰："绵絮定暖，因忆母寒。"泪涕[4]悲恸也。

孝子传上

孝子传下

（二十四）高柴

高柴者，鲁人也。父死，泣流血。三年，未尝见齿。

故《礼》曰："居父母之丧，言不及义，笑不哂也。"

1　"宣"，底本误作"寅"。

2　"宣"，底本误作"寅"。

3　"宣"，底本误作"寅"。

4　"涕"，底本误作"悌"。

（二十五）张敷

张敷者，年一岁而母亡。至十岁，问觅母，家人云已死。仍求觅母生时遗物，乃得一画扇，乃藏之玉匣。每忆母，开匣看之，便[1]流涕悲恸，竟日不已，终如此也。

（二十六）孟仁

孟仁，字恭武，江夏人也。事母至孝。母好食笋，仁常勤采笋供之。冬月笋未抽，仁执竹而泣。精灵有感，笋为之生，乃足供母。可谓孝动神灵，感斯瑞也。

（二十七）王祥

吴时人司空公王祥者，至孝也。母好食鱼，其恒供足。忽遇冰结，祥乃扣[2]冰而泣，鱼便自出跃冰上。

故曰：孝感天地，通于神明也。

（二十八）姜诗

姜诗者，广汉人也。事母至孝。母好饮江水，江水去家六十里，使[3]其妻常汲行负水供之。母又嗜鱼脍，夫妻恒求觅供给之。

精诚有感，天乃令其舍忽生涌泉，味如江水，每旦辄出双鲤鱼，常供其母之膳也。

为江阳令，死，民为立祠也。

---

1 "便"，底本误作"使"。
2 "扣"，底本作"扣"，为"扣"的增笔讹别字。《注解》录作"扣"。
3 "使"，底本误作"便"。

（二十九）叔光雄

孝女叔光雄者，至孝也。

父堕水死，失尸骸，感忆其父，常自号泣，昼夜不已。乃乘船于海，父堕处投水而死。

见梦与弟曰："却后六日，当共父出。"

至期，果与父相见持于水上。郡县令为之立碑也[1]。

（三十）颜乌

颜乌者，东阳人也。

父死葬送，躬自负土成坟，不拘他力[2]。

精诚有感，天[3]乃使乌鸟助衔[4]土成坟。乌口皆流血，遂取县名乌伤县，秦时立也。王莽篡[5]位，改为乌孝县也。

（三十一）许孜

许孜[6]者，吴宁人也。

父母亡没，躬自负土，常宿墓下。栽松柏八行，造立大坟。州郡感其孝，名其乡曰孝顺里。乡人为之立庙，至今在焉也。

（三十二）鲁国义士

鲁国义士，兄弟二人，少失父，以与后母居。兄弟孝顺，勤于

1　底本"碑"字后有"文"字，疑为衍文。

2　"不拘他力"，"拘"字底本作"构"，疑有误。船桥本此处作"不加他力"。

3　"天"，底本误作"夫"。

4　"衔"，底本作"窬"。

5　"篡"，底本误作"募"。

6　"孜"，底本误作"牧"。受两《孝子传》影响，日本典籍中多误作"许牧"。

供养。邻人酒醉，骂辱其母。兄弟闻之，更于惭耻，遂往杀之。官知觊死，开门不避。

使到其家，问曰："谁是凶身？"

兄曰："吾杀，非弟。"

弟曰："吾杀，非兄。"

使不能决[1]，改还白王。王召其母问之。

母曰："咎在妾身，训道不明，致儿为罪。罪在老妾，非关子也。"

王曰："罪法当行，母有二子，何憎？何爱？任母所言。"

母曰："愿杀小儿。"

王曰："少者人之所重，如何杀之？"

母曰："小者，自妾之子；大者，前母之子。其父临亡之时曰此儿少[2]孤，任妾抚育，今不负亡夫之言。"

鲁王闻之，仰天叹曰："一门之中，而有三贤；一室之内，复有三义。"即并放之。

故《论语》云："父为子隐，子为父隐。"用譬此也。

(三十三) 闵子骞

闵子骞，鲁人也。事后母，后母[3]无道，子骞事之，无有怨色。

时子骞为父御，失辔，父乃怪之，仍使后母子御车。父骂之，骞终不自现。父后悟，仍执[4]其手，手冷：看衣，衣薄，不如晚子纯衣新绵。父乃凄怆，因欲追（遣）其后母。骞涕泣谏曰："母

在，一子单；去，二子寒[1]。"父[2]遂止，母亦悔也。

故《论语》云："孝哉闵子骞！人不间于其父母昆弟之言。"[3]此之谓也。

孔子饮酒有少过，而欲改之。骞曰："酒者，礼也。君子饮酒通颜色，小人饮酒益气力，如何改之？"

孔子曰："善哉，将如[4]子之言也。"

（三十四）蒋诩

蒋诩，字元[5]卿，与后母居。孝敬蒸蒸，未尝有懈。后母无道，憎诩，诩日深孝敬之[6]。父亡葬送，留诩置墓所。诩为乃草舍以哭其父，又多栽松柏，用作阴凉。乡人尝往来，车马不绝。

后母嫉之更甚，乃密以毒药饮诩，诩食之不死，又欲持刀杀之。诩夜梦惊起，曰："有人杀我！"乃避眠处。母果持刀研之，乃着空地。

母后悔悟，退而责叹曰："此子天所生，如何欲害，是吾之罪。"便欲自杀。诩曰："为孝不致。不令致，母恐罪犹子也。"母子便相谢逊，因遂和睦，乃居贫舍，不复出入也。

1　"寒"，底本误作"骞"。

2　"父"，底本误作"又"。

3　底本作"人得间于是其母又昆弟之言"。《论语·先进》："子曰：'孝哉闵子骞！人不间于父母昆弟之言。'"

4　"如"后有"何"字，疑为衍文。

5　"元"底本误作"券"。日语"券""元"音近，"券"音"ケン"，"元"音"ゲン"。

6　《注解》录作"日日深孝敬之"，误。"日"后的重文号右侧有一钩，表示倒文；上"诩"字下方有一小圆圈，表示此字下谓重文号。

（三十五）伯奇

伯奇者，周丞相伊尹吉甫之子也，为人慈孝。而后母生一男，仍憎嫉伯奇，乃取毒蛇纳瓶中，呼伯奇将杀小儿。戏，小儿畏蛇，便大惊叫。母语吉甫曰："伯奇常欲杀我小儿，君若不信，试往其所看之。"果见之，伯奇在瓶蛇焉。

又谮言伯奇乃欲非法于我。父云："吾子为人慈孝，岂有如此事乎？"母曰："君若不信，令伯奇向后园取菜，君可密窥之。"母先赍蜂置衣袖中，母至伯奇边曰："蜂螫我。"即倒地，令伯奇为除，奇即低头舍之。母即还，白吉甫："君伺见否？"父因信之，乃呼伯奇曰："为汝父，上不惭天，娶后母如此！"伯奇闻之，默然无气，因欲自殒。有人劝之，乃奔他国。

父后审定，知母奸诈，即以素车白马追伯奇。至津所，向津吏[1]曰："向见童子赤白美貌至津所不？"吏曰："童子向者而度，至河中仰天叹曰：'飘风起兮[2]吹素衣，遭世乱兮无所归；心郁结兮屈不申，为蜂厄即灭我身。'歌讫，乃投水而死。"父闻之，遂悲泣曰："吾子枉[3]哉！"

即于河上祭之，有飞鸟来。父曰："若是我子伯奇者，当入吾怀。"鸟即飞上其手，入怀中。从袖出。父[4]："是伯奇者，当上吾[5]车随吾还也。"鸟即上车，随还到家，母便出迎曰："向见君车上有恶鸟，何不射杀之？"父即张弓取矢，便射其后母，中腹而死。父骂曰："谁杀我子乎？"鸟即飞上后母头，啄其目。今世鸱枭

1　"津"字前有"曰"字，疑衍。

2　"兮"，底本误作"号"，下同。

3　"枉"，底本误作"狂"。

4　"父"字后有"之"字，疑衍。

5　"吾"，底本误作"五"。

是也。一名鹌鹑，其生儿还食母。

《诗》云："知我者，谓我心忧；不知我者，谓我何求。悠悠苍[1]天，此[2]何人哉！"此之谓也。其弟名西奇。

（三十六）曾参

曾参，鲁人也。其有五孝之行，能感通灵圣。

何谓为五孝？与父母共锄瓜，误伤木一株[3]，叩其父头见血。恐父忧悔[4]，乃弹琴自悦之。是一孝也。

父使入山采薪，经停未还。时有乐成子来觅之，参母乃啮[5]脚趾。参在山中心痛，恐母乃不和，即归，问母曰："太安善不？"母曰："无他。"遂具如向所说，参乃释[6]然。所谓孝感心神，是二孝也。

母患，参驾车往迎，归，中途渴之，遇见枯井，犹来无水。参以瓶临，水为之出。所谓孝感灵泉，是三孝也。

时有邻境兄弟，二人更曰："食母不令饴肥。"[7]参闻之，乃回车而避，不经此境，恐伤母心。是四孝也。

鲁有鸹枭之鸟，反食其母，恒鸣于树。曾子语此鸟曰："可吞音，去勿更来。"此鸟即不敢来。所谓孝伏禽鸟，是五孝也。

孔子使参往齐，过期不至。有人妄言，语其母曰："曾参杀

1　"苍"，底本误作"仓"。

2　"此"，底本误作"如"。

3　"误"，底本误作"设"；"木"，底本误作"林"。《注解》录作"误伤株一株"。

4　《注解》断句为"叩其父头见血恐，父忧悔"。

5　"啮"，底本误作"齿"。

6　"释"，底本作"尺"，日语"释"与"尺"音同为"シャク"。

7　此句《注解》断作："时有邻境兄弟二，人更曰：'食母不令饴肥。'""更"，轮流，轮番。这里指导二人相互呼应。

人。"须臾，又有人云："曾参杀人。"如是至三，母犹不信，便曰："我子之至孝，践地恐痛，言恐伤人，岂有如此耶？"犹织[1]如故。须臾参还至，了无此事[2]。所谓谗[3]言至此，慈母不投杼，此之谓也。

父亡七日，浆水不历口，孝切于心，遂忘饥渴也。妻死不更求妻，有人谓参曰："妇死已久，何不更娶？"曾子曰："昔吉甫用后妇之言，丧其孝子。吾非吉甫，岂更娶也！"

（三十七）董黯

董[4]黯家贫，至孝。虽与王奇并居，二母不数相见，忽会篱边，因语曰黯母："汝年过七十，家又贫，颜色乃得怡悦如此何？"答曰："我虽贫食，肉麁[5]（粗）衣薄[6]，而我子与人无恶，不使吾忧，故耳。"王奇母曰："吾家虽富，食鱼又嗜馔[7]，吾子不孝，多与人恶[8]，惧罹其罪，是以枯悴耳。"于是各还。

奇从外归，其母语奇曰："汝不孝也。吾问见董黯母，年过七十，颜色怡悦，犹其子与人无恶，故耳。"奇大怒，即往黯母家，骂云："何故谗言我不孝也？"又以脚蹴之。归谓母曰："儿已问黯母，其云日日食三斗，阿母自不能食，道[9]儿不孝。"

---

1 "织"，底本误作"识"。

2 此句《注解》断句："须臾参还至了，无此事。"

3 "谗"，底本误作"纔"。

4 "董"，底本误作"薰"。

5 "麁"，底本误作"鹿"，形近而讹。

6 此句《注解》断作"我遂贫食肉粗衣薄"，恐有误。

7 此句《注解》断为"叟家虽富食鱼又嗜馔"，恐有误。

8 "恶"，底本作"恐"，依意改。《注解》录作"恐"。

9 "道"，底本作"导"，依意改。

黯在田中，忽然心痛，驰奔而还，又见母颜色惨惨，长跪问母曰："何所不和?"母曰："老人言多过矣!"黯已知之。

于是王奇日杀三牲，旦[1]起取肥牛一头，杀之，取佳肉十斤，精米一斗，熟而荐之；日中又杀肥羊一头，佳肉十斤，精米一斗，熟而荐之；夕又杀肥猪一头，佳肉十斤，精米一斗，熟而荐之。便语母曰："食此令尽! 若不尽者，我当用锋刺母心，曲[2]戟钩母头。"得此言，终不能食，推盘掷地。故《孝经》云："虽日用三牲养，犹为不孝也。"

黯母八十而亡，葬送礼毕，乃叹曰："父母仇，不共戴天。"便至奇家，斫奇头以祭母墓。须臾，监司到，缚黯。黯乃请以向墓别母。监司许之。至墓，启母曰："王奇横苦阿母，黯承天士，忘行己力，既得伤雠，身甘菹醢，监司见缚，应当备死。"举声哭[3]，目中出血，飞鸟翳日，禽鸟悲鸣，或上黯臂，或上头边。监司具如状奏王。王闻之叹曰："敬谢孝子董[4]黯，朕寡德，统荷万机，而今凶人勃逆，逆[5]应治剪，令劳孝子，助朕除患。"赐金百斤，加其孝名也。

（三十八）申生

申生者，晋献公之子也。兄弟三人，中者重耳[6]，少者夷吾。

---

1 "旦"，底本误作"且"。
2 "曲"，底本作"曲"，《注解》改作"用"。
3 底本作"举声闻哭"，"闻"字疑衍。《注解》录作"举声哭"。
4 "董"，底本误作"薰"。
5 "逆"，底本作"又"，疑本乃重文号，误作"又"。《注解》录作"又"。
6 "耳"，底本误作"呵"。

母曰齐[1]姜，早亡，而申生至孝。父伐丽戎[2]，得女一人，便拜为妃，赐姓骊氏，名曰丽姬。姬生子[3]，名曰奚齐[4]卓子。

姬怀妒之心，欲立其子齐[5]以为家[6]嫡，因欲谮之。谓申生曰"吾昨夜梦汝母饥渴弊，汝今宜以酒礼至墓而祭之"云。

申生涕泣，具办肴馔。姬密以毒药置祭食中，谓言申生祭讫食之则礼[7]，而申生孝子不能敢餐，将还献父。

父欲食之，丽姬恐药毒中献公，即授之，曰："此物从外来，焉得辄食之?"

乃命青衣尝之，入口即死。姬乃诈啼叫，曰："养子反欲杀父!"申生闻之，即欲自杀。其臣谏曰："何不自理，黑白谁明?"

申生曰："我若自理，丽姬必死；父食不得丽姬则不饮（欢），卧不得丽姬则不安。父今失丽姬，则有憔悴之色。如此岂为孝子乎?"

遂感激而死也。

（三十九）申明

申明者，楚丞相也，至孝忠贞。

楚王兄子，名曰白公，造逆，无人能伐者。王闻申明贤，躬以为相。申明不肯就命，明父曰："我得汝为国相，终身之义也。"从

---

1 "齐"，底本误作"晋"。
2 "戎"，底本误作"娘"。
3 "子"，底本误作"孝"。
4 "齐"，底本误作"晋"。
5 "齐"，底本误作"晋"。
6 "家"，底本缺笔，误。
7 "礼"，底本误作"死"。

父言，往赴[1]，登之为相。即使[2]领军伐白公。

公闻申明来，畏，必自败[3]，仍密缚得申明父，置一军中，便曰："吾以执得汝父，若来战者，我当杀汝父。"

申明乃叹曰："孝子不为忠臣，忠臣[4]不为孝子。我今舍父事君，又[5]受君之禄，而不尽节，非臣之礼。今日之事，先是父之命，知后受言。"

遂战，乃胜。白[6]公即杀其父。明领军还楚，王乃赐金千斤，封邑万户，申明不受，归家葬母。三年礼毕，自刺而死。

故《孝经》云："事亲以孝，移于忠。忠可移君。"此谓也。

（四十）禽坚

禽坚，字孟游，蜀郡成[7]都人也。

其父名讼信，为县令吏。母怀妊七月，父奉[8]使至夷。夷转缚置之，历十一主。母生坚之后，更嫁余人。坚问："父何所在?"具语之。

即辞母而去，历涉七年，行佣作，往涉羌胡，以求其父。至芳狼夷中，仍得相见。父子悲恸，行人见之，无不殒泪。于是戎夷便给资粮放还国，涉塞外五万余里也[9]，山川险阻，独履深林，毒风

---

1 "赴"，底本作"起"，疑误，据文意改。
2 "使"，底本作"便"，疑误，据文意改。
3 "畏"，底本误作"果"；"败"，底本误作"饭"。《注解》录作"畏必自败"，可从。
4 原文为"孝子不為忠又臣又不為孝子"。
5 "又"，底本作重文号，疑为重文号与"又"形近相乱。《注解》作"若"。"若""又"字形相去较远。
6 "白"，底本误作"百"。
7 "成"，底本误作"城"。
8 "奉"，底本误作"秦"。
9 "也"，底本误作"之"。

瘴[1]气，师子虎狼，不能伤也。岂非至孝所感，其灵扶祐哉！于是迎母还，共居之也。

（四十一）李善

李善者，南阳家奴也。

李家人并卒死，唯有一儿新生，然其亲族无有一遗。善乃历乡邻乞乳饮哺之。儿饮恒不足，天照其精，乃令善乳自汁出，常得充足。儿年十五，赐善[2]姓李氏。治丧送葬，奴礼无废。

即郡县上表，嘉[3]其孝行，拜为河内太守，百姓咸欢。

孔子曰："可以托六尺孤。"此之谓也。

（四十二）羊公

羊公者，洛阳安里人也。兄弟六人，家以屠肉为业。公少好学，修于善行，孝义闻于远近。父母终没，葬送礼毕，哀慕无及。北方大道，路绝水浆，人往来恒苦渴之，公乃于道中造舍，提水设浆，布施行士，如此积有年载。

人多谏公曰："公年既衰老，家业粗足，何故自苦？一旦殒[4]命，谁为慰情？"

公曰："欲善行殒，岂惜余年？"

如此累载，遂感天神，化作一书生，谓公曰："何不种菜？"答曰："无菜种。"书生即以菜种与之。公掘地，便得白璧一双、金钱一万。

---

1 "瘴"，底本误作"鄣"。

2 "善"，底本误作"姜"。

3 "嘉"，底本作"加"，《注解》录作"功"。

4 "殒"，底本作"损"，下同。

书生后又见公曰："何不求妻？"公遂其言，乃访觅妻。名家子女，即欲求问，皆叹之曰："汝能得白璧一双、金钱一万者，与公为妻。"公果有之，遂成夫妇，生男女，育皆有令德，悉为卿相。

故《书》曰："积善余庆。"此之谓也。今比平诸羊姓，并羊公后也。

（四十三）东归节女

东归节女者，长安大昌里人妻也。其父有仇，仇人欲杀其夫，闻节女孝，令而有仁义。

仇人执缚女人父，谓女曰："汝能呼夫出者，吾即放汝父；若不然者，吾当杀之。"

女叹曰："岂有为夫而令杀父哉？岂又示仇人而杀夫？"

乃谓仇人曰："吾常共夫在楼上寝，夫头在东。"

密以方便令夫向西，自在东。仇人果来，斩将女头去，谓是女夫，明旦视之，果是女头。仇人大悲叹，感其孝烈，解怨，无复来怀杀其夫之心[1]。

《论语》曰："有杀身以成仁，无求生以害人。"此之谓也。

（四十四）眉间尺

眉间尺者，楚人干将莫邪之子也。楚王夫人当暑，抱铁柱而戏，遂感铁精而怀妊，后乃生铁精。

而王乃命干将作剑。剑有雄雌，将雄者还王，留雌有舍。王剑在匣中鸣。王问群臣，群臣曰："此剑有雄雌，今者雄剑，故鸣。"王怒，即将杀干将。干将已知应死，以剑内置屋前松柱中，谓妇

---

1 "杀"后有"夫"字，疑衍，依意改。

曰:"汝若生男,可语之曰:'出北户,望南山。石松上,剑在中间。'"

后果生一子,眉间一尺。年十五,问母曰:"父何在?"母具说之,即便思维,得剑欲报王。王乃夜梦见一人,眉间一尺,将欲杀我,乃命四方能得此人者,当赏金千斤。

眉间尺遂入深山,慕觅贤人勇。忽逢一客。客问曰:"君是孝子眉间尺耶?"

答曰:"是也。"

客曰:"吾为君报仇可不?"

眉间尺问曰:"当须何物?"

客答曰:"唯须君剑及头。"

即以剑割头,授与之客。客去,便遂送奏。王闻之[1],重赏其客,便索铧镬煮之,七日不烂。客曰:"当临面镬咒见之,即便可烂。"王信以面之,客乃以剑杀王,颈落镬中共煮,二头相啮[2]。客恐间尺头弱,自剑止,头入釜中,一时俱烂,遂不能分别,仍以三葬之,今在汝[3]南宜春县[4]也。所谓忧人事,成人之名云云。

(四十五)慈乌

慈乌者,乌也。生于深林高巢之表,衔食供雏,口不鸣,自进羽翮,劳悴不复能飞。其子毛羽既具,将到东西,取食反哺。其母禽乌尚尔,况在人伦乎?雁亦衔食饴儿,〔儿〕亦衔食饴母。此乌皆孝也。

---

1 《注解》断句为"客去便遂送,奏王闻之重赏"。
2 "啮",底本误作"列齿"二字。
3 "汝",底本误作"淮"。
4 "县",底本误作"悬"。

孝子传下

二、船桥本《孝子传》

孝子传 青松[1]

孝子传并序[2]

原夫孝之至重者，则神明应响而感得也；信之至深者，则嘉声无翼而轻飞也。以是重华忍怨至孝而遂膺尧让，得践帝位也；董[3]永卖身送终而天女践。忽赎奴役也。加之奇类不可胜计。今拾四十五名者，编孝子碑铭也，号曰《孝子传》，分以为两卷，慕也。有志之士披见无倦[4]，永传不朽云尔。

孝子传上卷

（一）帝舜

舜字重华，至孝也。其父瞽叟，愚顽不知凡圣。爱用后妇言，欲杀圣子舜。或上屋，叟[5]取梯[6]，舜直而落如鸟飞。或使掘深井

1　"青松"为清原枝贤之子国贤署名。

2　首页右端有题记："《孝子传》，前汉萧广济所撰也。萧之雉随之故事载之。义见《蒙求》。此本无萧之故事，漏脱欤？此序虽拾四十五名，此本所载四十三而已。"是说西汉萧广济所撰《孝子传》中载有"萧芝雉随"的故事，这个故事大意见于《蒙求》。此本序言说收入了孝子四十五名，而实际上抄本上只有四十三名。查日本藏《蒙求》三十六"朱博乌巢，萧芝雉随"条："萧广济《孝子传》：萧芝至孝，除尚书郎，有雉数千头，饮啄宿止。当上直，送至歧路；及下直入门，飞鸣车前。"（见早川光三郎著《蒙求》上，明治书院1979年版，第203—204页。）萧广济为晋人，非西汉人，题记所书有误。

3　"董"，底本误作"薰"。

4　"倦"，底本作"惓"。

5　"叟"，底本误作"圣"，依意改。《注解》作"叟"。

6　"梯"，底本误作"桥"，《注解》录作"桥"。

出，舜知其心，先掘傍穴，通之邻家。父以木石填井，舜出傍穴，入游历山。时父填石之后，两目精盲也。

舜自耕为事。于时天下大旱，黎庶饥馑，舜稼独茂，于是籴米，之者如市。舜后母来买，然而不知舜，舜不取其直，每度返也。父奇，而所引后妇来至舜所，问曰："君降恩再三，未知有故旧耶？"舜答云："是子舜也。"时父伏地，流涕如雨，高声悔叫，且奇且耻。爱舜以袖拭父涕，而两目即开明也。舜起拜贺，父执子手，千哀千谢。孝养如故，终无变心。天下闻之，莫不嗟叹。圣德无匿，遂践帝位也。

（二）董永

董永，赵人也，性至孝也。少而母没，与父居也。贫穷困苦，仆赁养父。爱永常鹿车载父，着树木荫凉之下，一锄一顾，见父颜色。数进肴馔，少选不缓。

时父老命终，无物葬敛。永诣富公家，顿首云："父没无物葬送，我为君作奴婢，得直欲已礼。"富公叹，与钱十千枚[1]，永获之齐事。

尔乃永行主人家，路逢一女，语永云："吾为君作妇。"

永云："吾是奴也，何有然也？"

女云："吾亦知之，而慕然耳。"

永诺，共诣主人家。主人问云："汝所为何也？"

女答云："吾踏机，日织十四之绢。"

主人云："若填百匹，免汝奴役。"

一旬之内，织填百匹，主人如言，良放免之。

---

1 "枚"，底本误作"牧"。

于时夫妇出门，妇语夫云："吾是天神女也，感汝至孝，来而助救奴役。天地区异，神人不同，岂久[1]为汝妇？"

语已，不见也。

（三）邢渠

邢渠者，宜春人也。贫家无母，与父居也，偿养父。父老无齿，不能敢食，渠常嚼哺。足首之间，见其衰弊，悲伤烂肝，顷[2]莫忘时。苍天有感，令父白发变黑，落齿更生。烝烝之孝，奇德如之也。

（四）伯瑜

韩伯瑜者，宋[3]人也。少而父没，与母共居，养母烝烝。瑜有少过，母常加杖，痛而不啼。母年老衰，时不罚痛，而瑜啼之。

母奇问云："我常打汝，然不啼，今何故泣？"

瑜诺云："昔被杖，虽痛能忍。今日何不痛？爰知母年衰弱力，以是悲啼，不敢有怨。"母知子孝心之厚，还自哀痛之也。

（五）郭巨

郭巨者，河内人也。父无母存，供养勤勤。于年不登，而人庶饥困。爰妇生一男。巨云："若养之者，恐有老养之妨。"使母抱儿共行山中，掘[4]地将埋儿，底金一釜，釜上题云："黄金一釜，天赐孝子。"郭巨于是因儿获金，不埋其儿，忽然得富贵，养母又不

---

1 "久"，底本误作"人"。
2 "顷"，底本误作"项"。
3 "宋"，底本误作"宗"。
4 "掘"，底本误作"堀"。

乏。天下闻之，俱誉孝道之至也。

（六）原谷

孝孙[1]原谷者，赵人也。其父不孝，常厌父之不死。时父作辇入父，与原谷共担弃置山中，还家。

原谷之还，赍来载祖父辇。呵责[2]云："何故其持来耶？"

原谷答曰："人子，老父弃山者也。我父老时，入之将弃，不能更作。"

爱父思惟之，更还将祖父归家，还为孝子。惟孝孙原谷之方便也。举世闻之。善哉，原谷救祖父之命，又救父之二世罪苦，可谓贤人而已。

（七）魏阳

魏[3]阳者，沛郡人也。少而母亡，与父居也，养父蒸蒸。其父有利戟，时壮士相市南路，打夺戟矣。其父叩头。

于时县令闻之，召阳问云："何故不报父仇？"

阳答云："如今报父敌者，令父致饥渴之忧。"

父没之后，遂斩敌头，以祭父墓。州郡闻之，不推其罪，称其孝德，加以禄位也。

（八）三州义士

三州义士者，各一州人也。各弃乡土，至会一树之下，相共同宿也。于时一人问云："汝何勿所来？何勿所去？"皆互问。答曰：

1　"孝孙"上栏有"元觉"二字。

2　"责"，底本作"啧"。乃受前文"呵"影响而写的增笔字。

3　"魏"，底本误作"槐"。

"为求生活，离家东西耳。今吾三人，必有因缘，故结断金。"其最[1]老一人为父，少人一人为子。各唯诺已。尔后桂兰之心，倍于真亲；求得之财，彼此不别。孝养之美，犹逾骨肉。

爰父欲试子等心，仰二子云："河中建舍，以为居处。"

奉教运土填河。每入漂流，经三个年，不得填作。爰二子叹云："我等不孝，不叶父命。海中之玉，岂为〔谁〕邪？世上之珍，亦为谁也？而未造小舍，我等为人哉！"

忧叹寝夜，梦见一人，持壤投于河中。明旦见之，河中填土数十丈，建屋数十宇。见闻之者，皆共奇云："丈夫孝敬，天神感应。"河中为岳，一夜建舍，使父安置。其家孝养盛之，天下闻之，莫不叹息。其子孙长为二千石，食口三十有余，以三州为姓也。

夫虽非亲父，至丹诚之心为父，神明之感在近，何况[2]骨肉之父哉！四海之人见之鉴而已。

（九）丁兰

丁兰者，河内人也。幼少母没，至十五岁，思[3]慕阿娘，不获忍忘，克木为母，朝夕供养，宛如生母。出行之时，必咨而行；还来，亦陈，勤勤不缓。兰妇性□，而常此为厌。不在之间，以火烧木母面。兰入夜还来，不见木母颜。其夜梦木母云："汝妇烧吾面。"兰见明旦[4]，实如梦语，即罚其妇，永恶莫宠。

又有邻人借斧，兰启木母，见知木母颜色不悦，不与借也。邻

---

1 "最"，底本误作"畏"，《注解》录作"畏"。

2 "何况"二字后有二重文号，疑衍。

3 "思"，底本误作"忍"，《注解》录作"忍"。"忍"、"思"草书字形相近易乱。

4 "旦"，底本误作"且"。

人大忿，伺兰不在，以大刀[1]斩木母一臂，血流满地。兰还来见之，悲伤啼[2]哭，即往斩邻人头，以祭母墓。官司闻之，〔不〕问其罪，加以禄位。

然则虽坚木为母致孝，而神明有感，亦血出中。至孝之故，宽宥死罪，孝敬之美，永传不朽也。

（十）朱明

朱明者，东都人也。有兄弟二人，父母没后不久，分财各得百万。其弟骄慢，早尽已分，就兄乞求，兄恒与之。如之数度，其妇忿怒，打骂小郎。明闻之，曰："汝，他姓女也；弟[3]，吾骨肉也。四海之女，皆可[4]为妇；骨肉之复不可得。"遂遣其妇，永不相见也。

（十一）蔡顺

蔡顺者，汝[5]南人也。养母蒸蒸。母诣邻家，醉酒而吐，顺恐中毒，伏地尝吐。顺启母曰："非毒。"

于时年不登，不免饥渴。顺行采桑实，赤黑各别之。忽赤眉贼来，缚[6]顺欲食。乃贼云："何故桑实别两色耶?"

答曰："色黑味甘，以可供母；色赤未熟，此为己分。"

于时贼叹云："我虽贼也，亦有父母；汝为母有心，何杀食

---

1 "刀"，底本误作"力"。
2 "啼"，底本误作"蹄"，《注解》录作"号"。
3 "弟"，底本误作"是"，《注解》录作"是"。
4 《注解》录作"了"，误。"了"与"可"之草书形近易乱。
5 "汝"，底本误作"淮"。
6 "缚"，底本误作"传"。

哉!"

即放免之,使与肉十斤。

其母没后,顺常居墓边,护母骨骸。时一白虎,张口而向顺来。顺知虎心,申臂探虎喉,取出一横骨。虎知恩,常送死鹿也。荒贼猛虎,犹知恩义,何况仁人乎也。

(十二) 王巨尉

王巨尉者,汝南人也[1]。有兄弟二人,兄年十二,弟八岁也。父母亡后,泣血过礼,闻者断肠。

爰弟行山采薪,忽遭赤眉贼,欲杀食之。兄忧弟不来,走行于山,乃见为贼所食。兄即自缚,进跪贼前,云:"我肥弟瘦,乞以肥替瘦。"贼即叹之,兄弟共免,更赠牛蹄一双。仁义故忽免贼害乎?

(十三) 老莱子

老莱子[2]者,赵人也,性至孝也。年九十,而犹父母存。爰莱着斑兰之衣,乘竹马游庭,或为供父母赍浆堂上,倒阶而啼,声如婴儿,悦父母之心也。

(十四) 宋胜之

宋胜〔之〕者,南阳人也。年十五时,父母共没。孤露无妇,悲恋父母,片时无已。尔乃见老者,则礼敬,宛如父母。随堪力,则有供养之情,乡人见之,无不叹息也。

---

1 旁注:《后汉》列传廿九《赵孝传》内有之,少异。
2 "子",底本误作"云"。

（十五）陈寔

陈寔者至孝，孝养烝烝。父母各八十，亦共命终，海内哀之，三千之人，各争立碑。显孝之美，与代不朽也。

（十六）杨威

杨威者，会稽人也。少年父没，与母共居。于时入山采薪，忽尔逢虎。威跪虎前，泣啼云："我有老母，亦无养子，只以我独怙仰衣食，若无我者，必致饿死。"时虎闭目低头，弃而却去也。

（十七）曹娥

孝女曹娥者，会稽人也。其父盱[1]能事弦歌，于时所引巫婆，乘艇浮江，船覆没江。曹娥时年十四，临江匍匐，匍匐泣哭，七日七夜，不断其声。至其七日，脱衣咒曰："若值父尸骸，衣当沉之。"为衣即沉者，娥投身江中也。女人悲父，不惜身命，县令[2]闻之，俄〔为〕娥[3]立碑，表其孝也。

（十八）毛义

毛义[4]者，至孝。贫家，慕欲孝廉，不欲世荣。爰乡人闻云：

---

1 "盱"，底本误作"肝"。
2 "县令"，底本误作"悬命"。
3 "娥"字前劢"俄"字，疑受下"娥"字影响而衍。
4 底本"毛义"二字上有朱笔书"汉人"二字，右旁书"《后汉》列传廿九载之，但目录不载也之"。

246

"毛义贫而不受天子之位，孝廉之声，不足为重[1]。"母没之后，州县迎车。于时义曰："我昔欣孝廉之名，如今载公家车。"遂不乘也。

（十九）欧尚

欧尚者至孝。父没居丧，于时乡人逐虎。虎迫走入尚庐，尚以衣覆虎。乡人以戟欲突，尚曰："虎是恶兽，尚当共可杀，岂敢匿哉！不见不来。"确争不出。乡人皆退，日暮出虎。爰虎知其恩，恒送死鹿，遂得大富也。

（二十）仲由

仲由，字子路，姊[2]亡，着服三年。孔子问曰："何故不脱?"子路对曰："吾寡兄弟，不忍除也。"孔子曰："先王制礼，日月有限，从制可而已。"因则除之。

（二十一）刘敬宣

刘敬宣者，年八岁而母丧，昼夜悲哭，未尝齿露，菜蔬不食，不布衣不服[3]。荒荐居。

（二十二）谢弘微

谢弘微[4]者，遭兄丧，除服已，犹食菜蔬。

---

1 "重"，左旁书"进"字。
2 "姊"，"姊"之俗字。敦煌写卷斯5584《开蒙要领》："伯叔姊妹姑姨舅甥。"
3 自"母丧"至"布衣不服"，底本误书于前则《仲由》之末尾，《注解》移于此处，可从。
4 "微"，底本误作"徽"。

有人问云："汝除服已，何食菜蔬？"

微答曰："衣冠之变[1]，礼不可逾；骨肉之哀，犹未能已也。"

（二十三）朱百年

朱百年者，至孝也。贫家困苦。于时百年诣朋友之家，友飨之。年醉而不还。时大寒也，友以衾覆年，惊觉而知被覆也，即脱却不覆。友问脱由。年答曰："阿母寒宿也，我何得暖乎？"闻之流涕悲恸也。

孝子传下卷
（二十四）高柴

高柴者，鲁[2]人也。父死泣血，三年未尝露齿。见父母之恩，皆人同蒙悲伤之礼，唯此高柴也。

（二十五）张敷

张敷者，生一岁而母没也。至十岁，觅见母，家人云："早死，无也。"于时敷悲痛，云："阿母存生之时，若为吾有遗财乎？"家人云："有一画扇。"敷得之，弥以泣血，恋慕无已。每日见扇，每见断肠，见后收置于玉匣中。其儿不见母颜，亦不知恩义，然而自知恋悲，见闻之者，亦莫不痛也。

（二十六）孟仁

孟仁者，江夏人也。事母至孝。母好食笋，仁常[3]勤供养。冬

1　"变"，底本误作"爱"。

2　"鲁"，右旁注："卫，又齐。"

3　"常"，底本误作"当"。

月无笋，仁至竹园，执竹泣。而精诚有感，笋为之生，仁采供之也。

（二十七）王祥

王祥者，至孝也，为吴时司空也。其母好生鱼，祥常勤供[1]。至于冬节，池悉冻，不得要鱼，祥临池扣冰，泣而冰碎，鱼踊出，祥采之供母。

（二十八）姜诗

姜诗者，广汉人也。事母至孝也。母好饮江水，江去家六十里，妇常汲供之。又嗜[2]鱼脍，夫妇恒求供之。于时精诚有感，其家庭中自然出泉，鲤鱼一双日日出之，即以此常供。天下闻之，孝敬所致，天则降恩耳，泉涌庭生鱼化出也。人之为子者，以明鉴之也。

（二十九）叔光雄

孝女叔光雄者，至孝也[3]。其父堕水死也，不得尸骸。雄常悲哭，乘船求之。乃见水底有尸，雄投身入，其当死也。于时梦中告弟云："却后六日，与父出见。"至期果出，亲戚相哀，郡县痛之，为之立碑也。

---

1 "供"，底本误作"仕"。
2 "嗜"，底本误作"耆"。
3 旁注：《后汉·列女传》廿八。

（三十）颜乌

颜乌者，东阳人也。父死葬送，躬自负土[1]筑墓，不加他力。于时其功难成，精信有感，乌乌数千，衔块加填，墓忽成尔。乃乌口流血，块皆染血。以是为县名，曰乌伤[2]县。王莽之时，改为乌孝[3]县也。

（三十一）许孜

许孜[4]者，吴宁人也。父母灭亡，孜自负土作坟，坟下栽松柏八行，遂成大坟[5]。爱州县感之，其至孝，乡名孝顺里。里人为之立庙，于今犹存也。

（三十二）鲁义士

鲁有义士，兄弟二人，幼时父母没，与后母居，兄弟勤勤，孝顺不懈。于时邻人醉来，詈耻其母。两男闻之，往杀詈人。爰自知犯罪，开门不避。遂官使来，推鞫杀由。

兄曰："吾杀。"

弟曰："不兄，当吾杀之。"

彼此互让，不得决罪。使者还白王。王召其母问，依实申之。

母[6]申云："过在妾身，不能孝顺，令子犯罪，犹在妾，不在子咎。"

---

1 "土"，底本误作"直"。
2 "伤"，底本误作"阳"。
3 "孝"，底本误作"者"。
4 "孜"，底本误作"收"，形近而讹也。《注解》录作"收"。
5 "坟"，底本误作"填"。
6 底本"母"前衍一"世"字。

王曰："罪法有限，不得代罪，其子二人，斩以一人，何爱？以不孝斩。"

母申[1]云："望也杀少者。"

王曰："少子者，汝所爱也，何故然申？"

母申云："少者，妾子；长者，前母子也。其父命终之时语妾云：'此子无母，我亦死也，孤露无归，我死而念之不安。'于时妾语其父云：'妾受养此子，以莫为思。'父诺，欢喜，即命终也。其言不忘，所以白。"

王仰天叹云："一门有三贤，一室有三义哉！"

即皆从恩赦也。

（三十三）闵子骞

闵子骞，鲁人也。事后母蒸蒸。其母无道，恶骞，然而无怨色。于时父载车出行，子骞御车，数落其辔。父怪，执骞〔手〕，寒如凝冰，已知衣薄。父大怜怜，欲逐[2]后母。骞涕谏曰："母有一子苦[3]，母去者，二子寒也。"父遂留之，母无怨心也。

（三十四）蒋章训

蒋章训，字元卿，与后母居，孝敬蒸蒸，未尝有缓。后母无道，恒训为憎，训悉之。父墓边造草舍居，多栽松柏，其荫茂盛。乡里之人为休息，往还车马，亦为息所。于是后母嫉妒，甚于前时。以毒入酒，将来令饮，训饮不死。或夜持刀欲杀，训惊不害。如之数度，遂不得害。爰后母叹曰："是有天护，吾欲加害，此吾过也。"便欲自

1 "申"，日语谦敬语，モウス。义同"说"。

2 "逐"，底本误作"遂"。

3 "苦"，底本误作"若"。《注解》录作"母有一子苦，若母去者二子寒也"。

杀，训谏不已。还，后母怀仁，遂为母子之义也云云。

（三十五）伯奇

伯奇者，周丞相尹吉甫之子也。为人孝慈，未尝有恶。于时后母生一男，始而憎伯奇。或取蛇入瓶，令赍伯奇遣小儿所。小儿见之，畏怖泣叫。后母语父曰："伯奇常欲杀吾子，若君不知乎？"

往见畏物。父见瓶中，果而有蛇。父曰："吾子为人一无恶，岂有之哉？"

母曰："若不信者，妾与伯奇往后[1]园采菜，君窥可见。"

于时母密[2]取蜂置袖中，至园，乃母倒地云："吾怀入蜂。"

伯奇走寄，探怀扫蜂。于时母还问："君见以乎？[3]"

父曰："信之。"

父召伯奇曰："汝我子也，上恐乎天，下耻乎地，何汝犯后母耶[4]？"

伯奇闻之，五内无主[5]，既而知之后母谗谋也。虽诤难信，不如自杀。

有人诲云："无罪徒死，不若外逃奔他国。"

伯奇遂逃。于时父知后母之谗，驰车逐[6]，行至河津，问津史，史曰："可爱童子，渡至河中，仰天叹曰：'我不计之外，忽遭

---

1 "后"，底本误作"收"，形近而讹。

2 "密"，底本误作"蜜"。

3 《注解》录为"君见以不"，误。注释中说，此句前后疑有误，盖此句当作："君见之乎"，"以"为"之"字之误。

4 "耶"，底本误作"砌"。

5 "主"，底本误作"至"。

6 "逐"，底本误作"遂"，《注解》改作"逐"。

蜂难，离家浮荡，无所归止[1]，不知所向。'歌已，即身投河中没死也。"

父闻之闷绝，悲痛无限。尔乃曰："吾子伯奇，含怨投身，嗟嗟焉，悔悔哉！"

于时飞鸟来至吉甫之前。甫曰："我子若化鸟欤？若有然者，当入我怀。"

鸟即居甫手，亦入其怀，从袖[2]出也。又父曰："吾子伯奇之化，而居吾车上，顺吾还家。"鸟居车上，还到于家。

后母出见，曰："噫，恶鸟也，何不射杀？"父张弓射箭，不中鸟，当后母腹，忽然死亡。鸟则居其头，啄[3]穿面目，尔乃高飞也。死而报敌，所谓飞鸟是也。雏而不眷养母，长而还食母也。

（三十六）曾参

曾参者，鲁人也。性有五孝。除瓜草，误损一株，父打其头，头破出血，父见忧伤，参弹琴，令父心悦[4]。是一孝也。

参往山采薪，时朋友来也，乃啮自指，参动心走还，问曰："母有何患？"母曰："吾无事，唯来汝友，因兹吾驰心耳。"是二孝也。

行路之人，渴而愁之，临井无水，参见之，以瓶下井，水满瓶出，以休其渴也。是三孝也。

邻境有兄弟二，或人曰："此人等有饥馑之时，食已母。"参闻

1　"止"，底本作"心"，疑形近而误，依意改。

2　"袖"，底本误作"甫"，《注解》作"袖"。

3　"啄"，底本误作"喙"，《注解》改作"瞩"。

4　底本作"参弹琴之令父悦曰心"，盖底本将"是"误分为"曰心"两字。《注解》录为"时令父心悦"。

之乃回车，而避不入其境。是四孝也。

鲁[1]有鸹枭，闻之声者，莫不为厌。参至前曰："汝声为诸人厌，宜韬之勿出。"鸟乃闻之速去，又不至其乡。是五孝也。

参父死也，七日之中，浆不入口，日夜悲恸也。参妻死，守义不娶[2]。或人曰："何不娶妻耶？"参曰："昔者吉甫误信后妇言，灭其孝子。吾非吉甫，岂更娶[3]？"子终身不娶云云。

（三十七）董黯

董黯家贫，至孝也。其父早没也。二母并存，一者弟王奇之母。董黯有孝也。王奇不孝也。

于时黯在田中，忽然痛心，奔还于家。见母颜色，问曰："阿娘有何患耶？"

母曰："无事。"

于时王奇母语子曰："吾家富而无宁，汝与人恶，而常恐离其罪，寝食不安，日夜为愁；董黯母者，贫而无忧，为人无恶，内则有孝，外则有义。安心之喜，实过千金也。"

王奇闻之大怂，杀三牲[4]作食，一日三度与黯之母。尔即曰："若不吃尽，当以锋突汝胸腹！"转载判（裁刺）母颈，母即闷绝[5]，遂命终也。

时母年八十，葬礼毕后，黯至奇家，以其头祭母墓。官司闻

---

1 "鲁"，底本误作"曾"。

2 "娶"，底本误作"嫁"，下同。

3 "娶"，底本误作"聚"。

4 "牲"，底本作"生"，依意改。

5 底本作"母即问闷绝"，"问"疑受下"闷"字影响而衍。《注解》录作"母即闷绝"，不误。

之，曰："父母与君，敌不戴天。"则奏具状，曰[1]："朕以寡[2]德，统[3]荷万机。今孝子致孝，朕可助恤[4]。"则赐以金百斤。

（三十八）申生

申生，晋献公之子也。兄弟三人，中者重耳，小者夷吾；母曰齐姜，其身早亡也。申生孝。于时父王伐丽戎，得一女，便拜为妃，赐姓则骊氏，名即丽姬。姬生子，名曰奚齐。爰姬怀妒心，谋却申生，欲立奚齐。

姬语申生云："吾昨夜梦见汝母饥渴之苦，宜以酒至墓所祭之。"

申生闻之，泣涕办[5]备。姬密[6]以毒入其酒中，乃语申生云："祭毕，即饮其酒，是礼也。"

申生不敢饮，其前将来献父。父欲〔饮〕[7]之，姬抑而云："外物不辄用。"

乃试令饮青衣，即死也。于时姬诈泣，叩曰："父养子，子欲杀父耶！"

申生闻之，即欲自杀，其臣谏云："死而入罪，不如生而表明也。"申生云："我自理者，丽姬[8]〔必死〕；无丽姬者，公亦不安。为孝之意，岂有趀乎？"遂死也。

---

1 "曰"，底本误作"四"。
2 "寡"，底本误作"宽"。
3 "统"，底本误作"总"。
4 "恤"，底本误作"垆"。
5 "办"，底本误作"辨"。
6 "密"，底本误作"蜜"。
7 底本作"父欲之"，疑脱一"饮"字。《注解》作"父欲食之"。
8 此处亦有脱文。《注解》补"必死"二字，可从。

(三十九) 申明

申明者，楚丞相也，至孝忠贞。楚王兄子曰〔白〕公，造口[1]，无人服仪。爱王闻申明贤也，而躬欲为相。申明不肯就命，王曰："朕得汝为国，终身之善也。"

于时申明随父言行而为相。即领军征白公所。白公闻申明来之，畏，缚[2]申明之父，置一军之中，即命人云："吾得汝父，若汝来迫者，当杀汝父。"

乃申明叹曰："孝子不忠，忠不孝。我舍父奉君，已食君禄，不尽忠节。"遂向斩白公。

白公杀申明父。申明即领军还，复[3]命之讫，王誉其忠节，赐金千斤，封[4]邑万户，申明不受。还家，三年礼毕[5]，自刺[6]而死也。

(四十) 禽坚

禽坚，字孟[7]游，蜀郡人也。其父名信，为县吏。母怀妊七月，父奉使至夷。夷转[8]卖之，历十一个年。母生禽坚，复改嫁也。坚[9]生九岁，而问父所在，母具语之。坚闻之悲泣，欲寻父

1　缺字，《注解》补"逆"。
2　"畏缚"，底本误作"艮传"，《注解》录作"畏缚"。
3　"复"，底本误作"后"。
4　"封"，底本误作"村"。
5　《注解》断为"申生不受还家，三年礼毕"。
6　"刺"，底本误作"判"，《注解》录作"刺"。
7　"孟"，底本误作"盖"。
8　底本"转"后多一"传"字，疑受上"转"字影响而衍。《注解》录作"夷转传卖之"。
9　"坚"，底本误作"竖"，下同。盖俗字"土"作"圡"，书写易与"立"相乱。

所，遂向眇境，佣作续粮，去历七夕年，仅至父所[1]。父子相见，执手悲恸，见者断肠，莫不拭泪。于是戎之君怅叹放还，兼赐资粮。还路塞外万余里，山川险阻，师子虎狼，纵[2]横无数，毒气害人，存者寡也。祷请天地，倘归本土，禽坚至孝之者，令父归国，亲疏朋友，再得相见。由[3]夷城之奴，为花夏[4]之臣。母后迎还，父母如故，彼此无怨。孝中之孝，岂如坚乎也！

（四十一）李善

李善者[5]，南阳李孝家奴也。于时家长、家母、子孙、驱使，遭疫悉死，但遗婴儿，并一奴，名善。爰乞邻人乳，恒哺养之。其乳汁不得足，之儿犹啼之。于时天降恩[6]命，出善乳汁，日夜充足。

爰儿年成长，自知善为父母而生长之由，至十五岁。善赐李姓，郡县[7]上表，显其孝行。天子诸侯，誉其好行，拜为河内太守[8]。善政逾人，百姓敬仰，天下闻之，莫不嗟叹云云。

（四十二）羊公

羊公者，洛阳安里人也。兄弟六人，屠肉为业[9]。六少即名羊公，殊有道心，不似诸兄。爰以北大路绝水[10]之处，往还之徒，苦

---

1 "所"，底本作"前"，有删改号，旁注"所"。
2 "纵"，底本误作"从"。
3 "由"，底本作"抽"，依意改。《注解》录作"抽夷城之奴"。
4 "花夏"，同"华夏"。
5 旁注：《后汉》卅六、四十《独行传》。
6 "恩"，底本误作"息"。"恩"俗字作"恩"，易与"息"相乱。
7 "县"，底本误作"悬"。
8 "太"，底本误作"大"。
9 底本"业"字后衍"弟六人屠肉为业"七字。
10 "水"，底本误作"诚"，《注解》录作"水"。"诚"与"水"字形相差较远，待考。

渴殊难。羊公见之，于其中路，建布施舍，汲水设浆，施与诸人，夏冬不缓，自荷忍苦。

有人谋曰："一生不几，何弊身命?"公曰："我老年无亲，为谁爱力?"累岁弥勤。

夜有人声曰："何不种菜?"公曰："无种子。"即与种子。公得种耕地，在地中白璧二枚[1]，金钱一百。

又曰："何不求妻?"公求[2]要之间，县家女子送书。其书云："妾为公妇。"公许诺之，女即来之为夫妇。

羊公有信，不惜[3]身力。忽蒙天感，自然富贵，积善余庆，岂不谓之哉!

（四十三）东归节女[4]

东归节女者，长安冒里人之妻也。

其夫为人有敌。敌人欲杀夫，来至缚妻之父。女闻所缚父出门也。仇语女曰："不出汝夫，将杀汝夫!"谓仇曰："岂由夫杀父? 妾常寝楼上，夫东首，妻西首，宜寝后来斩东首之。"于是仇人既知。于时妇方便而相换常方，妇东首也。仇来斩东首，赍之至家，明旦视之，此女首也。爰仇人大伤曰："嗟乎，悲哉! 真妇代夫舍命。"乃解仇心，永如骨肉也。

雁乌，乌也，知恩与义也[5]。雏时哺子，老时哺母。反哺之恩，犹能识哉，何况人乎! 不知恩义者，不如禽乌耳也。

---

1 "枚"，底本误作"牧"。

2 "求"，底本误作"来"。

3 "惜"，底本误作"借"。

4 "东归节女"，底本作"东皈郎女"。"皈"，同"归"。

5 "也"，底本作"之"，疑误，依意改。

(四十四) 眉间尺

眉间尺者，楚人也。父干将莫耶。

楚王夫人当暑，常抱铁柱。铁精有感，遂乃怀妊，后生铁精。王奇曰："惟非凡铁。"时召莫耶，令作宝剑。莫耶蒙命，退作两剑上。王得之收，其剑鸣之。王怪，问群臣，群臣奏云："此剑有雄雌耶？若有然者，是故所吟也。"王大忿，欲缚莫耶。

未到使者之间，莫耶语妇云："吾今夜见恶相，必来天子使。忽当硕上。汝所任子，若有男者，成长之日，语曰：'见南前松中。'"语已，出乎北户，入乎南山，隐大石中而死也。

妇后生男，至年十五，有眉间一尺，名号眉间尺。于时母具语父遗言，思惟得剑，欲报父敌。

于时王梦见有眉间一尺者，谋欲杀朕，乃命四方，云："能缚之者，当赏千金。"

于时眉间尺闻之，逃入深山，慕觅贤勇之士。忽然逢一客。客问云："君眉间尺[1]耶？"

答曰："是也。"

客曰："吾为君报仇。"

眉间尺问曰："客用何物？"

客曰："可用君头并利剑也。"眉间尺则以剑斩头，授客已。

客得头，上楚王。王如募，加大赉，头授客，煮七日不烂。客奏其然状。王奇，面临镬，王头落入镬中，二头相啮。客曰："恐弱眉间尺头。"于时剑投入镬中，两头共烂。客久临镬，斩入自

1　底本"尺"后衍一"人"字，受前"尺"字形影响而衍。《注解》录作"君眉间尺人耶"。

259

头。三头相混，不能分别。于时有司作一墓，葬三头，今在汝南宜南县也云云。

孝子传终

右《孝子传》上下，虽有鱼鲁焉马之误繁多，先令书写毕，引勘本书，令改易之可者乎？此书每诵读涕泣如雨，呜呼，夫孝者，仁之本哉！

天正第八秦正二十又五[1]　　孔徒从三位清原朝臣枝贤[2]

此序虽拾四十五名，此本有卅九名，漏脱欤？以正本可补入焉。又或人云，有孝子四十八名，世间流布二十四孝者，是半卷云云。

1　天正第八，即日本天正八年，公元1580年，明万历八年。
2　清原枝贤（1520—1590），宣贤之孙，业贤（良雄）之子，国贤（青松）之父。

第三章
日藏中国文学写本与《万叶集》

奈良汉文古写本是指在奈良这一特定的时空条件下日本人手书的古写本。在奈良这一中日文化交流的初始阶段，两国文化往来的时代特征在奈良汉文古写本上留下了深深的印记。奈良朝廷推行儒释并举的举国体制，使中国传统经典与汉文佛经同时进入日本，中国南朝与北朝的分割客观促成进入日本古写本的不同风格，经由朝鲜半岛传入日本的路径与古写本携带者的个人爱好蕴含着中国古写本传入日本时的偶发因素。

奈良时代是汉文独行时代。这一时代，假名尚在襁褓之中，所有文献均为汉文书写，即便是和歌总集《万叶集》，也纯用汉字的所谓"万叶假名"来标记。日本人的著述，在使用汉字时，"或一句之中，交用音训，或一事之内，全以训录"，汉文成为这一时代历史文化的唯一载体。同时，奈良时代又是写本独行时代，迄今所见历史文化典籍无一不来自写本。可以毫不夸张地说，没有汉字古写本，奈良时代的历史文化文字记录，只有一片空白。

对奈良时代汉文古写本的整理与研究，旨在通过对其内在与外在特征进行系统性描述，揭示中国传入的手写本对日本人手写本影响的基本形态规律，探讨日本人手写本的继承性、主体意识和创新精神。

第一节
《万叶集》中的书状与敦煌书仪

远从奈良时代起，日本作家便不断阅读中国传来的文学作品，并积极吸收到自己的创作当中。因此，日本不仅以中国刻本、抄本和日本刻本等形式，保存了大量中国文学作品（其中包括在中国久已散佚的作品），而且中国文学还以被引用、被模仿、被改编（翻案）等方式，进入日本文学当中。在日本文学作品中的中国文学文献，或被原样保留，或被部分改变，或作了巨大改变，却都在不同程度上存续了中国文学的某些要素。从日本文学方面来说，吸收中国文学意味着表现力的拓展；而从中国文学方面来说，汉文学获得了在另一种文化中传播与发展的机运。日本文学遂成为中国文学在域外最大的资料库。

正因为中日两国文学具有这种罕见的因缘，新发现的中国文学资料，有时也给日本文学研究深化带来新的可能性。20世纪发现的敦煌文学文献，便是一个明显的例子。

敦煌文学文献内容丰富多彩，它使中国学者对以往忽视的佛教文学与俗文学刮目相看，进而从语言、文学、宗教学等各个领域展开了深入研究。这些成果，有些便可以引入到对日本最早的诗歌总集《万叶集》的考辨中来。

本文拟以见于《万叶集》中的书仪投影为对象，依靠敦煌书仪的文献学研究成果，一方面对《万叶集》中的相关汉文语句的训解作些匡补或考证，另一方面试图指出《万叶集》中的这些资料对于中国文学文献学研究的重要价值。

一、"朋友书仪"

正如周一良先生所指出的:"中国长期封建社会中礼与法相辅相成,维护以三纲六纪为核心的伦理道德。书仪实际是《仪礼》的通俗形式的延续,所以唐以后书仪成为居家日用的百科全书。"日本奈良时代在吸收律令制的同时,也重视伦理道德观念的指导作用。现存光明皇后书写的《杜家立成杂书要略》(以下简称《杜家立成》)[1],说明当时日本贵族社会对书仪的特别关注。《杜家立成》当属朋友往来书札,即"朋友书仪"一类。见于《万叶集》中的几篇书状,其往返形式也应该说是模仿"朋友书仪"的。

《万叶集》当中的书状,最有代表性的是大伴家持与吉田宜的往返书简、大伴家持与大伴池主的往复书简等。它们共同的特点是以诗友文友之间围绕和歌与汉诗艺术的交流为中心,其中突出了对对方作品的评论。例如卷十七大伴家持和大伴池主两人的和歌赠答书信:

> 忽沈枉疾,累旬痛苦,祷恃百神,且得消损,而由身体疼羸,筋力怯软,未堪展谢,系恋弥深。方今春朝春花,流馥于春苑;春暮春莺,啭声于春林。对此节候,琴樽可玩矣。虽有乘兴之感,不耐策杖之劳。独卧帷幄之里,聊作寸分之歌,轻奉机下,犯解玉颐。其词曰(和歌略)。

> 二月廿九日大伴宿祢家持[2]

> 忽辱芳音,翰苑凌云;兼垂倭词,词林舒锦。以吟以咏,能蠲

---

1 《樂毅論 杜家立成雜書要略 光明皇后》,天来书院2002年版。
2 鹤久、森山隆编:《萬葉集》,桜枫社1988年版,第521页。

263

恋绪。春可乐，暮春风景最可怜。红桃灼灼，戏蝶回花舞；翠柳依依，娇莺隐叶歌。可乐哉，淡交促席，得意忘言，乐矣美矣，幽襟足赏哉！岂虑乎，兰蕙隔丛，琴樽无用，空过令节，物色轻人乎？所怨有此，不能默已。俗语云以藤续锦，聊拟谈笑耳。（和歌略）

沽洗二日掾大伴宿祢池主[1]

与敦煌的《朋友书仪》同样，以上两札具有较高的文学性，写景、抒情文字优美，力求对仗工整，格外表现出对自然万物的爱悦与激赏，又流露出对友情的陶醉与满足。虽有个别地方仍显出文字稚拙的痕迹（如"问书"中"独卧帷幄之里"与"答书"中的"春可乐"一句显得不连贯），但两位作者刻意追求的典雅笔调，清晰地流露出显示才情的意图，将书仪不仅视为通信手段，而且视为文学创作，这便与后面所附和歌浑然一体，共同组成一个艺术整体。书仪与和歌，两者缺一不可。

关于以上往返书仪的句读与训释，尚遗留一些问题。我们可以借助敦煌书仪和其他文献，使这些问题获得更准确的答案。

"问书"中的"枉疾"，各种注释本其说不一。如"原因不详的疾患"（小学馆《万叶集》）、"邪曲的疾患"（集英社《万叶集释注》）、"突如其来的疾患"（岩波书店《万叶集》）均以"枉"的本意"弯曲；邪曲"来解释"枉疾"。洼田空穗《万叶集评释》："枉，羸弱，同疾。"高柿市之助等《万叶集》也以另一说的方式，提到："枉疾，与'尪病'通用，或为其误写。卷五《沉疴自哀文》'尪羸'。"但是均未作详细考证。

"枉疾"即"尪疾"。尪，孱弱，瘦弱；病患之意。《北史·魏咸阳王禧传》："景明二年春，召禧等入光极殿。诏曰：'恪比缠尪疾，实凭

1　鹤久、森山隆编：《萬葉集》樱枫社1988年版，第522页。

诸父。今便亲摄百揆。且还府司当别处分。"在《抱朴子》里多用"尪嬴"一词。而在敦煌文献中亦多见,也写作"汪嬴":

伯2418《父母恩重讲经文》:"方知我等于母腹内,受多少苦辛,阿娘形貌汪嬴。"

同讲经文:"消瘦容貌为丑差,改张花(貌)作汪嬴。"

同讲经文:"致使娘娘形貌,日日汪嬴;慈母颜容,朝朝瘦憔。"

同讲经文:"貌汪嬴,形瘦悴,鸾镜凤钗皆厌弃。"

"汪"为"尪"之同音借字。由此可以推知,"枉"亦为"尪"之借字,故"枉疾"就是"尪疾",乃疾患之意。

"问书"中的"展谢"一词,学者多引《左传·哀公二十年》:"使陪臣隆敢展谢其不共"等,释为致谢、陈谢。"展谢"乃隋唐书仪用语。伯4050与斯5613《晚唐时的一种吉凶书仪》:"未即展谢,位(倍)悚息。"《杜家立成》三《就人借马书 答》:"还以此寸诚,迟当展谢。""展"有"面会"意,展谢乃当面致谢。《杜家立成》中有展接、展会、展遇、展问、展叙等用法,皆有面见以示敬重之意,"展×"均为敬语。这在敦煌书仪中也多见。除以上用语外,还有展奉、展款、展谒、展系、展拜、展集、展贺、展话等作为面见对方的敬语。

"问书"中的"系恋"一词,在《万叶集》中亦见于卷十六3813后汉文"于时娘子系恋伤心,沈卧疴疹",同卷3837后汉文"夫君难遇,感情驰结,系恋实深"。《汉语大词典》释为牵挂依恋,引用《醒世姻缘传》第八十二回"这刘敏又没个老婆系恋"云云。实唐或更早已有"系恋"一语。敦煌杜友晋《书仪镜》"事阻愿为(违),系恋殊增",正与大伴家持"问书"中用法相同。与"系恋弥深"相类的用法尚有很多。

以杜友晋《吉凶书仪》中的"与平怀书"为例,说明友人之间通信的写法:"使至损书(云辱书、枉书及芳翰、芳札等),慰沃何极(亦云忽辱荣问,用慰延伫)。"大伴池主答书开头,采用的正是这样的写法。在敦煌书仪中有与此书简"忽辱芳音"类似的说法,如"忽辱荣问,深慰勤诚"[1],"忽辱芳问,用慰悬情"(249),"忽辱芳翰,殊慰乃怀"(532)等。至于"芳音"一词,特指对方书信。《汉语大词典》只列出"1.指诗文佳作;2.犹佳音;3.美妙的声音"三种解释,当根据书仪用法,补充"特指对方书信"一项,可引敦煌书仪中如下用例:

"每沐顾抚,屡赐芳音" 《书仪镜 谢平怀问疾书》(256)
"忽辱芳音,惟深倾疏" 《书仪镜 贺四海婚嫁书》(250)

书仪用语在《万叶集》中也用在非书札的场合。如"驰结"一词,本为书信用语,表示对对方思念情切。隋炀帝《与释智顗书》之十一:"弟子总持和南,东林山寺使至,逮八月八日诲,用慰驰结。"敦煌伯3637《新定书仪镜》吉上凶下《通例第二》:"凡与兄弟书:白疏、驰结、连奉、体内胜常等语,自余长行准此。"敦煌伯3502《新集诸家九族尊卑书仪》有"驰结"一语:"久阙顶谒,驰结但(倍)深。"(608)杜友晋《吉凶书仪》可见数例:

拜觐未期,伏增驰结。(170)
未由拜奉,伏增驰结。(174)

---

1 赵和平:《敦煌写本书仪研究》,新文丰出版公司1993年版,第517页。以下引自此书者,于引文后注明页码。

礼拜未由，伏增驰结。（178）

觐省未由，唯增驰结。（179）

《万叶集》卷十六3837后汉文却用"驰结"来形容女子对夫君的思念：

右歌一首传云：佐（左）为王有近习婢也，于时宿直不遑，夫君难遇，感情驰结，系恋实深。[1]

这种将中国书信用语用于书信之外的现象，说明《万叶集》的编撰者对书仪十分熟悉，同时也说明如果他不是有意扩大它的使用范围，便是他并不了解其仅用于书信的惯例。但是，也并不是所有的书信用语都被他们接受，例如斯1438背《吐蕃占领敦煌初期汉族书仪》"忽奉芳符，有如会面""虽不辱问，芳符已审"等以"芳符"指对方来信；《杜家立成》中"×符"多指对方来信，如"芳符"（《与知故在京书答》"忽辱芳符"）、"嘉符"（《辱名客就知故贷鸡鹅书答》"寻揽嘉符"）、"来符"（《相唤觅官书》"侧听来符"）、"音符"（《频得知故书》"音符闻及"），都是由符券的基本意再引申到向下属发出的命令或通知，最后再在书信中用作对方来信的敬语。或许《万叶集》时代的文士尚未普遍理解符券的概念与以符称信的表敬含意，这一书信用语便未见使用。

答书中"以吟以咏，能蠲恋绪"的"恋绪"一词，不见于现存中国典籍，但是敦煌书仪中频见"恋结"一词，表示思念如结，凝聚不解。下面的用例均见于伯3502背《新集诸家九族尊卑书仪》：

礼谒未由，益增恋结。（608）

1　鹤久、森山隆编：《萬葉集》，樱枫社1988年版，第502页。

违离已久，恋结伏深。（612）

未由拜伏，恋结增深。（614）

伯3442杜友晋《吉凶书仪》中亦有"恋结"之例："拜觐未由，伏增恋结。"（168）伯4989背录文："心忆相深，恒思恋结。"（110）伯2646张敖《新集吉凶书仪》："违离已久，恋结伏深。"（533）

由此可知，《万叶集》中的"恋绪"，或为"恋结"之讹，或由"愁绪"等词推衍而来。日本人在吸纳中国文化的时候，常常一边学习，一边将其简练化规格化，在吸收汉语的时候则常常化繁复华丽为单纯明晰，这在接受书仪用语中也有体现。

二、书仪规范与敬语

《万叶集》的书简集中在第五、第十六、第十七卷等少数几卷，而且作者也十分集中。比较短的如卷五大伴旅人的"伏辱来书，具承芳旨。忽成隔汉之恋，复伤抱梁之意。唯羡去留无恙，遂待披云耳"，是大伴旅人将自己所作和歌送给友人时写的，后面紧接的"答歌二首"后署"大伴淡等谨状"，可知则是大伴淡回信送交给大伴旅人的。同卷山上忆良的"忆良诚惶顿首谨启：忆良闻方岳诸侯，都督刺史，并依典法，巡行部下，察其风俗，意内多端，口外难出，谨以三首之鄙歌，欲写五脏之郁结。其歌曰（略）"，后署"天平二年七月侍一日 筑前国司山上忆良谨上"，也是山上忆良将自己咏唱的和歌送交友人时写的书信。这些书信虽然不长，但是积极遵循书仪规范的痕迹十分明显。

吉田宜在读到大伴家持由偏远的大宰府派人送来的和歌后写的回信，则更富有抒情意味：

宜启　伏奉四月六日赐书。跪开封函，拜读芳藻。心神开朗，似怀泰初之月；鄙怀除祛，若披乐广之天。至若羁旅边城，怀古

（故）旧而伤志；年矢不停，忆平生而落泪。但达人安排，君子无闷。伏冀朝宣怀翟之化，暮存放龟之术，架张赵于百代，追松乔于千龄耳。兼奉垂示，梅苑芳席，群英摛藻；松蒲玉潭，仙媛赠答。类杏坛各言之作，疑衡皋税驾之篇。耽读吟讽，戚谢欢怡（"怡"疑为"招"之讹。《千字文》："欣奏累遣，戚谢欢招。"）。宜恋主之诚，诚愈犬马；仰德之心，心同葵藿。而碧海分地，白云隔天，徒积倾延，何慰劳绪？孟秋膺节，伏愿万祐日新。今因相扑部领使，谨付片纸。宜谨启，不次。[1]

　　这封书信赞扬大伴旅人的《梅花歌》和《松浦潭》组歌写得好，使自己消除了忧伤，倍感欣慰，也抒发了自己对远方友人的思念。其中的"倾延"和"劳绪"两词，不见于《汉语大词典》，也不见于敦煌书仪，很可能是吉田宜根据书仪常用语造的两个词。

　　"倾延"，日本学者多以"倾首、延颈"解释，即思慕之意。从一般意义来讲当然是说得通的。但考虑到敦煌书仪中以"倾×"和"延×"来表达思念的词语很多，将它们结合在一起就更容易理解。前者如倾心、倾系、倾企、倾悚、倾注、倾眷、倾仰、倾望、倾想、倾积、倾属等，后者如延咏、延望、延结、延仰等。两相比较，前者敬语的色彩更浓厚些。熟悉了这些词，在写信时写出"倾延"一语，该不是奇怪的事情。

　　"劳绪"，意为忧愁，愁苦的情绪。敦煌书仪中虽然不见"劳绪"一词，但在《万叶集》中与"劳绪"结构类似的词语有"恋绪""缔绪""悲绪""愁绪"等。在敦煌书仪中，有"延咏增劳""眷想增劳""别恨萦劳""企望诚劳""忧虑之劳""敬想为劳"等语句表达由于思念而忧虑的心情。产生"劳绪"一词的另一种可能性是由"劳结"变化而来。

---

1 鹤久、森山隆编：《萬葉集》，樱枫社1988年版，第170页。

劳结，谓郁结于心的思念之情。三国魏曹丕《与吴质书》："别来行复四年……虽书疏往返，未足解其劳结。"《万叶集》歌人用"劳绪"而不用"劳结"，正如用"恋绪"而不用"恋结"。

天平元年（公元729年）大伴旅人作《梧桐日本琴歌》。他将和歌派人送交给藤原房前，给房前书信是以"故附公使，聊以进御耳（谨状不具）"收尾的，而后署名日期"天平元年十月七日附使进上"。《万叶集》卷五收录的和歌和书信最后尚有一行字迹为：

　　　谨通　中卫高明阁下　谨空[1]

"谨通"云云，一般不是写在信中的，而是题书，即在书札封口上签押的字。敦煌佰3637《新定书仪镜》吉上凶下《通例第二》："凡尊长通称吾，小重平怀皆称名，平怀以上通用谨字。凡题书，父母云几前，尊长云座前，小重云前或云谨通。"可知"谨通"是小重题书之一种。"谨通"就是敬通，"通"就是送至、送达。谨通犹言敬呈。敦煌书仪中有不少以"谨　谨通"来署明收信人的例子：

　　　谨　谨通某姓位公阁下　（《吉凶书仪　通婚书》）（172）

或者仅有"谨通"而省略了前面的"谨"字的：

　　　谨通　姓位次郎（服前）　位姓名慰封（《新定书仪镜　吊兄妹亡书》）（331）

1　鹤久、森山隆编：《萬葉集》，樱枫社1988年版，第161页。

由此可知，大伴旅人完全是按照书仪的规则题书的。在"谨通"之后出现的"中卫高明阁下"，正是中务卿兼中卫大将藤原房前。但是，"谨空"应在信的末尾。正如周一良先生所指出的，日本辞书如《广辞苑》释此词为"添加在书信的末尾表示敬意的词"是对的。但是其中又说"纸的最后留下空白以待批评"则不够确切，当为"敬留空白，以待批复"之意。

房前接到信后，将自己唱和的和歌又派人送交给大伴旅人，信是这样写的：

> 跪承芳音，嘉欢交深。乃知龙门之恩复厚蓬身之上，恋望殊念，常心百倍。谨和白云之什，以奏野鄙之歌。　房前谨状。

在下面就是他唱和的和歌，这里略去不引。值得注意的是紧接着的题书：

> 谨通　尊门　记室
> 十一月八日　附还使大监[1]

敦煌书仪中以"谨通"题书而为复书的场合，答书题书往往是"谨还"，而不是"谨通"。如上引《吉凶书仪　通婚书》的答书《答婚书》便是：

> 谨　谨还　某姓官位公（阁下）　　封

1　鹤久、森山隆编：《萬葉集》，桜枫社1988年版，第161页。

这可能是本来最规范的写法。

《万叶集》里收录的大伴旅人和藤原房前的这两封信最清楚地显示出唐代书仪的影响。除了题书之外，连大伴旅人信中写到梦境中梧桐琴所变成的娘子说的"敬奉德音，幸甚幸甚"，也如同回信口吻。由此可以推断，大伴旅人等人通过传入日本的中国书仪，理解到的不仅是书信的写法，而且将此扩大为对人与人交往的应酬语汇和交接方式的学习。可以说是学书仪而知何以言。

三、"以书代词，因辞见意"的书仪语言

诚如敦煌斯3637《黄门侍郎卢藏用仪例一卷》所说："降及三五，迄于汉魏，宪章道广，笺记郁兴，莫不以书代词，因辞见意。"尺牍文字讲究准确得体，而各种书仪之作，务必因事选言，力求简要，使人在简短的文字中充分展示教养。因而，这些书仪既可以作为学习尺牍之学的教材，也可以作为学习语言的教材。光明皇后书写《杜家立成》的动机，或许正在这里。《万叶集》里汉文书简中的许多词语直接或间接来自唐代书仪的事实，也证明了书仪在汉语史研究上的重要位置。

在《万叶集》书信中的敦煌书仪用语，可以举出不少例子。如卷十七大伴家持《更赠歌一首并短歌》汉文书信中的"戴荷来眷"，即是两个书仪用语。戴荷，得到、领受的敬语，不见于《汉语大词典》。伯3691《新集书仪　贺加官职书》"不任戴荷"。亦作"荷戴"：伯3442《吉凶书仪　百官谢朞亲丧蒙赠表》"荷戴慈恩"，《吉凶书仪　百官谢父母丧蒙赠表》"荷戴鸿恩"。《万叶集》有些和歌后面关于该和歌传说故事的说明里也有书仪常用语，由此甚至可以推断，《万叶集》的最后编纂者，可能对中国传来的书仪相当熟悉。

《万叶集》卷十七载大伴池主的书信《七言晚春三日游览一首并序》：

上巳名辰，暮春丽景。桃花昭（照）脸以分红，柳色含苔（疑为"笑"之讹）而竞绿。于时也，携手眺望江河之畔，访酒回过野客之家。既而也，琴樽得性，兰契和光。嗟乎！今日所恨，德星已少欤！若不扣寂含章，何以摅逍遥之趣？忽课短笔，聊勒四韵云尔。[1]

对于这封信中的"德星"一词，笔者赞成中村宗彦的意见，疑为"德音"之讹误。德音，出自《诗经·邶风·谷风》"德音莫违"，意为善言，后用来作为别人言辞的敬称。在书信中，常用来指对方来信，或是对对方来信内容的敬称。敦煌书仪中十分多见。如"时惠得（德）音"（《晚唐时的一种吉凶书仪》）、"时嗣德音"（《四海书仪》）、"忽沐德音"（《书仪镜》）、"惠以德音"（《十二月相辩文》）等。就是在《万叶集》中，也有"敬奉德音"（卷五《梧桐日本琴歌》）、"频惠德音"（卷十七《三月四日大伴宿祢池主》）等用例，可见是书信中使用频率很高的词。

紧接上述书信之后，还有三月四日大伴池主的一封书信：

昨日述短怀，今朝污耳目。更承赐书，且奉不次，死罪死罪。不遗下贱，频惠德音；英灵星（"星"字疑有误）气，逸调过人。智水仁山，既韫琳琅之光彩；潘江陆海，自坐诗书之廊庙。骋思非常，托情有理；七步成章，数篇满纸。巧遣愁人之重患，能除恋者之积思。山柿歌泉，比此如蔑；雕龙笔海，粲然得看矣。方知仆之

---

1 鹤久、森山隆编：《萬葉集》，樱枫社1988年版，第524页。

第三章　日藏中国文学写本与《万叶集》

有幸也。敬和歌其词曰（略）[1]

这封书信以及其他几封往来书信，都颇似敦煌《朋友书仪》的笔调，而又多吸收《文选》中用语。关于书仪在日本的流传，除了光明皇后书写的《杜家立成》以外，平安时代藤原佐世《日本国见在书目录》中有许敬宗撰《月仪四卷》，另有不著撰人的《十二月月仪七卷》。不过，从《万叶集》中汉文用语里有仅见于敦煌文献杜友晋撰《书仪镜》《新定书仪镜》《吉凶书仪》等的常用语的事实来看，不排除类似书仪传入奈良时代的日本的可能性。

我们细读敦煌书仪之后，再去读《万叶集》中的一些序文，不难发现当时的歌人在和歌唱和时，十分重视书信的作用。卷五开头所载《大宰帅大伴卿报凶问歌一首》的汉文和歌就是一封报丧信函：

祸故重叠，凶问累集。永怀崩心之悲，独流断肠之泣。但依两君大助，倾命才继耳。（笔不尽言，古今所叹）[2]

原文中的"笔不尽言，古今所叹"为小字。为什么有这样的字句，又为什么采用一般起注释作用的小字写出，恐怕自有道理。有一种可能是，原文或者大伴旅人本来要说的意思是书不尽言，以作为信的收尾。敦煌《黄门侍郎卢藏用仪例一卷》："易曰：书不尽言，言不尽意，盖书之滥觞也。"大伴旅人是说书信不能表达自己极度悲恸的情感。

这封书信中的"倾命"一词，亦不见于《汉语大词典》和敦煌书仪，但是敦煌书仪中多用"倾逝""倾背"言人之去世，"倾命"一词，

1 鹤久、森山隆编：《萬葉集》，樱枫社1988年版，第524页。
2 鹤久、森山隆编：《萬葉集》，樱枫社1988年版，第155页。

与其相类。这使我们有理由想到,奈良歌人不仅从唐代书仪中学习现成的语汇,而且也按照它的构词习惯造词。汉字在离开中国以后,也延续了自己的生命,《万叶集》等奈良时代的文献中出现的日本新词就证明了这一点。

周一良先生曾经指出:"仅以我国自古以来人际之间的称谓与亲属之间的丧服而言,都异常复杂,而书仪中都有详细记述,以体现尊卑长幼上下的区别。如与外国比较,欧美各国固然没有这一套,即使受中国文化影响很深的日本,也不存在这些烦琐的规定……这种比较研究,可以从一个角度理解中国传统社会构造何以如此牢固,与传统思想意识何以残存。"在书仪中,即使像对方来信这样的事物,也因各种人物关系而规定了不同的表敬的用语,一字不同,往往暗示出地位高低与关系亲疏的微妙差别。这是文化背景完全不同的奈良时代的文士不可能原原本本地移植过去的。

同时,在他们运用书仪的规则书写信函的时候,又常常自觉不自觉地造词,或者做某些变通。日本现存古代各种被称为"往来物"的书牍范本,它们与中国书仪的对比研究,可以为我们提供一个深入理解中日文化的新视点。另外,敦煌书仪在汉语史上的研究价值,通过两国书信的对照研究也更为凸显。

第二节
《万叶集》与中国文学写本

一、"眼如刀割"与"眸子杀人"

如果我们要讲中国文学中的歌,或者音乐文学,也就是可以合乐歌唱的"歌辞"的时候，就不能不讲到唐宋时代的"词"。词诞生的源头，就是音乐，就是乐曲。配合乐曲编写歌诗，正是词之源。如果我们考虑到《诗经》《乐府》也都是合乐歌唱的，那么就可以知道它们在本质上是有很多共同点的。

近年来，随着《敦煌歌辞总编》《敦煌歌辞总编匡补》《敦煌诗歌导论》等著述的相继出版，敦煌诗歌本身的研究，敦煌诗歌与传世诗歌的比较研究都空前热烈起来。所谓敦煌歌辞，是指中国敦煌莫高窟藏经洞发现的流行在中国西北地区的歌辞写本。现在也叫作"敦煌曲子词""敦煌曲"，也略称为"俗曲""佛曲""小曲"或"词"。把它们叫作"歌辞"也好，"曲子词"也好，都是因为它们是合乐歌唱的一种通俗歌曲，也就是歌曲的词。有的学者还认为，它们不光是音乐，而且还是舞蹈。它们是专为歌唱而制作的长短句鄙俗的歌辞，其中很多是与民间歌谣的旋律相合的新诗。

这类歌辞因为还没有经过文学锤炼，极少获得书载而传的机会，因而被弃置，被轻视，被遗忘，但任半塘编著的《敦煌歌辞总编》里收录了敦煌歌辞一千三百多首，是名副其实的"歌宝库"。虽然关于这些歌辞完成、制作的年代尚无定说，但其书写大体可以推定是在晚唐五代，是900年前后的事情。完全可以想象，那些同样被埋没的通俗歌谣，很早就已经存在着。

这些歌谣，很多都与佛教有关，比如"杂曲子词""和声联章""定格联章"等佛教歌谣。这样的佛教歌谣，可以说与民间歌谣关系密切，因为佛教歌谣就是从民间歌谣演化来的。这些佛教歌谣的特点，从内容上说，主要是为通俗劝诫布教而作；从语言上说，则是文言中又多夹杂着白话。作者多为无名的庶民和僧侣。

这里我想就诸家尚较少涉及的"情爱"是怎样咏唱的角度来谈谈敦煌歌辞。

二、《游仙窟》与敦煌歌辞

"词"作为一种歌辞文学，发源于唐代"燕乐"（宴乐），到了宋代就兴盛起来。敦煌歌辞作者当中，一定有相当多的民间词人。敦煌的歌主要是以敦煌为主的北方各地的歌，这些歌辞，或是北方边民咏歌情爱、边地战争、生活艰辛的歌谣，或是商人、文人咏歌生活期望和烦恼的歌谣。它们如实表现了渔民、豪杰、道士、农妇、败家子等在日常生活中的喜怒哀乐，也用抒情的语言歌唱了七夕等朴素的传说和佛陀的教训。还有咏唱马球、剑术的歌谣，讴歌帝王功勋的歌谣，医士治病的歌诀，僧侣戏谑的歌谣，伤离叹悲的歌谣等。其中也有很多是女性的心声，男女情爱的相依相怜、相怨相恼，喜怒哀乐浮现在其中。这些歌谣中的爱，是强烈的，将胸中的热爱一口气喷发出来，可以说是民众朴素强烈真情的流露。不过，从艺术上说，它们又与汉代乐府的叙事性不同，更鲜明地表现出抒情性的特点来。

这些情歌，很多都描写了女性的美貌。如：

> 翠柳眉间绿，桃花脸上红。
> 薄罗衫子掩酥胸，一段风流难比。
> 像白莲花出水中。

（《南歌子·奖美人》，0056）

《南歌子·长相忆》："漫画眉端柳，虚匀脸上莲，知他心在阿谁边。"《破阵子·人去潇湘》："莲脸柳眉休晕，青丝罢拢云。"类似的句子很多。青柳红莲，都是江南风物，可见敦煌文学对江南文学也时有借用。

唐代小说《游仙窟》里面也有不少诗和敦煌歌辞上述表达方式很相

277

近。写美人的眼睛、面庞，也用这样的比喻：

> 翠柳开眉色，红桃乱脸新。
> 眉上冬天出柳，颊中旱地生莲。

敦煌虽处边地，但与中原交流频繁，很可能当时诗人们早就读到过与保留至今的敦煌歌谣类似的诗歌。

《内家娇·应奉帝王》（0022）上片，在描写了女性娇柔的身姿和妆扮之后，再描写她的面庞，用了让人感到意外的表现手法：

> 嫩脸红唇，眼如刀割，口似朱丹。

《内家娇·御制林钟商内家娇·长降仙宫》（0023）上片，也有"两眼如刀，浑身似玉，风流第一佳人"的句子。上面的歌辞值得注意的是"眼如刀割""两眼如刀"这样的比喻。这既是对恋人美貌的最高赞美，又表现了自己"爱得死去活来"式的精神冲击，在新奇的表达方式中让人感到情感热得发烫，正可谓是一箭双雕。

这样强烈的爱慕的表达手法，不仅多见于唐代文人的诗歌，也见于《游仙窟》中的诗：

> 一眉犹叵耐，双眼定伤人。
> 双眼碎客胆，两眼刺君心。

这样的写法，唐诗中不乏其例。潘重规先生曾举出薛逢诗中的"笑回丹脸利双刀"，方干《赠美人》中的"醉眼斜回小样刀"等。说美人的笑脸和蛾眉，令人神魂颠倒，不能自已，已是极端的夸张，而又进一步说那简直让人意识不到自己的存在，如同死亡，则是夸张的极端了。钱锺书《韩昌黎诗系年集释》中引用了韩愈、李宣古、李商隐、崔珏等唐代诗人的诗句，指出在唐代，如同欧洲的文艺复兴一样，这是普遍的写法。他说："'刺'有眼睛美丽的意思，但不光是形容眼光绮丽或者尖锐，可以参照薛能《吴姬》第一首'眼波娇利'。"这里出现的"伤""死"等字眼，并不给人以凄凉伤感和悲哀的暗示，因为这里反而用它们来表现的是极度的愉悦，是"看上一眼，死了也心甘"的那种"死"，是"美死了"那种"死"。那眉目之美是美的极点，正如死是生的极点一样，诗人是在同为"极点"的意义上，把眉目之美与死联系到了一起。

江户时代有这样一首歌谣：

> 京都四条丝房女，姐姐十六妹十四。
>
> 诸侯杀人用弓箭，姐妹杀人用眸子。

据说那时的史学家和汉诗人赖山阳课徒时，曾经用它来解释中国古诗的作法。这首歌谣中的"眸子杀人"，不是和上述歌谣中的"两眼似刀"之类很相像吗？

像这样富有幽默感的手法，在民谣中是不难见到的。不仅如此，它还可能从佛经中得到过启示。佛经中有"欲箭"这样的说法，五欲之法害人，故譬如箭。说欲望像箭一样迅速锐利，像箭射向目标一样不可回避，因欲望膨胀而失去自我。《四十二章经》里说："令人愚蔽者，爱与欲也。""财色于人，人舍之，譬如刀刃之有蜜，一餐之美，小儿舐之，即有割舌之患。"

《根本说一切有部毗奈耶药事》卷第十三里描写猎人将悦意献给善财太子，太子为她的美貌所动，把她带回宫中：

> 善财见已，欲力所逼，心生爱著。如蛾赴火，色境如火；亦如

水浪，不可止定；亦如生牛后；亦如金翅鸟，骏不可制；如风飘物，无可能回；如猴得树，迷乱难止。[1]

紧随其后的偈，更将善财比喻为中箭的象：

善财见彼面如月，亦如云雾中电光；
心乱犹如象被射，受取悦意速归城。[2]

敦煌歌辞的作者们，熟悉佛经故事。他们很可能直接或者间接受到善财太子这类故事的影响。

在《游仙窟》里，就有一些这样咏歌爱得死去活来的诗句：

能令公子百回生，巧使王孙千遍死。

《万叶集》卷十一中人麻吕歌集中：

恋ひするに死にするものにあらませば我が身は千遍死反（二三九〇）

为恋至于死，果真；
我当千遍死，
又做过来人！（赵乐甡译）

---

1 高楠顺次郎编：《大正新脩大藏經》第24卷律部三，大藏出版株式会社1989年版，第61页。
2 高楠顺次郎编：《大正新脩大藏經》第24卷律部三，大藏出版株式会社1989年版，第61页。

卷四笠女郎赠给家持的歌：

念ふにし死するものにあらませば千遍ぞわれは死变らまし
（六〇三）

> 若是相思，致人于死；
> 我已死而返，
> 何止千次。（赵乐甡译）

这些和歌或许都是从美人巧笑蛾眉如同刀箭，联想到百回千遍被击中，再联想到死而复生，因而便有了因思念也百死千生的构思。按照小岛宪之的说法，这些歌恐怕都是得到过《游仙窟》中上述描写女性美貌的诗句的暗示。

那么，《游仙窟》里的诗歌和敦煌歌辞有没有什么联系呢？回答这个问题，仍然离不开详细考证。张锡厚《敦煌文学源流》指出，一首首饱含同情之泪的歌辞，直抒胸臆，或触景伤情，倾诉着怨妇情思、弃妇悲愤和被侮辱被损害女性的反抗心声，以及她们对始终不渝、纯洁无瑕爱情的向往和追求，所有这些内容要比同时代的诗歌有着更深刻更大胆的尝试。张鸿勋《游仙窟与敦煌民间文学》一文中更具体地探讨了见于《游仙窟》的敦煌歌辞的影响。他举出了下面的例子：

> 念身不久住，终归一微尘。
>
> （《禅门十二时》）
>
> 莫言长有千金面，终归变作一抄尘。
>
> （《游仙窟》）

实际上，敦煌歌辞里面，类似的诗句是很多的。不妨再补充说明一下，如《十二时·禅门十二首》："自躯终不保，终归一聚尘土。"唐诗里有些诗就是以来自民间的构思、诗语为基础的。《游仙窟》里面随处可以看到与敦煌歌辞相类似的表达方式。我们还注意到，就是在上述盛赞女性美貌的诗句中，也漂浮着无常的悲哀，这也恰是敦煌歌辞中很值得注意的一个方面。

三、从情歌到说法歌

　　武田泰淳指出，佛教文学与其他民间文学一样，是作为"歌唱文学""演唱文学"而发展起来的。"五更歌"就是其中一个例子。

　　所谓"五更歌"，同"叹五更""五更转"一样，是将一夜分为一更、二更、三更、四更、五更，按时间先后来描写彻夜不眠的女子思念征夫的歌辞。《五更转·缘名利》有这样的歌：

> 一更初夜坐调琴，欲奏相思伤妾心。
> 每恨征夫薄行迹，一过抛人年月深。
>
> 二更孤帐理秦筝，若个弦中无怨声。
> 忽忆征夫镇沙漠，遣妾烦怨双泪盈。

　　同样，"十二时歌"则是将一天分为十二时来咏唱。十二时歌恐怕也是与五更转诞生于同时代，同样为佛教歌辞所利用。

　　正像《诗经》《乐府》等起源于中国民间音乐的音乐文学一样，敦煌歌辞里情歌很多。不过，敦煌歌辞里面，还可以管窥情歌发展为佛教歌辞的轨迹。因为民谣在数十年乃至数百年的发展过程中自然形成的巨大影响力，佛教歌辞也就成为佛教渗透民间的手段。它用简单乐曲反复歌唱，演唱"太子成佛""太子入山修道"等复杂的佛教故事。例如，《维摩权疾》以二十八首演唱《维摩诘经》故事，而乐曲正是上述五更转兼十二时。下面是其中第一首：

一更初，一更初，医王设教有多途；
维摩权疾徙方丈，莲花宝相坐街衢。

敦煌变文中，有七种《维摩诘经讲经文》和《维摩经押座文》。通过这些歌辞和变文，维摩诘的故事，对庶民信仰和唐代文学的影响颇大。

在佛教世俗化过程中，敦煌僧侣们吸取了地方歌谣的基本形式，发展起崭新的音乐文学。在中国广大地域中，地方民间音乐是十分丰富的。考虑到历史上常有出于宗教宣传或政治宣传的目的而用它们填词，旧瓶装新酒，那么敦煌僧侣们用情歌曲调唱维摩故事，也就不是什么罕见的招数了。

四、无常歌辞谈

敦煌歌辞当中，无常歌辞很多。这是因为佛教说一切有为之法，皆无常之相，也就是说，世间万物都是变化转移的，一刻不止。感叹人生易变虚无的歌唱，自古以来，从许多诗人的作品中都可以听到。在中国诗歌中，这是一个常见的主题。但是，敦煌歌辞有一个很突出的特征，那就是不少是根据佛教的说教，特别是《大智度论》《佛说无常经》而写出来的。

《大智度论》卷二说："无常之力甚大。得愚、智、贫、富者，及未得者，一切无能免。巧言非妙宝，欺诳非力净，如火烧万物，无常之相，法泉也。""上至阿迦腻咤天，下至阿鼻地狱，其中一切诸众生等，无不为无常大火所煎炙。"或者将无常喻为"无常风""无常火""无常刀"，喻为可怕的狼。从思想来源上说，敦煌歌辞中的无常歌，正是来源于这些说法。

唐义译《佛说无常经》，也叫《无常经》，讲一切皆是无常的。据认为这是送葬时邀比丘诵读的经典，篇幅不长，可能是从大部头经典中抽出来的一部分。现存《佛说无常经》收于《大藏经》，译文中像"乌波索迦乌波斯迦"这样的音译词语不少，对一般民众来说，可以说是佶屈聱牙的文章。"无常一件大家知，争奈人心不惊悟。"（《杂曲·定格联章》1262）敦煌歌辞反复强调的就是要用无常的道理来开导人心，而由此把人们引进佛教的大门。

要让人们接受无常的世界观、人生观，首先就要让人对百年迅速、生命短促心怀敬畏。《四十二章经》里说："人命在呼吸间。"《佛说无常经》里也说："乘前教法，如壮士屈伸臂间顷，即生佛前。"根据佛教之说，有"刹那无常"和"相续无常"。所谓"刹那无常"，是说刹那之间具备生、住、异、灭四相，变化无常；而所谓"相续无常"，则是说个人存在每一瞬间都生灭无常。文学上经常表现的，就是"相续无常"吧。

《万叶集》卷五载有山上忆良的诗句"人事经纪如申臂"，我国诗人苏轼《吊天竺海月辩师三首其一》亦有"生死犹如臂屈伸，情钟我辈一酸辛"之句，盖同出一源，正是《佛说无常经》之说。

"古来美丽与英雄，谁免无常暗侵耗。"（《杂曲·长篇定格联章》）"纵然妻子三五房，无常到来不免死。"（《十二时·天下传孝》）敦煌无常歌常将无常与个人衰老和死亡联系在一起，感叹不管多么幸福，也难逃无常的规律。在歌辞中，"无常"常常成为死亡的代名词。

说无常感笼罩着所有敦煌佛教歌辞，似乎都不过分。考察一下这些歌辞是如何咏唱无常的，大致可以看出两个类型。一个是把无常当作绝对命题来表现。《空无主》《十空赞》等都是引用传说和历史故事来述说无常难免的道理。再一个类型则是以人生体验、认识来让人实际感受无常。《百岁篇》等都是具体描写衰老的体态，来突出人生短暂，避免空洞的说理。下面就举两三个例子来说明一下。

第一个例子是《驱催老》（调名本意）五首。从歌辞序文就可以知道，它和《无常经》有直接关系：

> 且人生一世，喻若漂蓬。贵贱虽殊，无常一概。上自帝王，下及庶民，富贵即有高低，无常且还一种。
>
> 且人生一世，喻若漂蓬。贵贱虽殊，无常一概。故《无常经》云：上生非想处云云。

上文出现的"非想"是"非想非非想"之略，"非想处"是"非想非非想处"之略，是应该享有"非想非非想"的禅定，同于"非有想非无想"，指既不是有表象，也不是没有表象的三昧境地。《佛说无常经》里作"上至非想处，下至转轮王"。所以《敦煌歌辞总编》里上文"上生非想处"中的"生"字，很可能是"至"字之误。

《驱催老》等歌辞，反复强调无常不过是难以逃脱的共同宿命。其第一首：

> 上三皇，下四皓，番（潘）岳美容彭祖少；
> 将谓红颜一世中，也遭白发驱催老。

这里说的古代神话中的"三皇"、汉高祖时避世隐居商山的四位老人"四皓"、潘岳一样的美男子、传说中活了八百岁的彭祖，不管他们如何长寿，如何享尽荣华富贵，说到底是要衰老死亡的。第二首中说连文宣王（指孔子，唐玄宗开元十二年，封孔子为文宣王）那样的圣人，也难免衰老死亡。第三、四、五首说西施、妲己那样的佳人，僧侣道士，石崇那样的富豪，谁都逃不脱无常的规律。就这样反复咏唱，世间无人不高看的名誉、才能、美貌、富贵，在衰老死亡面前都是无用的。

东晋时代的佛经翻译家道安说过："胡经尚质，秦人好文。传可众心，文无不合。"也就是说，中国人不满足印度佛经中那些质朴的文字，喜欢富于装饰性的文字。僧侣们积极创造一些好懂的、为民众喜欢的佛教文学，看上去是为布教而作的歌辞，也在不断追求着语言的新奇，竭力让它新鲜、有感染力。无常歌里出现的，都是神话传说，都是从两周到六朝享有最高声誉、为庶民所熟知的人物。他们名声很大，人们一听到他们的名字，就会想起一段故事，心里升腾起敬仰之情。千百年民间流传着他们的故事，他们的名字早已具有了象征的意味，可以说是中国传统价值观、人生观的代表，是站立在现世追求绝对权利和享乐的巅峰上的人物，是千百万人憧憬的对象。但是，他们的力量不是常在的，金钱权力才华美貌即使到达极限，也没有什么了不起的价值。为什么呢？"一切之法，皆无常之相，应是第一义。"（《大智度论》卷一）

这首歌辞是以具有一定文学教养的人为宣教对象而编写的吧。它不是以个人积累人生经验过程中得到的切身体验、认识来表现无常，而是注目于过去文学作品中出现过的人事，以千美不存、万福俱往的伤感来咏叹无常。歌辞要一听就懂，充分运用以往的文学记忆，是歌辞常用的手法。

以上歌辞除了"无常"之外，没有其他佛教用语，而下面这首《无常取·调名本意》八首，是讲经以后演唱的，就出现了一些佛教用语。第一首：

> 强闻经，相取语，幻化之身无正主。
>
> 假饶贪恋色兼声，限来却被无常取。

所谓幻化，即"幻"与"化"，即空法十喻之二。幻为幻人所作，化指菩萨通力变化。《大智度论》卷六说："经云，解了诸法，如幻如化。"所谓"限"，亦叫"大限"，即天命终结，寿命极限。

第二首：

> 金轮王，四洲主，统领万方养黎庶。国王富贵没人过，限来却被无常取。

金轮王，金轮圣王的略称，佛教的帝王。以上歌辞还被作为"解座文"收于《敦煌变文讲经文因缘辑校》。

《无常取》比《驱催老》佛教色彩更为浓厚。它将印度神话传说故事和中国古人的逸事奇闻编织在一起，将无常作为超越时空的绝对命题，告诫人们只有无条件地接受它才是唯一的选择。但是，歌辞里出现的金轮王、四洲王、树提伽，仍然是作为与中国传统价值观、人生观相接近的人物列举出来的，否定他们与否定石崇等中国历史上的权贵富豪异曲同工。又有《十无常》，据"调名本意，十首"的注，当是同一曲调歌唱十遍。"十无常"这一调名的出现，表明无常歌已经从民谣中独立出来，在佛教音乐中占有重要地位。

数目可观的《杂曲·长篇定格联章》，演唱的都是百年迅速，万事无常，瞬间推移兴灭，青春之乐倏忽转为衰老苦相，而歌辞的表达方式又因听众而异。《五更转》《十二时》《百岁篇》等歌，这样来咏唱衰老姿态：

> 终日贪生不觉老，鬓边白发实难除。
> 面上红颜千道皱，腰疼脊曲项筋粗。

眼暗耳，口不辩，头混脑转手专嘱。

口中牙齿并落尽，皮肉瘦损遍身枯。

出门入户着弱杖，坐卧欲起觅人扶。

村舍追随不能去，亲情故旧往还疏。

（《五更转·警世》）

《十二时·劝凡夫》描绘老态"眼暗旭羸渐加愁，头鬓苍茫面复皱"，表现的都是人生有限，无常迅速，光阴荏苒，刹那尸骸入土，化为一抔黄尘，魂归泉路。佛教无常思想，就是这样被日常化、具体化、体验化，而更为自然地渗透到人们心间。

大体在佛教流传的初期阶段，宣传者念念不忘的是将无常的观念强推出去，让人们记住"无常"二字来达到宣传效果，所以这些歌辞不论有多少少美老丑、少强老弱的描写，也要把"无常"二字挂在嘴边，唯恐听众买椟还珠，只去欣赏那些具体描写的美辞丽句而忽略无常的本义。然而，一旦无常思想深入人心，当人们一听到无常便产生少美老丑、少强老弱的联想的时候，更加高明的宣传方式便是没有"无常"字眼的"无常"感化，避开佛教的说教的"无常歌"也就问世了。《杨柳枝·老催人》就是虽然以佛教无常为主题，却没有一个出自佛经的词语，借景抒情，用语典雅，很可能出自民间文人之手：

春去春来春复春，寒暑来频；

月生月尽月还新，又被老催人。

只见庭前千岁月，长在长存；

不见堂上百年人，尽总化微尘。

这首歌辞用自然的永恒来反衬人生的短暂，凸显无常。中国诗歌中的月，常作为无限空间和永恒时间的象征或比喻。这首歌辞虽然以无常为主题，但构思更倾向于诗情需要，而不考虑字字尽合佛经教义。因为佛经所说，自然也不是永恒的东西，也不能逃脱无常的规律。《佛说无常经》说："大地及日月，时至皆归尽。"在归于无常这一点上，百年的人生和千万年的日月大地本无区别。万物无常，无一可免，是彻底的绝对无常主义；人世无常，日月永在，则是不彻底的相对无常主义。这首歌辞强调的是生命的无常，非生命的有常。是对"人生朝露，百年迅速"的传统主题的回归，是半截子的无常论。但是，它的无常感反而更显浓厚，原因正在于它更采用了诗歌得意的反衬手法；看似对《佛说无常经》有所背离，实际上是无常歌的进步。

"无常"一词，在先秦时代，只是变化无定的意思，或者是指心无定见，摇摆不决，而佛经汉译者旧词新用，赋予新的含义，也就成为佛教专用概念，推广为万事万物移转无休的根本规律。从六朝时代起，寺院倡导者便有意识地将世间无常的旋律作为拉人进入佛门的歌响。

顺便说来，《佛说无常经》里其实早有咏唱天地无常的诗偈。下面的偈就是一面咏唱人生虚无，一面用自然的衰灭、变动、崩溃来印证无常：

假使妙高山，劫尽皆坏散；

大海深无底，亦复皆枯竭；

大地及日月，时至皆归尽；

未曾有一事，不被无常吞。

梁慧皎《高僧传》卷十三《倡导第十·释道照传》说，道照以宣导为业，吐音清澄，洗人尘心。宋武帝召见他的时候，他说"百年迅速，

迁灭俄顷，苦乐参差，必由因果”[1]，从内容上看，其中就有一部分属于
“无常歌”。六朝到唐代寺院这样的演唱作为寺院音乐被用于倡导，其中
采用了由民间恋歌而编曲改写的曲调，也是可以想见的。

五、敦煌无常歌辞与《万叶集》

佛教的无常观在六朝到唐代是怎样影响诗歌的呢？在作为信仰运动
的具体活动作用于庶民社会的同时，其自身发生的变化又是怎样反映到
诗歌中来呢？我们从这样的立场，也就是从比较诗史、佛教文学史来
看，敦煌歌辞就需要尽可能纳入国际交流的视野中立体地加以把握。

可以推想，奈良时代遣唐使、留学僧们可能是通过《大智度论》等
汉译佛典接受无常观念的。《万叶集》卷五（5·七九四）前，有山上忆
良的一首汉诗，是为哀悼大伴旅人的亡妻而作的：

> 爱河波浪已先灭，苦海烦恼亦无结。
> 从来厌离此秽土，本愿托生彼净刹。[2]

一眼看去表达哀伤的抒情当中，有必要看到其中佛经偈颂的要素。
值得注意的是，《大智度论》卷二就有类似的偈：

> 诸阿罗汉，渡老病死海，心念言：
> 已渡凡天恩爱河，老病死卷已裂破；
> 见身箧中四大蛇，今入无余灭涅槃。

1　高楠顺次郎编：《大正新脩大藏經》第50卷《史传部二》，大藏出版株式会社1990
　　年版，第415页。
2　鹤久、森山隆编：《萬葉集》，樱枫社1988年版，第156页。

唐人并非仅仅通过佛教本身去接受佛教，也通过各种佛教文化、故事与歌辞等佛教文学，或是渗透到生活中的佛教仪式去理解佛教。与敦煌无常歌类似的歌辞，在敦煌以外、在长安的寺院里或许也可以听到。日本遣唐使及其同行者们，也具备听到这类歌辞的条件。在日本僧侣从中国带回的经典目录中，就有与《五更转》相类似的《五更转念佛》一卷（《传教大师将来越州录》）、《达摩和尚五更转》一卷（《入唐新求圣教目录》）等。

敦煌无常歌在咏唱老衰情态的时候，有些表达方式是与《万叶集》卷十九的《悲世间无常歌一首并短歌》相类似的。读《万叶集》卷五《悲叹俗道假合即离易去难留诗一首》，让人想起敦煌歌辞"须知假合空，万物皆无主"。读卷五的"世の中は空しきものと知る时しいよよますます悲しかりけり"，也让人想起敦煌歌辞"造化世间多少事，古往今来也是空"（《十空赞》）。另一方面，中国南朝以来，僧侣及文人创作诗歌中，也有一些用比喻来表达的无常歌，代表作有鸠摩罗什的《十喻诗》、谢灵运的《维摩经十譬赞》、梁武帝《十喻五首》、梁简文帝《十空六首》等。下面是谢灵运《维摩经十譬赞》中的第一首：

> 水性本无泡，激流遂聚沫。
> 即异成情貌，消散归虚壑。
> 君子识根本，安事劳与夺。
> 愚俗骇变化，横复生欣怛。

敦煌无常歌中，也可以看到"泡幻形，岂坚固"这样的句子，但却不太见所谓《十喻》或者《十譬赞》这样单纯的比喻的诗。《万叶集》中有"水泡のごとし世の人吾は"（卷七1269《人麻吕歌集》）这样常套的无常咏，其与僧侣文人无常诗的比较研究，还有待今后展开。

291

有关《万叶集》里接受中国文学影响的研究不能算少，但就《杂曲子词》《定格联章》里的佛教歌谣的比较考证却很少见。敦煌佛教歌谣里面，很多是咏唱现实生活中处世教训的，劝诫、劝世、叹世的色彩很浓。值得注意的是，在《不忘恩》《天下传孝》《行亲文》《报慈母十恩德》《父母恩重赞》《孝义》等咏唱"孝道"主题的佛教歌谣中，俗语往往和与儒教相关的词语混合运用。而《万叶集》中《熊凝歌》在"孝道"歌里和这些歌辞性质相似，它们在以《父母恩重经》为母胎这一点上与敦煌佛教歌辞如出一辙。两者之间虽未必有直接关系，但其精神联系并非无迹可寻。

川口久雄说，如果承认东亚音乐文化圈的结构当中有佛教歌谣圈的扩衍的话，那么就可以想定广泛波及印度、中亚、日本的时间与境域的扩衍。佛教东渐进入中国，产生了独特的佛教文学，其代表性的文体，有佛教歌谣、变文、愿文等，敦煌愿文和佛教歌谣是揭示奈良、平安时代的愿文、佛教歌谣源流的重要资料。另一方面，日本《万叶集》以及佛教歌谣的丰硕研究成果，相信也会成为敦煌佛教歌辞的有益参照。两方面的比较研究，可以填补东亚文化交流史研究的空白，或将给传统文献学吹进新风。

第三节
《万叶集》中的亲情与孝道——以山上忆良为中心

在漫长的中国封建社会中，孝和忠是汉族精神生活的根本伦理。孝不仅是家庭生活的准则，而且通过与忠的结合，曾经成为了国家政治生活的准则。儒家通过《孝经》等著述，将远古的先祖崇拜加以延伸与发展，又通过汉代以来所谓"以孝治天下"的具体政治实践，使"孝"的观念广泛深入民间。佛教传入中国之初，它的出家及不拜君亲与忠孝伦理道德相抵触，而成为"教在戎方（西方），化非华俗"的理由，受到儒家的排斥，同时与儒家"孝"的观念相近的佛教经典《孝子报恩经》《父母恩难报经》等也早早便汉译过来；后来，中国人又参照这些经典独自撰述了《佛说父母恩重经》，将重点从佛教的孝恩转移到儒家世俗的孝道实践上。据《大周刊定众经目录》（成书于则天武后天册万岁元年，即公元695年）卷十五，可以推测其成书于初唐时代。敦煌千佛洞发现的上万卷写经中，《佛说恩重经》多达五十余件。甚至道教也出现了类似的著述。这表明唐代以后儒佛道在孝道问题上虽阐说各有侧重，但是在总的倾向上已经气味相投，不相对峙。

《佛说恩重经》不久就传到日本，天平十九年（公元747年）正仓院文书中，可以看到它与《金刚般若经》等置于一处。与此相关，以孝为主题的佛赞、渗透孝道思想的斋文等也通过《圣武天皇宸翰杂集》等，给当时的和歌的主题与精神以影响。

另一个尚未引起学界充分注意的是愿文中孝道观念对和歌的影响。从奈良时代流传至今的碑铭、写经末尾以及其他古文书中日本人撰写的愿文来看，当时类似敦煌愿文或者中国其他典籍中的愿文作品传入日本，并且作为日本愿文的范本，是不难想象的事情[1]。这些愿文中，为亡故的父母祈冥福的"亡文"（包括"亡考文""亡妣文"等），以及子女为父母修善供养的愿文，都以宣扬孝道为任。愿文在《万叶集》中投影的探讨虽然刚刚开始，却有望赖此对《万叶集》与佛教文学关系的研究找到新的突破口。

然而，也应该看到，在《万叶集》中根本寻不到宣扬孝道的字眼。

1　关于日本愿文的源流，请参照池田温撰《吐鲁番敦煌功德录和有关文书——日本古代愿文的源流》，载于《敦煌学国际研讨会文集》（宗教文史卷）上，甘肃民族出版社2000年版，第134—162页。

是佛教文学中的什么东西，给万叶歌人以启迪？变文、讲经文、佛教歌谣、愿文这些佛教文学体裁，为了宣扬孝道，感动读者或者听众，常常在说教中插入许多父子或母子亲情的描写，对亲情加以讴歌礼赞，而这正与《诗经》以来的中国亲情文学一脉相承。《万叶集》歌人在自己的作品中展现的，与其说是孝道的说教，不如说是从晋唐文学中接受的亲情文学的赞颂。

在东亚文学中，歌唱父子或者母子亲情的诗歌与散文，不少具有独特的感人力量，它们是东亚文学中生命力强健的文学宝藏。它们是东亚传统社会与家庭结构及其伦理观念孕育出来的奇葩，其表达的真挚情感，不仅感动着现代人，而且也将感动未来的父母与子女。

《万叶集》中，山上忆良可以说是一位最喜欢讴歌家人之爱、讴歌亲情的作家。《罢宴歌》《思子等歌一首并序》《敬和为熊凝述其志歌六首并序》《山上臣忆良老身重病经年辛苦及思儿等歌一首并短歌》《恋男子名古日歌一首短歌》等，就是这样的作品。本文拟以这些和歌为中心，从佛赞、佛教歌谣、愿文等多种问题中探寻它们构思的源流。仅仅从这些作品中吸取某些语汇，是不可能写出上述佳作的，山上忆良必定是阅读了大量佛教文学而后烂熟于心，才会超越单纯的模仿而写出内心的真实感受。遗憾的是，史料又没有给我们提供他阅读过的全部书目，因而我们便只能依据他的作品，去作一次没有向导的寻路旅行。

一、孝与孝子

日本奈良市东大寺正仓院收藏的《圣武天皇宸翰杂集》（简称《杂集》）是圣武天皇抄录的诗文集。据《杂集》末尾存圣武天皇亲笔题记"天平三年九月八日写了"，可以知道它是天平三年即公元731年（唐开元十九年）九月八日抄完的。《杂集》中所收百数篇诗文多属佛教诗赋与佛教应用文，是佛教文学的重要文献，而其中有些在中国已经散佚。

关于《杂集》与《万叶集》特别是与山上忆良作品的关系，佐藤美知子在《万叶集与中国文学受容的世界》一书中已经作了初步的探讨[1]。这里谨就山上忆良《敬和为熊凝述其志歌六首并序》（以下简称《熊凝歌》）中的投影，略加考索。

关于《熊凝歌》的主题，辰巳正明《万叶集与中国文学》指出，忆良以熊凝之死为契机而作的这些和歌，是由麻田阳春的《熊凝歌二首》及其推举熊凝孝悌的报告书所触发而咏唱的。《熊凝歌》里"述志"的意图，在于表明熊凝临死对父母的"孝"[2]。这些都是很有见地的。我这里首先想要指出的是，这里所表现的"孝"的观念，不仅仅是儒家的道德内容，而且也是山上忆良熟悉的佛教文学的思想。为了追溯忆良文学的源流，也有必要对他可能接触过的佛教文献加以关注，而前面提到的圣武天皇《杂集》正是不可忽略的。

《杂集》中的《镜中释灵实集》，是唐代越州（在今浙江越州）僧人灵实的诗文集。根据集中所收《为桓都督祭禹庙文》，释灵实当为唐开元时人[3]，《镜中释灵实集》很可能是那时的遣唐使或者留学僧携回日本的。其中的《迦毗罗王赞一首并序》是为越州参军姚孝先而作的。姚孝先"奉上以忠，事亲惟孝"，从离家远任以来，一直未能照顾父母，对双亲思恋弥加思念（"自参卿远任，久暌色养之勤；循陔肆瞻，弥积庭闱之恋"），特意为他们画迦毗罗王一铺以祈愿。僧灵实为之作赞曰：

> 若有人兮孝思，相林鸟兮反哺。
> 望西崦以增伫，循南陔以延慕。

1 佐藤美知子：《萬葉集と中国文学受容の世界》，墙书房2003年版。

2 辰巳正明：《万葉叶集と中国文学》，笠间书院1987年版，第434—449页。

3 内藤湖南：《聖武天皇辰翰雑集》，载《内藤湖南全集》第七卷，筑摩书房1997年版，第127—132页。

奉法将之保持，冀善权之扶护。

销九横其无忧，掷三灾其回度。[1]

    这里歌颂的是姚孝先对父母的孝思，赞美他在远离双亲之后，仍然对他们念念不忘。

    《杂集》中为亡故考妣祈冥福的"斋文""祥文"更是充满了对这种父母养育之恩的礼赞，对子女思念双亲情怀的感念。如《为人父母忌斋文》中说："造成者实荷于天地，鞠育者莫先于父母。"《为人父忌设斋文》中说："原夫志切天经，莫达于严父；情深地义，实荷于劬劳。"《为人母远忌设斋文》中说："恭惟发肤之分，至造无垠；劬劳之恩，昊天罔极。"《为人母祥文》中说："追惟罔极，愈切于循陔；远慕慈颜，情深于陟屺。"它们的共同特点，就是都借用《诗经》中歌颂亲情的诗篇或者诗句，来表达子女对父母的牵挂以及无法报答养育之恩的拳拳之心。例如："鞠育者莫先于父母"（《诗经·小雅·蓼莪》："父兮生我，母兮鞠我；拊我畜我，长我育我。"），"实荷于劬劳""劬劳之恩"（《诗经·小雅·蓼莪》："哀哀父母，生我劬劳。"），"追惟罔极，愈切于循陔"[《南陔》，《诗经》"六笙诗"之一，仅存篇名。《诗小序》："《南陔》，孝子相戒以养也。"《文选》束广微（晢）《补亡诗》："循彼南陔，言采其兰。"]，"远慕慈颜，情深于陟屺"（《诗经·魏风·陟岵》："陟彼屺兮，瞻望母兮。"）。《诗经》中的《陟岵》《蓼莪》《凯风》等篇或写行役途中登高遥望故乡思念双亲，或者慨叹"王事靡盬"而不能赡养父母，或者表达对母亲勤苦养育的感激之情，它们倾诉的亲情是朴实的、真挚的，是最普遍而又是最自然的，与儒家后来鼓吹的"忠孝一致"的"孝道"并不完全是一回事情。

---

1 合田时江编：《聖武天皇〈雜集〉漢字總索引》，清文堂出版社1993年版，第32页。

佛教文学将它们吸收过来，《万叶集》中山上忆良在上述作品中表达的，也更接近于这种朴实、真挚的情感，这种情感不是从抽象的概念和儒家的说教出发的，而是来源于生活中的真实感受。或者说，即便是他从熊凝的事迹看出了"孝道"的意义才写出了《熊凝歌》，而展现在作品中的也只是子女临终时对年迈双亲的无尽的惦念。熊凝不为自己的死而伤心，最忧伤的是父母的"在生之苦"，"待我过时，自有伤心之恨；望我违时，必致丧明之泣。哀哉我父，痛哉我母。不患一身向死之途，惟悲二亲在生之苦"，是再也不能通过自己的努力使父母安享晚年的遗恨。

孝道的体现者就是孝子。在《杂集》中也可以看到对孝子灵异的宣扬，如《为人父母忌斋文》中就以颂赞的笔调举出了邢渠、老莱、董黯、曾参四位孝子的名字：

> 某顾惟邢渠养父，发白而更玄；老莱事亲，衣斑而去素。董黯痛心而遄返，曾参啮指而驰还。瞽瞍之目更开，丧明之亲再视。斯并至诚有感，万叶传芳。[1]

文中说这四位孝子孝顺父母的举动感动天地，万古流芳。他们使得花白的头发重新变黑，失明的双目重见光明。这完全是志怪小说称道灵异的手法。在这些故事里也强调了父母与子女的息息相通。我们在看到其中道德自我矛盾的一面的同时，也不应该忘记这些故事中还渗透着民间对孝顺父母的人的敬佩乃至于崇拜的感情。在民间，孝是朴实的，也是崇高的，对孝的重视甚至超过了对忠的重视[2]。

1　合田时江编：《聖武天皇〈雜集〉漢字總索引》，清文堂出版社1993年版，第32页。
2　陆永峰：《敦煌变文研究》，巴蜀书社2000年版，第318—321页。

我们从山上忆良的《熊凝歌》的汉文序中，也读到上述斋文中出现过的"丧明"一词。丧明，眼睛失明，《礼·檀弓》上："子夏丧其子而丧其明"。后因称子死为丧明之痛。由此推断两者在语言上的联系，不如进一步辨析那一时代两国孝子故事的异同。辰巳正明在他对《熊凝歌》中的孝道的论述中，引用了国史大系《令义解》和铜七年十一月关于笃道的记载，其中便涉及果安、麻吕、信纱这三个孝子的事迹：

> 果安孝养父母，友于兄弟，若有人病饥，自斋私粮，巡加看护。登美箭田二乡百姓，咸感恩义，敬爱如亲。麻吕立性孝顺，与人无怨，尝被后母谗，不得入父家，绝无怨色，教养弥笃。信纱氏直果安妻也，事舅姑以孝闻。夫亡之后，积年守志，自提孩稚妾子总八人，扶养无别。事舅姑，自竭妇礼，为乡里可叹也。[1]

较之于前面那些带有怪异色彩的孝子故事，这些故事更接近于真实世界，而中国那些故事则更突出孝的情感力量。仅此不能断定中日两国在孝道伦理上的差异，却有理由说，日本奈良时代的孝子故事是以实际思想行为来打动接受对象的，而中国的孝子故事更注重用那些看似超越常人的高尚举动和感天地、动鬼神的惊人效果来打动接受对象。山上忆良的《熊凝歌》，仅写熊凝临终时担忧自己的死给父母带来的痛苦，由此体现的对父母的真情，这也可以看出与果安、麻吕、信纱故事相同的倾向。

佛教文学由于面对的是广大的民众，往往把孝道当作与整个佛教教义一致，甚至说它是佛教奥义的核心，这和儒家的忠孝观有所不同。例如敦煌变文中的《故圆鉴大师二十四孝押座文》说："如来演说五千

1　辰巳正明：《万葉集と中国文学》，笠间书院1987年版，第155页。

卷，孔氏谭论十八章。莫越言言宣孝顺，无非句句述温良。孝心号曰真菩萨，孝行名为大道场。孝行昏衢为日月，孝心苦海作梯航。"佛道孝为成佛本，事须行孝向耶娘。见生称意免轮回，孝养能消一切灾。能向老亲行孝足，便同终日把经开。"把孝推到至高无上的地步。北京李盛铎旧藏本《父母恩重经》经文中不仅列举了丁兰等孝子故事，而且说："人之孝顺，百行为本。"日本《续日本纪》里说："古者治民安国，必以孝理；百行之本，莫先于兹。"联系佛教文学中对孝道的推崇，我们似乎更加理解了山上忆良为何写下那么多歌唱亲情的和歌了。

关于山上忆良和歌与佛教文学的关系，村山著《忆良——"世间苦"文学里的"子等"》，将《思子等歌》与《佛说孝子经》《佛说父母恩重经》中的一节加以对照，考察了忆良作品中儒与佛的地位。增尾伸一郎对嘉摩三部作与佛道二教，特别是道教的《父母恩重经》的关联作了考察[1]。这些都为进一步探讨提供了基础。不过，作为文学作品，不能忽视当时作者可能读到的变文、讲经文、佛教歌辞在主题与表现手法上的启示作用。这样的研究，还仅仅是开始。

二、忆念之恩

父子及母子之间的情感往往在分别时表现得最为强烈，那种相互挂念和担忧的情感在《诗经·陟岵》中是以儿子在行役途中想象父母正为自己担心祝福的方式来表现的。体察父母对自己的深情，正是因为自己对父母牵挂不已。《杂集》中多次出现的"远慕慈颜，情深于陟屺"概括的正是这种情感。

在佛教文学中，这种情感也特别受到标举。《佛说父母恩重难报经》有十恩之目，其第八"远行忆念恩颂"曰："死别诚难忍，生离实

1　增尾伸一郎：《萬葉歌人と中國思想》，吉川弘文館1997年版，第64—88页。

亦伤。子出关山外，母忆在他乡。日夜心相随，流泪数千行。如猿泣爱子，寸寸断肝肠。"敦煌本《父母恩重经讲经文》也描写儿子远行母心相随的深情："儿向他州虽吉健，母于家内每忧惶。心随千里陷容貌，意随三年哭断肠。"[1]伯3919《说父母恩重经》在陈述了父母想象儿子在外受到的种种不幸后咏道："父母心随，永怀忧念。或因啼泣，雨（两）眼俱盲；或为悲哀，气结成病；或缘忆子，衰变死亡。作鬼报魂，不曾割舍。"[2]王梵志也有"儿行母亦征，项脑连脑急"的诗句咏唱这种魂绕梦牵的思念[3]。佛教歌辞中有十恩德（《报慈母十恩德》），其中的第九《远行忆念恩》："此事实难宣。既为父母宿因缘。肠肚悉钩牵。防秋去。往征边。阿娘魂魄于先。儿身未出到门前。母意过山关。"[4]这些歌辞都与《佛说父母恩重经》一脉相承。在初唐时代，可能是大量流传的。

山上忆良《熊凝歌》中的长歌，抒发的正是自己离家远行染疾时对父母的极端思念，短歌也是写遥想父母盼望自己归来的情景的陟岵之思。写对父母的思念，就是写对父母恩情的感念，这和汉文序中对自己死后父母"在生之苦"的忧虑统一在一起，正如同对《父母恩重经讲经文》所咏唱的父母忆念之恩的回应，把子女对父母的报恩之心作为人生终点的美好情感加以赞颂。

值得注意的是，佛教的《父母恩重经》以及宣扬孝道的歌谣或者孝子故事中，最重视的不是父亲而是母亲，描写母亲思念之情的远远要多

1 周绍良、张涌泉、黄征辑校：《敦煌变文讲经文因缘辑校》（上、下），江苏古籍出版社1998年版，第623页。

2 黄征、张涌泉校注：《敦煌变文校注》，中华书局1997年版，第997页。

3 ［唐］王梵志著，项楚校注：《王梵志诗校注》（全二册），上海古籍出版社1991年版，第176页。

4 任二北编著：《敦煌歌辞总编》，上海古籍出版社2006年版，第750页。

于父亲。北村茂树认为，这是以中国存在的地母神崇拜、母子神崇拜为前提的，佛教在向中国社会渗透佛教教义的同时，也吸取中国的传统思想，创造中国佛教，就让这种崇拜在重视母亲的孝道思想或孝子故事中再生与发展起来了[1]。

不过，不论是在《诗经》还是佛教歌谣中，描写双亲对子女的思念并没有轻重之分，所谓"父心切切，母意惶惶"，对远行子女的牵挂原无男女之分。从文学描写的角度来讲，对母亲的重视特别表现在对年幼子女的照顾上，这与古代的地母神崇拜、母子神崇拜实际并没有什么关系。同样，山上忆良描写的爱子之情也是超越性别差异的，完全出自身为人父的实际感受。《老身重病经年辛苦及思儿等歌并短歌》写重病的老人深忧爱子，同《熊凝歌》写爱子临终忧念双亲，恰好是亲子情缘的两个方面，把它们放在一起读，可以看出山上忆良是把亲爱子、子孝亲看作人的崇高情感，由此将两代人紧紧维系起来，这实际上超越了儒佛对孝道的说教，让孝回归到最基本最普遍的人的情感上来。

《诗经》中咏唱游子对父母的思念与挂牵，很多出现在描写征战与劳役的诗篇中。两周时代连年征战，是家族离散天各一方的根由，因此感叹"王事靡盬，忧我父母"几成套语。《诗经》中也多次出现此类诗句，如"王事靡盬，不遑将父""王事靡盬，不惶将母"（《小雅·四牡》），"王事靡盬，忧我父母"（《小雅·北山》《小雅·杕杜》）。还有的看到无有止息的王事夺取了种植的时机使得父母衣食无着而抒发忧伤："王事靡盬，不能艺稷黍，父母何怙？""王事靡盬，不能艺黍稷，父母何食？"

后来的变文、愿文往往吸收《诗经》以来对父母忧思的咏唱，为报

1　北村茂树：《敦煌出土父母恩重經講經文の孝思想とその展開》，载川口久雄编著：《古典の変容と新生》，明治书院1984年版，第905—918页。

恩的说教服务。曾经作有《在大唐时忆本乡作歌》(《万叶集》收录)的山上忆良,有了远渡苍波寓居异国的经历,对家庭的温暖特别是父子之爱表现出特别的渴望,他的和歌更加突出的是日常的绵长的相互思念,不是像《诗经》与变文、愿文那样以强有力的诘问和抗议撼动人心,而是以自然流露的挂牵给人以情感的冲击。

山上忆良的《罢宴歌》谓"忆良席间今告退,惟恐孩儿哭,伊母负儿盼我归"[1],在表现手法上正与《陟岵》相似。《陟岵》中的抒情主人公想象父母兄弟必然在家里为自己叹息,这也就写出了自己对他们的思念。忆良写孩子和他的母亲盼望自己归来,也就写出了自己急于和他们相见的心情。他的《思子等歌一首并序》:"食瓜思爱子,食栗更情牵。宿缘何所至,形骸入眼帘。憧憧频闪动,令人难安眠。"[2]对王室贵族来说,瓜和栗或许并不是什么罕见的食品,但对于一般庶民来说,却是不常有的美食。这和王梵志的"父母生男女,没娑可怜许。逢着好饮食,纸裹将来与。心恒忆不忘,入家觅男女"[3]写的正是同样的情感。

三、丧子之痛

《恋男子名古日歌一首并短歌》是为追悼夭折的男孩古日而作的和歌,中心是写对幼子的爱。这在《杂集》中也可以找到一些类似的表现。如《为人为息赛恩斋文　并为母庆造经成了》:"十方灵觉,原夫天性至重,骨肉情深。经著膝下之言,书称掌中之爱。况芝兰玉树,二宝八龙。斯号兴宗,实隆堂构。"以"掌珠"喻爱子、以痛失掌珠喻丧子,也多见于敦煌愿文,如"每泣蟾光之影,犹掌失珠"(《敦煌愿文

1　赵乐牲译:《万叶集》,译林出版社2002年版,第95页。

2　李芒译:《万叶集》,人民文学出版社1998年版,第161页。

3　[唐]王梵志著,项楚校注:《王梵志诗校注》(全二册),上海古籍出版社1991年版,第173页。

集》，第63页），"庭摧玉树，掌碎明珠"（同书，第139页），"母泣断而无追，痛失掌中之宝"（同书，第162页），"碎掌内之明珠"（同书，第139页），等等，不胜枚举。

山上忆良在《恋男子名古日歌一首并短歌》中以白玉喻亡儿古日，又以痛失掌中之宝作结，同时一开头便以世人钟爱宝物，而以自己唯重娇儿来反衬爱子情深。《思子等歌》的短歌言金银珠玉之贵不及爱子之宝，都正是因为掌珠之喻为愿文常套，人所熟知，强调自己的爱子之情远胜他人。

《恋男子名古日歌一首并短歌》的结构，与《敦煌愿文》中"亡文"里的"亡男""亡孩子"等颇为接近。"亡男"及"亡孩子"是在孩子死后的周忌或者临瘗法会上诵读的愿文，一般是在陈述完人生无常、亡故不免的常理之后，立即进入对于夭折孩儿的赞美性描写，而后以父母的角度，回顾孩子生前可爱的音容笑貌，这一部分集中渲染所谓"天伦之乐"。在写出父母对孩子寄托莫大期望之后，马上以树雕花落、船覆玉碎等比喻引出孩子的突然亡故以及由此给父母的沉痛打击。愿文接着便铺陈父母的丧子之痛，并自然引入对孩儿往生净土的祈愿。山上忆良的这篇对亡故男子古日的祈愿和歌，在结构上完全与这种"亡文"一致。这里不妨以《亡文范本》中《愿文号头》的一篇为例，加以对照。在引用时候，只是省略了开头的阐述亡故难免的常套句。右边所列为杨烈译文[1]。

愿文号头	恋男子名古日歌一首并短歌

一、以金玉之喻写得子之喜

惟孩子凤鹤俊骨，	世人愿所贵，金银七种宝。

---

1 杨烈译：《万叶集》，湖南人民出版社1984年版，第199—200页。

天降异灵。　　　　　　　　　　问我何所为，我爱吾儿好。

儿生如白玉，古日取名早。

二、写孩提之姿寓舐犊之情

弄影巡床，多般笑话。　　　　　明星晓在天，儿不离床边。

解行而三步五步，解父母之愁容；　或立抑或坐，游戏与并肩。

学语而一言两白，别尊卑之颜色。　晚星晚在空，携手一同眠。

不离父母侧，抱寝令人怜。

三、写成人之望不果，花落玉碎之悲

将为（谓）成人长大，侍奉父母；　爱之听其语，望之成圣贤。

何期逝水无情，去留有恨。　　　不论吉与凶，倚之如大船。

朝风忽起，吹落庭梅；　　　　　忽然暴风来，覆舟如拉朽。

玉碎荆山，珠沉逝水。　　　　　我不知为何，两袖悬两肘。

四、写丧子之痛失珠之苦

父念切切，垂血泪以无休；　　　手持真明镜，向神明叩首。

母忆（意）惶惶，但哀号而难止。　天地各神祇，伏额祈长寿。

东西室内，不闻唤父之声；　　　立此我彷徨，祈求不离口。

南北阶前，空是（见）聚口　　　诚无须臾欢，渐渐容貌丑。

（尘）之处[1]。　　　　　　　　朝朝默无言，此命能保否。

立时如跳跃，顿足而叫吼。

俯仰捶胸叹，吾儿本在手。

吾儿飞去乎，世路何处有。

　　上面引用的《亡文范本》的结构，在同类为早夭儿童撰写的愿文中具有很强的代表性。"亡男文"大都采用这样的结构，它的长处是用精

1　黄征、吴伟编校：《敦煌愿文集》，岳麓书社1995年版，第206页。

炼生动的文字充分表达痛失爱子的双亲痛不欲生的心情。这种结构显然是在同种场合下多次使用不断积累和选择的结果。这种选择作用，使得许多"亡男文"即使语句各异，在结构上也基本相同。例如下面这篇《愿文号头》的开头部分，也是以宝玉之喻写起，而后回顾亡儿和父母在一起时天真可爱的姿容：

> 曾闻荆山有玉，大海明珠；骨秀神清，红颜绀白。似笑似语，解父母之愁容；或坐或行，遣傍人之爱美。掌擎来（未）足，怜爱偏深；弄抱怀中，喜爱之无尽[1]。

另一篇《孩子叹》在写成人之望不果、花落玉碎之悲的部分，也采用了与上述《愿文号头》完全相似的转折手法：

> 岂谓庭摧玉树，掌碎明珠。霜凋上苑之兰，风落小山之桂。遂使父心切切，母意惶惶。看戏（嬉）处以增悲，睹摇车而掩注（泣）。冥冥去识，知诣何方？寂寂幽魂，趣生何路？[2]

"父心切切""母意惶惶"正出自《父母恩重经讲经文》。这类"亡男文"不仅结构相近，而且有一些常套句。作为佛教应用文，愿文使用频率很高，这种常套句正适应了快作常用的特点。

山上忆良的《恋男子名字古日歌一首并短歌》里，也可以看到与这些惯用表现手法和常套句相近的语句。例如以珠玉、掌中珠喻爱子，以痛失掌中珠、玉碎喻丧子之痛。南朝梁江淹《伤爱子赋》有"曾悯怜之

1　黄征、吴伟编校：《敦煌愿文集》，岳麓书社1995年版，第203页。
2　黄征、吴伟编校：《敦煌愿文集》，岳麓书社1995年版，第239页。

惨凄，痛掌珠之爱子"，而愿文中这种比喻俯拾皆是。《恋男子名古日歌一首并短歌》的长歌一开头便以白玉喻古日，最后又以痛失掌中宝为结，与"亡男"愿文同构。再如《恋男名古日歌一首并短歌》以船遇暴风喻寄托着父母期望的爱子突然故去，不论在喻义上还是在文中的转折作用上，都与"亡男"愿文类似。

从《敦煌愿文集》来看，这类在法会上使用的愿文由于具有普遍性而内容写法都十分相近，山上忆良在唐时接触到同类愿文是完全有可能的。也就是说，即使他没有看到过我们引用过的这些"亡男"之类的愿文，也有可能读到过相近的愿文。

然而，《恋男子名古日歌一首并序言》与这些佛教应用文最大的区别，是不言佛理而专以亲子之情感人。如果我们的推测合理的话，那么他从那些愿文中汲取的，就是那些表现亲情的部分。

以上探讨了唐代佛教文学中的孝道与亲情和山上忆良部分作品的关系。我们不妨将他的这些作品称之为亲情诗。它们虽然不能离开奈良时代传入日本的儒道佛文献中的孝道思想来解读，但是在里面既没有《孝子传》故事中矛盾的道德观，也没有强迫子辈无条件服从父辈的说教，今天读来仍不乏现实意义。至于上文提到的唐代佛教文学，除了《杂集》为圣武天皇所重，山上忆良极有可能读过以外，变文讲经文与愿文具体有哪些传到日本并成为他的笼中物，仍有待于进一步考证。然而，他曾作为遣唐少录到过长安，从他的这些亲情诗来看，读到过变文讲经文与愿文中某些作品或者类似的作品，却是可以肯定的。

第四章
日本汉诗与汉文诗话的写本研究

　　平安时代是汉文走向成熟和假名初展风姿的时代，写本依然是文化传播的主力军。汉文反映了这一全面摄取中国文化并逐渐显现日本特色的文化转型时代的基本面貌，这一时期日本人撰述古写本的内容也就格外多样，既包括历史文化著述，也包括字书、类书、蒙书和仿照《唐文粹》编撰的大型总集《本朝文粹》《本朝续文粹》等。

　　平安时代是日本汉诗发展的第一个高峰，以写本流传的汉诗集虽然经过许多学者的解读，但存在的疑问尚有很多，其中不少属于"古来未详"的内容。我们依然需要进行有重点的整理和研究，为中日学者提供信实可靠的古典文献资料。

　　我们要以中国学者的视角重新审视研究对象，站在学术前沿，选取最可靠的古写本进行重新校注和研究。在具体整理和研究中，应本着实事求是、严谨科学的态度，对古写本尽量进行竭泽而渔式的收集整理，在进行充分研究其古写本的形成过程、传承经过以及书写特征等基础上，选定最好的底本，并以其他有价值的本子进行必要的出校，最终提供信实可靠的文献文本。

第一节
松平文库本《田氏家集》释录

《田氏家集》是平安时代著名诗人岛田忠臣的诗集。现存松平文库写本（以下简称松本）、内阁文库本（以下简称内本）、《日本诗纪》所收本（以下简称《诗纪》本）、《日本诗纪》国会图书馆鹗轩文库藏本（以下简称《诗纪》一本）、收入《群书类从》第九辑卷第百三十的《群书类从》本（以下简称《类从》本）。松平文库本影印收入1993年新典社出版的《松平文库影印丛书》第十八卷《汉诗文集编》。另外，有关研究著述有1992年和泉书院出版的内田顺子《田氏家集索引》，1993年汲古书院出版的中村彰八、岛田伸一郎所著《田氏家集全释》（以下简称《全释》）、1994年和泉书院出版的小岛宪之监修的《田氏家集注》（上中下三册）（以下简称《集注》），另外电子版则有肥前松平文库电子图书馆的《田氏家集》（收入松平本）和国立国会图书馆デジタルコレクション《田氏家集》（收入《类从》本）。

从岛田忠臣的诗歌原稿，到今天我们看到的这些写本和刻本，不知经过了多少人的抄写、转录，早已经不是最初的模样。不过，我们通过对书写规律和改动者心理的分析，可以尽可能接近其原貌，从而深入理解岛田忠臣的本意。

本释录拟以松平文库本解读中存在的疑点为中心，在借鉴前人释录的基础上，加以匡补，试图在恢复写本原貌的道路上迈出新的一步。参校所用《类从》本系国立国会图书馆藏《群书类从》卷第百三十《田氏家集》，《诗纪》本系吉川弘文馆2000年刊后藤昭雄解说本。

田氏家集卷之上

1. 赋得咏三^{四十字成篇。}（四十字成篇。于时年十六。）

帝道存王位，天经[1]在至明。

霜凝山色冷，江静水光清。

屈子离骚意，扬公不惑名。

未能参□□，荒径草常²生。

[1] 天经，天之常道。唐李白《献从叔当涂宰阳冰》诗："金镜霾六国，亡新乱天经。"

2. 过田大夫庄呈船秀才

胜地名家奇一丘，良人美话是绸缪。

山开画³障当窗立，水乱罗文绕座流。

竹碎透明沙聚雪，松喧拂曙雨惊秋。

昨来经宿瓶频罄，未醉犹应此夜留。

3. 春日到田大夫庄

去年秋醉恋山厨，今岁春游是路隅。

花径人迷闻犬吠，林间客到被⁴莺呼。

重餐松脯应嫌未，再啜藜⁵羹[1]肯记无。

恩眷每回非白眼，莫抛四⁶韵唤青蒭。

1　诸本作"缥"，据意改。

2　底本作"堂"，据意改。《诗纪》本作"常"。

3　底本作"尽"，据意改。内本作"尽"，旁书"画"。

4　底本作"彼"，《全释》作"被"。

5　底本、内本并作"黎"，《全释》作"藜"。

6　底本作"回"，《类从》本、《诗纪》本皆作"四"。

[1] 藜羹，用藜菜作的羹，泛指粗劣的食物。《庄子·让王》："孔子穷于陈蔡之间，七日不火食，藜羹不糁。"

4. 早秋

七月上弦旬满时，人间半热半凉飔。

光阴渐欲催年没¹，夜漏初应待晓迟。

百氏书中收夏部，诸家集里阅秋诗。

感伤物色还成癖，此癖无方莫肯治。

5. 乞纸赠邻舍

满臆秋怀蓄似云，唯因无纸郁纷纷。

莫为多少相嫌意，写著诗章续送君。

6. 答邻舍赠纸书

且截四十九张深，更得别枚付德音。

薄[叶]似轻恩是厚，况者一纸值千金。

7. 酬清进士赠刀笔 　同韵

鹿砦龙泉好笔刀，高情何事赠愚交。

物缘成字便加砚，要在刊书岂用庖。

须有³贪将安几案，未期领得直官曹。

1　"没"，底本作"伇"，依意改。

2　底本缺字，《全释》补"叶"字。

3　"有"，《全释》作"在"。

欲酬来恩无他意，封遣诗章不倦劳[1]。

8. 赋得秋织

促织寒声愁不支，携将机杼景将移。

香飞两袖随梭[2]乱，汗湿双题逐缕垂。

幅闲寻常依土俗，衣成早晚寄天涯。

含情回出相思字，无限[3]秋风绕腕吹。

9. 九月上山行

足轻游观到岩边，物色因秋触处怜。

草[4]逬玄珠逢象罔[5]，菊[6]分黄蘂见星躔[1]。

青山踏险偏随俗，白昼登高欲趁仙。

终日散劳归路暮，风吹凉叶暗行前。

[1] 与"菊"相对，上句首字或当为"草"。"草逬玄珠逢象罔"，草叶上散落的露珠，如同逬散的珍珠，诗人由此联想到黄帝让象罔去寻找的玄珠。联想到了无心的象罔，也就如同与象罔实现了精神的会面。诗人触景生情，借景喻理。"莫"字或是一个因为与"草"形近而误书的字。象罔是《庄子》寓言中的人物，含无心、无形迹之意。玄珠，黑色明珠，比喻道的实体，或教义的真

1　诗章不倦劳，底本作"章不倦劳诗"，然"章"字右上弧线表上有缺字，"诗"字右旁上挑弧线表字前移，则读作"诗章不倦劳"。《全释》作"诗章不倦劳"。

2　梭，底本、内本、《诗纪》本并作"援"；《全释》作"梭"，是。

3　"限"，底本、内本作"恨"；《全释》作"限"，是。

4　"草"，诸本作"莫"，误。

5　"罔"，底本作"内"，《全释》作"罔"。

6　"菊"，底本、内本作"苟"，为"菊"字之误；《诗纪》本缺字；《全释》本作"苟"，误。

谛。陆德明释文："玄珠，司马云：'道真也。'"

10. 拜佛像

身厌世网入深山，佛像参差古殿间。

弹指发来尘界事，须[叟][1]合掌拜冰颜。

11. 游山寺

游荡不蒙世事侵，起于苔面倚松阴。

无人独遇真僧语，忽有烟霞物外心。

12. 天台夜钟

寺在天台最峻峰，危楼夜打五更钟。

秋风一道凄凄起，吹度深溪凡几重。

13. 送禅师还山

清仪映日向山家，穿入深峰破几霞。

何物寂寥相待见，香炉烟与水瓶花。

14. 听读经

金磬敲来香火熏，白毫和尚读经文。

初知解却[2]前途障，半偈从来难得闻[3]。

1　"叟"，诸本缺字；《全释》补"叟"，可从。

2　"却"，诸本作"劫"；《全释》改作"却"，可从。

3　"闻"，底本、内本作"来"；《全释》改作"闻"，可从。

15. 山寺听莺

音声软弱太娇春，山寺闻时感更频。

宜在世间花树啭，不须徒恼观空人。

16. 叙雪五十韵

节报幽都至，波凝水不皴。

望云思寂寂，叙雪恖彬彬。

玉堕宁堪拾，珠零岂是珍。

鲸涛翻浪处，牛汉覆沙辰。

翳景连行一，从风上下频。

月飘眠兔毳，天撒老龙鳞。

吹却分相逐，搏来半更津。

漫空笼度鸟，封野滞行麇。

坎空¹盈 _{以下阙文}

出阁舁缯入，趍庭载帛臻。

帘看如脉动，牖望似烟填。

绕腕非罗袖，黏头是练巾。

箪舒平贯滑，华插鳌钗新。

寄藻鹅初宿，栖松鹤自驯。

地惭辽左豕，石卧汉家麟。

委涧消应晚，投汤积不因。

林 疏 时改色，邑隔夜移邻。

混沫²犹危陷，饶 囚 肯苦 辛。 _{以下阙文}

---

1 "空"，底本作"穴"，依意改。

2 "沫"，《类从》本作"沫"。

17. 题阙

无如添水尝来久，不似浮杯吹却频。

自觉长餐能益气，还知久服令轻身。

松花炼道应多伪，柏实升仙却少真。

百药就中多效力，事须嗜菊得如椿。

18. 早春侍内宴玩春景应制

苍龙献景玉阶前，先入皇欢未外传。

绕著宫栽高杏嫩[1]，句牵[1]禁树小梅穿[2]。

知和睿煦饶身灸，悟共恩光近顶[2]燃。

虽上仙桄陪半[3]日，人间定是十余年。

[1] 句牵，亦作勾牵、钩牵。缠绕牵连。唐樊宗师《绛守居园池记》"蛟龙钩牵"，岑仲勉集解："相互绕绞。"

[2] 此句主要是说禁闱中绕墙的杏树，高枝上结的小杏还很嫩。杏花早开，和下句的梅花怒放，构成富有生趣的早春画面。杏树开花早，结果早，但高枝上刚结的果还很小，这里有诗人细致的观察。一般来说，较低的枝条上先开花和结果，而比较高的枝条上的花开得晚些，结果也晚，所以诗人说"高杏嫩"。

19. 九日侍宴冷然院，各赋山人采药，十韵应制^{每句用药名。}

山人参迹薜萝幽，旻景天晴采药游。

乍嗽兰圆旋[4]花水面，随行斜滑石岩头。

---

1 "嫩"，底本作"嬾"，为"懒"的俗字，《全释》作"懒"，皆误。

2 "顶"，底本、内本作"项"；《全释》作"顶"，可从。

3 "半"，诸本作"百"；《全释》依意改作"半"，可从。

4 "旋"，诸本作"施"；《全释》依意改作"旋"，可从。

欲扶老到殷勤摘，教苦心怀子细求。

气白前原真性逸，树黄连野道心优。

犬牙小径来侵月，龙胆深丛去趁秋。

谁计常思松子遇，未知要绕葛陂¹投。

爱将寓木长栖露，遮弃重楼独枕流。

不忍东邻山植尽，暂防风急岸阴留。

人衔²快志筌筐满，水写清声洗始休。

软脚当归云洞里，事须万岁用仙羞。

20. 八月十五夜宴月

夜明如昼宴嘉宾，老兔寒蟾助主人。

欲及露晞天向曙，未曾投辖滞银轮。

21. 和高进士见年词题赠^{次韵}

早献荔苾人未占，今逢顾盻³喜欢添。

重缄石质谁为宝，一割铅心莫道钻。

满卷唯应宣圣历，多文不是为才贤⁴。

君诗入手将何用？题着年词当玉签。

22. 晚秋陪右丞相开府赐饮，于时美作献白鹿，仍命赋四韵^{同勒"征兴开膺"。}

金方银兽色相仍，待得秋旻至有征。

过隙⬚白⬚驹人自感，度关疑马吏先兴。

<hr>

1　"陂"，底本、内本作"随"，《诗纪》本作"坡"；《全释》作"陂"，可从。

2　"衔"，底本作"街"；《全释》改作"衔"，可从。

3　"盻"，底本作"盱"，《类从》本、《诗纪》本并作"盻"。

4　"贤"，底本、内本皆作"灾"，《诗纪》本、《全释》作"尖"。

行时练段翻三尺，卧处霜封可数升。

劳苦挟辀州境远，来呈上瑞圣君膺。

23. 和野内史题局前黄菊之什

黄花何处压宫篱，左掖门前史局垂。

绢着人深分寸剪，^{局有直丁，皆着黄衣。}纸书诏外数枚披。^{诏书黄纸，内史之职。}

和光金殿依晴景，混气仙炉□晚吹。

令似野田反道一，贞芳能在岁寒知。

24. 谢野友人惠贶漆作书袋履舄[1]等

袋样新奇眼顿惊，履心安稳足初轻。

玄冰滑映虫文[2]透，黑水波萦雁鼻生。

惟案诗章仍合秘，当街泥雨[3]不妨行。

看君惠贶知投漆，亲用于身岂忘情。

25. 听左将军弹琴^{同用风字}

紫薇仙客住云空，隔壁鸣琴半夜风。

知道君应弹取尽，禁乌声绝月明中。

26. 题初雪

初看雪□点衣袍，地未成深脚不劳。

且怪麻姑翻□连，须知天老镊霜毛。

气寒花散闲时眼，日出风生懆处涛。

---

1 "舄"，底本、《诗纪》本作"写"；《全释》因意改作"舄"，可从。

2 "文"，内本、《诗纪》本作"交"，底本作"夫"；《全释》依意改作"文"，可从。

3 "雨"，底本、内本作"西"；《全释》作"雨"，可从。

莫道轻微斑白少，玉尘积作玉山高。

27. 夜风寒

劝君莫怕夜风声，大抵[1]寒光外处生。

地满皇恩炉满火，逢冬曾不畏衣轻。

28. 冬日可爱

厚絮轻裘不足言，可怜冬景好当轩。

槿[2]依暖煦虫应出，林拟[3]春晴欲鸟喧[1]。

不爱满炉红火炽，何愁绵地白霜繁。

生逢圣运垂仁日，光耀多添德政温。

[1] 槿，木名。南朝谢灵运《田南树园激流植援》诗："激涧
代汲井，插槿当列墉。"唐窦巩《早春松江野望》诗："带花移树
小，插槿作篱新。"李白有《咏槿》诗："园花笑芳年，池草艳春
色。犹不如槿花，婵娟玉阶侧。芬荣何天促，零落在瞬息。岂若琼
树枝，终岁长翕赩。"赞颂的是槿花朝开暮落背后表现的顽强生命
力。

依，因为，由于。煦，温暖，又指清晨的太阳光。拟，揣度，
推测。"槿依暖煦虫应出，林拟春晴欲鸟喧"，是说槿树因为天气暖
和而感到暖洋洋，冬眠的虫子都出来活动了，林木也误以为是春日
的晴天，鸟儿也要喧闹起来。一方面，写了槿树在暖冬变得生气勃
勃；另一方面，从作诗的手法来讲，槿不过是树林中众多树木的一
个代表，对句构成的是互文关系，即上下两句相互补充，共同构成

---

1 "大抵"，《诗纪》本"抵"缺字；《全释》作"太极"，误。

2 "槿"，《类从》本、《诗纪》本作"懂"，底本、内本作"幢"，依意改。

3 "拟"，《类从》本、《诗纪》本并作"凝"。

意象，写出这个冬天仿佛春天一般温暖。最后一联突出全诗主题：皇恩圣运，德政温暖，冬天也不觉得寒冷。

29. 寒食踏青行　得游

寒食踏青细草头，岁来今日放春游。

平明出郭昏应去，小树花前软脚留。

30. 花宴应常陆王教

宴座芳辰游处宽，何因物束苦盘桓。

人生少壮须臾过，岁到春光顷刻阑。

眼未昏时花可爱，身犹健日酒宜欢。

不知夜后飘零尽，醉里殷勤把火看。

31. 三月晦日送春感题

莺收好语树凋妆，向老惊伤过岁芳。

上寿难逢重少日，迟春不见再中光。

壮年未取欢情尽，花月徒劳世累长。

莫肯出郊相送去，偏因庄子得行忘。

32. 病后闲坐偶吟所怀

任死任生无所为，何曾用意患厐赢。

从他软脚难行步，只幸凝神不坐驰。

物理是非闲里得，人情疏密病中知。

天教方寸虚舟似，不为平常忧¹苦移。

1　"忧"，底本作"夏"；《类从》本作"夏"，注："夏疑憂。"《诗纪》作"憂"。

33. 七月一日

自去自来不复留，黯然空任岁时流。

今朝何事殊惊愕，应是伤心第一秋。

34. 上睿山上圆座主

峻绝高峰可易寻，登攀尽力亦难 临[1]。

丘陵似粒宜含口，江水如丝拟咬[2]针。

宝殿夜灯星有作，尊容秋霁月无阴。

因君灌顶初知分，西刹他生报法音。

35. 和高侍中镇夷府贡良马数十匹有敕颁[3]赐偶题长句 次押

数十名驹一种良，恩颁近侍雁成行。

价高始到三千里，齿少才经四五霜。

合见趁朝常破步，知无仰秣即空肠。

为君占得龙媒赐，咫尺云霄任意骧。

36. 九日侍宴赋菊花暖未开应制

菊栏馀暖未成妆，金在籯[4]中不放光。

偏似扇花藏妓笑[5]，亦疑云叶掩星芒。

纵浮恩盏吹还重，虽满芳樽湿未香。

---

1 "临"，《全释》作"临"，可从。

2 "咬"，《诗纪》本作"唆"，《类从》本作"嗄"，《全释》改作"拔"。

3 "颁"，底本作"须"，《全释》作"颁"，下同。

4 "籯"，底本、内本并作"赢"；《全释》作"籯"，可从。

5 "笑"，底本、内本并作"筊"，《全释》改作"笄"。

潭草荣枯天自造，小臣生事任君王。

37. 于右丞相省中直庐[1]读《史记》竟咏史得高祖应教

金刀受命自然名，大泽陂头梦遘精。

龙怪到家频漫醉，蛇灵当径勿妨行。

青山隐迹云还识，紫蕚裁冠雨便轻。

腻手多年长握剑，强心报敌拟分羹。

床前倨傲看来客，塞上宽容用义兵。

始约三章关老庆，能言十罪项王惊。

咸阳寇尽秦煨灭，汜水尊成汉火明。

万乘威加新海内，数行泪落故乡情。

任官重厚须安嗣，嫌疗良医不虑生。

圣业弥天终四百，长陵松柏奏[2]风声。

38. 观禁中雪

常看顺令未曾愆，瑞雪呈丰又可怜。

暗夜犹行明月地，人间却踏[3]白云天。

仙宫不日银台立，御苑[4]非时絮柳牵。

多怪圣君神化□，先知寒笃促须绵。^{于是有初[5]须绵
袭之衣雪也。}

---

1 "庐"，底本作"卢"，《类从》本、《诗纪》本并作"庐"。

2 "奏"，底本、《诗纪》本作"奏"，《类从》本作"秦"。

3 "踏"，底本、《诗纪》本作"踏"，《类从》本作"蹈"。日写本"踏""蹈"多相混。

4 "苑"，底本、内本作"花"，《诗纪》本、《全释》作"苑"。

5 "有初"，《诗纪》作"初有"。

39. 立春日过藤侍中亭子

人迎好客岁迎春，第一新亭德有邻。

座上犹凭文举语，樽前莫倦数杯频。

40. 七年岁旦立春

四序调均第七年，三朝自与立春旋。

鸠飞使放东风去，莺出先登南树迁。

旧滞雪残银寸寸，新来云见紫绵绵。

当初美景真难得，何处淹留作醉仙。

41. 早春侍内宴同赋无物不逢春应制

万类无心天地炉，逢春混是一寰区。

穿冰水底鱼儿活，唤¹暖林中鸟子苏。

非啻神功任意化，又缓圣德契天俱。

小臣分合同刍狗，何戴恩光与物殊。

42. 仲春释奠听讲论语同赋仲尼如日月

人间有道仲尼生，天上无云日月行。

能在人间天上一，短翘低眼仰高明。

43. 奉饯纪大夫累出判肥聊因诗酒各分一字得行

曲筵薄礼屈高明，为是殷勤送远程。

花序昔专兰省侍，烟波今累竹符行。

芜词顾我回青眼，浊酒留君表血诚。

1　"唤"，底本作"噢"，当为"唤"字略草。《全释》识作"噢"。

他日排卫匆剧里，此时吟醉莫忘情[1]。

44. 春日假景访同门友人

友道交情常欲深，适将何事效知音。

儒家同道诗无用^{近来盛道[2]诗人无用。}，王法新行酒无淫^{有令，不放人之醉饮也。}

世上崎岖多失脚，花前暗淡不留心。

只今郑重来相访，为是同门契断金。

45. 惜春命饮

一日每来一日除，迎春未几惜春去[3]。

有花门卷频阑[4]入，无酒亭筵不久居。

光景在人车转毂，荣华住世水成书。

欲消妄[5]想相牵累，强命中山饮莫疏。

46. 晚春同门会饮，玩庭上残花

结交童丱[6]遂长期，即事春游何大迟。

年老恨稀[7]同饮日，花衰苦少共看时。

相逢颜色红犹在，一去荣光驷不追。

闲散只惭良友会，残花劝醉未须辞。

---

1 "情"，底本、内本作"倩"，《诗纪》本旁有小注："忘倩当作忘情。"

2 "道"，《诗纪》作"言"，《类从》本作"道"；底本作"遒"，"道"的异体字。

3 "去"，诸本缺字，《诗纪》本有小注："春下恐脱虚字。"

4 "阑"，底本作"阔"，《诗纪》本、《全释》作"阑"。

5 "妄"，《类从》本作"忘"，右旁注："疑妄。"

6 "丱"，诸本作"非"，《类从》本注："非字可疑，或云丱之误。"

7 "稀"，底本作"悕"，承上偏旁误。

47. 题橘才子所居池亭

美景留恋实可怜，好当池上与亭[1]前。

始抽迸笋[2]排大笔，新出圆荷覆小钱。

锦段妆残晴杏[3]落，囊锥颖脱湿芦穿。

风光卖眼应无限，夸得游春诸少年。

48. 看侍中局壁头插纸鸢呈诸同志

风前试翼纸鸢新，何事由[4]来插壁尘。

了得行藏能在我，怜他飞伏必依人。

应同鹤滞重皋日，辜负莺迁乔木春。

向上碧云如有分，凭君莫久缩丝纶[5]。

49. 西掖门下曲饮逢晚春玩残花 于时取杂花置座上以充看玩。

风光处处几相邀，千万勾[6]牵最此朝。

春似置邮难暂滞，花非骨肉岂长要。

须留斜景任情饮，那遣残芳逐手[7]消。

秀[8]尽红林西掖醉，他时遮莫外人招。

---

1 "亭"，内本、《诗纪》本作"亭"，《诗纪》本下有小注："亭，一作庭。"《全释》作"庭"，据诗题，当作"亭"。

2 "笋"，《类从》本误作"笻"，诸本作"笋"。

3 "杏"，《全释》作"李"，此写春景，疑当为"杏"。

4 "由"，诸本缺字，《类从》本句下有小注："囗疑由。"《全释》补"由"。

5 "纶"，底本作"伦"，依意改。

6 "勾"，底本作"勺"，《全释》作"勾"。

7 "手"，类从本、《诗纪》本作"中"，《全释》从底本作"手"。

8 "秀"，底本作"秃"，依意改。

50a. 和宫[1]部藤郎中感曹局栖鸟有雌雄

好似鸳鸯匹[2]鸟思，飞栖曾来失雄雌。

情来每向闲曹见，恼杀郎中独卧时。

50b. 失题[3]

天河七夕报初凉，牛女交欢斗耿光。

龙驾往还推得意，鹊桥高下暗难量。

小星云[4]掩纱灯晓，半月山衔[5]匣镜[6]藏。

人事同心金可断，二仙未遣一宵长。

51. 送常陆中[7]别驾之任^{探得山字}

地近嵎夷始隔颜，一人行出万重山。

莫厌泣别无量泪，应作明珠合浦还。

52. 春日野寺道心

未须恋着青春去，不复忧老[8]白日斜。

世利无非心里水，浮名尽是眼前花。

---

1 "宫"，《诗纪》本作"官"，误；《全释》作"宫"。

2 "匹"，《诗纪》本作"匹"，底本作"疋"。

3 "失题"，《类从》本、内本、底本皆无此二字，《诗纪》本此二字下小注："本集此篇与前首合为一篇，今昧其辞气，与本题没关涉，因分为二首。"

4 "云"，诸本皆作"雪"，《全释》依意改作"云"。

5 "衔"，《类从》本、内本、底本并作"冲"，《全释》作"衔"。

6 "镜"，《诗纪》本作"鋧"。

7 "中"，《诗纪》本作"仲"。

8 "老"，诸本作"差"，《诗纪》本此句后有注："差当作嗟。"

僧为执友多厌俗[1]，寺作常居少住家。

此外更无身上事，罢[怜]梅柳念莲华。

53. 春日雄山寺上方远望

不是山家是释家，危峰望远眼光斜。

今朝无限风轮动，吹绽三千世界花。

54. 惜樱花

宿昔犹枯木，迎晨一半红。

国香知有异，凡树见无同。

折欲妨人锁，禽[3]应禁鸟笼。

此花嫌早落，争奈赂春风。

55. 菅著作讲汉书门人会而成礼各咏史

伊吕非高管晏轻，前修未及仲舒声。

惟深不见三年面，艺极初知六籍[4]情。

帝册隆儒缘笃学，人推王佐为廉[5]清。

家门罢相闲居久，犹怪恩荣不称名。

56. 常陆别驾首途日过兵部高侍郎钱筵问傍人得行韵

宿昔常思亲昵并，一依同族一同情。侍郎同族，达音同情。

1　"俗"，《诗纪》本作"世"。

2　"[怜]"，诸本缺字，《全释》补"怜"字。

3　"禽"，底本作"含"，依意改。

4　"籍"，底本、《类从》本、内本作"藉"，《诗纪》本作"籍"。

5　"廉"，底本、内本作"帘"。

近来更恨称良史，所以教君作远行。

57. 赋海老卅字绝句

脱泉枯又槁，躅脊长鬐称海老。

应似朝中绯衣一大夫，

形消命薄，不作明时好。

58. 题扇上画松

乍图君子树，未若婕妤容。

随扇摇枝叶，偏疑风入松。

59. 伤高大[1]夫

昨日看朱绂，今宵变[2]紫烟。

矢辞弓可惜，唇缺齿须怜。

惠死庄收质[3]，锺亡牙绝弦。

赠君无异物，玉箸一双连。

60. 题松下石

松为郁茂石为坚，同类相求自得缘。

松石无心犹若此，人间交结独依然。

61. 秋日诸客会饮赋屏风一物得舟

丹青图取外无求，眼下怜看解缆游。

---

1 "大"，内本作"太"。

2 "变"，《类从》本作"交"，其余诸本作"变"。

3 "质"，诸本作"碛"，《全释》依意改作"质"。

云叫雁声疑橹动，风吹鹢首怪帆留。

屏移遂处知堆[1]陆，海定恬波未荡流。

万象[2]就中何住意，我来唯爱[3]对虚舟。

62. 八月十五日夜惜月

月好偏怜是夜深，三更到晓可分阴，

争教天柱当西峙[4]? 碍滞明光不肯沉。

63. 奉拜西方帧[5]因以诗赞净土之意

十方净土尽严庄，就里西方异九方[6]。

见说国名为极乐，承闻佛寿是无量。

奇禽合奏千般语，宝树交和众妙香。

我亦阿弥陀弟子，他生往诣最中央。

64. 和户部侍郎问禅门意

不是禅门别有门，门随人意旧无存。

若令[7]欲识归依路，心不营求了一言。

65. 台山绝顶

胫韈手杖汗难收，得上台山最绝头。

---

1 "堆"，诸本皆作"推"，《全释》作"堆"。

2 "象"，《类从》本作"家"，误。

3 "爱"，底本、《类从》本、内本皆作"受"，《全释》依意改作"爱"。

4 "峙"，底本、《类从》本、内本并作"崎"，《诗纪》本作"峙"。

5 "帧"，底本、内本作"桢"，《全释》作"帧"。

6 "方"，底本作"日"，依意改。

7 "令"，《类从》本缺字，《全释》补"令"字。

惆怅贵人无到日，只今犹合傲王侯。

66. 江州形势

江州形势自难裁，关左咽喉此地维[1]。

四面山峰屏障立，□[2]泓湖岸镜奁[3]开。

绮分田亩秋来稔，叶泛舟航风顺回。

险固便宜兼水陆，比于蜀汉画[4]无态[5]。

67. 见蜘蛛作网

蜘蛛作网日昏时，结目何唯一缕资。

能设纪纲非汝术，不因[6]机杼是谁丝。

秋寒缀露牵珠贯，风拂黏花动彩帷。

四面密成终未漏，殷汤合有祝来词。

68. 玩片月

萱生七笑未盈旬，云[7]际分明出半轮[8]。

今夜月宫无地势，恒娥何处得容身。

---

1 "维"，底本作"堆"，《诗纪》本作"雄"，依意改。

2 "一"，诸本缺字，《诗纪》本作"一"。

3 "奁"，诸本作"区"，《全释》作"奁"。《诗纪》本末有注："区当作奁。"

4 "画"，底本、内本作"尽"，《全释》作"画"。

5 "态"，诸本作"能"，依意改。

6 "因"，底本作"固"，《全释》作"因"。

7 "云"，底本、《类从》本、内本并作"雪"，《诗纪》本、《全释》作"云"。

8 "轮"，底本、内本作"论"，《全释》作"轮"。

69. 侍中局赋秋阳曝菊花

岁中玩菊过秋深，百个花前久陆沉。

应惜暗宵[1]投碧玉，且知明王献黄金。

怀贞不被[2]清霜督，快馥还蒙白日临。

犹在寒丛长戴景，何因葵藿独倾心。

田氏家集之中

70. 残春宴集

掷度当初风景美，不堪空过岁芳期。

同情乍会频回首，一座相看共解颐。

麹水有凫依茂藻，碧天无茧曳游丝。

树花半落林莺老，春宴宜开春浅时。

71. 暮春

莺喧已倦听残歌，花暗曾无爱老柯。

春事触情多冷淡，上帘时少下帘多。

72. 夏日纳凉

夏日闲居要竹榭，炎天暑服爱蕉纱。

把来冰颗餐三口，不用朱[3]门载一车[1]。

[1] 朱门，底本作"珠门"，非是。朱门，红漆大门，指贵族豪富之家。晋葛洪《抱朴子·嘉遁》："背朝华于朱门，保恬寂乎蓬

---

1 "宵"，底本作"霄"，《类从》本、《诗纪》本并作"宵"。日写本"霄""宵"或相混。

2 "被"，底本作"披"，《诗纪》作"被"，依意当作"被"。

3 "珠"，底本、《类从》本、内本作"珠"。《诗纪》作"朱"，有小注："朱一作珠。"

户。"唐杜甫《自京赴奉先县咏怀五百字》："朱门酒肉臭，路有冻死骨。"

俞樾《古书疑义举例》有"文随义变而加偏旁例"，讲后人在阅读《周易》《尚书》《诗经》时根据各自对诗文的理解，为书中的某些字加偏旁的情况，并说："经典之字，若斯者众，山名从山，水名从水，鸟兽草木，无不如是，而字亦孳乳浸多矣。"

上述为"朱"加"王"偏旁的情况与此类似。原诗字本作"朱门"，抄写者不明汉唐富豪红漆大门之俗，以为富豪当有珠光宝气之门，故随手臆加一"王"字偏旁，后来解诗者因字推测其意，又以日语中"珠"同"玉"，结果又生出"玉门"为"门"之美称的说法，意思越发复杂。其实，原诗只是说，眼前的三两口冰，就足以消暑，用不着富贵人家那样一车一车地用冰，极尽奢华。又，富丽的住宅，亦称"玉邸"，后世也将天子的行宫称为"玉邸"，而一般少以"玉门"作富豪象征。

73. 闲适

无心未必镇弹琴，有眼何因[1]久对林。
安卧息心兼合眼，兴来时与竹风吟。

74. 秋日游南都诸寺

南城胜境数仁祠，每岁巡游趁法师。
畏景安禅长诵偈，凉风斗薮更吟诗。
一年半是持斋日，诸处多经赞咏时。
恐谓剃头无报国，且为长发答恩私。余多蒙大相国之恩私，故云。

---

1 "因"，内本作"固"，旁书"因"。

75. 五年八月雨中上龙门寺

秋霖瀑布听中增，云合山昏宜献灯。^{时依供灯[1]而到。}

游客莫愁人马湿，龙门无雨不堪登。

76. 秋暮傍山行

昨日出郊信宿归，回头望处入云微。

雁飞碧落书青纸，隼击霜林破锦机。

树挂茑萝依石阁，山低虹带绕苔衣。

行看物色垂鞭去，且及西街半路辉。

77. 对竹自伴

静地闲居伴竹林，自余人事不相侵。

中虚犹合 为[2] 庭实，外密终期起砌阴。

风有作声如会啸，霜无变节是同心。

世间交结真朋[3]少，唯对青葱契断金。

78. 自咏

不厌吟讽欲终年，自课初知自性然。

祝著圣年三百首，^{贞观元年春，献年调三百六十首。}

赞来良史半千篇，^{齐衡三年秋，制咏史五百四十六首。}

学耕何必逢元吉，诗癖曾无入十全。

---

1 "依"，《诗纪》本、《类从》本并作"候"。

2 "为"，诸本缺字，《全释》补"为"。

3 "朋"，底本、内本作"明"，《全释》作"朋"。

形相亦非飞[1]食肉，欲抛笔砚更何缘。

79. 题东郭居

东郭穷居且莫论，身闲犹合爱荒村。

官怜俸薄无丰屋[2]，客愧樽空不到门。

药圃君臣三两[3]亩，书斋道德五千言。

墙东避世虽同地，不似王郎遁主恩。

80. 身无系累

身无系累又无劳，岂是营求自作豪。

生事任情甘素食，官衔随分忝[4]闲曹。

鱼游放海淇涯阔[5]，鸟举凌霄碧落高。

白[6]舍终年何异事，计[7]来东日出蟠桃。

81. 照镜

勿论同人与异人，镜中镜外两般身。

闲亭独坐无游伴，每觅交朋发镜频。

1 "飞"，《诗纪》本作"苞"，底本、内本作"飞"。

2 "屋"，《诗纪》本作"居"。

3 "三两"，《诗纪》本作"两三"。

4 "忝"，《诗纪》本作"辱"。

5 "阔"，底本作"阁"。

6 "白"，《诗纪》本作"自"。

7 "计"，《全释》作"汁"。

82. 独坐怀古

交朋何必旧知音，富贵都[1]忘契阔深。

暗记徐来长置榻，推量锺[2]对欲鸣琴。

巷居傍若颜渊在，坐啸前应阮籍临。

日下闲游任意得，免于迎送苦[3]人心。

83. 兵部侍郎官

栖栖不倦人[4]遑遑，岂是崎岖取苦长。

谁道老君藏柱下，自知大隐夏官郎。

84. 拜新月

天头乃顾耸西维，新月盯衡白片眉。

犹讶那边邻佛国，且当毫相放光时。

85. 落发

看梳看沐看看落，老少相分难两俱。

莫道鬓毛随日减[5]，且教增益子孙须[6]。

86. 自劝闲居

人生百岁谁人得，纵得全生又易除。

1　"都"，《全释》作"却"。

2　"锺"，底本作"钟"，依意改。

3　"苦"，内本、《全释》作"古"。

4　"人"，底本、《类从》本、内本作"人"，《诗纪》本、《全释》作"又"。

5　"减"，底本作"灭"，《诗纪》本作"减"。

6　"须"，底本作"鬓"，《诗纪》本、《类从》本作"须"。

衰病岂无闲退日，健时闲退是闲居。

87. 梦高侍郎

金兰[1]失契十余年，容鬓宛然一夜眠。

似诉别来多岁月，如言咏得几风烟。

泪随冬[2]霰交横落，愁与寒灯向背燃。

笔海凭君为此日[3]，长悲片月[4]早归泉。

88. 元庆五年冬大相国以拙诗草五百余篇贴[5]屏风十帖仍题长句谨以谢上

常嗟雅颂圣时空，收拾博编[6]报国功。

虽识骨轻无足买，恐抛石质有堪攻。

蓬蒿献草任垂日，^{行年五十余，垂白可知}菅蒯开花欲夺红。

曾在昌龄成帝号，^{玄宗立王昌龄为诗帝}不言诗上玉屏风。

89. 见藤右军新书大相府屏风因有寄呈

不厌瓦砾斗为音，^{以总诗上屏风，故云}相府恩加草圣深。

玉篆半行封万户，银钩一字直千金。

崩云气助凡鱼目，垂露光惭石燕心。

春苑望花君得地，^{诸谏良如春苑望花}莫嫌桃李共成阴。

---

1 "兰"，诸本缺字，《诗纪》本有小注："金下恐脱兰字。"《诗纪》一本作"兰"。

2 "随冬"，底本、内本作"冬随"，《全释》作"随冬"。

3 "日"，《类从》本、底本、内本作"目"，《诗纪》本、《全释》作"日"。

4 "月"，底本作"目"，《全释》作"月"。

5 "贴"，诸本作"始"，《诗纪》本作"帖"。

6 "编"，诸本作"偏"，《诗纪》本、《全释》作"编"。

90a. 十非诗^{七首纸}

壮年不得录功名，老大营求无限情。

玉珥金貂为宠耀，颜凋鬓白尽非荣。

90b

自[1]言富贵安身事，欲报勤劳亦未堪。

肉味果珍为美食，唇焦齿落尽非甘。

90c

少年钻仰老随官，生事勤忧未得宽。

歌管舞妆为快乐，耳聋目暗尽[2]非欢。

91. 新宅晚凉即事

洞[3]户疏窗过晚凉，宅形地势是山庄。

君[4]宜隐几思南郭，草[5]欲忘忧趁北堂。

庭果爱贞栽橘柚，砌阴依茂种松篁。

怪来旧主先知意，不敢令人制短长。

92. 仲春释奠听讲古文尚书

今人欲听古人归，属耳春堂到落辉。

---

1 "自"，底本、《类从》本、内本作"白"，《诗纪》本、《全释》作"自"。

2 "尽"，内本作"益"，《全释》作"尽"。

3 "洞"，底本作"洇"，"洞"之俗写；内本作"泪"，《诗纪》本、《全释》作"洞"。

4 "君"，诸本作"若"。

5 "草"，诸本作"草"，《类从》本旁书"疑早"，《诗纪》本有小注："草当作早。"

拾得百篇中义实，象牙犀角翠毛衣。

93. 菅给事过访兼示官樱诗草[1]因以长句奉谢

惯得犬无吠客声，不知车马访蓬衡。

室虚慵老支颐坐，门到歌人倒屣迎。

恐畏绯衣沾径草，惊闻白面咏官樱。

承前富贵皆夸大[2]，始幸君寻陋巷情。

94. 后汉书竟宴各咏史得蔡邕

蔡邕经史有功深，世许宏才又鼓琴。

冢树连柯依笃孝，吴桐余烬遇知音。

皂囊封表君王见，黄绢题碑客子吟。

汉册几年遗恨久，因从[3]为国大无心。

95. 敬和吏[4]部菅侍郎浇章宴后书怀见寄诗_{次押}

宴来卿相例降尊，应是将身劝俗昏。

丝管景阑长鹤望，杯盘座[5]冷恼龙蹲。

不愁经露沾师友，犹恐浇风扇子孙。

余庆因君终不坠，三千人荷二公恩。_{午时入夕,连蒙户部礼二尚
书临于宴部事,故有此言。}

---

1 "草"，底本、内本有"草"字，《全释》无。

2 "大"，诸本并作"丈"，《诗纪》本有小注："丈当作大。"

3 "从"，底本作"徒"。

4 "吏"，底本、《类从》本、内本作"史"，《诗纪》本、《全释》作"吏"。

5 "座"，底本、内本作"座"，《全释》作"坐"。

96. 伤肥州清太守

铜符[1]腻手七旬余，如挂星驰使者车。

皓发霜鬘[2]何处客，黄泉先作白头鱼[3]。府符古多通用[1]。

[1] 古来写本中，"府"和"符""苻"往往相混。这在敦煌写本中不乏其例。如斯4642《发愿文范本等》："生时以国网相羁，数年不见于都邑；殁后以河山介阔，万里须应于灵苻。"其中的"灵苻"，即"灵府"。斯203《度仙灵录仪》等："敕录上符咒曰：……""符咒"，即"苻咒"。日本松平文库本《第一讽诵愿文表白笔体》："受槐门莲苻之贵种，备霜松雪竹之贞洁"，其中的"莲苻"，即"莲府"。

由于草写"竹"与草写"艹"极似，所以"竹"与"艹"混同在俗写中十分普遍，"符"也常写作"苻"。而草书中"艹"也往往写作"亠"。曾良《俗字及古籍文字通例研究》举出隶碑中的例子，如"护"字右边上部的"艹"作"亠"，"谨"字右边上部的"艹"作"亠"等。"竹"与"艹"混同，随后"艹"又与"亠"混同，"符"与"府"也就面目如一了。

97. 哭舍弟外史大[4]夫

亲惟同产义相凭，舟壑推迁意不胜。

本自坚贞凌腊雪，何因[5]消化软春冰。

家悲游水长沉玉，国恨明时顿灭灯。

---

1 "符"，底本作"苻"，《诗纪》本作"符"。"苻"通"符"。

2 "鬘"，底本、《类从》本作"鬘"，《集注》作"髩"。

3 《类从》本有注："府、符古多通用。"

4 "大"，底本、内本作"太"。

5 "因"，底本、内本作"国"。

哭后回心思外事，白云愧我晚为僧。

98. 奉酬观源相公旧宅诗^{次韵}

富贵非常营载营，源处水石不随行。

家空五主残煨色，池咽三泉逝水声。

树讶进薪桐¹半死，庭应经燎草初生。

曾知扑灭直难得，高盖车门几用情。

99. 奉酬伤营侍医早亡诗^{同韵}

雨不还云弓绝弦，医门能事尽依然。

十全岁后初麟角，百疾人间是乳泉。

应恨君臣休合药，谁言华扁定为仙。

智周于物施身少，莫用交亲更问天。

100. 奉答视草两²儿诗^{押韵}

知君犹未倦³吟诗，且惜风流且疗治。

胜家烧亡曾不日，良医倾没即非时。

方邻贵接^{4 [1]}葭莩陨，欲和低歌薤露悲。

一种讽⁵伤珠数串，侍郎留秘后分儿⁶。

[1] "贵接"，同"高接"，是敬语，表示与身份高的人的交

1　"桐"，诸本作"相"，《诗纪》本有注："相当作桐。"

2　"两"，底本、《类从》本作"雨"，内本、《诗纪》本、《类从》本小注："雨疑两。"

3　"犹未倦"，底本、《类从》本、内本作"犹未卷"，《诗纪》本作"未犹倦"。

4　"接"，底本作"族"，依意改。

5　"讽"，《诗纪》本作"飒"。

6　"分儿"，底本及诸本作"儿分"。

往。"贵接"对下句"低歌",为反对。"方邻贵接葭苇隈,欲和低歌薤露悲",意为作者和源相公、菅侍医相邻而居,时间不长,关系却很好,不幸的是他们都离世了,再也不能与他们相互唱和了,因而感到十分悲痛。

101. 题[1]舍弟玉大夫诗卷

不似阿兄[2]吟咏艰,珊瑚处处有声寒。

纵虽片玉无双美,欲付家诗共帙[3]看。

102. 七言九月九日侍宴各分一字[4]应制一首 ^{探赐}_{时字}

顿[5]头惊拜大仙姿,伛偻陪欢重九期。

坐少屡觞[6]酣暮景,庭多欣样觉凉飔。

低临坳窊鸡黄处,攀接穹隆蜕绛时。

潰泧[7]汗来余喘息,帘栊咫尺戴[8]恩私。

103. 拜美浓之后蒙菅侍郎见视喜遥兼贺州诗草依本韵继和之

师家狐白例名裘,闾巷[9]龚黄岂化州。

---

1 "题",底本作"颙",《类从》本、《诗纪》本并作"题"。

2 "阿兄",《类从》本、内本作"何兑",底本、《诗纪》本作"何充",《诗纪》一本有小注:"何兑恐当作阿兄。"

3 "帙",底本、《类从》本、内本作"秩",《诗纪》本、《全释》作"帙"。

4 "字",依意补。

5 "顿",诸本缺字,据《诗纪》一本、《全释》补。

6 "屡觞",底本及诸本、《全释》均作"漊觞","漊"字疑为"屡"字草书形近而讹,故改。

7 "泧",内本作"泧",《诗纪》本作"濊",依意改。

8 "戴",底本、《类从》本、内本作"载",《诗纪》本作"戴"。

9 "巷",底本、内本误作"卷",依意改。

重席珍称无价久，三刀梦误不才酬。

君抛虎竹承兼世，<small>来章述里世遥兼贺州之意，故云。</small>我负莺花度数秋。

虽是除书同日到，甘棠[1]树下小风流。

104. 花前留别同门诸故人各分一字<small>得音</small>

同衿岁久三<small>去声</small>分衿，<small>余三度到井冒。</small>此度殊常别恨深。

向老看花多怅望，离筵久少旧知音。

105. 病愈拟赴浓州留奉别诸旧僚

扶懒扶羸拟出关，饯筵先醉少欢颜。

知名怪我专城去，老未深藏病未闲。

106. 春日留别营大[2]夫探韵得春

倾盖犹如骨肉亲，交非深浅只因人。

行前无限怜花去，别恋营家一日春。

107. 元庆七年春大相赐文马有感自题<small>于时赴任美浓，教今[3]骑去。</small>

毛头细腻又调驯，更赖恩深剪拂新。

黑白斑[4]文难取像，丹青妙画拙图真。

骤[5]花偏恐行沾雨，蹄玉犹嫌踏著尘。

人马同时应别主，望于华厩一嘶春。

1　"棠"，底本、内本误作"尝"，依意改。

2　"大"，底本、内本作"太"。

3　"教今"，底本作"教今"，《类从》本、《诗纪》本并作"故今"。

4　"斑"，底本及诸本作"班"，《诗纪》一本作"斑"。

5　"羸"，《集注》作"骉"。

108. 继和渤海裴使头见酬菅侍郎纪典客行字诗

非独利刀刃似霜，毫端冲敌及斜光。

多才实是丹心使，少壮犹为白面郎。_{大使年未及强仕，故云。}

声价随风吹为[1]俗，诗媒逐电激成章。

文场阅得何珍货，明月随候[2]秋雁行。

109. 敬和裴大使重题行韵诗

待得星回十二霜，偏思引见赐恩光。

安存客馆凭朝使，出入公门付夕郎。

觉悟当时希骥乘，_{来章有"一骑希麻骥骉"。}商量后日对龙章。

明王若问君聪敏，奏报应生谢五行。

110. 过裴大使房同赋雨后热

冒热寻来逼户帷，客房安稳雨休时。

三更会面应重得，四海交心难再期。

不是少郎无露胆，偏因大使有风姿。

他乡若记长相忆，莫忘今宵[3]醉解眉。

111. 五言夏夜对渤海客同赋月华临净夜诗_{题中取韵，限六十字。}

半破银锅子，排空踵日车。

当天犹热苦，仲夏却霜华。

浇石多零玉，通林碎着花。

---

1 "为"，底本及诸本、《全释》作"扇"，依意改。
2 "随候"，诸本作"为使"。
3 "宵"，底本、内本误作"霄"。

窗疑悬瀑布，庭讶踏晴沙。

昭察分丝发，吟看置齿牙。

两乡[1]何异照，四海是同家。

112. 同营侍郎醉中脱衣赠裴大使_{次韵}

浅深红翠自裁成，拟别交亲赠远情。

此物呈君[2]缘[3]底事，他时引领暗愁生。

113. 酬裴大使答诗_{本韵}

惊见裴诗逐电成，客情欢慰主人情。

与君共是风云会，唯契深交送一生。

114. 七言夏夜于鸿胪馆饯北客归乡一首

远来宾馆接欢娱，旬景交[4][1]心白首俱。

行李礼成回节信，扶桑恩极出蓬壶。

此宵促膝东廊底，明日违颜北海隅。

郑重赠君无异物，唯馀泣别满巾[6]珠。

[1] 在印刷体中，"灾"和"交"有很明显的区别，是不大容易搞错的，重要的一点是中间的两笔，"灾"字聚拢而"交"字相分（"八"）。但在书写时，特别是快写时，这两笔均连了起来。

---

1 "乡"，诸本作"乡"；内本作"卿"，误。

2 "君"，底本作"若"，误。

3 "缘"，底本、内本作"绿"，误。

4 "交"，诸本作"灾"，依意改。

5 "君"，诸本缺字，《全释》补"君"，可从。

6 "巾"，诸本作"中"，《全释》依意改作"巾"。

尊经阁寺本《冥报记》中的"交"字，中间两笔均连作"凵"，这样写出来的"交"字就很容易混同于"灾"了。

115. 和野秀才叙德吟见寄^{依本诗韵}

和羹未得鼎¹中滋，恐惧铜符入手时。

劝课农桑非我力，只应州境化吟诗。

116. 和野秀才见寄秋日感怀诗^{同跋韵 2}

才拙分忧几坐驰，下车如昨属金祇。

昭回星汉天难晓，暗去时光人不知。

桂镜月明飞素扇，荷³珠风拨动青规。

当年縠⁴转鸿应至，终日辀行鹿未随。

襦⁵袴每思寒（塞）北报，箅箄⁶空送景西垂。

劝君莫用求栖息，我去田⁷棠无一枝。

117. 和野秀才秋夜即事见寄新诗^{次韵}

秋男嫌卧床，更漏过中央。

合眼梦难得，□心事不量。

1　"鼎"，底本作"𪔃"，"鼎"的俗字；《诗纪》本缺字。

2　"跋"，底本作"拔"，《诗纪》本无"同拔韵"三字。

3　"荷"，《诗纪》本作"前"。

4　"縠"，诸本作"榖"，《全释》依意改作"縠"。

5　"襦"，诸本作"缛"，《全释》改作"襦"。

6　"箄"，诸本作"篁"，《全释》依意改。

7　"甘"，《类从》本、《诗纪》本缺字，皆有小注："疑甘字。"

窗风牵感结，庭月助悲凉[1]。

径密[2]初繁露，林寒未督霜。

乱绳非我理，燥[3]气是君伤。

厌倦衡门苦，逢迎上国良。

赋同知己岳，^{潘岳赋秋意。}诗和起予高。^{卜商可言诗。}

吟送连晴[4]昼，投来几夜光。

促界[5]行驰罢，残灯坐啸长。

珍重凭三益，从今慰九肠。

118. 奉呈野秀才诗伯

关东作吏愧颛愚，只幸高才取路隅。

村落不知诗变玉，谩言浓土有还珠。

119. 别前别驾

昔时儒馆忝[6]同门，今日州衙接旧恩。

向别还惭无效力，唯将人吏得攀轮[1][7]。

　[1]《后汉书·侯霸传》："更始元年，遣使征霸，百姓老弱相
　携号哭，遮使者车，或当道而卧。皆曰：'愿乞侯君复留期年。'"
　又《第五伦传》："永平五年，坐法征，老小攀车叩马，啼呼相

1　"凉"，《类从》本、内本作"淳"，底本作"浮"，《诗纪》本缺字，《全释》依意改作"凉"。

2　"密"，《全释》作"蜜"，底本、《诗纪》本作"密"。

3　"燥"，《类从》本作"燥"，《诗纪》本作"惨"。

4　"晴"，诸本作"暗"，《全释》作"清"。

5　"界"，诸本作"略"，《全释》依意改作"界"。

6　"忝"，《诗纪》本作"辱"。

7　"轮"，底本、内本作"辖"，《全释》作"辕"。

随。"后以"攀辕卧辙"为挽留或眷恋良吏的典故，亦作"攀车卧辙"，亦省作"攀辕""攀轮"。王闿运《哀江南赋》："阳沉掩幕，雨泣攀轮。"俞樾《古书疑义举例》有不"变文协韵例"，说："古人之文，更有变文以协韵者。"诗歌中变文协韵更是屡见不鲜。如《诗经·鄘风·柏舟》："母也天只，不谅人只。"《传》曰："天，谓父也。"《正义》曰："先母后天者，取其韵句耳。"本来"攀辕"是通行的说法，为了押韵的关系，变为"攀轮"，意思不变。而"轮"字与"辖"相近，可能是抄写者不明"攀轮"，而以己意换成了"攀辖"，另外的抄写者则根据既知的"攀辕"一词，换成了"攀辕"。

120. 奉和大相伤桃花马次本韵

花毛行拂早风轻，稳乘佳游夜到明。
应是畜生知效死，君便不忘代劳情。

121. 奉和大相立秋日感凉至诗次韵

秋色古今不异天，吴江季末少人怜。
除非鲜服随鲈脍，自外纷纷俗纳牵。

122. 和藤近士秋日过开门问美州风俗新诗次韵

自分元知命在天，雕虫曾未学烹鲜。
武城下邑牛刀钝，何用无才报有年。来章有"秋稼吐香鲜"之句，故云。

123. 和藤进士客中遇雪见寄次韵

关左崎岖膺帝难，孤心遇雪更增寒。
乡村笑我巴人曲，惭愧高才往复看。

124. 过鹈渭

河出源处几崔嵬，路次层盘望眼回。

短暑[1]一朝行过电，长流百[2]里傍闻雷。

岚寒山叶排红壁[3]，浪溅石床耸漆台。

惆怅老慵[4]田别驾，年馀知命不看来。

125. 衙后晚望吟怀

东来不觉换炎凉，晚望寒阴犹自伤。

冰合弓胶坚水泽，年随箭漏促时光。

昏村偏贺秋收[5]稔，家业还愁学耨荒。

外吏三馀无暇日，且因衙退阅词章。

126. 奉转金刚般若经

丈六含容一子恩，众生谁不赖空门。

始知佛母应尊重，我是金刚般若孙。

127. 吟白舍人诗

坐吟卧咏玩诗媒，除却白家余不能。

应是戊申年有子，唐大和戊申年，白舍人始有男子。甲子与余同。付于《文集》海东来。

---

1 "暑"，底本作"略"；《诗纪》本作"景"，小注："景一作暑"；《全释》作"暑"。

2 "百"，底本、内本作"百"，《全释》作"万"。

3 "壁"，底本作"璧"，《类从》本、《诗纪》本作"壁"。日写本"壁""璧"多相混。

4 "慵"，底本作"牖"，误。

5 "收"，底本、内本作"状"，误。

128. 元庆七年冬美浓大雪以诗记[1]之

坂东堺[2]首路犹赊，嵩岳寒生降雪奢。

庭望玉人无胫到，林知琪[3]树有时加。

一身对阁多衾[4]粉，四面看山几箦[5]沙。

且[6]莫夸张丰岁瑞，先须劳问孝[7]廉家。

129. 府城雪后作

浓土近年看雪少，今冬改观变州疆。

檐冰数尺垂[8]银穗，溪水横分泛玉[9]浆。

野老始知春涣泮[10]，农夫只[11]道[12]岁丰穰。

愚蒙未得推天意，唯爱衙前洁白光。

田氏家集之下

130. 上苑[13]前别越前藤司马

送君且及夕阳斜，为是江湖道路赊。

---

1 "记"，《诗纪》本作"纪"。

2 "堺"，《诗纪》本作"界"。

3 "琪"，底本作"琪"。

4 "衾"，诸本作"区"，《诗纪》本诗末有小注："区当作衾。"

5 "箦"，底本作"簀"。

6 "且"，《诗纪》本作"旦"。

7 "孝"，底本、内本作"老"，误。

8 "垂"，底本、内本作"乘"，误。

9 "玉"，底本、内本作"至"，误。

10 "涣泮"底本作"澳沐"，依意改。

11 "只"，底本作"兄"。

12 "道"，底本、内本作"导"，误。

13 "苑"，底本、内本作"花"，误。

闻道越州多胜地，犹应恋着上林花。

131. 大相府东庭贮水成小池小池种一紫藤至于今春始发花房酌于花下玩以赋之应教

a

重华累叶种相依，池上新开映晚辉。

料[1]量紫茸花下尽，家香更作国香飞。

b

一种垂藤数尺斜，虽新虽旧是同家。

久来用意依芳荫，不向人间趁百花。

132. 药

种药经春扑地生[2]，蒙茸拂暑[3]小庭荣。

人来抬举应惊手，枸杞[4]丛头吠犬[5]声。

133. 奉谢赞州菅使君闻群臣侍内宴赋花鸟共逢春见寄什 ^{次韵}

未堪芳馥应纶言，岂是笼禽诗思温。

南郭槁株初着[6]艳，北山伤雀拟酬恩。

君魂花发驰宫掖，我意鸥飞到海门。

---

1 "料"，底本、内本作"斯"，《诗纪》本作"断"。

2 "生"，底本作"上"，误。

3 "暑"，底本作"着"，误。

4 "杞"，底本作"把"。

5 "犬"，底本作"大"，误。

6 "着"，《类从》本作"着"，《诗纪》本作"看"。

可惜翰华兼彩[1]凤，逢春不得共园林[2]。

134. 池上追凉

（勒游鸥秋）

未须远迹放山游，何必虚心狎[3]海鸥。

咫尺池头相要会，梅霖半夏竹风秋。

135. 菅赞州重答拙[4]诗频叙花鸟逢春之意四月晦先使去五月望后使来不远千里交驰尺题更亦抽怀押韵报上

沧浪缩地累嘉言，此日知君席不温。

望北花时思雪唱，图南天外恋皇恩。

梅霖兔月才盈魄，海驿鱼书再到门。

不晚虎符还象魏，莫能勤苦忆家园。

136. 五言禁中瞿麦花诗卅韵（并序）

瞿麦一名巨句麦，子颇似[5]麦，因名瞿麦。花红紫赤，又有浓淡。春末初发，夏中最盛秋冬不凋，续续开坼。窠文圆缬，异彩同葩，四时玩好，藿[6]蘼可爱。今年初种禁篱，物得地而增美。虽数十名花，傍若无色香耳。但古今人朗[7]咏殆[8]少。盖此花生大山川谷，不在好家名处。不亦

---

1 "彩"，底本作"綵"，《诗纪》本作"彩"。

2 "园林"，诸本作"林园"。

3 "狎"，底本、内本作"押"，误。

4 "拙"，底本缺字，据诸本及《全释》补。

5 "似"，《诗纪》本作"类"。

6 "藿"，底本作"薙"，《诗纪》本作"霍"。

7 "朗"，底本作"嘲"，《诗纪》本作"朗"。

8 "殆"，底本作"知"，《诗纪》本有小注："知当作殆。"

然者，何得右蔷薇、左牡丹、前兰菊、后萱草乎？花亦有时，人亦有时。臣奉敕而赋之，前修之来能云[1]焉。诗曰：

> 瞿麦花非一，移栽供王皇。
>
> 莓苔[2]曾结荫，萧艾敢同行。
>
> 诸种应相妒，频芸自得常。
>
> 敷芬新禁掖，变化旧疏荒。
>
> 春柔尖茎耸，烟含细叶藏。
>
> 晴霞初寸截，晚霭拟分将。
>
> 脆软红苏蒂，敧垂蜡紫芳。
>
> 半阴萦凤署，斜景射虹梁。
>
> 坐对酡[3]颜客，行随笑脸[4]娘。
>
> 雨添深茜草，天染[5]浅苏芳。
>
> 乍讶簪投地，那知缬曝场。
>
> 彩线[6]风断缬，文绮露团章。
>
> 落□琅玕竹，通明玳瑁床。
>
> 透帘夸黼帐，依砌助华堂。
>
> 晕发施屏画，尘除出箧妆。
>
> 当时驱蝶子，每日引蜂王[7]。
>
> 月宇云飞帔[8]，星坛醮燎芒。

1　"云"，底本误作"去"。

2　"莓"，底本、《诗纪》本、《全释》作"莓"。

3　"酡"，《类从》本作"艳"，底本、内本作"酡"，《全释》作"酡"。

4　"脸"，诸本均作"睑"，《全释》作"脸"。

5　"染"，底本、内本作"深"，《诗纪》本作"染"。

6　"线"，诸本作"钱"，《诗纪》本、《全释》作"线"。

7　"王"，《类从》本作"玉"。

8　"帔"，《类从》本作"波"，《诗纪》本作"浪"。

彤庭看取近，清画玩来长。

宴步承仙履，宸居袭御香。

绣衣惊奉使，锦服念归乡。

接影瑶阶合，连辉宝幔[1]张。

冀诬[2]推历记，萱谩遣忧忘。

独饵齐三秀，偏怜过九肠。

似烧任冒暑，欲慄未残霜。

纵使逢流火，还堪送迅商。

重荣兼绘意，异色度炎凉。

不问洲蘋白，谁占县菊黄。

蔷薇嫌有刺，芍药愧无光。

比喻心难刚，吟题手又忙。

乾恩回照甚，倾蘁莫争阳。

137. 对竹怀古

后生暂有慰先魂，嵇阮淹时不及门。

对竹莫言人不见，须知暗里七[3]贤存。

138. 七言重奉题禁中瞿麦花应诏一首

仙都置色属清晨，瞿麦花开不见尘。

蕊带飞丹烧有火，窠成染绛织无人。

风疑孔雀摇飘毵，雨怪文蛇洗落鳞。

---

1 "幔"，底本作"慢"。

2 "诬"，底本作"誆"，"诬"的俗字。

3 "七"，底本作"士"，依意改。

应是星官天欲曙，红霞围绕紫微[1]辰。

139. 秋晴^{勒暗行声明}

秋阴过雨重阳到，寥廓无云四望晴。

草木好当清昼见，湖洲宜上白沙行。

山襄远霭残虹带，风落高天一雁声。

可惜后朝难侍宴，谁家篱下趁渊明。^{明朝重九之宴也。}

140. 七言九日侍宴同赋钟声应霜应制一首

欲识三卮露结光，初闻九乳响含凉。

无煎更怪凝凌早，不打还思感致长。

履着诗家朝葛履，眠惊仙洞晓绳床。

唯期头戴阳辉久，莫用宫钟应鬂[2]霜。

141. 九日后朝同赋秋字

何时饮酒不消忧，即事重阳是躁求。

莫厌后朝重劝醉，朝朝犹醉后朝秋。

142. 九月晦日各分一字^{得迷}

遑遑不息又栖栖，风转飞蓬客意迷。

潘岳夜来应稳睡，秋[3]过无复两眉低。

---

1 "微"，《类从》本作"薇"。

2 "鬂"，《类从》本作"鬓"，《诗纪》本作"髻"。

3 "秋"，诸本缺字，《诗纪》本小注："睡下恐脱秋字。"

143. 冬初过藤波州玩林池景物 _{同用寒字}

秋余五日送时难，趁逐林池惜岁阑。

水荇带长鱼拨断，霜苔钱破鸟行残。

泉依日暮人琴咽，树被风驱客叶寒。

兰败菊荒莫惆怅，先侯遗托使君看。

144. 鹤栖松 _{尖添柔　占胆厌}

千年松与千年鹤，同类相依树杪尖。

放出高声青霭远，助来幽趣翠岚添。

寒深团雪幢¹阴厌²，昼后残云盖影兼。

密³叶怨繁疏叶就，低枝嫌短上枝占。

时留羽驾仙人过，日长精神道士⁴瞻。

何必乘轩终表质，愿从君子得无厌。

145. 春风歌 _{八韵成篇，陪宽}
_{平二年内宴应制作。}

风为号令闻先训，八节周旋皇政媒。

加物无偏又无党，施人如去⁵却如来。

摇扬逐日从箕宿，养长随时应震雷。

就里三方非有意，只须珍重自东回。

冰池贯玉宛绿酒，肆□吹炉拟暖灰。

1　"幢"，底本、《类从》本、内本作"曈"，《诗纪》本、《全释》作"幢"。

2　"厌"，《类从》本作"厌"。

3　"密"，底本作"蜜"。

4　"士"，《类从》本、内本作"土"，底本、《诗纪》本作"士"。

5　"去"，底本作"云"。

解却畜怀梅[1]唇缓[2]，消除遗恨柳眉开。

丝桐[3]缭绕飞歌榭，罗袖[4]飘摇拂舞台。

臣过六旬陪五代，^{臣自齐衡}^{得陪内宴}春风殊合煦寒栽。

146. 七言仲春释奠听讲论语同赋为政以德一首

政归于德德为邻，犹若众星拱北辰。

今日神农何处庙，^{于时并}^{典药头}无颜拜奠[5]孔堂春。

147. 拜官之后，谢劳问者

莫论职显与才贤[6]，自悟人生宠辱兼。

滨铁易消终切玉，砂金难炼[7]不堪盐。

道知欲进翻如退，神觉亏盈更福谦。

谢遣门前劳问客，官位年老两无嫌。

148. 三月三日侍于雅院赐侍陈曲水之饮应制

大皇岁久废良辰，圣主初临元巳新。

宫水自流为曲洛，内[臣][8]便引作嘉宾。

提壶鸟舌催呼酒，带绶[9]花心笑向人。

---

1 "梅"，底本误作"悔"。

2 "唇缓"，底本及诸本作"只爱"，《诗纪》本小注："只爱恐当作儿笑。"《诗纪》一本注："只爱恐唇缓误。"《集注》作"儿笑"。

3 "桐"，底本、《类从》本、内本误作"相"，《诗纪》本、《全释》作"桐"。

4 "袖"，《类从》本误作"神"。

5 "奠"，诸本作"贲"，依意改。

6 "贤"，底本作"尖"。"贤"字日本略写作"夻"，误作"尖"。

7 "炼"，底本、《类从》本、内本作"练"，《诗纪》本、《全释》作"炼"。

8 "臣"，诸本缺字，《诗纪》本有小注："内下恐脱臣字。"

9 "绶"，类从本、《诗纪》本作"浸"，底本、内本、《全释》作"绶"。

庄叟莫嫌漆园吏[1]，^{昔庄溉漆园，今臣溉药园，故有比之。}明时还待泛觞春。

149. 赋雨中樱花^{春字}

樱开何事道无伦，半是云霄[2]陶染频。

低入潦中江濯锦，暖沾枝上火烧薪。

吴娃[3]洗浴颜脂泽，姹女清谈口唾津。

东阁经年为老树，^{祗陪东阁三十年强。}纵虽憔悴可[4]夸春。

150. 喜胜阇梨升法桥

亲亲曾忝[5]一家游，道境初看宠擢优。

飞锡断将时醒醉，护珠休与世沉浮[6]。

四流共鉴星中月，五浊应分水上油。

我老孔门无赖甚，尼拘林下谢尼丘。

151. 夏日竹下命小饮

世上清冷风竹前，人间欢乐酒杯仙。

家庭养绿寻常醉，应是他生作七贤。

152. 池榭消暑

赤日炎天愤懑盈，黄昏胜地始陶情。

---

1 "吏"，底本、内本作"史"，误。

2 "霄"，底本作"膏"，依意改。

3 "娃"，底本、内本作"姓"，《全释》作"娃"。

4 "可"，类从本、《诗纪》本缺字，《诗纪》一本有小注："悴下恐脱可字。"

5 "忝"，《诗纪》本作"辱"。

6 "沉浮"，《类从》本作"浮沉"，底本、内本作"浮泥"，《诗纪》本、《全释》作"沉浮"。

月沉蘋藻银钩影，风触松杉玉轸声。

水鹜念浮难久没，池鱼厌伏易惊行。

烦襟解散凭恩泽，不敢崎岖趁逐名。

153. 伤左尚书

学优福厚遇时频，非命倾祖亦有因。

欲□□□□□□，□先朝露□重闉。

每凭魏棘千年庆，不谓芭蕉一束身。

人事嫌猜应莫恨，紫衣金印九泉春。言宪赠之厚也。

154. 密竹有清阴

世事探汤焦烂期，恨来曾入竹阴迟。

旷然怀里何相似，簟衽无尘栉沐时。

155. 奉伤致仕藤御史

通儒达官¹早悬车，五百年生八十余。

犯主逆鳞思报国，为朝骨鲠未营居。

眼前恩少蒲轮唤，身后功多竹帛书。

此日诗成异直尖，□□泉底付江²鱼。

156. 七言仲秋释奠听讲周易赋从龙一首

曾侍缁帷³知有分，无心服药入仙群⁴。误吞药司，知非自分。

1　"官"，《诗纪》本作"宦"。

2　"江"，《诗纪》本作"红"。

3　"帷"，底本、内本作"惟"，误。

4　"群"，底本、内本作"郡"，《集注》作"群"。

蟠龙未得升天便，空望连山一片云。

157. 和前菅赞州□竹奉谢源纳言诗_{次韵}

风竹声声作耳餐，中台爱种殿前栏。

心知虚往为庭实，节对温颜带岁寒。

今日疏篱才数步，他时箫洒几千竿。

纵非客右陪梁苑，吟玩清阴座后看。<small>本诗有"梁王欲识孤贞节，请唤相如雪里看"句。</small>

158. 敬和源十七奇才步月词_{次韵}

清夜徘徊白玉场，身轻目极眇云乡。

误行积雪嫌投步，疑踏晴沙恐污光。

平□□消惊委浪，初更人定讶降霜。

饶君早岁怀明月，随唾珠成吟啸长。

159. 闰九月作

井上桐圭数片留，秋中桂景四回投。

凄风未杀林池色，更恼潘生一月愁[1]。

160. 后九日到菊花_{勒秋流投头}

种菊不同凡草木，重阳再玩一年秋。

浑天星陨应敷地，祭水琮沉欲奠流。<small>皆庭池之即事也。</small>

桓府追思乌帽落，陶家景慕白衣投。

先朝后日犹九曰，就里留心此晚头。

---

1 "愁"，底本作"德"，依意改。

第四章 日本汉诗与汉文诗话的写本研究

161. 林池晚眺^{勒松踪钟}

花明水激有风松，过耕无量寿佛踪。^{于时寿阇立，寄住此地。}

便想西方□妙地，赞声时和晚来钟。

162. 秋日竹日¹怀古

偏称三友数君须，竹下贤达²谷里愚。

冷淡气余宾礼薄，疏篱阴远客根迁。

贞穿霜月时虽有，吟助寒风傍若无。

嵇阮类同今怀古，后于百草一丛孤³。

163. 晚秋景物

何处秋深不得怜，偏因⁴景物遇颓年。

寒穿客叶长风箭，夜射宾鸿半月弦。

悴柳寄身虽觉□，贞松托意可知坚。

欲将时事征人事，莫问荣枯属在天。

164. 感喜敕赐白马因上呈诸侍中

遗风簇⁵雪四⁶蹄开，曳到腾骧阳不才。

当日乍辞华厩出，他时定度玉关⁷来。

---

1 "日"，《诗纪》本缺字。

2 "达"，底部作"逢"，依意改。

3 "孤"，底本、《类从》本、内本作"狐"，《诗纪》本作"孤"，《类从》本旁书："疑狐。"

4 "因"，诸本作"同"，《诗纪》一本作"因"。

5 "簇"，底本、内本作"蔟"。"蔟"通"簇"。

6 "四"，底本作"回"，依意改。

7 "关"，底本、内本作"开"，《全释》作"关"。

晴行花逐骢毛乱，夜去星[1]随骏目回。

始觉青云应易踏，天恩已许骑龙媒。

165. 七言上巳对雨玩花应制一首

暗来暗去到清明，上巳春光费眼睛。

禁树花痕微雨[2]脚，宫沟水剂小[3]雷[4]声。

卧槐欲起添膏液，寒草应苏见挺生。

此夕更知皇泽远，迎朝定出药园行。

166. 七夕池上即事

反照光生向晚飔，蜘蛛网结[5]浪花时。

情来却问西京事，百子池头五色丝。

167. 仲秋释奠听讲《周易》

a

文宣未说药为仙，恨背缁[6]帷执赭鞭。

老迈归田知不晚[7]，应休职役绝韦编。

宽平元年十月九日，御读《周易》。三年六月十三日，讲毕。博士

---

1 "星"，底本、内本作"呈"，《全释》作"星"。

2 "雨"，底本、内本作"两"，《全释》作"雨"。

3 "小"，底本、《类从》本、内本作"少"，《诗纪》本作"小"。

4 "雷"，底本、《类从》本、内本作"雪"，《诗纪》本、《全释》作"雷"。

5 "结"，诸本缺字，《全释》补作"结"。

6 "缁"，底本、内本作"繢"，误。

7 "晚"，《全释》作"脱"，误。《集注》作"晚"，是。

善爱成，把卷奉授；别驾[1]忠臣，侍读都讲[2]。《易》之滥觞，若比九流之书，则如百川之与巨海矣；《易》之通照，若比五经之镜，则如众星[3]之与夜[4]月 [11] 焉。我后帝出于震，君临于人，以为自我草昧垂化文明，欲令天下归大易[5]之初，通寂然之理。于是有敕，博士受成，究[6]其玄关；别驾忠臣，讨其微义。自从商[7]瞿传[8]授颖达正义，百家蜂起，未有今日之盛也。盖所广先王之教化，启后生之耳目者也。讲毕浇章，时赐曲席，良有以而尔焉。臣质同万物，仰[9]观飞矢之龙鳞；学异小翼，俯拟渐陆之鸿翅。应诏，仰列斐然之志也。

b

自披圣制阅义文，大易幽微入五云。

玉尺短长唯叠叠，著[10]龟先后是云云。

嫌疑谁累支[11]颐读[12]，爻卦何妨属耳闻。

悬象瞬眸天上耀，遗经满鼻阁中芸。

天时明两[13]应言□，宝历通三莫道曛。

六十年来知命遇，韦编三绝为仁君。

1　"驾"，《全释》作"贺"，误。

2　"讲"，底本、《全释》作"读"，误。《集注》作"讲"，是。

3　"星"，《类从》本、《诗纪》本作"生"；底本、内本作"星"，是。

4　"夜"，诸本作"使"，《全释》作"兔"，《集注》作"皎"。

5　"易"，诸本缺字，《全释》补作"易"，《集注》补作"有"。

6　诸本缺字，《全释》补作"究"。

7　"商"，底本作"高"，《全释》《集注》作"商"。

8　"传"，底本、《类从》本、内本作"博"，《诗纪》本、《全释》《集注》作"传"。

9　"仰"，《诗纪》本作"何"，误。

10　"著"，诸本作"耆"；《全释》依意改作"著"，是。

11　"支"，底本作"岐"。

12　"支颐读"，诸本作"歧头渎"；《集注》作"支颐读"，是。

13　"两"，《类从》本作"雨"；底本、内本、《诗纪》本、《全释》《集注》作"两"，是。

360

[1] "使" 与 "夜" 草书易混。上文的前一比喻 "百川" 与 "巨海" 相对，实出谢灵运《拟魏太子邺中集诗》："百川赴巨海，众星环北辰。" 而后一比喻 "众星" 与 "夜月" 相对，则出于佛经。《理趣六波罗蜜多经》："离贪嫉者，能净心中贪欲云翳，犹如夜月，众星围绕。" 另外，唐刘知幾《史通·杂述》也说过："盖语曰：众星之明，不如一月之光。""夜月" 也是常见的诗语。李白《蜀道难》中 "又闻子规啼夜月，愁空山" 是脍炙人口的诗句。日本汉文古写本一般均用楷书书写，极少见到全文用草书的写本，但是在楷书写本中偶尔掺杂行书、草书字体的现象却时有所见。

168. 七言重阳后节题秋丛应制一首^{探赐交字}

因恭东日拜西郊，寒草无愁霜露交。

兰佩¹始应鸣紫玉，菊妆犹未绽黄袍。

薇²芜枝格沙虫³孔，芦荻□承阁凤巢。

欲劝句陈留退客，洞⁴中秋景不堪抛。

169. 花⁵前有感

去岁落花今岁发，我为去岁惜花人。

年年花发年年惜，花是如新人不新。

---

1 "佩"，《类从》本作 "偑"，诸本作 "佩"。

2 "薇"，底本、《类从》本、内本、《集注》作 "薇"；《诗纪》本、《全释》作 "薇"，是。

3 "虫"，《类从》本、《诗纪》本作 "蟊"，底本、内本作 "虫"。

4 "洞"，底本作 "泪"。"洞" 字俗写 "口" 作二横，故易看做 "泪"。

5 "花"，底本作 "苑"，误。

170. 七言就花枝应制一首

非暖非寒陪月砌，如蜂如蝶就花枝。

风飘香雪萦钿阁，霜扑银盐映玉卮。

半绽春妆应制断，初融冰镜[1]未流[2]澌。

临时欲献诗媒[3]尽，不耐铜壶夜景驰。

171. 七言三日同赋花时天似醉应制一首

春风何处不开花，万井皆红映九霞。

步历艰难如酩[4]酊，回杓指顾似婆娑[5]。

星排宿酒投银榼，云出酡颜破碧纱。

此日绛霄陪曲水，来时疑是乘浮查[6]。

172. 暮春宴菅尚书亭同赋扫庭花自落各一字得还字

a

朝来寻逐见花颜，旧日芬芳此日还。

一座无言春寂寞，满庭空对花开间[7]。

b

因花命酒两无问，花酒因缘不等闲。

清昼怜看迟日暮，恨他乘醉踏花还。

---

1 "镜"，底本、《类从》本、内本作"铣"，《诗纪》本作"镜"。

2 "流"，诸本缺字，《全释》《集注》补作"流"。

3 "诗媒"，诸本缺字，《全释》补作"诗媒"。

4 "酩"，《诗纪》本作"酪"，误。

5 "婆娑"，底本作"娑娑"；内本作"娑娑"，误。

6 "查"通"槎"。

7 "间"，诸本缺字，《诗纪》一本作"间"。"花开间"，《集注》作"落花闲"。

家风扇与好风还，一处欢游笑破颜。

此会终天无坠地，花开花落似循环。

173. 暮春花下奉谢诸客劝酒见贺仲平及第

蓬荜门庭华艳非，蒙君润色作芳菲。

吾家不是登龙种，何事[1]花时云雨围。终日有云雨，故云。

174. 醉中惜花

风落庭芳暮景深，春花几处恼春心。

偏消妄[2]想凭何事？唯有添杯倚柱吟。

175. 上苑春暮对花惜别

上苑花飞日半曛，相逢相别几重云。

一心诸处难随去，分付春风吹送君。

176. 见源十七春风扇微[3]和诗因赋[4]才华日新次本韵

何处微和取象奢，春风[5]翰墨日新家。

激扬学海金波漾，摇动词林珠树斜。

绕手拂成笺上彩，缠心吹坼笔头花。

---

1 "事"，诸本缺字，《诗纪》本有小注："何下恐脱事字。"
2 "妄"，《类从》本作"忘"。
3 "微"，诸本缺字，《诗纪》一本作"微"。
4 "赋"，诸本缺字，《全释》补作"赋"。
5 "风"，诸本缺字，《全释》《集注》补作"风"。

声名扇荡因风铎[1]，近远吟传众口哗。

177. 饯镇西安明府镇东藤府君长门菅太守之任探得迁字

门同胶漆未为坚，不觉勤王外秩迁。

七道民贫多吏[2]富，折辕归自数君传。

178. 甲第林池^{勤看宽}

甲第林池得地安，谁人梳理后人看。

压山³长短千株足，停水方圆数步⁴宽。

绿荫延凉浮户⁵牖，清流倒影⁶动轩栏。

君前终日澄□□，顾□□□□岁寒。

179. 阙题

四海开元圣主家，两都天下惜京花⁷。

通街一直无千里，夹路三春满百花。

争咏琼枝西苑客，竟攀珠树北方家⁸。

当初感事无人识，时见离宫锁暮霞。

1　"铎"，底本作"鞸"，诸本作"驿"；《全释》作"铎"，是。

2　"吏"，诸本作"史"，《全释》作"吏"。

3　底本缺字，《全释》补作"山"，《集注》补作"林"。

4　"步"，《类从》本、《诗纪》本作"亩"。

5　"户"，底本、《类从》本、内本缺字，《诗纪》本作"户"；《全释》《集注》补作"户"，是。

6　"影"，底本、《类从》本、内本缺字，《诗纪》本、《全释》、《集注》作"影"。

7　"花"，《类从》本、《诗纪》本并作"华"。

8　"家"，诸本缺字，《全释》《集注》未补，此依意补。

364

180. 仲春释奠听讲春秋赋左氏艳而富

玩莺春讲获麟章，醉饱官厨阅岁芳。

千岁文华奢卷轴，一家词玉赡[1]缣缃。

看来更讶开珍藏，听得初知向艳阳。

贺了丘明还怅望，公羊无货谷梁疮。

181. 岁暮诗

迈齿兼霜帙[2]，行乾[3]不得糜。

数来冀关魄，倾尽藿遗曦。

斡[4]斗炎燃幻，颓阳[5]吹截岐。

鸟层波上阁，花绽日中枝。

霭远笼霄虎，冰[6]坚闭泽螭。

□黄封雪[7]变，山翠结云移。

蛰雁高残律，穷龟息未垂。

双轮潜毂辗[8]，二御秘镳[9]驰。

冻烈枯桑晓，天严劲竹知。

既居生品贵，何遽忍寒仪。

1　"赡"，诸本作"瞻"，《诗纪》一本小注："瞻恐赡误"。

2　"帙"，底本、内本作"快"。

3　"乾"，底本作"乿"，《集注》作"轩"，《全释》作"干"。

4　"斡"，诸本作"干"。《诗纪》一本、《全释》《集注》作"斡"。

5　"阳"，底本。《类从》本、内本作"阴"，《诗纪》本、《全释》《集注》作"阳"。

6　"冰"，底本作"水"，《全释》《集注》作"冰"。

7　"雪"，底本作"雷"，《全释》《集注》作"雪"。

8　"辗"，底本作"輾"，诸本作"辗"。

9　"镳"，底本作"骦"，诸本作"镳"，《全释》依意改作"辘"，《集注》作"镳"。

182. 十二月十五日夜对月

年余半月月初圆，可惜穷冬三五天。

面痛严风嫌扇动，心忧迈岁怨轮旋。

金波不结云端注，玉镜无收雪里悬。^{于时1}

偏玩凝明侵户入，殷勤不忍拥衾眠。

183. 和文十三春夜寤^{次韵}

夜长易寤是忧长，非独君伤我亦伤。

一室有书空对壁，四邻²无烛敢偷光。

只思鸡警催晨漏，不羡莺啼报早芳。

惆怅³花时多不快，何当得意稳眠床。

184. 菅家寒食第三晨宴遇雨同赋烟字

a

景迟云合⁴暗花前，寒食情来触处怜。

虽贺王春施惠泽，犹嫌微雨似轻烟。

b

游春三日惜芳年，闻道元由绵上传。

今日雨⁵中榆柳树，纵虽钻过不成烟。

1　"于时"，《诗纪》本无。

2　"邻"，底本、内本作"怜"。

3　"怅"，底本作"帐"，误。

4　"合"，底本、《类从》本、内本作"含"，《诗纪》本作"合"。

5　"雨"，底本、内本作"两"。

185. 苦雨[1]

麦秋阴一月，梅夏雨连朝。

环堵争开窦，当街命系桥。

奔波沉马腹，流[2]水没人腰。

早晚披天见[3]，将心诉九霄。

186. 喜晴

近日天颜黑，今朝日脚红。

卷云雷却鼓，除霭虎输风。

气散山初见，泥干路欲通。

阴晴才隔夜，蒙昧已冲融。

187. 八月十五日宴各言志探一字得亭

怜月情多暗数莫，逐光移坐最西亭。

若令他夕如今夜，不惜明朝一荚零。

188.史记竟宴咏史得毛遂[4]

赵胜知士早，毛遂出群迟。

客舍三年[5]默，荆庭一旦威。

既挥升殿剑，终脱处囊锥。

寄语他同辈，如何目击时。

---

1 "雨"，底本、内本作"两"。

2 "流"，诸本缺字，《诗纪》一本作"流"。

3 "见"，《诗纪》本作"览"。

4 "遂"，底本作"逐"，误。

5 "年"，《诗纪》本作"千"，误。

189. 重阳日登高望大宫赐诗[1]臣菊酒

数年负笈惜分辉，欲进春场愧力微。

此日秋男寻景物，何时[2]墨客列朝衣。

官门犹未飞缨入，小阜唯应落帽归。

今岁重阳明岁到，后来菊酒醉重闱。

190. 赋得草木黄落 于时直冷然院秘阁。

冲风急[3]雨[4]先锋摧，秀[5]树飘丛每日催。

应似老翁衰发变，不同年少醉颜颓。

桑林且尽非蚕食，荻浦初空是雁来。

葵藿莫愁逢燥气，太[6]阳有意煦寒栽。

191. 同高少史伤纪秀才

逝水争流不再回，文华凋落岂重开？

为君泣送千行泪，莫恨泉途[7]作雨[8]来。

192. 见叩头虫自述寄宗先生

值物叩头号叩头，每思避害犹能修。

---

1 "诗"，底本、内本作"诗"，《全释》、《集注》作"词"。

2 "时"，《类从》本作"日"，余诸本作"时"。

3 "急"，诸本缺字，《诗纪》一本作"因"，《集注》作"急"。

4 "雨"，《类从》本、内本作"两"，《诗纪》本作"雨"。

5 "秀"，底本作"秃"，依意改。

6 "太"，诸本作"大"，《全释》作"大"。

7 "途"，底本、《类从》本、内本作"逢"，《全释》依意改作"途"。

8 "雨"，类从本、《类从》本、内本作"两"，《诗纪》本作"雨"。

须臾俯仰知心切，良久搏来见血流。

应似乞降初伏罪，有如求活更从囚。

寸虫犹觉全[1]生义，六尺长身莫自由。

193. 黄帝

黄轩代远审言难，制依车舆建土官。

一旦骑龙天上去，桥山□足葬衣冠。

194. 宰[2]予

一十哲中言语良，一千年外德声长。

闲筵白昼眠迷处，梦听阿师喻粪墙。

195. 毒醉吟呈座客

饮酒卯前及百钟，黄昏主客醉相从。

孤株耸处呵蹲[3]虎，片石低时叱[4]伏龙[1]。

盆水惊心为四渎，庭山望眼是千峰。

警遂[5]未□输童羖[6]，何必醒来更改容[2]。

[1] 据文意，底本之"叱"字，盖原为"叱"字。"呵"
"叱"，大声斥责之意。两字分用，构成对句。唐韩愈《送穷文》：
"门神户灵，我叱我呵。"亦多相连使用。作"呵叱"，《后汉书·张

---

1 "全"，底本、《类从》本、内本作"金"，《诗纪》本作"全"。

2 "宰"，内本作"寄"，误。

3 "蹲"，诸本作"樽"，《诗纪》一本作"蹲"。

4 "叱"，底本作"叱"，《全释》作"眈"，《集注》作"眈"，此依意改。

5 "遂"，《诗纪》本缺字。

6 "未□输童羖"，《全释》作"未输童□羖"，《集注》作"未输童羊羖"。

369

第四章　日本汉诗与汉文诗话的写本研究

陵传》："元嘉中，岁首朝贺，大将军梁冀带剑入省，陵呵叱令出。"或作"叱呵"。苏轼《却鼠刀铭》："有穴于垣，侵堂及室。跳床撼幕，终夕窣窣，叱呵不去。"

这两句为互文，是说醉酒之后在孤松耸立之处，看到低卧在地的石头，当成了蹲虎、伏龙，也扯起喉咙，大声呵斥。"叱"字之所以被写成"叱"，是因为右边"匕"字起笔前多带了一笔。类似的情况见于敦煌写本。如甘肃博物馆藏004—9《贤愚经》："舍宅门阁，令有七重。"其中的"七"字，"乚"的上部被写成弯钩，看来就像"毛"字。上面诗中的"叱"字很可能是由于右边多了笔画，又带动左边"口"字误从"日"旁。李峤《咏物诗·羊》："仙人叱石去，童子驭车来。"前一句是说《列女传》中黄初平叱石为羊的故事。这里则是说喝醉酒以后把石头当伏龙，对着它叫喊起来。

[2] 首先"童羖"为一词。童羖，无角的公羊，比喻绝对没有的事物。《诗·小雅·宾之初筵》："由醉之言，俾出童羖。"毛传："羖，羊不童也。"郑笺："女从行醉者之言，使女出无角之羖羊，胁以无然之物，使戒深也。羖羊之性，牝牡有角。"

陈奂《毛诗传疏》："今醉之言不中礼法，或有从而谓之，彼醉者推其类，必使羖羊物变而无角，谓出此童羖，以止饮酒。"高亨《诗经今注》释"由醉之言"："由，因也。之，犹而也。此句指因醉而讲出错误的话。"释"俾出童羖"："童，秃也，牛羊未生角为童。羖（音gǔ古），黑色公羊。此句指罚使说醉话的人拿出一只童羖。"

在描写醉酒的诗中，常可看到这一典故。唐元稹《晚宴湘亭》诗："甘心出童羖，须一尽时荒。"宋苏轼《补龙山文》："歌《诗》宁择，请歌《相鼠》，罚此陋人，'俾出童羖'。"

输，交出，献纳。《左传·襄公九年》："魏绛请施舍，输积聚以货，自公以下，苟有积者，尽出之。"杜预注："输，尽也。"《周礼·夏官·司兵》："及其受兵输，亦如之。"郑玄注："兵输，谓师还有司还兵也。"上引诗句中的"输童羖"，则与《诗经·小雅·宾之初筵》中的"出童羖"意同，都是拿出童羖的意思，就是拿出没有的东西来。所以，这一句中的"输童羖"三字是连在一起的，中间并没有缺字。

那么，为什么这里会空下一个字呢？这是因为这一句只有六字，抄写者不明就里，只好在最后一字前空下一字。那缺少的一字，其实就在前面。原来"謦"字，是将"敬言"二字并成了一字。即原本此句当作"敬言遂未输童羖"，下接"何必醒来更改容"。是说虽然醉酒时出了很多洋相，但并没有言语不恭，乱七八糟说些错话，终于没有做出让人拿出童羖这样的事情，所以醒来的时候也就不必为之感到脸红了。

识"敬言"为"謦"，属于俞樾《古书疑义举例》中的"二字误为一字例"，他举出的例子是《左传·襄公九年》将"门五日"误作"闰月"。上诗中"敬言"本分写，竖行上下连在一起识读，就成了"謦"字。俞樾说："古人作字，但取疏密相间，经典传写，则遂并为一字矣"，说的正是这一类情况。

根据这样的分析，这最后两句当是"敬言遂未输童羖，何必醒来更改容"。是说醉酒的时候也言语敬慎，没做什么离谱的事儿，所以醒来之后也就不必羞愧了。这首诗中间四句先写醉酒的失态，结尾以自我安慰收束全诗，诗意显明，无须过度解释。

196. 樱花欲发同①勒含
堪酣贪

岁节报来樱近发，花入欲吐火烟舍。

锦妆拥扇眠犹合，红袖羞人²出未堪。

今日韬光珠颗³缀，明朝被酒醉颜酣。

纵令先坼⁴终先落，应放光阴少选贪。

197. 菅家寒食赋花发满皇州

寒食无疆⁵阅岁华，风光尽着雍州花。

锦鞍便被巡街马，烟麝犹熏入内车。

晴景踏青应遍地，芳时侵黑欲归家。

明朝更满春游暇，却恨三晨少废衙。

198. 乞滋十三摘茶

不劳外出好居家，大抵闲人只爱茶。

见我铫中鱼失眼，闻君园里茗为牙。

诗行许摘何妨决，使及盈筐可得夸。

庭树近来春欲暮，莫教空腹犹看花。

199. 寄橘神童

才听拙顿又愚甘，积善家门见好男。

1　"同"，底本、内本有，《全释》无此字。

2　"人"，底本作"入"，误。

3　"颗"，诸本作"颥"，误。

4　"坼"，底本、《类从》本、内本作"圻"，《诗纪》一本、《全释》《集注》作"折"。

5　"疆"，诸本作"彊"，《诗纪》一本、《全释》《集注》作"疆"。

山雨橡材青干出，春风兰亩紫牙[1]含。

凤凰[2]城里声无二，鸿鹄雏中数欲三。

遍览古书多幼[3]达，空称了了尽难堪。

200. 省试赋得珠[4]还合浦^{用神为韵，限六十字。}

太[5]守施廉洁，还珠自效珍。

光非怀汉女，色似泣鲛人。

旧浦还星质，空涯返月轮。

行藏犹若契，隐见更如神。

感化来无胫，嫌贪去不亲。

希哉良吏[6]迹，谁踏伯周尘。

201. 及第作

秋帐收萤不见阶，春天射鹄箭无乖。

□□身上生光影，合浦明珠透出怀。

202. 省试珠还合浦诗

世间何事胜腰鱼，丽日晴光及第初[7]。

宿昔贺人犹不信，今朝在我喜欢馀。

1　"牙"，《诗纪》本作"芳"。

2　"凰"，底本、内本、《诗纪》本作"凰"，《全释》作"皇"。

3　"幼"，底本作"幻"，误。

4　"珠"，底本、内本作"未"，误。

5　"太"，底本作"大"，《诗纪》本作"太"。

6　"吏"，诸本作"史"，《全释》《集注》作"吏"。

7　"初"，底本作"初"，《诗纪》本作"初"。

203. 重阳日侍宴同赋黄菊残花欲待谁应制

离毕明朝重九来，女华含笑雨[1]便催。

红林尽处曾无尽，绿叶颓时犹不颓。

漫洗地精含作蕊，饱祈天玉祚为杯。

黄衿侍宴恩多泽，应似菊花冒雨[2]开。

204. 闰十二月作简同辈

历倍寻常岁晚迟，却知三百六旬非。

春前少日除寒气，腊后冬多验暖辉。

穗欠檐冰看雪滴，牙挞[3]地角觉阴稀。

若[4]教今日无名闰，应是黄莺解舌时。

205. 采藕实

岂与鸡雏取骙[5]频，谁忘藕实好轻身。

秋深稀[6]见那能觅，岁晚难逢尽是珍。

寒沼采无愁手冷，仙家餐合作肠春。

凉风便忆收华日，白露还惊劚木[7]晨。

练毕始资方寸匕，功成新得七分尘。

别应服此终无老，更欲殷勤献圣人。

---

1 "雨"，底本作"两"，误。

2 "雨"，底本、内本作"两"，误。

3 "挞"，《诗纪》本缺字。

4 "君"，底本、内本作"君"，《全释》《集注》作"若"。

5 "骙"，底本、内本作"验"，《全释》《集注》作"骙"。

6 "稀"，《全释》《集注》作"希"。

7 "木"，底本、内本、《集注》作"本"，《全释》作"木"。

206. 读老子

愚自作愚贤自贤，详愚诈忘未玄玄。

犹嫌老子多华饰，无欲还为有欲先。

207. 菊花

常愁药草少精神，始采寒英自有因。

未摘裛风多袭色，乍擭和露尚馀津。

凌霜阳处初为笑，每日阴干更作噸。

酿蜜蜂休投叶底，寻香蝶断上花唇。

床头促燥嫌沾雨[1]，屋里闲排怕[2]见人。

白蕊白中飘雪粉，黄葩杵后起金尘。

脯时斜景收将早，戌日晴天筵[3]得新。

曾恨芬芳篱下减，稍怜气味腹中春。

208. 题竹林七贤图

晋朝浇季少淳[4]风，七子超然不混同。

欲对琴樽终性命，何要台阁录勋功。

生涯每寄孤云外[5]，世虑都忘一醉中。

若遇求贤明圣日，庙堂充满竹林空。

---

1 "雨"，底本、内本作"两"，误。

2 "怕"，底本、《全释》作"拍"，《集注》作"怕"。

3 "筵"，底本、《集注》作"筵"，《全释》作"筵"，《诗纪》本缺字。

4 "淳"，诸本作"浮"，《诗纪》一本、《全释》《集注》作"淳"。

5 "外"，底本作"片"，依意改。

209. 闲坐

容身外舍欲同谁，报主中心自有期。

方丈白生方寸赤，此生无复变渝时。

210. 遣怀

且来且去几逡巡，百岁中间断一身。

方寸半分置□□，趋朝恐作贰心臣。

211. 叹李孔

李孔拥龙姿，聊与[1]世尘同[2]。

孔子怀凤德，曾言我道穷。

有道更无位，见圣不录功。

大周非无人，真人谢匪躬。

小鲁尚有君，将圣不登庸。

遂入流沙西，欲浮沧[3]海东。

不知天与夺，若是人替隆。

此理归自然，何家决童蒙。

212. 七言七月七日[4]代牛女惜晓更各分一字应[5]制一首探赐人字

怪来灵匹少相因，天上仙姝[6]地上人。

---

1 "与"，底本、内本缺字。

2 "尘同"，底本、《类从》本、内本、《集注》作"同尘"，《诗纪》本、《全释》作"尘同"。

3 "沧"，诸本作"浪"，《诗纪》本、《全释》《集注》作"沧"。

4 "日"，底本、《类从》本、内本无，据《诗纪》本补。

5 "应"，底本、内本作"德"，误。

6 "姝"，底本作"殊"，依意改。

箭漏应宽周岁会，铜壶莫从一宵[1]亲。

银河夜鹊填毛晚，禁树晨鸡相翅频[2]。

同作星□难属斗[3]，回杓直指北方辰。

213. 无题

鱼思大海鸟厌笼，一日三回省我躬。

亡相知音空恋德，明王赐晞未成功。

赖新慕旧中间老，寻始要终上计穷。

木落归根泉[4]反涧，那教身得似秋蓬。

第二节
《扶桑集》校录

　　《扶桑集》原有十六卷，现仅存第七、第九两卷，有残损。日本长德年间（995—999）由纪齐名（917—999）编撰，其后由他的妻子献给藤原道长。书中按部类收录，以一条朝前活跃的诗人为中心，包括收入《经国集》中的诗人惟良春道、小野篁在内的七十六位诗人的诗作。这些作品，是理解平安中后期的儒学经典、史传经典和《白氏文集》作品在日本传播、研究和影响的重要资料，也是了解当时释奠、诗会和汉诗唱和以及围绕汉诗的国际交流活动的文献。原书以写本流传，藤原明衡（989—1066）在《云州消息》中已指出："《扶桑集》纰缪已多。"现存

1　"宵"，底本作"霄"。

2　"频"，底本、内本作"频"，《全释》作"新"。

3　"星□难属斗"，底本作"星难嘱□斗"，《全释》作"星□难属斗"。

4　"泉"，底本、《类从》本、内本作"众"，《诗纪》本、《全释》作"泉"。

本收录都良香、菅原道真、纪长谷雄、三善清行、大江朝纲、菅原文时、源顺、源英明、橘在列等二十四位诗人的诗作一百零四首。

《扶桑集》的整理本先有《群书类从》本，又有棹歌书房1985年刊田阪顺子《扶桑集——校本与索引》本。此以田阪顺子整理本为底本，重新加以校录。

田阪顺子本在校录时，以彰考馆藏《扶桑集》（简称彰本）文本为底本，底本为江户初期书写本，被认为是保存旧貌的善本。且以以下诸本参校：京都大学附属图书馆藏菊亭家寄托本（简称京本）、内阁文库藏林大学头家本（简称内甲本）、祐德文库藏本（简称祐本）、内阁文库藏昌平阪学问所本（简称内乙本）、松浦史料博物馆藏本（简称松本）、静嘉堂文库藏松井简治旧藏本（简称静本）、《群书类从》本（简称群本）。校录时原则上注重底本，亦有据他本改字的情况。

《扶桑集》部分作品亦见于《菅家文草》《本朝文粹》《和汉朗咏集》等。本校录一般不与这些文献对校。《群书类从》本在校订时曾用其他文献改定，故一般亦不以其为据以改正底本文字。

田阪顺子校本已将底本汉字的异体字、俗字改为日本当用汉字，如改"閇"为"閉"、改"湏"为"須"等，而未将古体字改为日本今日通行体，如不改"趆"为"趋"。本校录除个别必要保留原有异体字、俗字外，一般均皆改为我国规范简体字。本文参校所用群本，乃国立国会图书馆所藏《群书类从》写本卷一二六所载《扶桑集》。

扶桑集第七

哀伤部

　悼亡　哭儿

　坟　病

　叹

隐逸部

  隐逸　樵隐

  无隐

  处士　山居

赠答部

  赠答　蕃客赠答

怀旧部

  怀旧　话旧

哀伤部
悼亡

1. 伤藤进士呈东阁诸执事

菅丞相

我等曾为白首期，何因一夕苦相思。

披书未卷同居处，捻药空归已葬时。

不校秋声丧父哭，犹胜晓泪梦儿悲。<small>余先皆所有，今而喻之。</small>

此生永断俱言笑，且泣将吟事母诗。<small>东阁《孝经》竟塞，进士事母之诗，故云。</small>

2. 奉□□□□□□□□□寄诸文友之□

□□□□□□□□□

江相公

自□□□□□□，□□□□湿葛巾。

惜使□□□□□，□□□露易晞身。

萤留□□□□字，燕远烟巢恋主人。

他日哭君应泪尽，况当秋月照心辰。

3. 到河阳驿有感而泣

菅丞相

去岁故人王府君，驿楼执手泣相分。

我今到此问亭吏，为报向来一点坟。

哭儿

4. 天元四年夏和小童伤亡之诗

中书王

无花无柳又稀莺，慵睡慵兴任日倾。

池藕四回舒叶色，林鸦几许引雏声。

抚桐未慰孙枝思，养笋难堪母竹情。

怀旧心肝何复苦，被催词客数篇成。

5. 哭儿通朗

都良香

驽驼晚路梦熊罴，三十年来一鼻儿。

初笑谢家夸咏雪，拟从张迹亚临池。

促龄禀分皇天定，远别难期父母知。

园梨子熟怜无引，篱竹阴疏恨不骑。

泪添暮水流哀逝，声□□□□□□。

□□章无继者相，□□□□□□□。

坟

6. 晚□□□□□□□□□□宜归洛解缆之

次亻□□□适寄一章回棹停舟立次来韵

善相公

马鬣孤坟在古原，村翁传道昔埋尊。

经霜荒径飞蓬转，欲暮悲风落叶翻。

秋棘刺繁人绝迹，寒松枝老树生孙。

今朝寂寞空归去，更哭趋庭诲不存。

病

7. 病中上尊师

善宗

被囊药笥古书案，坐卧依依独自怜。

病殆困赢将数日，齿逾成立已三年。

从今[1]名在诸生后，但悲身徂老母前。

若可伯牛回孔问，纵虽命也赖恩全。

8. 病累

善宗

世途千险劳生久，身病弥留失趣初。

七十老亲当枕泣，二三儿息哭傍居。

环堵[2][1] 不是终生地，_{寄居}_{故云}□筐唯余借债书。

回首无人应附托[2]，不知身后欲何如。

　　[1]"环堵"，四面环着每面一方丈的土墙。形容狭小、简陋的居室。《礼记·儒行》："儒者有一亩之宫，环堵之室。"郑玄注："环堵，面一堵也。五版为堵，五堵为雉。"唐杜甫《寄柏学士林

---

1 "今"，底本作"令"，依意改。

2 "堵"，底本作"垣"，依意改。

居》诗："几时高议排金门，各使苍生有环堵。"

[2]"应"，犹可。此乃日语习惯也。应、可，日语意同。附托，依附寄托。《韩非子·诡使》："而士卒之逃事状匿附托有威之门以避徭赋而上不得者万数。"

9. 病中上左翊卫藤亚相

善宗

自报趋陪掷月旬，闭扉独吊病精神。

十年骊穴频空手，今日蜗庐已露身。

朋友问来无问饿，名医治尽不治贫。

将军惠泽应周至，蛰户犹望一段春。

10. 秋夜卧病

都良香

卧病犹凄凄，寂然人事暌。

阶前无履迹，门外断宾蹊。

忽叹浮生苦，宁知与物齐。

形容信非实，魂魄恍如迷。

夜久风威冷，窗深月影低。

忧愁[1][1]不能寝，长短听鸣鸡。

[1]"愁"，《诗纪》本作"愁"。"忧愁"与"长短"相对。可通。"秋"，又或为"耿"字之讹。忧耿，忧愁烦躁。语本《诗·邶风·柏舟》："耿耿不寐，如有隐忧。"南朝梁武帝《敕答释明彻》："省疏，增其忧耿。"下句"鸡鸣"，亦出《诗·郑风·风雨》："风

---

1 "愁"，底本作"秋"，依意改。群本作"愁"。

雨凄凄，鸡鸣喈喈。""风雨潇潇，鸡鸣胶胶。""风雨如晦，鸡鸣不已。"在平安朝汉诗人中，都良香是喜欢用《诗经》语词的一位，参见拙文《〈都氏文集〉写本〈诗经〉语词考释》[1]。

叹

11. 五叹吟并序

源顺

余有五叹，欲罢不能。所谓心动于中，形于言，言不足，故嗟叹之者也。

延长八年之夏，失父于长安城之西，其叹一矣。

承平五年之秋，别母于广隆寺之北，其叹二矣。

余又有兄，或存或亡。亡者，先人之长子也。少登台岭，永为比丘。慧进之名，满山白雪，不埋其名于身后；礼诵之声，留涧青松，犹传其声于耳边。众皆痛惜，况于余乎？其叹三矣。

存者，先人之中子也。宅江州之湖上，渔户双开，所望者，烟波眇眇；雁书一赠，所陈者，华洛迢迢。何以得立身扬名，显父母于后世乎？其叹四矣。

余，先人之少子也。恩爱过于诸兄，不教其和一曲之阳春，兄戒守三馀于寒夜，若学师之道遂拙，恐闻文[2][1]之志空抛。其叹五矣。于时秋风向我而悲，双坟树老；晓露伴我而泣，三径草衰。叹而喟然，吟之卒尔而已。词曰：

> 一隔严容十有年，又无亲戚可哀怜。
>
> 单贫久被蓬门闭，示诫多教竹简编。

1　阎纯德主编：《汉学研究》2019年春夏卷，学苑出版社2019年版，第326—338页。
2　"文"，底本作"父"，依意改。

声是不传歌白雪，德犹难报仰青天。

立名终孝深闻得，成业争为拜墓边。

[1] 这一条是说父亲对自己尤其爱怜，教诲自己要苦学不倦而自己却未能满足他的期待。"学师"与"闻文"相对，前言拜师，后言听文，实为互文，即拜师学文。写本"父""文"字样多互混，此前言父亲对自己尤其垂爱，故更易误读。

12

不可斯须母不存，悲哉早别老衡门。

宁寻八里江声远，只望孤坟草色繁。

年少昔思怀橘志，痛深今恋折蒦[1]恩。

堂中纵有秋风冷，更为谁人使席温。

[1] 蒦，细木枝条，"折蒦"盖指慈母拿起细木枝条或竹箠去教子。《方言》卷二："木细枝谓之杪，江、淮、陈、楚之内谓之篾，青、齐、衮、冀之间谓之蒦，燕之北鄙、朝鲜洌水之间谓之策。故《传》曰：'慈母之怒子也，虽折蒦笞之，其惠存焉。"曾良："按照文字原理，'蒦'字不应从'艹'，而是从'竹'旁，草不能做教训小孩的鞭子，从有的方言称为'篾''策'也可揣摩出来。古籍中'艹''竹'二旁不别，故扬雄《方言》中的'蒦'当校作'蒦'。可以别的字书为印证，《广雅·释器》：'蒦，筴也。'《集韵·东韵》：'蒦，折竹箠。'《玉篇·竹部》：'蒦，木枝细。'今一般写作'蒦'，是'篾'的俗体。"[1]

1　曾良：《俗字与古籍校勘七题》，《文献》季刊，2007年第2期，第153页。

13

天台山上身遄殁，落泪唯闻雅誉残。

午后松花随日曝，三衣薜叶与风寒。

写瓶辨智独知易，破衣方便□不难。

岂计香烟相伴去，结愁长混片云端。

14

阿兄抛我不相俱，分在江州东北隅。

沦落忘归宁孝道，浮游得所几平湖。

携将晓浪孤舟子，染着秋风一箸鲈。

自去年来书信绝，连枝何日问荣枯。

15

叶物萧萧虫唧唧，始知悲感与秋深。

偷光未倦穿东壁，移暑何嫌接子襟。

枕上双行霜夜泪，窗前一道水寒寒。

寒寒酸鼻谁应觉，独自吟斯五叹吟。

隐逸 附幽隐

16. 秋日诸文友会饮野亭同赋寻山路隐伦

纪纳言

一日闲游忘俗机，更寻幽隐到山扉。

交谈暮雨依松盖，^{于时遇雨
故云。}虚抱秋风纳薜衣。

泉逐古痕床下绕，云随恒□栋间归。

徘徊欲到还为叹，不用明时遁[1]自肥。

17. 旧隐咏怀敬上所天阁下

都良香

不才多愧业犹难，好是山居一挂冠。
夜鹤眠惊松月苦，晓鼯飞落峡烟寒。
云埋洞户幽情积，水隔寰中野性阑。
学路蹉跎年暗掷，更栽篱竹养渔竿。

18. 陶彭泽

善相公

心是盘桓身隐伦，自忘名字醉乡人。
归来舟过三江月，出入门穿五柳春。
园菊开时农产业，林禽狎处得交亲。
野亭客到醅初熟，莫怪匆匆脱葛巾。

樵隐

19. 樵隐俱在山

清仲山

本自幽栖与俗离，樵夫野客有相知。
远寻曲涧柯应烂，高卧清流枕转欹。
谷口负薪孤月送，洞中斸药片云随。
家山纵有不才耻，在世何人□礼移。

---

1 "道"，底本、群本作"遁"，依意改。

无隐

20. 山无隐诗七言八韵，每句用逸人名。

藤博文

满山潜隐感风声，脱却荷衣咸结缨。

先掷草庵闲景域，共排兰殿晓光城。

周墙壁立猿空叫，连洞□□□□□。

□□□□苔径没，登临记得药苗生。

暗驱秋桂驰弘化，且织春萝染泰平。

涛鹭飞流琴韵古，长松无主盖阴倾。

何能狼藉贪幽独，此是相随谒圣明。

遂罢栖迟禽兽处，应趁凤阙争先鸣。

21. 山无隐

纪纳言

幽人归德遂难逋，抽却蒿簪别草庐。

虚涧有声寒溜咽，故山无主晚云孤。

青郊不顾烟花富，绛[1]阙初生羽翼扶。

巢许若能逢此日，何因终作颍阳夫[2][1]。

[1] 底本"天"字，其余各本皆作"夫"，据诗意与押韵来看，当作"夫"。颍阳，颍水之北。传说古高士巢父、许由隐居于此。后因以借指巢许。《庄子·让王》："故许由娱于颍阳而共伯得乎共首。"成玄英疏："颍阳，地名，在襄阳，未为定地名也。"《后汉书·逸民传序》："是以尧称则天，不屈颍阳之高；武尽美矣，终

---

1 "绛"，底本作"绛"，为"绛"的俗字。

2 "夫"，底本作"天"，依意改。

全孤竹之洁。"李贤注："颖阳谓巢许也。"

22. 黄门署尚书竟宴各咏句得野无遗贤

江相公

遍问千岩万壑程，幽人咸出谁逃名。

初趋槐路随鹓列，更顾松门愧鹤情。

萝帐远抛残月色，云扉遥别暮□声。

莫教秋桂偏嘲我，不屑移文□□成。

处士

23. 题南山亡名处士壁

菅丞相

秘密乡村与姓名，年颜朽迈意分明。

无妻洞户松偕老，不税山畦黍旅生[1]。

泡影身浮修道念，烟岚耳冷读经声。

比量心地安闲理，一室应胜我百城。

[1]"偕老"与"旅生"相对。不税，不征收或交纳赋税。《管子·大匡》："岁饥不税。"《孟子·公孙丑上》："耕者助而不税，则天下之农皆悦而愿耕于其野矣。"朱熹集注："但使出力以助耕公田，而不税其私田也。"旅生，野生。

山居

24. 访郑处士山居

江相公

慕高趁到碧峰头，便谒清颜述事由。

心地早销方寸火，鬓霜镇带数茎秋。

马迷红叶□难去，人碍青萝醉更留。

身隐深山名不隐，相寻所以暂同游。

25. 山中自述

江相公

碧山遁[1]迹[1] 卧松楹，谢遣[2] 喧喧世上荣。

龙尾旧行应断梦，鹤头新召不惊情。

商山月落秋髯白，颖水波扬左耳清。

唯有池鱼呼后至，各随次第自知名。

[1] 遁迹，犹隐居，隐迹。《晋书·文苑传·李充》："政异微辞，拔本塞源，遁迹永日，寻响穷年，刻意离性而失其常然。"南朝宋鲍照《秋夜诗》之二："遁迹趋鸡吏，冥心失马翁。"

[2] 谢遣，辞谢遣散。《后汉书·桓谭传》："不如谢遣门徒，务抛谦悫，此修己正家避祸之道也。"宋方岳《感风谢客》诗："呼童语之故，有客姑谢遣。""碧山遁迹卧松楹，谢遣喧喧世上荣"，是说遁迹于碧山，卧于松树下，远离喧闹的人世荣华。

26. 山中感怀

江相公

□无朋友室无妻，不奈生涯与世暌。

晓峡萝深猿一叫，暮林花落鸟先啼。

五湖卖药随云去，三径横琴待月携。

枕上心闲归梦断，如何白首老青溪。

---

1 "遁"，底本作"道"，依意改。群本作"遁"。

27. 奉同羽林藤校尉侍中稽于山居之什

藤诸荫

幽居卜筑白云间，爽籁清凉景象闲。

数曲管弦侵砌水，一张屏障逼窗山。

依行栽树庭芜暗，随步穿苔石径斑。

胜境更嫌游览遍，恐贪[1] 寂静不能还。

[1] 贪，贪爱，贪恋，舍不得。

28. 北堂文选竟宴各咏句探得披云卧石门

江澄明

傍山披得暮云屯，好是贪[1] 幽卧石门。

罢梦松声当枕散，洗心泉响绕床喧。

柴扃日落归溪鸟，洞户烟消□□猿。

胜地占[2] 时摛丽藻，染毫还愧谢家魂。

[1] 贪，贪爱，贪恋。"贪幽"为常用诗语。藤博文《山无隐诗》最后两联："何能狼藉贪幽独，此是相随谒圣朝。遂罢栖迟禽兽处，应趋凤阙争先鸣。"

[2] 各本作"古时"，疑当作"占时"。占，选择，预测，预示。

29. 三日山居，同赋青溪即是家 勤春尘邻 宾亲纶

高五常

野夫高意趣，云卧几回春。

---

1 "贪"，底本作"贫"，依意改。群本作"贪"。

2 "贪"，底本作"贫"，依意改。

3 "占"，底本作"古"，依意改。

独饮南山水，宁蹈北阙尘。

青溪唯作宅，翠洞□为邻。

汉曲犹称老，唐朝不要宾。

俗人寻访隔，禽鸟狎来亲。

自业何为□，严陵濑上纶。

赠答部
赠答
30. 与野十一唱和往复之后余思未泄更勒二章以代怀
良春道

惭登清贯免饥寒，莺在乔枝鸡在冠。

交友欲抛闲境薄，世情到老□头看。

蜗牛有舍容身稳，槛虎低颜[1]作气难。

倘有与君诗唱和，未能销尽旧心肝。

[1] 低颜，犹低头。颓丧貌。五代刘兼《晚楼寓怀》诗："刘毅暂贫虽壮志，冯唐将老自低颜。"作气，振作勇气。《左传·庄公十八年》："夫战，勇气也。一鼓作气，再而衰，三而竭。"唐陈子昂《为建安昣》诗："鼓以作气，旗以应机。"

31

无能白首遇休明，只合腾腾[1]过一生。

心事结风功¹不就，浮荣画²水字难成[2]。

年荒不食明时俸，艺薄空尘别驾名。

1　"功"，《诗纪》本作"切"，误。
2　"画"，底本作"尽"，群本作"画"，依意改。

眼下饱看荣辱尽，赠君吟动鞠歌行。

［1］腾，静本作"胜"。当作"腾腾"，舒缓貌，幽闲貌。唐司空图《柏东》诗："冥得机心岂在僧，柏东闲步爱腾腾。"唐寒山《诗三百三首》之二六五："腾腾且安乐，悠悠自清闲。"

［2］尽，"畫"（画）字之讹。"浮荣画水字难成"，荣华富贵就像在水上写字一样写不成字。画水，喻徒劳无功。汉桓谭《新论》："画水镂冰，与时消释。"

32. 近曾与橘才子相逢山寺清谈间发或言诗章或论释教两道兼通一不可及予不堪欣感同载归家嘉天爵之有余叹人位之未备聊题长句叙其所由

源英明

□行才名独有君，清谈一接我非群。

陶元亮出能诗句，无垢称生长法文。

贞节寒含松立雪，高清孤耸鹤栖云。

青衿未改携黄卷，大器晚成是旧闻。

33. 右亲卫源亚将军歆见赐新诗不胜再拜敢献鄙怀本韵

橘在列

松桂晚阴一遇君，谁言鹄燕不同群。

感吟池上白蘋句，泣染霜[1]中绿竹文。

<small>近曾将军有河原院池亭之诗，诗中有"青草湖图波写得，白蘋湖样岸相传"之句。余奉拜之次，一闻此句，感怀交至，滞泣遽加，故云。</small>

豹[2]变[2]暂藏南岭雾，鹏抟空失北溟云。

1　"霜"，底本作"箱"，为"霜"的类化俗字。内甲本、松本、内乙本、群本、《诗纪》本皆作"箱"。

2　"豹"，底本作"貌"，依意改。群本、《诗纪》本作"豹"。

为君更咏《柏舟》什,莫使凡流俗客闻。

[1] 底本作"貌变",当作"豹变"。"豹变"与下"鹏抟"相对。

34. 橘才子见酬拙诗以本韵答谢

源英明

恨我多年未遇君,山头一旦适成群。

知音如旧初倾盖,会友无期只以文。

胶漆交情斟淡水,琼瑶丽句遏青云。

相携欲结林泉计,尘网喧哗不足闻。

35. 继奉和右亲卫源亚将见酬之诗^{本韵}

橘在列

儒书将钺共传君,况是篇章别绝群。

每见天然词自妙,便知地未坠斯文。

林中木秀先摧吹,岭上月明更遇云。

客[1]占山居相从去,泉声松响饱应闻。

36. 橘才子重见寄初二篇叹余之沉滞后一章褒余之诗章褒叹之间五缀本韵

源英明

日寻笔砚甚惭君,珠玉频连瓦砾群。

兵略素无犹拙武,儒书曾学适飞文 [1]。

应惊谢氏生安石,自识扬家有子云。

---

1 "客",底本作"若",依意改。

比¹校[2]才名程百里，褒词还恐外人闻。

[1] 飞文，挥笔成文，写文章。宋王禹偁《对雪感怀呈翟使君冯中允同年》诗："举白朱颜凝，飞文彩笔抽。"

[2] 比校，比较。《三国志·魏书·王粲传》："观人围棋，局坏，粲为覆之。棋者不信，以帊盖局，使更以他局为之。用相比校，不误一道。"

37. 源亚将军频投琼章绝妙奇珍无比于世余不顾庸虚敢献拙和而馀兴未尽感吟更催冰霜在口齸齜照目不堪情感重缀芜词。_{本韵}

橘在列

应是以才天纵君，二班二陆岂同群。

还将扬土兼金价，欲买昆山片玉文。

陈孔璋词空愈病，马相如赋只凌云。

谁知亚将诗奇绝，鬼感神怜鸟兽闻。

38. 源亚将军或跃在渊唱和之间余常叹之而亚将独秉谦虚之志动陈止足之词因缀本韵敢献鄙怀。

满朝有识尽悲君，无识人言自备群。

莫谢放声歌凤德，犹怜累足履龟文。

身当细柳孤营月，泪洒苍梧一片云。

不耐回头思往事，先皇纶旨耳中闻。

---

1 "比"，底本作"此"，依意改。

39. 橘才子以予为失时赠答之中屡有此句余乃不然故述来由复次本韵

源英明

抽身也昔侍尧君，便是当初鸾鹤群。

晨入紫微传凤诏，晓趋青琐戴星文。

竹悲湘浦空留泪，龙怨鼎湖遂隔云。

时去时来非不识，吾教知己一言闻。

40. 重奉和

橘在列

墙东避世似王君，欲逐浮图罗什群。

素业三千人外学，玄谈八万藏中文。

王充因命还论冻，摩诘将身更喻云。

不二法门皆话尽，应超独觉[1]与声闻。

[1] 独觉，佛教语，又称缘觉，谓无佛之世，修行功成，自己觉悟缘起之理者。《俱舍论·分别世品》："言独觉者，谓现身中离禀至教，唯自悟道，以能自调，不调他故。"亦有"独学"一词，谓自学而无师友指导切磋。《礼记·学记》："独学而无友，则孤陋而寡闻。"孔颖达疏："谓独自习学而无朋友，言有所疑问而无可咨问，则学识孤偏鄙陋，寡有所闻也。"此句"独觉"与"法门"相对，皆为佛教语。

---

1 "觉"，底本作"学"，《诗纪》本作"觉"，依意改。

41. 重次群字

源英明

赋玄吟兴不如君，贾马后身元白群。

过自毛公三百首，贵于老氏五千文。

空门何必师罗汉，证地终知至法云。

少有书生通法教，疑逢十六会中闻。

42. 重押闻字

橘在列

□殊[1]桂父[2]与茅¹君[3]，伊洛逍遥自出群。

□后莲花先展偈²，兴来竹简更排文。

西方欲蹈³瑠璃地，上界应看码磳云。

空有道中中道理，不忧夕死为朝闻。

[1]"殊"前疑当夺一"不"字。不殊，一样，没有区别。"不殊桂父与茅君"是说同游的人都像仙人桂父和茅君一样。

[2]桂父，古代传说中的仙人。汉刘向《列仙传·桂父》："桂父者，象林人也。色黑，而时白时黄时赤。南海人见而尊事之。常服桂及葵。"

[3]茅君，指传说中在句容句曲山修道成仙的茅氏兄弟。唐李颀《题卢道士房》诗："秋砧响落木，共坐茂君家。"元宋元《游三茅华阳诸洞》诗之二："玉案清香彻夜焚，紫烟成盖覆茅草君。"

---

1 "茅"，底本作"第"，依意改。

2 先展偈，《诗纪》本作"光展偈"。疑当作"先"。

3 蹈，《诗纪》本作"踏"，当作"蹈"。

43. 重赋文字

源英明

园葵有信向东君，鲍叔知吾不弃群。

金甲空悬依偃武，槐林独茂为修文。

闲人多暇宜吟月，才子何年欲蹑云。

苦学宁如奢不学，冬冰莫使夏虫闻。<small>于时学者沈滞，浅智升进，故云。</small>

44. 复赋文字

橘在列

一自汉宫辞圣君，晦踪欲逐隐伦¹群。

伯鸾久抱山中志，高凤独²看雨里文。

披草饮来颜巷水，采薇搜尽首阳云。

寄言岩户寒蝉响³，应异槐林昔日闻。

45. 复赋云字

源英明

炼药有臣又有君，君臣和合拔疴群。

蓬壶未得求仙棹，紫府难窥种玉文。

心只辞尘行药⁴水，身何舐⁵白上飞云。

吟诗便是长生计，不信应寻元白闻。

---

1 "伦"，《诗纪》本作"沦"。

2 独，内甲本、祐本、内乙本、松本、群本、静本、《诗纪》本作"犹"。

3 "响"，静本作"饗"。

4 "药"，群本作"乐"。

5 "舐"，群本作"辞"。

46. 复赋群字

橘在列

□与凡庸共事君，但怜野鹤在鸡群。

闲来时酌樽中酒，衙退暂抛案上文。

报枕晓声伊水浪，入帘晴色华山云。

虽怀尘土和光意，韶乐应慵处处闻。

47. 复赋闻字

源英明

忠臣在下仰明君，何必追从遁世群。

商岭梳霜烦角[1]绮，北山罢[2]月见移文。

弹冠有别孤岩水，抛杖无留古洞云。

争励愚驽朝右立，表祥奏瑞耳根闻。

48. 重赋云字

橘在列

晚岁尧朝未识君，尚将元凯久俱群。

已殊吕望匡周武，应似贾生遇汉文。

座右旧铭犹暗字，窗中远岫半连云。

失时欲逐闲居志，世上浮荣如不闻。

---

1 "角"，群本作"角"。

2 "罢"，群本作"摆"。

49. 重寄

源英明

君知我意我知君，宿业因缘遇好群。

念念归依观自在，生生亲近释迦文。

荣名皆是波中沫，富贵宁非霁后云。

此事谁人能忆得，橘卿多见又多闻。

50. 又

橘在列

昭君古恨出于君，应惜遥交左衽群。

蝉鬓不收风栉色，雁书欲寄泪添文。

行行相送汉宫月，去去犹深沙漠云。

马上琵琶无限曲，胡儿掩泣不堪闻。

51. 又

橘在列

昔时魏有信陵君，今[1]□长连四子群。

欲救平原兽穴厄，分偷晋鄙虎符文。

三秦败将归关月，六国纵军结阵云。

汉帝慕名今守冢[2]，贤能应是古今闻。

---

1 "今"，底本作"令"，依意改。

2 "冢"，底本作"冢"，群本作"豖"。

第四章　日本汉诗与汉文诗话的写本研究

52. 又赋

源英明

栽竹多年对此君，含情想像七贤群。

刘伶常有红颜色，阮籍应无白眼文。

心是方圆随器水，身唯来去触岩云。

非趋名利宜多取，名是实宾稽古闻。

53. 又

橘在列

水石烟霞一属君，家资疏薄业殊群。

停杯暂读思玄赋，欹枕长吟招隐文。

风后松篁听似雨，尘中冠盖望如云。

虽[1]留朝市同林麓，深巷车声渐不闻。

54. 余昨日奉和安才子书怀之诗馀兴未尽重赠拙词才子高和拂晓入手不堪感吟以和之次韵

橘在列

须臾不可寸心迁，怀到林泉养浩[2]然。

高凤读书逢雨日，梁鸿晦迹入云年。

溪风吹木摇秋思，山月穿窗访夜禅。

早晚共寻商岭去，去时宜咏《采薇》篇。

1　"虽"，底本作"难"，内甲本、祐本、内乙本、松本、群本、静本、《诗纪》本作"虽"，依意改。

2　"浩"，底本作"皓"，内甲本、祐本、内乙本、松本、群本、《诗纪》本作"浩"，依意改。

55. 近以拙诗寄王十二适见惟十四和之之什因以解答

野相公

胜负人间争奈何，淬将心剑战肝魔。

虚名日脚翻阳焰，妄[1]累风头乱雪波。

贱得交情探底尽，老看时事到头多。

见君行李平如砥，谁向羊肠取路过。

56. 重酬

野相公

野人闲散立身何，自课功夫文字魔。

蹇[2]步[1]更教吹退鹢，腼颜[3][2]还被敌横波。

水中投物浮沉异，手里藏钩得失多。

折轴孟门[3]难进路，可怜骐骥坦途过。

[1] 蹇步，谓步履艰难。南朝宋谢瞻《张子房》诗："四达虽平直，蹇步愧无良。"退鹢，退飞的鹢。语本《春秋·僖公十六年》："六鹢退飞过宋都。"也用以比喻身处逆境。唐许棠《献独孤尚书》诗："退鹢已经三十载，登龙曾见一千人。"

[2] 腼验，犹厚颜。《晋书·郗鉴传》："丈夫既洁身北面，义同在三，岂可偷生屈节，腼颜天壤邪！"又指面容羞愧。宋苏舜钦《舟中感怀寄馆中诸君》："腼颜于其间，汗下如流浆。""腼颜还被敌横波"，是说本已羞愧，还要遭受敌人两边的攻击。与"蹇步更教吹退鹢"相对，表达自己身处困境仍受到打击，吐露自怜自卑的

1 "妄"，底本作"忘"，内甲本、裕本、内乙本、松本、群本、《诗纪》本作"妄"，静本作"妟"，依意改。

2 "蹇"，底本作"寒"，群本作"蹇"。

3 "腼颜"，底本作"丑频"，群本作"丑嚬"，依意改。

心理。

　　［3］孟门，在今河南辉县市西，春秋时为晋国要隘。《左传·襄公二十三年》："齐侯遂伐晋，取朝歌，为二队，入孟门，登太行。"杜预注："孟门，晋隘道。"《史记·孙子吴起列传》："殷纣之国，左孟门，右太行。"唐长孙佐辅《对镜吟》："开帘览镜悲难语，对面相看孟门阻。"

57. 代渤海客上右亲卫源中郎将

都良香

紫薇亲卫宠荣身，奉诏南行对此宾。

出自华楼光照地，来从云路迹无尘。

蛇惊剑影便逃死，马恶衣香拟咋人。

渤海朝宗归圣泽，愿君先道入天津。

58. 刘大夫才之命世者也修国史之次乞予诗卷因敕四韵题于卷后

良春道

空劳画饼合[1]供饥，幼学孜孜老未知。

拭我古铜光不黭，涉君溟海水难为。

应修有国簪缨传，那乞休官[2]别驾诗。

莫怪卷中多白眼，人生不得志多时。

---

1 "合"，底本作"含"，内甲本、祐本、内乙本、松本、群本作"合"，依意改。

2 "官"，群本作"宦"。

59. 野副使卓世之工文者也常诵予诗句枉见褒异云云予每见子之文辞尽怯我风尘此绝世之大才也夫以孔门论诗野已入室良未升[1] [1] 堂决其胜负岂唯伯仲之间哉即知此华予之言故题六韵以寄谢之

良春道

看他谄黩苦相交，毁誉随心变羽毛。

野调又玄遭世忌，良诗尚白被人嘲。

俱游虎窟君馀力，并觅骊珠我未遭。

酌蠡判迷量海器，磨铅尝合[2]剗犀刀。

朝宗海口川流细，却过雷门布鼓劳。

如入天宫[3] [1] 无不有，宫墙数仞仰弥高。

[1] 天宫，指天帝、神仙居住的宫殿，天上的宫廷。《汉武帝内传》："到七月七日，乃修除宫掖，设座大殿，为天宫之馔。"《宋书·夷蛮传·诃罗陁国》："台殿罗列，状若众山，庄严微妙，犹如天宫。"

60. 和从弟内史见寄兼示二弟

野相公

世时应未肯寻常，昨日青林今带黄。

不得灰身[1]随旧主，唯当剔发事□王。

承闻堂上增嬴病，见说□[4]中绝米粮。

1　"升"，底本作"舛"，内甲本、祐本、内乙本、松本、群本作"什"，依意改。

2　"合"，群本作""含。

3　"天宫"，各本均作"大官"，依意改。

4　"□"，群本做"家"。

眼血和流肠[1]绞断[2]，斯[2]声音尽叫苍苍。

[1] 灰身，犹言粉身碎骨。三国魏曹植《改封陈王谢表》："茅土既优，爵赏必重，非虚浅所宜奉受，非臣灰身所能报答。"《三国志·魏书·高堂隆传》："臣虽灰身破族，犹生之年也。"

[2] 肠绞断，犹言肠断，形容极度悲痛。唐白居易《长恨歌》："行宫见月伤心色，夜雨闻铃肠断声。"

61. 和沈州感故乡应得同时见见[3]寄之作^{次来}

野相公

查客来如作，寒蟾再遇[4]圆。

三冬难晓夜，万里不阴天。

漫遣刀环满，空经[5]破镜悬。

计应乡国处，愁见一时然。

62. 番客赠答

辽[6]东丹裴大使公，去春述怀见寄于余。勘问之间，遂无和之。此夏缀言志之诗，披与得意之人，不耐握玩，偷押本韵。

---

1 "肠"，底本作"腹"，内甲本、祐本、内乙本、松本、群本、《诗纪》本作"肠"，依意改。

2 "斯"，底本作"期"，《诗纪》本作"斯"，依意改。

3 "见见"，内甲本、裕本、内乙本、松本、群本、《诗纪》本无后"见"字。

4 "遇"，底本作"过"，群本作"遇"，依意改。

5 "经"，内甲本、裕本作"绕"，旁注"经"字；内乙本、松本作"绕"，旁注"经亻"。

6 "辽"，底本作"逐"，静本作"遂"，彰本、京本缺字，《诗纪》本作"辽"，依意改。

藤雅量

烟浪森茫云树微，回□使节见依依。

随风草靡殊方狎，就日葵倾远俗归。

辽水鹤声重北去，沧溟鹏翼三_{去声}南飞。

若长有与心期在，万里分襟更共衣。^{前纪[12]鸿胪馆夜舍预彼席，遥以惜别；今任此州，更拜清尘，不堪怀旧，脱衣赠之，故云。}

63. 重赋东丹裴大使公公馆言志之诗_{本韵}
藤雅量

凌云逸韵义精微，一咏难任万感依。

不奈东丹新使到，唯怜渤海旧臣归。

江亭日落孤烟薄，山馆人稀暮雨飞。

见说妻儿皆散去，何乡犹曳买臣衣。

64. 初逢渤海裴大使有感吟
菅淳茂

思古感今友道亲，鸿胪馆里□馀尘。

斐文籍后闻名久，菅礼部孤见我新。

年齿再推同甲子，风情三赏旧佳辰。^{往年资父裴公以文籍少监奉使入朝，予先君时为礼部侍郎，迎接殷勤，非唯先父之会友，兼有同年之好。纪[1]裴公重朝自说："我家有千里驹"，盖谓大焉。今予与使公春秋偶合，宾馆相逢，又三般礼同在仲夏，故云[2]。}

两家交态皆人贺，自愧才名甚不伦。

---

1 "纪"，《诗纪》本作"记"

2 "大"，《诗纪》本作"君"，是。"君"俗写作"艼"，与"大"形近易讹。

65. 渤海裴大使到越州后见寄长句欣感之至押以本韵。

江相公

王道如今喜一平，教君再入凤皇城。

朝天归路秋云远，望阙高词夜月明。

江郡浪晴沈藻思，会稽山好称风情。

恩波化作沧溟水，莫怕孤帆万里程。

66. 酬裴大使再赋程字远被相视之什

江相公

别后含毫意不平，满篇总是忆皇城。

回头远拜尧云影，戴眼遥瞻圣□明。

词苑花鲜抽旅思，诗流浪洁□深情。

恋君欲趁梦中路，请问悠悠海驿程。

67. 奉和裴使主到松原后读予鸿胪馆南门临别口号追见答和之什^{次韵}

江相公

一从分手指辽阳，妒使来宾断雁行。

得志何愁云水隔，江湖深契在相忘。

68. 奉酬裴大使重依本韵和临别口号之作

江相公

晓鼓声中出洛阳，还悲鹏鹦远分行。

思倾别酒俱和泪，未死应无一日忘。

69. 书怀呈渤海裴大使

江相公

烟浪云山路几重，十三年里再相逢。

虚声我类羊公鹤，远操君同马岌龙[1]。

虽喜交情坚似石，更怜使节古于松。

两回入觐裴家事，饶趁芳尘步旧踪。

[1] 羊公鹤，南朝宋刘义庆《世说新语·排调》："刘遵祖少为殷中军所知，称之于庾公。庾公甚忻然，便取为佐。既见，坐之独榻上与语，刘尔日殊不称。庾小失望，遂名之为羊公鹤。昔羊叔子有鹤善舞，尝向客称之。客试使驱来，氄氄而不肯舞，故称比之。"后因以羊公鹤比喻名不副实的人。唐寒山《诗三百三首》之十一："恰似羊公鹤，可怜生氄氄。"陈去病《昼寝杂感》诗："氄氄直似羊公鹤，起舞犹嫌翅力微。"

马岌龙，典出《晋书·宋纤传》。宋纤有令名，隐居酒泉南山。太守马岌往造，纤不见。岌叹曰："德可仰而形不可睹，吾而今而后知先生人中之龙也。"

70. 和裴大使见酬之什次韵

江相公

想彼烟霞闭数重，停杯还喜与君逢。

梦中艳藻虽吞鸟，笔下雕云不让龙。

底彻交斟秋岸水，盖倾心指暮山松。

江家昔有忘年契，莫怪鸿胪暂比踪。

71. 重依踪字和裴大使见酬之什

江相公

黑[1]溟淼淼树重重，鳌弄应夸促膝逢。

华表声高先听鹤，葛陂鳞化再看龙。

远排波母青山雾，近对东王紫麓[2]松。

使范频传诗独步，飞觞还祝后来踪。

72. 裴大使重押踪字见赐琼章不任讽味敢以酬答

江相公

忽望仙楼十二重，马头连袂又遭逢。^{今日使主并马诣阙，故云。}

占云难伴荀鸣鹤，摛藻多惭范彦龙。

词露莹珠先点草，笔锋淬剑本藏松。

怜君累代遥输信，竹帛应垂不朽踪。

怀旧部　怀旧

73. 冬日于文章院怀旧招饮

江相公

翰林[3]怀古遇樽盈，银艾[4][1]纷纷佩响清。

缓引索郎[5][2]心自动，闲携欢伯[3]感先成。

鹤归旧里歌三曲，马至新丰嘶一声。

想得今宵杯里趣，依然难耐□□□。

1　"黑"，群本作"冥"。

2　"麓"，群本作"嶜"，旁注："麓亻。"

3　"翰林"，群本作"幹林"。

4　"艾"，底本作"艾"，"艾"的俗字。

5　"郎"，底本作"即"，依意改。

［1］银艾，银印和绿绶，泛指高官汉制，吏秩比二千石以上皆银印绿绶。《隶释·汉孟郁修尧庙碑》："印绂相承，银艾不绝。"《后汉书·张奂传》："吾前后仕进，十要银艾。"李贤注："银印绿绶也，以艾草染之，故曰艾也。""芅"，乃"艾"的俗字稍讹。斯318《洞渊神咒经·斩鬼品》："万民危厄，温疠，女子死，邓芅鬼主与刘升来行。"斯214《燕子赋》："口衔芅火，送着上风。""艾"俗写下部或作"义"，或作"又"而右旁加点。如《敦煌俗字谱》所言，"艾"字从艹、乂声，俗写下部作"又"，已失声符作用。[1]

［2］索郎，酒名。桑落酒的别称。亦泛指酒。北魏郦道元《水经注·河水四》："〔河东郡〕民有姓刘名堕者，宿擅工酿，采挹河流，酝成芳酎，悬食同枯枝之年，排于桑落之辰，故酒得其名矣。……自王公庶友，牵拂相招者，每云索郎有顾，思同旅语。索郎反语为桑落也。"按，索郎切，桑；郎索切，落。宋王洋《以面换祖孝酒》诗："若论本是同根物，好遗枊榔换索郎。"一说，试莺家多美酒，自己不善饮，时为宋迁索取，试莺恒曰："此岂为某设哉？只当索与郎耳！"因名酒曰索郎。见宋无名氏《真率笔记》。

［3］欢伯，《诗纪》本作"劝伯"，误。欢伯，酒的别名。汉焦赣《易林·坎之兑》："酒为欢伯，除忧来乐。"唐陆龟蒙《对酒》诗："后代称欢伯，前贤号圣人。"宋杨万里《题湘中馆》诗："愁边正无奈，欢伯一相开。"

---

1 《敦煌俗字谱》，第2页。

74. □闲话篇¹以霜为韵

菅丞相

□²旧犹胜到老忘，多言且恐损中□³。

交游少日心如水，闲话今宵鬓有霜。

不恨寒更三五去，无堪落泪百千行。

相论前事故人在，只是当时我独伤。

扶桑集第七

75. ［失题］

心酌清流于姬水，闿闿如，侃侃如，所以悦耳目娱心意者也。于时宴阑日晚，欢洽醉酣，聊抽后学之未闻，敢寻前修之遗迹，乃命侍坐，各以赋诗云尔。

成林何必木丛生，圣世先教教化明。

枝叶岂因风雨密，本根犹自典坟萌。

晓花半绽唯诗草，春鸟高歌是颂声。

更有儒门馀孽在，还惭暂忝茂材名。

《毛诗》

76. 仲春释奠毛诗讲后赋诗者志之所之^{并序}

菅三品

释奠者，盖先王所以奉圣钦贤、崇师重道之大典也。是以仲月之春，初丁之日，散苾芬于和风之砌，明德惟馨；奏铿锵于媚⁴景^[1]之

1　群本题作"冬夜闲居话旧"。

2　□，群本作"怀"。

3　□，群本作"肠"。

4　"媚"，底本作"嫔"，依意改。

庭，声乐以正。于是礼毕讲经，讲罢开宴。盈耳者四百年之风雅，洋洋犹遗；解颐者三千人之生徒，济济未散。夫诗之为言志也，藏于心，牵于物，寻其所本，偏是为志，名其所之，乃是曰诗。触绪而动，待感而形。始则踟蹰于胸臆之间，渐以流离于唇吻之外。王泽之及四海也，性水澄兮幽咽绝；德辉之滞一隅也，情窦暗兮怨旷生。至若彼鸟兽鱼虫，栖于美刺之思；雪月花草，助其哀乐之音。则莫不言者闻者，两尽襟怀；乃君乃臣，共取炯诫。爰知虽发自丹府之地，遂归乎玄化之基者矣。国家德被瀛表，仁洽寰中。《菀柳》《隰桑》之风，寂莫于岁月；《汝坟》《汉广》之咏，衍溢乎康衢。至〔矣〕盛矣，太平之化，不可得而称计者也。请歌治世之言，将贻采诗之职云尔。[1]

> 闻说篇三百，盖皆志所之。
>
> 孕音凝在意，牵物散如期。
>
> 动入风云色，抽为草木词。
>
> 当初庭训绝，唯咏《蓼莪》[2] 诗。

[1] 媚景，谓春景。《初学记》卷三引南朝梁元帝《纂要》："春曰春阳，亦曰发生、芳春、青春、阳春……景曰媚景、和景、韶景。"唐罗虬《比红儿诗》："年年媚景归何处，长作红儿面上春。"

[2]《蓼莪》，《诗·小雅·谷风之什》篇名。《毛传》："《蓼莪》，刺幽王也。民劳苦，孝子不得终养尔。"

1　周斌、李修余主编：《日本汉诗文总集》第一辑第一册，四川大学出版社2015年版，第325—326页。
2　"莪"，底本、群本作"我"，内甲本、祐本、内乙本、松本、群本、静本作"莪"，依意改。

77. 同前

菅雅规

在心为志发为诗，诗句何非志所之。

意绪乱来谁得解，毫端书出不相欺。

《凯¹风》^[1]吹送酬恩日，《湛露》流传颂德时。

玄化悠悠清²虑^[2]乐，咏声自作治安词。

[1] 凯风，南风。汉班固《幽通赋》："飙凯风而蝉蜕兮，雄朔野以飏声。"《文选·王褒〈洞箫赋〉》："故其武声则若雷霆鞍輵，佚豫以沸㥜；其仁声则若凯风纷披，容与而施惠。"李善注："《吕氏春秋》曰：南方曰凯风。凯风长物，故曰施惠。"上引诗中的"凯风"与"湛露"相对，均为《诗经》篇名。

[2] 清虑，思虑的敬辞。晋陆机《吊魏武帝文》："纤广念于履组，尘清虑于馀香。"南朝宋颜延之《重释何衡阳书》："故前谓自非体合天地，无以元应斯弘，知研其清虑，未肯存同。"情虑，忧虑之情，又情思、感情。晋何劭《杂诗》："勤思终遥夕，永言写情虑。"纪纳言《后汉书竟宴各咏史得庞公》："襄阳高士独推名，禄利喧喧岂乱闻。清虑远虽生产忘，素虚遗拟子孙分。"

《孝经》

78. 仲秋释奠听讲古文孝经

菅三品

一千八百有馀文，名是《孝经》忠不分。

听尽为臣为子道，秋风吹拂意中云。

---

1 "凯"，底本、群本作"飙"，"凯"的俗字。

2 "清"，底本作"情"，内甲本、祐本、内乙本、松本、静本、群本作"清"，依意改。

79. 仲春释奠听讲孝经同赋资父事君

菅丞相

仲春月之初丁大昕，有事于孔庙，盖释奠也。笾豆之事，则有司存之；苾芬之仪，则鬼神享之。礼云礼云，可名目以言矣。于是圆冠撙¹节^[1]，博带抠衣，命夫君子之儒，稽其古文之典。立言在简，宪章于鲁堂之中；敷说如流，拟议于洙水之上。故能志于道，据于德，拥经犹有三千；芸其草，修其书，去圣曾未咫尺。夫孝事亲之名，经为书之号。谓之义者，旁观地理；谓之行者，俯察人文。是以膺箓受图之贵，非孝者无以约左龙；啜菽饮水之尊，非孝者无以据悬象。至如子谅之心，孙谋之咏，求之于百行，如此一经者也。观其一草一木，不伐勾甲于和风之前；乃父乃兄，无亏燕毛于观学之后。济济焉，锵锵焉，孝治之世，其犹镜谷乎！况亦资于慈父，以事圣君，君父之敬可同；孝子之门，必有忠臣，臣子之道何异？然则扬名之义可同。谓²益于北阙之臣，形国之仪，岂失问于南陔之子？愿录三纲之无爽，将叙五教之在宽云尔。谨序。

> 怀忠偏得意，至孝自成人。
>
> 换³白^[2]何轻死，含丹在显亲。
>
> 王生犹有母，曾子岂非臣？
>
> 若向公庭论，应知两取身。

[1] 撙节，抑制，节制。《礼记·曲礼上》："是以君子恭敬、撙节、退让以明礼。"孙希旦集解："有所抑而不敢肆谓之撙，有所

---

1 "撙"，底本作"蹲"，依意改。

2 "谓"，群本作"请"。

3 "换"，底本作"扰"，内甲本、祐本、内乙本、松本、群本、《诗纪》本、《菅家文草》本皆作"换"，依意改。

制而不敢过谓之节。"《南史·颜延之传》："恭敬撙节，福之基也；骄恨傲慢，祸之始也。"

[2] 川口久雄《菅原文草 菅家后集》补注："换白，出《本草·丹砂部》。姚合《病中书事》诗：'换白方错多，回金法不全。'王建《照镜诗》有'换白'一语。据花房氏，白，药。有白金砂，丹砂的一种。"[1]

80. 陪相国东阁听诸小侯聚学孝经一首

纪纳言

夫孝者，百行之本也。莫不资父事君，因严教敬。出于家庭，而及于天下；盛于扬名，而终于显亲。孝之为道，不其然乎？相国天然之性，孝根其心，将写先圣之襟怀，以鉴后生之耳目。遂命于硕学，授此小侯[2]。大化滂流，遥源斯在。诸小侯或居髫龀[3][1]之年，或在绮纨之服。揖以竹骑，更发叩钟之情；聚彼草萤，始齿函杖之列。期其陶染知几，曾参于时。

[1] 髫龀，亦作髫齓，谓幼年。《后汉书·文苑传下·边让》："髫龀夙孤，不尽家训。"《晋书·司马遹传》："既表髫齓，高明逸秀。"唐元稹《祭礼部庾侍郎太夫人文》："教自髫龀，成于冠婚。"

81

沈月落，尼山暗，好是三千梦后投。

1　川口久雄校注：《菅家文草 菅家後集》，岩波书店1978年版，第644页。

2　"侯"，底本作"候"，依意改，下同。

3　髫，内甲本、祐本、内乙本、松本、群本作"齠"。"龀"，底本作"乱"，形近而误。

82. 仲春释奠听讲论语赋有如明珠并序

善相公

贞观十九年仲春上丁，流荐之礼即毕，函丈之仪初开。即命鸿生讲述《论语》，所以传儒风、教胄子也。说曰：前代学者多以此书喻之明珠，取圆通也。尝试论之曰[1]：珠之为器，宝之至重，或割赤蚌之腹，或探骊龙之颔[2][11]。内质虚融，外辉洁朗。径才过寸，照乘之光相分；圆不盈拳，烛堂之明自远。故圣教之不可测，强名而比此物。其理该通，其旨奇妙。出自海口之谈，传于洙流之侧。卷舒则照璨于掌上，执持则玲珑于怀中。探楚泽而难得，役[3]商丘而未逢。学之者，智明如洞穴之无暗；藏之者，心润类河岸之不枯。立喻义良有以哉！若乃五经广大，同巨镜之溢匣；诸子杂碎，比屑玉之盈车。所鉴最微[4]，为宝甚贱，未足与之论其光明，平其价直者也。于时王公以下会聚听经者，便属篇章，嗟咏此理云尔。

圣教融通义入幽，更将光辉比隋侯[5]。

莹来不是鲸精变，学得还如象罔求。

谁觅汉滨寻润岸，唯□璧[6]水[2]记圆流。

手中爱玩心中映，岂类神驾[7][3]盻暗投[4]。

[1] 领，"颔"之讹。骊珠，宝珠。传说出自骊龙颔下，故名。《庄子·列御寇》："夫千金之珠，必在九重之渊，而骊龙颔下。"唐温庭筠《莲浦谣》："荷心有露似骊珠，不是真圆亦摇荡。"

---

1 "曰"，底本作"日"，依意改。
2 "颔"，底本作"领"，依意改。
3 "役"，群本作"没"。
4 "微"，底本作"征"，依意改。
5 "侯"，底本作"候"，依意改。
6 "璧"，底本作"壁"，依意改。
7 "驾"，底本作"惊"，依意改。

［2］璧水，指太学。南朝梁何逊《七召·治化》："璧水道庠序之风，石渠启珪璋之盛。"宋吴自牧《梦粱录·学校》："古者天子有学，谓之成均，又谓之'上庠'，亦谓之'璧水'，所以养育成天下之士类，非州县学比也。"

［3］神驾，犹圣驾，皇帝车驾的美称。《南史·褚炫传》："今节候虽适，而云雾尚凝，故斯翚之禽，骄心未警。但得神驾游豫，群情便可载欢。"

［4］暗投，犹明珠暗投，比喻有才能的人得不到赏识和重用。唐宋之问《和姚给事寓直之作》："暗投空欲报，下调不成章。"唐李白《留别贾舍人至》诗之一："远客谢主人，明珠难暗投。"眄，疑当作"眒"，写本中"盼""眄""眒"多相混。

83. 夏日陪右亲卫源将军初读论语各分一字^{探 得 迷}_{字为勾体}

源顺

康保三年夏，右亲卫源将军招翰林藤学士初读《鲁论语》，时人以为不耻下问，能守文宣王之遗训焉。何则？俗人未必贤知，以为《论语》者，幼学之书也，不足于晚学。不知其先圣微言圆通如明珠之义矣。将军阁下，职列虎牙，虽抵[1]武勇于汉四七将；学抽麟角，遂味文章于鲁二十篇。所谓"泛爱众而亲仁"，"行有余力则以学文"，盖将军之谓乎？爰有总州员外顺者，昔是南曹聚雪之生，今则东海指云之吏，业拙官冷，愁献芜词云尔。

> 将军始读宣尼训，剑是左提书右携。
>
> 幸遇君兼文武道，惭临员外吏途迷。

---

1 "抵"，底本、群本作"拉"，依意改。

《史记》

84. 春日侍前镇西都督大王读史记应教并序

江相公

古人有言曰：荆山之璞虽美，不琢不成其宝；颜闵之才虽茂，非学非弘其量。是故镇西都督大王受《史记》于吏部江侍郎，盖寻圣训也。大王仁义有馀，百行无失。虽习马迁之史，不忘车胤之勤。复在为善，若非东平王之后身；业只好文，则是曹子建之再诞。于时绿觞频倾，弦管缓调。春花面面，阑[1]入酬畅之筵；晚莺声声，与参讲诵之座。朝纲质谢冰光，文惭雕龙[2]，猥奉大王之教，献小子词。谨序。

> 天孙思道几畴咨，累业儒林任在谁？
>
> 欲问三千年鉴戒，迎来五百岁贤师。
>
> 珠明成宝钻坚处，青出于蓝染学时。
>
> 幸遇驰心寻马史，执鞭还喜决狐疑。

《蒙求》

85. 八月廿五日第四皇子于彼香舍从吏部郎橘侍郎广相始受蒙求便引文人命宴赋诗并序

都良香

礼记入学之岁，过之者，非进道之勤；义有从师之方，违之者，非渐训之故。研乎其志，所以披沙炼金也；砺乎其心，所以琢玉成器也。学之为益，不其然乎？皇子聪明在怀，日远之对不敏；歧嶷居质，月初之谈非奇。然犹以老成之量，致童蒙之求。谁其击者？橘广相是也。保此元吉，故读李参军之书；就彼明贤，故禀橘侍郎之诲。譬冰之解，

---

1 "阑"，底本作"闌"。

2 "龙"，底本作"虎"，依意改。

碧水之心顿清；若雾之开，青天之颜可视。于是宴命绿觞，思[1]唤墨客。韵赐御管，歌吹惊于仙眠；舍在禁宫，讲诵近于天耳。既[2]发迹于今日，当传事于后人。不有诗章者乎？何为不作焉？不有笔砚[3]乎？何为不记焉？其辞曰：

> 天生俊哲号天人，自就贤师问道真。
>
> 今日童蒙皆击尽，心台一镜遂无尘。

咏史

86. 北堂汉书竟宴咏史得高祖

菅淳茂

> 高皇本是布衣人，大度终为黼扆身。
>
> 圣体被知求饮客，龙颜应受入梦神。
>
> 竹冠时着飞天日，云盖暗随避地辰。
>
> 初自斩蛇符已显，漫言逐鹿说宁真。
>
> 谶呈氏族金刀旧，盟指河山铁契新。
>
> 八难从流谋楚国，三章解网抚秦民。
>
> 关中约背功虽废，垓下围成业遂陈。
>
> 十二□穷人尚忆，末孙九代继馀尘。

87. 汉书竟宴咏史，得扬雄

江相公

> 远挹清风满绿编，寻来遗迹感何专。
>
> 巫山旧宅孤云宿，蜀郡新门一子传。

宾客交游耽旨酒，文章滋味口甘泉。

阶墀执戟秋霜重，天禄披书晓漏悬。

生白室虚唯席月，草玄庭静漫铺烟。

怜君三代官无徒，不用才名聒八埏[1][1]。

[1] 八埏，八殥。《汉书·司马相如传下》："上畅九垓，下溯八埏。"颜师古注引孟康曰："埏，地之八际也。言德上达于九重之天，下流于地之八际。"唐柳宗元《代裴行立谢移镇表》："道畅八埏，威加九域。"

88. 北堂汉书竟宴各咏史得淮南王刘安

橘在列

问道炼黄上翠微，也曾怀帙弄琴徽。

形骸乍饱朝霞气，齿发长留日月晖。

犬绕云中红桂吠，鸡依天上白榆飞。

步虚唱了君知否，故国秋风露湿衣。

89. 北堂史记竟宴各咏史得叔孙通

纪纳言

怀明难照世多艰，直道如谀十主间。

他日遂逃秦虎口，暮年初谒汉龙颜。

光加粉泽洪基贵，道拂风波少海闲。

一代儒宗君第一，于今吾辈仰高山。

---

1 "埏"，底本作"挺"，群本、《诗纪》本作"埏"。

90. 咏史得汉滨父老

都良香

此翁逋逦远烦挐，南北浮云不定家。

处贱安知天子贵，出尘唯踏汉滨沙。

虑贞胆彻清流底，岁暮鬓分晓浪华。

遗迹悠悠寻不得，如今空问旧烟霞。

91. 八月十五日严阁尚书授后汉书毕各咏史得黄宪并序

菅丞相

　　若夫讪中挟一天度之起[1]，可知记事笼群日官之用爰立。故尧舜盛矣，《尚书》者，隆平之典；周道衰焉，《春秋》者，拨乱之法。司马迁之修《史记》，君举无遗；班孟坚之就《汉书》，国经终建。逮于洛阳帝里，刘婴暂拘宫城；建武王春，更始才偷甲子。遂抚运于尧胤，乘德于火方，静我风云，安我社稷者，斯乃光武中兴之王也。虽则显宗祗承，使后之言事者，争先永平之政；然而孝安属当，令天之厌德者，遂至王土之粃。嗟虖！四百之年，图书绝笔于孝献；桓灵之弊，礼乐坠文于山阳。诸葛亮所谓亲小人远贤士，是所以后汉倾颓者也。于是顺阳范蔚宗修纪传而系日月，巨唐太子贤通注解以振膏肓。南阳故事，虽百代而可知；东观群言，成一时之茂典。《易》曰"观乎人文，以化成天下"者，斯文之谓哉！严君知斯文之直笔，味斯文之良史，遂引诸生校授芸阁。盖仲尼闲居，曾子侍坐，思道之事，自古而存。观其人之吐白凤者，通引藉以先来；世之踏青云者，待撞钟而竞至。肩舁汗简，手执韦编。或不觉暴雨之漂流，或不知坑岸之颠坠。岂唯士安高尚，时人号为书淫；元凯多才，独自称有传癖而已。

1　"起"，群本作"趣"。

属至贞观六年甲申岁八月十五日，训说云披，童蒙雾散，三冬用足，百遍功成，知籝金之假珍，感球玉之真器。稽古之力，不可较量。于是赤帝之史，倚席于白帝之秋；三千之徒，式宴于三五之日。严凉景气，方醉上界之烟霞；满月光辉，盛陈中庭之玉帛。数杯快饮，一曲高吟。不可必趁瑶池，不可必临梓泽。游宴之盛，亦复如是。子墨客卿，翰林主人，请各分史，以咏风流云尔。

> 黄生未免在人间，千顷[1]汪汪一水闲。
>
> 逆旅初知师表相，高才更见礼容颜。
>
> 陈蕃印绶惭先佩，郭泰车銮叹早还。
>
> 仅就京师公府辟，征君岂出白云山。

92. 后汉书竟宴各咏史得庞公

纪纳言

《后汉书》者，宋太子詹事范晔之所删定也。编世十二，录年二百。名居良史之甲，文擅直笔之华。莫不彰善瘅恶，激一代之清芬；昭德塞违，备百王之炯戒。

贞观十四年秋明，时以此书天下之奇作，令翰林学士臣大夫讲之。大夫抵掌而谈，提耳无厌。发彼先儒之墨守，击以后学之蒙求。

元庆元年春，擢迁左少丞。职非其勤，讲以俄止；功渐为山，限[2]如弃井。菅师匠承祖业之后，为儒林之宗。经籍为心，得王何于逸契；风云入思，叶张左于神交。

三年冬，遂以其有史汉之癖，令续其讲。嗟乎！德之有邻，道遂无坠。听诱进之风者，投斧负笈；染惇海之化者，虚往实归。疑关楗排，

---

1 "顷"，底本作"项"。

2 "限"，群本作"恨"。

非复金汤之险；义渊底彻，终知揭厉¹之津。

及五年夏，披授始毕。

明年春，聊仍旧贯，以设竟宴。促膝者，尽是王公之会；盈耳者，莫非金石之音。于时和暖在候²，风景不贫³。老莺舌饶，语入歌儿之曲；残花跗断，影乱舞人之衣。景倾醉酣，各相语曰：欢会易失，诗酒难并，岂只取乐于今，宜以咏史于古云尔。

> 襄阳高士独推君，禄利喧喧岂乱闻。
>
> 清虑远离^{4 [1]}生产忘，素虚遗拟子孙分。
>
> 逃名始得身巢穴，晦迹终辞世垢纷。
>
> 应是幽栖家不定，暮归唯宿岘^{5 [2]}山云。

[1] 清虑，思虑的敬辞。南朝宋颜延之《重释何衡阳书》："故前谓自非体合天地，无以元应斯弘，知研其清虑，未肯存同。""清虑远离生产忘"，就是远离思虑，忘掉生产。

[2] 岘山，湖北襄阳县南的岘山。西晋羊祜镇襄阳时，常登此山。置酒吟咏。《晋书·羊祜传》："祜乐山水，每风景，必造岘山，置酒言咏，终日不倦。"

93. 北堂汉书咏史得路温舒

菅三品

文华政理被人闻，钜鹿雄才路长君。

---

1 "厉"，群本作"濿"。

2 "在候"，群本作"有候"。

3 "贫"，群本作"贪"。

4 "离"，底本作"虽"，依意改。

5 "岘"，底本作"砚"，群本、《诗纪》本作"岘"，依意改。

露泽青蒲留鸟迹，烟村碧草从羊群。

汉朝舟[1][1]泛心中水，山邑官寻眼外云。

惆怅春风棠树荫，芳声远播子孙分。

94. 北堂汉书咏史得李广

源访

班史将军谁最良，陇西李广甚强梁。

抱儿直过边沙去，误虎还教卧石伤。

五十年来持汉节，三千里外老胡霜。

终身好忝君王命，不耻朝家与朔方。

95. 北堂汉书竟宴咏史得苏武并序

纪在昌

若夫万八千年声尘，湮灭于巢穴之居；七十二代轨躅，寂寥于绳木之化。自彼书契之道，苍精开其遥源；言事之官，黄神垂其胜迹。或左或右，载笔之职不绝；乃竹乃帛，执简之功可知。是以左丘明亚圣之匹也，爰遗百王之鉴；司马迁命世之才也，乃成一家之言。史之为勤，其来尚矣。班孟坚之修斯书也，撖北阙之故事，正西都之前史，词修弦[2]直，文藻[3]锦摛。高皇受命之王[4]也，故起文于丰邑之日[5]；平帝坠业之君也，故绝笔于庚陵之年。则知劝德拨乱，彰善瘅恶。十二世之抚运，丝纶载而不朽；二百年之传历，枢机编而无遗。谓之《汉书》，良有以

1　"舟"，底本作"丹"，群本、《诗纪》本作"舟"。

2　"修弦"，群本作"条强"。

3　"藻"，群本作"操"。

4　"王"，群本作"主"。

5　底本"日"后有"乎"，盖因下"平"字而误衍，依意删。

也。我后之驭天下也，宪章六籍，搜猎百家。留玄览于鸟策，倾情听于蠹简。

延喜十九年仲冬十一月，以此书经国之常典，命翰林营学士讲之。学士射鹄之业累迹，雕龙之才陶性。垂训无厌，已居鲁儒之宗；敷说不瞲，早得汉圣之号。故染提耳之教者，击其蒙；听拭舌之谈者，去其惑。逊业之徒成都，相趋于函丈之间；归化之士如市，竞进于执卷之列。至夫升堂礼成，叩钟问发。寻疑关而排扃[1]，待鸡声之晓；渡义渊而彻底，翻牛蹄之涔。

廿一年春，以其有人望之德，兼拜尚书左少丞。管辖在职，黾勉[2]从事。机密之勤，戴[3]星无暇[4]；诱进之道，兼日有方[5]。然而朝家赏斯文之雅丽，重其人之通博，虽当剧务之任，不夺惇诲之功。嗟乎！道之不坠，在今视矣。

廿二年冬，篇轴尽披，授始毕。明年暮春，聊展宴席。会而连榻者，金章紫绶之客；唱而整节者，鹍弦凤管之声。马相如之抚琴也，寻遗调而间奏；王子渊之弄箫也，逐旧曲以争吹。况乎沽洗应律，韶阳属候。定交于缓歌之后，流莺知音；叶契于妙舞之前，低柳投分。既而玉爵饮酬，金乌影暮。岂只扇古风于今日，宜以写旧史于新诗云尔。

> 欲言苏武事君忠，奉命龙城不顾躬。
>
> 抱节多餐边土雪，沾襟独对朔天风。
>
> 三千里外随行李，十九年间任转蓬。
>
> 宾雁系书秋叶落，牡羊期乳岁华空。

---

1 "扃"，群本作"局"。

2 "勉"，底本作"俛"。

3 "戴"，底本作"载"，内甲本、祐本、内乙本、群本、松本作"戴"，依意改。

4 "暇"，底本作"假"，依意改。

5 "有方"，底本作"在妨"，群本作"有妨"，依意改。

胡庭遂是丹心使，汉阙还为白发翁。

非只英名垂竹帛，麒麟阁上记勋功。

勤学

96.高凤字文通南阳郾人也少为书生家以农亩为业而专精诵读昼夜
不息妻尝之田曝麦于庭令凤护鸡时天暴雨而凤持竿诵经不觉淹水流麦妻
还怪问凤方悟之其后遂得名儒

嗜学从来闻凤久，研精岂是护鸡难？

持竿已忘持竿趣，意在书林不在竿。

及第

97. 澄明重光一度及第不胜欣喜书诗相贺

江相公

幸遇明时恩不訾，并名拔萃两家儿。

人言窗雪将三叶，桂许门风各一枝。

忽见抚驹嘶破枥，更怜养笋透疏篱。

老牛蹄□漏无用[1]，舐犊欢馀涕似縻。

98. 贺营秀才献策登科不胜欣感赠以长句

江相公

待诏初趋金马门，道开还喜古风存。

孙谋谁见三年面，祖业应惊四代魂。

红桂枝高分种旧，青钱价跃买声喧。

1　"用"，底本作"月"，内本、祐本、内乙本、松本、静本、群本、《诗纪》本作
"用"，依意改。

求贤重访先贤后，继绝宁非圣主恩。<small>君以累代儒胤擢补秀才，今果登科，故有此兴。</small>

99. 余近贺菅秀才登科不胜欣[1]喜敢缀老烂酬和之词韵高调奇情感难抑重以吟赠

江相公

东西虽异本同门，累代通家道尚存。<small>予祖父相公，天长年中受业于君高祖，京兆尹和之。初，东西别曹，各自名家。</small>

八斗才多称器量，九升情动恼梦魂。

窗萤役了辞应退，梁燕惟新贺自喧。

我已晚龄君始壮，忘年共契报朝恩。

100. 对策及第后伊州藏刺史以新诗见贺不胜恩赏兼述鄙怀<small>次韵</small>

菅淳茂

穷途泣血几兼秋，今日欢娱说尽不。

仙桂一枝攀月里，儒风四叶厌人头。

我心似脱重陛[2]苦，君赏胜封万户侯。

魂若有灵应结草，遗孤继绝岂无由。<small>予昔蒙先君遗试中，不废家业。今自入都，至扬庭皆左相府之一，故叙报恩之意，以答本诗卒章。</small>

101. 暮春贺藤才子寮试及第花下命酌

江相公

□畔悬河涉汉深，春衫拭盏就花阴。

外人倾耳犹添爱，况是堂中父母心。

---

1 "欣"，底本、群本、《诗纪》本作"助"，依意改。

2 "陛"，底本作"狴"，群本作"狴"，依意改。

426

落第

102. 落第后简吏部藤郎中

善宗

被病无才频落第，明时独自滞殷忧。

青山不拒为僧去，白社那妨作客游？

水菽难供违母色，田园已卖失孙谋。

如今干禄君知否，辙鲋何须江汉流。

笔

103. 赠笔呈裴大使

江相公

我家旧物任英风，分赠兼欢意欲通。

纵不研精多置牍，犹胜伸指漫书空。

毫含韦[1]诞[1] 松烟[2]绿，管染湘妃竹露红。

若讶本从何处得，江淹枕上晓梦中。

[1] 韦诞（179—253），字仲将，三国魏京兆人，书法家、制墨家。《艺文类聚》卷五十八《纸》引《三辅决录》曰："韦诞奏：蔡邕自矜能兼斯善之法，非流纨素，不妄下笔。夫欲善其事，必先利其器。闿张芝笔，古伯纸，及臣墨，皆古法，兼此三具，又得巨手，然后可以尽经文之势、方寸之言。"王僧虔《论书·韦诞传》："诞字仲将，京兆人，善楷书。"

《初学记》卷二十一《墨》第九引韦仲将《墨方》曰："合墨法：以真朱一两，麝香半两，皆捣细；后都合下铁白中，捣三万杵，杵多愈益。不得过九月。"

---

1 "韦"，底本、群本作"娄"，依意改。

［2］古代常以松木烧出烟灰制墨。《初学记》卷二十一《墨》引曹植《乐府》诗曰："墨出青松烟，笔出狡兔翰。古人感鸟迹，文字有改判。"故"毫含韦诞松烟绿"，是说书写使用的是韦诞制造的好墨。

武部
弓

104. 文选竟宴咏句赋卷帙奉卢弓

清滋藤

忽自烟尘起远戎，独收黄卷奉卢弓。

辞窗更过胡山月，抛简犹随越竹风。

榜上扬名忘射鹄，蕃中拥旆罢挥虹。

一文一武俱迷道，为我邯郸步渐穷。

第五章
日本汉诗话及其写本研究

　　20世纪后半叶，随着日本最后的汉诗人离世，汉诗写作愈来愈淡出一般民众的生活，研读与汉诗传播密切相关的诗话，也变成了少数学者孤寂枯燥的奢侈之举。时至今日，日本的诗话研究，即使不能说正在急速滑向绝学，也可以说不过是边边角角传来的私语独白，是三三五五学者的苦苦支撑。很少有人会想到，历史上有多少文学家曾那样醉心于汉诗创作，更有那么多学人，撰写了多达三位数的诗话。

第一节
诗话研究与文化移植

　　由于日本汉诗与汉文诗话使用的是汉语，今天中国学者也能大体读懂这些作品，这就给我们研究造成了很大便利。然而，这也很容易冲淡我们面对它们所必须具有的跨文化意识。日本汉诗之源在中国古典诗歌，但两者并不能划以等号。日本汉诗诞生本身，是一种文化移植的产物，而诗话之生，则是中国诗话传播与日本汉诗发展需要的碰撞结果。日本诗话是日本化的诗话，也就是说，它并不是中国诗话的原版复制，而更像是中国诗话的脱胎转世。只有将日本汉文诗话放在日本文学整体中来观察，才可能充分认识日本汉文诗话的文化价值。

在研读这些诗话之前，我们首先需要明白的是汉诗在日本人的生活中具有什么样的地位，日本人是怎样阅读和创作汉诗的，他们为什么要用这种异国的文学形式来抒情写意。对这些问题有了初步了解，才会理解日本诗话的内容、特点和价值。

日本文化中的汉诗

如果说人们学习某种外语，意味着向那种文化脱帽的话，再要用那种语言创作文学作品，即所谓"实作"，那就可以说是向那种文化深深鞠躬了吧。日本已故著名中国文学研究家松浦友久在谈到日本汉诗与中国诗歌的关系时说，这种"实作"，不是指单单小试一下，作为友好手段写一点，而是运用其语言与样式去表达自身文学性的感动。他说："即便承认这一与外国语言、风土隔绝的环境中成长的难以动摇的前提，通过这种'实作'来表达自我，也不能不说是源于对于对象的、无上的共鸣与执着。奈良时代的所谓汉诗文，正是这种特殊条件下的文学，进一步说，它不是某个人、某个群体个别的例外尝试，而是由各时代卓越的头脑进行的有组织的长期努力，仅此一点，便具有更为深刻的意义。"[1]松浦友久在这里指出，日本汉诗诞生的前提，是源于日本诗人对于中国诗歌"无上的共鸣与执着"，同时，只有尽可能全面移植中国文化，才可能出现这样一种并非个人或某一群体的一时性单纯友好手段的诗体，一种历经千年以上历代卓越头脑创造的诗体。

单纯的汉语学习，并非一定走向汉诗文创作，只有对中国传统文化有了比较充分的理解，才可能掌握其技巧与技能，进一步说，这些作品也只有在与中国有较多相似点的文化价值体系、文化氛围中才可能获得广泛的传播与认可。因而，对中国文化的全面移植是汉诗文在日本生根

1　松浦友久：《日本上代漢詩文論考》，研文出版2004年版，第5页。

的前提。而奈良、平安时代正好具备这样的条件，在以后的江户时代这种条件再次复苏，于是才可能有了汉诗文在日本长达一千多年的历史。明治维新之后，这种条件一天天瓦解，汉诗文也就逐渐走向了衰落。在汉诗成为日本全民族认同的文学样式的过程中，包括诗话在内的诗歌批评著述也就获得了流布的机会，日本诗话的出现也就成为必然。

把中国古典诗歌和日本人按照中国古典诗歌的规范写作的诗歌称为"汉诗"的说法通行起来，应该说是明治维新以后的事情。在很长的历史阶段，它只被称为"诗"，而日本固有的民族诗歌则只被称为"歌"。"汉诗""和歌"的区别性概念的出现是较晚的事情。这表明，日本人"诗"的概念，正是由中国古典诗歌确立的，而且这种文体被无抵抗地作为本国文学肌体的一部分，一开始，并没有因为其外来性而遭到排斥。

至少在平安时代，一提到"诗"就是完全采用汉字的诗，而且在贵族中间，它的地位还要比"歌"高一些。后来和歌发展起来，所谓"和风"大盛，也没能把汉诗挤下台。日本保持着双语文学——即汉语与日语并行的格局。加藤周一在《日本文学史序说》中这样描述这种格局的总体态势：

> 用汉字来标记日语的日本人，还钻研出日本范儿去读汉语诗文的办法。由返点来变换语序，用送假名为之加上日语固有的助词和语尾变化，也就是训读汉诗、汉文。习惯了这种独特的汉语翻译法的日本人，自己也开始来作汉语诗文。
>
> 至少在7世纪以后至19世纪，日本文学就有两种语言，也就是日语文学与汉语文学。例如《万叶集》与《怀风藻》、《古今集》与《文华秀丽集》。不用说，日本人的感情生活，不是外语诗作，而是母语的和歌表达得更为丰富与微妙。但是在散文方面，那时情况就已经大不一样。例如，《歌经标式》谈诗歌理论，远远不及《文镜

431

第五章　日本汉诗话及其写本研究

秘府论》的条理井然。时代往后，就连在诗歌里面，用汉语来表达的意义增加了分量，例如室町时代的抒情世界，不仅是由连歌所代表，而且还同时是由五山诗僧的作品来代表的。《菟玖波集》和《狂云集》，哪个洋溢着一个时代的诗的精神，就难以猝然决断。至于德川时代，那就更是如此了。但是，两者之间的差异，并没有拉丁语、欧洲各种语言（除了若干例外）和汉语与日语的场合在语言学上相差那么远。文艺复兴以后，拉丁语文学被吸收到近代欧洲语言的文学当中，而在日本则是文学的两种语言并用的情况，就一直延续到明治时代。[1]

正是这种双语并用的文学历史，产生出大量的汉诗。不过需要说明的是，在日本通行的"汉语"，与我们使用的汉语并不等同。最大的不同是读法。日本汉文学有自己的读法，汉字是同文而异读，这就决定它与中国诗歌在听觉上是另一种滋味。一般来说，我们今天不学日语也许能看懂它，但不学日语，不懂训读，就根本听不出它的妙处。

从最初对汉文化的零抵抗到稍后的一边采用、一边抵抗，再到明治时代的全面排斥，汉文化走过了漫长的路，但汉诗却始终拥有众多的爱好者、习作者，这当然还需要从诗歌内部去探讨缘由。松浦友久就曾试图从他与日本民族诗歌的互补性来加以阐释。他认为，平安时代前期以来到至今的欣赏方法，不论是读诗还是作诗，大致都是由"训读"来进行的。这是日本爱好汉诗的独特条件，也就是说"训读汉诗"是爱好汉诗的最大原因。而训读汉诗无非就是"文语不定型诗"，它与和歌、俳句这些文语定型诗相互补足，在日本诗歌史上起到了不可或缺的作用。[2]

1　加藤周一：《日本文學史序説》（上），筑摩书店1980年版，第11—12页。
2　松浦友久：《漢詩—美のあり》，岩波书店2002年版，第219页。

具体来说，他认为这种作为文语自由诗的"训读汉诗"有如下五个特点：

其一，用日语来作的汉诗，的确是日语文语自由诗，而它还具有两重性。也就是在视觉上、观念上保持了作为原诗的定型性，而在听觉上、音声上又产生了日文诗歌自由律的节拍[1]。

其二，"训读汉诗"极其有效地补充了日语定型诗里对句表达的缺位。[2]

其三，从训读来看，节拍不整的作品，在日本汉诗的名作当中几乎是零。

其四，有这样的倾向，那就是一般在训读汉诗中，自己最初记住的训读诗句被深深体制化，将其改读作别样的训读，就很容易产生强烈的违和感。

其五，训读汉诗作为文语自由诗，互补性地表现出了和歌、俳句这样的文语定型诗所不能表达的独特的节拍感。

松浦友久独辟蹊径，从声律的角度来分析日本汉诗的特殊性，显然是抓住了问题的关键。而对于日本人来说，学习汉诗最大的困难就是领会中国古典诗歌的声律。日本民族的文学理论，最初都是在学习中国的基础上产生的，连最初的和歌论，也充满了对汉诗论的模仿和移用，那么采用日本化的汉语制作的汉诗，就更会追随中国古典诗歌的评价体系了，从基本概念到理论形式，在中国都有源可寻。日本诗话的诞生与兴起，离不开这样的大背景。

对于日本汉诗的文化价值，日本文学史家有很多论证，此不赘述。有些热爱汉诗的人的看法也许更值得倾听。河上肇曾说："毕竟日本读

1　松浦友久：《漢詩—美のあり》，岩波书店2002年版，第221页。
2　松浦友久：《漢詩—美のあり》，岩波书店2002年版，第225页。

的汉诗，是日本诗而不是中国诗。中国人把这种日本诗当作中国诗来看，依然值得鉴赏的话，也不过如此，但是，正因为不是中国诗，为日本读法而写作的日本汉诗，依然不妨其作为日本诗独立存在的价值。"[1]

同时，也还有学者指出了伴随模仿中国诗歌大量制作日本汉诗的一种负面现象。歌人会津八一在谈到中国诗歌翻译时就附带谈到，日本从古以来全然不理解汉诗所具有真正的音韵，另一方面却把艺术和学问混同起来，有一种不管有没有作诗的才华，只要有文字素养就来作诗的风气。诗自然就成了汉学者的玩具。[2]此说言语不多，却堪称卓见。不过，从另一个角度说，作诗也未必是有才华者的专利，学过汉学的人作一作诗，毕竟有利于加深对诗的理解。

中日诗话互有邻壁之光

以异国语言、异国文学样式从事创作，虽然以文化移植为前提，但这种移植毕竟不可能是全面的、对等的、均衡的、永恒的，由于移植的碎片化、断续性与不可避免的走形失真，中国诗歌并没有全部为日本诗界所接纳。日本汉诗与中国诗歌，既有语言文字之通，又有脱胎换骨之变，而日本诗话与中国诗话也就各领风骚，自属一家了。

禅僧虎关师炼所撰《济北诗话》首次以诗话为名，被尊为日本诗话之首，而在其之前问世的空海《文镜秘府论》《江谈抄》（第四、五、六卷）、《作文大体》《童蒙颂韵》等，或摘录中国诗论，或摘句举篇以品诗，或研讨诗韵。它们成书于欧阳修《诗话》传入日本之前，却也大体可充诗话之职。这些言诗之书，或收录了我国散佚的诗学资料，或收录中国诗论而略述己见，或摘句举篇以论佳句，或讲述诗人故事而谈诗

---

1 河上肇：《河上肇評論集》，岩波书店1987年版，第283页。

2 会津八一：《渾齋随筆》，中央公论社1968年版，第108页。

艺，或可称之为"前诗话"。

大江匡房《江谈抄》第四、第五与第六卷，集中了匡房关于汉诗的见解，已经具备诗话的基本特征。值得注意的是，其中有很多是讨论诗赋中的对句的。那一时代的贵族诗人常常从各类诗集中挑选佳句，以供鉴赏与朗咏，而精妙的对句尤其得到诗人们的青睐。不过，这些对句在汉字形态上是一一相对的，但用训读来诵读的时候，由于日语并非一字一音，在音数上要做到完全相对，大大增加了难度。训读汉诗有一种独具特色的节拍，或许也是工稳的对句人气旺盛的原因之一。

在《江谈抄》之后诞生的《古今著闻集》卷第四《文学第五》，也堪称"前诗话"之一种。现简译前三则：

105. 文学起源并效用事

伏羲氏王天下，始造书契，以代结绳为政，由是文籍生焉。自孔丘之彰显仁义礼智信，此道盛矣。书曰："玉不琢不成器，人不学不知道。"又云："弘风导俗，莫尚于文；敷教训民，莫善于学。"文学之用，盖如此也。

106. 博士自百济国携经典来贡事

应神天皇十五年，博士自百济国携经典至。而后，经史始于我国传承。抑所谓："诗者，志之所之也，发言为诗。"天武天皇第三子大津皇子，始作诗赋。自此，春风秋月之幽静也，皆起啸咏之心；词花言叶之联翩也，悉裁锦绣之色也。

107. 大江朝纲梦中与白乐天文帝事

天历六年十八日，后江相公梦白乐天至，相公喜而相迎。观其形貌，着白衣，面色红润，亦有着青衣者四人从之。相公问曰：

"自都率天来乎？"答曰："然也。"

108. 天历时令大江朝菅原文时选白氏文集第一诗事

天历时，令朝纲、文时选《文集》第一诗，敕定：

送萧处士游黔南

能文好饮老萧郎，身似浮云鬓似霜。

生计抛来诗是业，家园忘却酒为乡。

鸿从巴峡初成字，猿过巫阳始断肠。

不醉黔中争得去，摩围山月正苍苍。

二人同选此四韵。一句佳者多矣，而四句为体者，岂不妙哉。
两人同心，有兴味也。[1]

这一部分基本是诗话；较之《江谈抄》只书要点，不涉背景，多语
不成句，这一部分文字要畅达得多。它可以说已经具有日文诗话的雏形
了。其中有些内容出自《江谈抄》，可以看出那一时代诗论文体转变的
一个侧面。

这些所谓"前诗话"，受到中国诗论影响最大的，当数有关诗法诗
格的部分。《文镜秘府论》已有中日学者详尽的研究，此无须赘言。唐
佚名撰《赋谱》中讨论律赋句法、结构、用韵、题目等，其书很早便传
入日本，藤原宗忠《作文大体·杂笔大体》中多有袭用[2]。两书对读，其
相沿关系一目了然。以中日两国诗句之例，以逐条分列的简单明了的方
式来解说作诗的基本知识，当以《作文大体》相关部分为嚆矢，该书还
保留了我国其他文体的资料（如愿文）。

---

1 永积安明、岛田勇雄校注：《古今著闻集》，岩波书店1966年版，第122—123页。
2 张伯伟：《全唐五代诗格汇考》，凤凰出版社2002年版，第555页。

江户时代之前，诗话之著寥寥可数，而进入江户时代，诗话便接踵而出，占迄今所存诗话之绝大部分，这正与江户时代汉诗走向鼎盛有关。江户汉文诗话中不乏有识之见，如江户时代古贺侗庵所著《侗庵非诗话》，罗列上百种传入日本的中国诗话，历数"诗话十五病"，有理有据，堪称诗话评论之翘楚。明治时期汉诗由盛而衰，而诗话之著锐减。

至近代，汉文诗话几乎绝迹，那些名之以"诗话"的著述与传统诗话专注于汉诗颇不相同。如富士川英郎的《西东诗话》，谈论的是李白与德国近代诗、唐诗的德译、里尔克与日本这样跨文化的题目。竹内实《中国吃茶诗话》专讲茶与诗的因缘，河井醉茗《醉茗诗话》则谈的是日本现代诗歌与诗集。诗话之核已变，而诗话之名尚在，这说明诗话这种闲谈式的说诗样式依旧不失其用。"话"来轻松，听来入耳，诗酒常不相离，所以有一种酒的牌子，就叫"蔓华诗话"。

投射到日本诗话中的中国诗论原型

兴膳宏在谈到欧阳修《六一诗话》的意义时说，《六一诗话》对于陆续出现的北宋诗话的文体具有很强的规范作用，具体来说：

1. 除了围绕诗与诗人的记述之外，不设置内容上的条件或制约；

2. 整体结构，由短小独立的文章汇集而成，排列随意，几乎没有所谓标准；

3. 所选择对象的时代，以离著者生活时期不远的宋代为中心，时而追溯到唐代；

4. 通览全书，著者没有完整提出特别贯穿始终的文学论。[1]

尽管欧阳修以后的北宋文人诗话，有时也有六朝诗的话题，但不过

---

1 兴膳宏：《宋代詩話における歐陽脩〈六一詩話〉の意義》，载日本中国学会创立五十年记念论文集编集小委员会编：《日本中國學會創立五十年記念論文集》，汲古书院1998年版，第11页。

是涉及陶渊明等有限的诗人，而南宋以后的诗话则不少突破了这一惯例。《六一诗话》开创的这一文体，为日本诗话所延续。诗话这一文体在日本确立地位，不仅是中国诗话影响的结果，而且是中国诗文化浸润于日本文化的自然结果。

首先，日本诗话中体现的诗歌观念的母体，来自中国诗歌诗论。江村北海《诗论》说：

> 欲言诗者，当辨言志之义，且需深信"温柔敦厚诗之教也"之古训。作一诗亦须心存此意，此乃诗之本领。余教人诗，全在于此。言辞虽妙、音韵虽工，背此义者不可谓之诗。且古昔之诗与乐本为一而非为二，得诗之时则得乐，自周之坠，乐政乱则诗乐歧，然虽歧而本源一也。[1]

雨森芳洲《橘窗茶话》中多有论诗之语，抽出来就是一部诗话。其中有一段：

> 作诗如做手简儿，一般略言之，有始、中、终三等。细言之一二三四五六，各有次序。但据事直书，平平铺将去，谓之手简。借着风云雪月山河草木来形容，错综成章，语言不多，意思有馀，又清雅又响亮，谓之诗。手简如段匹，织得容易；诗如锦绣，最要纤丽。我人作诗，非独学力不到，原来拙口钝腮，无此许多伎俩。[2]

1　三枝博音编：《日本哲學全書》第十一卷《藝術論》，东京第一书房1936年版，第344页。

2　日本随笔大成编辑部：《日本随筆大成》第二期卷7，吉川弘文馆1994年版，第366页。

手简，通汉语"手翰"，即亲笔手札；雨森好学俗语，故又称为"手简儿"。他将说话作诗比作写信，或用平常话，或用非日常语言，都不过是向人述说。这种看法得到东梦亭的赞许，《锄雨庭随笔》认为："此语直截痛快，实为作诗妙诀。初学之徒得双句或一联，前后补缀以成全篇，不得血脉贯通也。"

松下忠《江户时代的诗风诗论——明清诗论及其摄取》通过大量实例分析，得出的结论是，中国诗论中，代表明清时代诗论的"格调说""性灵说""神韵说"对江户时代影响最大[1]。荻生徂徕主张格调说，太宰春台的诗论近于神韵说，祇园南海则取格调说的长处和神韵说的境地自创"影写说"，梁田蜕岩合格调、性灵、神韵于一体。下面按照神田喜一郎《岩波讲座日本文学史·江户时代的汉文学》将江户时代汉学分为三期的作法，从诗话的角度，简单梳理一下投射到日本诗话中的中国诗论。

前期100年为汉文学复兴期。格调说由藤原惺窝、那波活所、石川丈三等介绍进来。与此同时，林罗山还接受了性灵说。朱子学者藤原惺窝撰写的《文章达德纲领》抄录最多的是《朱子语录》、罗大经《鹤林玉露》、西山真氏即真德秀《文章正宗》、见于《性理大全》中的龟山杨氏即杨时的诗论以及明代吴讷的《文章辨体》等。同属朱子学派的贝原益轩除对《文章辨体》等相当重视之外，开始较多关注宋代诗话中的观点，对严羽《沧浪诗话》、梁桥《冰川诗式》、蔡居厚《蔡宽夫诗话》、李颀《古今诗话》、许顗《彦周诗话》等有所引录。其中《冰川诗式》专门谈诗法，颇有杜撰之嫌，《四库全书总目》断定此书"于诗之源流正变，皆未有所解"。

1　松下忠：《江戸時代の詩風詩論——明·清の詩論とその攝取》，明治书院1969年版，第845页。

林梅洞、林鹅峰《史馆茗话》为了清除禅林影响，复兴平安时代的汉学传统，而从变体汉文《江谈抄》等搜罗材料，加以翻译改写为汉文，虽不以"诗话"名，实为诗话之体。子梅洞未卒其业而英年早逝，父继子业，鹅峰续而补之。译编之外，也时有发明与简略考辨。

　　中期80年为古典主义时期，唐诗时代。格调说由于荻生徂徕的大力主张而居于巅峰。荻生徂徕尊崇《唐诗选》，排斥宋诗，大倡李王之说。所撰《诗源》，不过十则，大体展现了最重要的观点。特别是第一则，称扬盛唐诗唯在兴趣，言有尽而意无穷，而主张作诗贵在不涉理路，不落言筌，其追随者奉为准则，而攻讦者目为枷锁。徂徕论诗之说，主要观点为太宰春台所继承，所著《斥非》，对日本文坛种种背离中华规范的现象加以指斥，继续推崇盛唐诗而排斥明诗，并将和歌与中国诗歌相比并，说《古今集》为盛唐，以《后撰》《拾遗》二集为盛唐杂初唐，自《后拾遗集》至《新古今集》为中晚唐杂宋诗，《新敕撰集》而下以为不足言，认为和歌的衰落受佛教影响过深，而盛唐诗之妙，就在于"不落议论，不涉道理，不事发露指陈"，有所谓玲珑透彻之悟。春台去世九年，又有深谷公干撰《驳斥非》，举《斥非》中数项，加以驳斥，且有附录。其中特别对春台排斥议论之说加以辩驳，其言曰：

　　　呜呼！夫三百篇，诗之祖也。"知我者谓我心忧，不知我者谓我何求"，非议论乎？"昊天曰明，及尔出王""无然畔援，无然歆羡，诞先登于岸"，非道理乎？"胡不遄死，投畀有北"，非发露乎？"赫赫宗周，褒姒灭之"，非指陈乎？是非吾臆说，古人既论焉。[1]

―――――――――――

1　关仪一郎编：《日本儒林丛书》（第四卷），凤出版1978年版，第12页。

《驳斥非》对《斥非》的第一、十、十四、十五、十八、二十一、三十条提出不同见解。太宰春台又撰《诗论》，与其所撰《文论》为姊妹篇，已对迷信李王之说有所反省，进而指摘李攀龙绝句瑕疵。江村北海《日本诗史》第一次试图完整描述日本汉诗的发生、发展，与《史馆茗话》排斥五山汉诗而作为专述王朝汉诗的断代汉诗史不同，对于五山汉诗人的绝海中津、义堂周信等人给予了较高评价。

后期80年为主张清新性灵时代，主要是宋诗时代。山本北山所撰《作诗志彀》，对徂徕一派在诗歌解释、诗题及文字方面的谬误提出批评，并对萱园一派拟古之风和李攀龙加以指斥，另一方面却大段摘译袁宏道诗论和钱谦益《列朝诗集》对明代诗人的评论，结合日本诗坛的情况，热忱地介绍了公安派的艺术主张[1]。该书问世之后，驳难者有之，辩护者有之，交相辩驳，一时不胜热闹。攻之者佐久间熊水撰《讨作诗志彀》，石窗山人何忠顺撰《驳诗讼蒲鞭》，《唾作诗志彀》《词坛骨鲠》的作者也大抵是徂徕学派及其与之立场相近的人，只有曾校勘《作诗志彀》的雨森牛南撰《诗讼蒲鞭》，起而为北山一辩。这场争论虽无结果，但袁宏道清新诗说的知名度却由此大增，对拟古派的批评也逐渐多起来。另外有赖山阳、梁川星岩提倡清诗。更多的论诗者倾向于折中派，广濑淡窗《淡窗诗话》（日文）主张诗不分唐宋元明，认为"诗无唐宋明清，而有巧拙雅俗。巧拙因用意之精粗，雅俗系着眼之高卑"，对于陶渊明、王维、孟浩然、韦应物、柳宗元格外推崇[2]。

诗话丛生，也正是在此以后，今天我们读到的诗话，多数也正是出现在这一时期。猪饲敬所曾谈道"今日诗集、诗话等年年刻板印行"，

1　王晓平：《袁宏道的性灵说和山本北山的清新诗论》，《古代文学理论研究》第十四辑，上海古籍出版社1989年版，第200—212页。

2　中村幸彦校注：《近世文學論集》，岩波书店1978年版，第349—405页。

并把它们称为"实用有益之书"[1]。值得注意的是，大多数诗话是针对习作汉诗的困难而写作的，因而讲诗格、诗式、诗法的占有相当比重。粗略统计，仅以诗格诗法之类来命名的，汉文多达近20种，而日文也有十四五种。不难设想，在江户町人文化鼎盛的时代，这样的书才好用好销。

大唐重诗之风波及周边诸国，汉诗遂成为文化高低的标尺。不同国度的文士相见，语言不同，笔谈赋诗，权作交谈，可谓以诗心通人心。诗人以汉诗打通彼此的价值观，借助诗歌的共有教养填平语言的沟壑。平安时代迎接渤海使臣，赋诗被视为一种重要的外交活动，挑选作诗好的官员出来应对，就是为了显示日本的文化实力和文化水平，在才华上校短量长，以决高下。朝鲜在吸收中华文化方面先于日本，江户时期的诗人对朝鲜使臣的诗才多加赞赏，一再记述日本诗人与朝鲜来使的唱和。《江谈抄》记载了平安朝诗人与渤海国诗人的唱和佳话，《敝帚诗话》《梅村诗话》《锄雨亭诗话》《锦天山房诗话》《好好园诗话》《诗学新论》等则更多记载了日本诗人与朝鲜半岛诗人的诗歌往来，显然后者更多是普通诗人之间的交往，而与前者相比较，外交意义有所弱化。那些被摘录到诗话中的异国佳句，是汉诗在跨国交往中的文化功能的一段注解。

对于汉诗故乡的来人，汉诗人更是另眼相看。多种诗话对来日明朝遗民陈元赟与日本僧人元政的诗文交往作为佳话予以赞许。江户前期诗人石川丈山是开创汉诗风气的诗人之一，他"日锻月炼，不饱沉吟"，学沈宋，学少陵，学李白，不仅向本国儒宗请教，而且不断向来日明朝遗民陈元赟求教，向朝鲜聘使、诗学教授权敬请益，并与之多有唱和，

---

1 松下忠：《江戶時代の詩風詩論——明・清詩論とその攝取》，明治书院1969年版，第77页。

所撰《诗评》一卷，还记载林罗山等与朝鲜通信使等唱酬之作"凡近二百余"，可见其时跨国对诗活动之盛。只是由于长期锁国，能远渡沧波抵达日本的只有到长崎的福建、浙江等地的商人和漂洋过海的渔民。诗话中也记录了这种跨国诗歌交流中出现的一些逸闻，如原田东岳《诗学新论》中记载的日本人向沈德潜求诗而被忽悠，津阪东阳《夜航诗话》记载日本人教漂流到仙台海峡的中国渔民写诗，都反映了这种交流活动的多样性。日本诗人往往通过各种管道将自己的诗送往中国，请中国诗人特别是名诗人撰写序跋，如能得到褒扬，便不胜荣耀。江村北海《日本诗史》等对赴日商人何倩、林珍、顾长卿等对高阪季明的评点颇有微词，认为高阪季明受到了何倩等人言过其实的赞誉的误导[1]。从另一个角度看，也是当时中日两国诗人直接接触和现场切磋的通道不畅而出现的插曲。

明治时代两国往来增多，中国文人的活动也就更多见于诗话。何如璋、黄遵宪等诗人在日的活动，在诗话中被放在显著地位，予以着重评介。两国诗歌交流渐渐出现了由单向走向双向的迹象。陈曼寿编《日本同人诗选》、俞樾编《东瀛诗选》让日本诗人大受鼓舞，每以有诗采入其中而倍感荣幸。太田淳轩《淳轩诗话》详录了收入《东瀛诗选》的其曾祖父太田锦城的律诗佳句。俞樾将《东瀛诗选》中的诗人小传抽出编成的《东瀛诗纪》，可以看作是第一部中国人为日本汉诗写作的诗话。

日本诗话是中国诗论的折射镜。富士川英郎将日本诗话分为五个类型，即：以初学者为对象，讲述诗的特性和作法的；阐述自己的诗歌主张的；主要侧重于对中国诗歌中出现的难解字句、草木虫鱼、用典举事加以解说考证的；以日本汉诗为研究对象，述其历史，标举名篇，品评诗

---

1 王晓平：《中外文学交流史（中国—日本卷）》，山东教育出版社2014年版，第465—468页。

人的。最多的是第五种，中日汉诗，名物掌故，字句韵律，解释赏析，诗人逸诗，无所不录。这五种类型，共同的特点是有诗有话，无话不成书。

日本诗话之兴，得益于中国诗话的传播。古贺侗庵《侗庵非诗话》不厌其烦地罗列他所见到的中国诗话达224种1702卷，另外其卷数不可知者数十种，他感叹："呜呼伙矣！以上诗话，姑就见闻所及而录之，恐多遗漏及错谬。重详之，其中虽散佚者不少，然其存者固足以汗牛而折轴。他如《唐诗金粉》《诗学大成》等书尚多，不能一一枚举。乃王应麟著《困学纪闻》，而其中论诗一卷，一部诗话也。吴曾著《能改斋漫录》、徐𤊹著《徐氏笔精》，而其中谈诗者过半。如此之类，更难殚缕。"1882年，始有《唐宋诗话纂》问世。这些诗话，提供了说诗讲事的典范。

日本诗话之撰，以中国诗话之东渐为前提，多以接续、传承中国某一诗话而将其本土化为己任。《六一诗话》《沧浪诗话》《随园诗话》等影响尤为显著。石川清之曾将《沧浪诗话》《谈艺录》《艺圃撷余》合刻，在跋中称："有于徂徕先生处请益于诗者，必称之以为侯的。"宋代遗民蔡正孙所撰《联珠诗格》经山本北山等人鼓吹，大行于世，遂有释快林、醇净之《续联珠诗格》与东条琴台、东条士阶之《新联珠诗格》等日本续书问世。明治时代籾山衣洲撰《明治诗话》例言明确说明该书"粗仿《全唐诗话》"。友野霞舟仿《列朝诗集》《明诗综》编《熙朝诗荟》一百一十卷，又仿《明诗综》《湖海诗传》例，名氏之下，系以小传，附以诗话，使览者得论其时，辨其源流，并把此看作"考世道之一端"，将其诗人小传和诗话，辑为《锦天山房诗话》一书。日本汉学者视诗为学业之一，江村北海就曾明言，"乃学业之一"。学诗需要各种教材与参考书，这就是诗话流通的动力；而要撰写诗话，不仅需要搜集与诗相关的故事，更要学会欣赏与鉴别诗作，要阅读诗话以外的各种诗评诗论。

日本诗话的跨文化价值

从跨文化的角度看，日本诗话还有不同于中国诗话的价值。

它首先就是日本汉诗兴衰的晴雨表。细川十洲《梧园诗话》对历朝诗风的概括既简且明：“本邦古诗，如《怀风藻》所载，气象敦厚敦朴，有西土汉魏六朝之风。及白诗传于我，则上下靡然以此为宗，不独菅家也。北条氏时，禅僧与西土人相往来，而五山之僧好诵《联珠诗格》《律髓》《三体诗》，是以诗有宋元之风。迨德川氏之世，名儒辈出，模仿唐诗，不无可观。而萱园诸子又尚李王之风，陈陈相因，人渐厌之，宋诗之风渐盛，新奇可喜，其弊近俗。近日又好清诗，变为绮靡，要非大雅，洵可叹也。”诗风之转换期，多以诗话标榜其说，斥非纠谬，排击异说，辩驳互攻，各家好恶在诗话中多有体现，而诗人的从众心理在里面也有强烈反映。

明治期间，西方诗歌诗论传入日本，从比较之视角来论诗论文化之言说渐增。日柳燕石《柳东轩诗话》说：“西土以诗赋取人，故学诗用全力于词章，与本邦人出于游戏之余者不同。然本邦前辈文字巧妙不让于西人，往往在焉。”又说：“汉土之学问，其弊则浮华；西洋之理精，其弊则拘泥。要之，不及本邦之简易矣。”这些议论不免有以偏概全之嫌，不过比较而言，日本汉诗这一烂熟了的日本化汉唐旧声，也确有厚实薄虚、尚简厌繁、质多华少的审美趋向。

日本诗话是诗界万象之储存器。江户时代的诗话，或如江村北海之《日本诗史》纵论诗史，或以江户为中心，俯瞰全国诗坛，或如广濑青村《摄西六家诗评》聚焦某一地区的名家，收佳句，记趣闻，载轶事，全面展示了汉诗在一个时代空前绝后的盛况。葛西因是在为《五山堂诗话》撰写的序言中说：“话诗赋者，诗人乐事也。话也者，非论、非议、非辨、非弹也，常说话也。有是话而闻之、喜之、快之、笑之、记之、忘之，一任旁人所取，是话者之心也。"诗话不是西方文学概念中纯粹的批评形式，一部好诗话，就是一座诗讲坛，讲诗不离事，说事不离人。江户诗话里面讲述的诗故事，让我们接触到数以百计的对中国诗歌"无上的共鸣与执着"的实例。

宋代以来的诗话，传统的功能就是许颛在《彦周诗话》中所说的"辨句法，备古今，纪圣德，录异事，正讹误"。诗话的材料，或源于作者掌握的自古相传的诗集或诗话，或源于他人投赠。也有一些诗话带有自我标榜的色彩。日本汉学界比附夸示之风所及，也有受人请托而将其诗写入诗话的例证。黄遵宪在《日本国志》中曾说，他们"既各持其说，无以相胜，则曲托贾竖，邮呈诗文于中国士大夫，得其一语褒奖，乃夸示同人，荣于华衮"。[1]《松阴快谈》谈及本土人性苛塞狭隘，动辄异同相轧，务护己短，好毁人长，猜忌妒媚出于沉溺名利之深，"好艰涩之文者笑平易之文，喜平易之文者讥艰涩之文"。松阴所说的狭隘地排击他者的情绪，在江户中期以后的一些诗话中时有流露。

为地域诗人立传，较早的有濑春水《在津纪事》为津市诗人立传，继有兼康百济《浪花诗话》广收浪花即今大阪地区诗话。高冈地名本来出自《诗经》，津岛北溪《高冈诗话》集中此地区诗人。摄西在今兵库县北部，广濑青村《摄西六家诗评》成书之时，宋诗风大行，卷尾以宋文比摄西六家之诗，谓"小竹似庐陵，淡窗似老泉，佩川似南丰，春草似颍滨，旭庄似东坡，虎山则半山也"，借此以凸显各家诗风之异。部头最大的当数阪口五峰《北越诗话》（日文），收录新潟地区六百年诗人多达八百人，原文达百册。这些借诗以存史的地方诗话，足以见当时汉诗影响远及穷乡僻壤，诗人之众，诗作之富，渐至历史巅峰。

---

1 黄遵宪著，吴振清、徐勇、王家祥点校整理：《日本国志》（下卷），天津人民出版社2005年版，第785页。

奈良平安时代的诗宴、诗合，以及江户时代的诗社，都是汉文化色彩浓郁的社交场合，如同西方上流社会的舞会和派对，却又是独特的头脑训练和竞赛。从奈良时代起，天皇便效仿大唐君臣故事，将诗酒之宴办成朝廷重要的政治礼仪活动。江户时代诗社渐多，中期服部苏门的长啸社，龙草庐的幽兰社，江村北海的赐杖社，高旸谷的芙蓉社等，曾称雄于关西诗坛[1]。明治时代的东京可谓诗社林立。有诗话记述诗社的活动，对社内诗人的作品加以褒扬，也有专为诗社活动的需要而撰写的。斗诗，也叫诗合，参与者轮流作诗，而由德高望重的先生来裁断优劣，品评高下。与此相近的，还有所谓"歌合"，即和歌竞赛。这种现场创作、当即评判的方式，融趣味性、脑力竞技于一炉，很得诗人喜爱。诗话中不少记述了这种日本特色的赛诗活动。尽管其中未必有多少佳作，其对于扩大汉诗的圈子还是发挥过某些作用的。其他如促使日本连歌问世的联诗等活动，在诗话中也多有载录。

　　日本诗话是日本探诗者的指南车。不少诗话是为初学作诗者撰写的，又或是传授诗艺的记录，或许在理论创新方面乏善可陈，但在实用性方面却包含撰写者的良苦用心。对于不会操汉语的日本诗人来说，掌握诗韵、诗病之说的困难远远大于中国诗人，因而对这方面的知识便格外在意，也正因为如此，在保留相关资料方面往往可以为中国诗话拾遗补阙。

　　有些日本诗话是针对学诗者的困难而编著的。熊阪台州看到中国传来的诗话，没有论述声律的专书，"盖西土五尺童子，才谙吟咏，则能知声律。我东方则土音既殊，方言又异，是以硕儒鸿生，尚不能知声律，何况初学邪？此所以彼未有成书，而东方不可无其书也"。汉诗训读要将原文颠倒来读，而作汉诗时熟悉汉字的训读、音读自不待言，还

1　诸口笃志：《日本漢詩鑒賞辭典》，角川书店1980年版，第28页。

要熟悉汉字的平仄和音韵，初学的人免不了两头忙乱。只有经过长期实际训练，才能达到对诗语运用自如的地步。

平安中期的汉诗教育便很重视声律问题。《朝野群载》收录的《拟文章生诗瑾》，记录了一对考官大江匡衡与纪齐名对于考生汉诗考卷的讨论，双方依据《诗髓脑》《文笔式》制定的辨别诗病的规则以及文章生及第的先例，来对应试的诗篇加以裁断[1]，尽管意见不同，但对于诗病的重视却是共同的。今天看平安时代留下的近体诗，常有声律不符甚至不押韵的情况，除了历代传抄或今天文字辨识有误之外，作者声律知识不足也是重要原因。江户时代的汉诗传授者重视声律问题，故写下不少有关声律的书，有的还篇幅颇大，如谷斗南《全唐声律论》多达二十五卷，另外还有宇野士朗《诗家声律》、小野泉藏《社友诗律论》等，在其他综合类诗话中也时有关于声律的议论。这些书一方面保留了中国诗歌声律论的资料，另一方面也反映了日本人对声律的理解。实际上，其中也包含了对于今天中国学诗者有益的知识。平安时代汉诗的声律论还曾影响和歌理论，最早的和歌论之一的《歌经标式》便列出了歌病七种，分别是头尾、胸尾、腰尾、黡子、游风、同音韵、遍身[2]，这是将汉诗音韵与诗病说转移到和歌的一种尝试。日语音少，讲究歌病与押韵不啻于加上双重枷锁，为避免歌病便可能使表现力大幅收窄，所以也很难让后人长期尊奉。虽然今天看来变诗病为歌病有生搬硬套之嫌，但在当时和歌尚无理论、歌人无所遵循的情况下，这也算是一种援汉诗以助和歌的探索吧。

押韵是日本人作诗的第一难关。由于读法是日语，而又要在用汉语读诵时做到押韵，这种两种读法的纠结，在读诗时尚不明显，而当自己

1　近藤瓶城编：《改定史籍集览》第十八册（新加通记类1—2），临川书店1984年版，第276页。

2　竹内理三编：《宁乐遗文》（下卷），东京堂1997年版，第930—937页。

制作时，就倍感不易了，因而很早便有了日文韵书的编撰。天仁二年（1109）三善为康所作《童蒙颂韵》[1]，凡二千九百五十五言，每字标明训读与音读，以便作训读诗用。平声每韵四字为句，以便暗诵，以令易记忆。句中文字取义相近者，又有成义理者，体仿《千字文》。后来虎关师炼多考韵切之书，类聚熟字分为十二门，题为《聚分韵略》，又名三重韵，为当时诗家必携之书。日本人编撰的韵书尚有《诗苑韵纂》《季纲切韵》《古文切韵》《孝韵》《东宫切韵》等。有些诗话看来不过是兔园册子，对于了解日本的汉诗教育却不无裨益。江村北海《授业编》谈到，自己幼年以前，大抵世间都用的是《三重韵》，其后各种韵书问世，《诗韵辑要》《佩文诗韵》行世，人都携带《掌中诗韵》等，而用《三重韵》的就很少了。江村北海肯定了《三重韵》使用方便的特点，且有字大不伤眼的长处，不同于通行的韵书的细字小本。[2]正是因为江户时代印刷出版的兴盛和书店经营方式的灵活有效，使得各种作诗的工具书容易到手，面向一般读者的诗话之类的书籍发挥了普及作用，才给了众多喜爱汉诗的人成长的机会。明治初期，汉诗热潮不减，东京凤文馆有勇气投入不菲的资金翻刻《佩文韵府》这样的大部头韵书，也是看准了当时的汉诗市场。

日本诗话是诗性思维在日的培养基。作诗评诗，绝不是单纯的技法问题，培养作为认识世界手法的诗歌思维是一个长期积累的过程。今天的中国人作古典诗，绕不过对名篇名句多多记诵，养成一种诗性的眼光以品味生活，才谈得上用此种形式去表达生活。对于外国人来说，如果是止于阅读，那么接近诗性思维可能还比较表层，而不断亲

---

1 塙保己一编：《群書類從》第九辑文笔部消息部，平凡社1992年版，第372—389页。

2 三枝博音编：《日本哲學全書》第十一卷《藝術论》，东京第一书房1936年版，第347页。

自"实作",则需要对中国语言、文化的精微部分有更近距离的接触。市河宽斋《诗烬》批评日本诗人生造出"含杯"一语,认为"杯可衔而不可含""杯岂人腹中所能容耶",认为这样的诗语是"倭人之陋",就是一例。

诗人用情感的眼光来看世界,就为无情感的世界带来新的生命。日本诗人在学习作诗的过程中,也将这种情感因素移入周边世界。诗话中有关这方面的辨识,往往给我们比较诗学、比较文化的启示。很多诗话都关注日本特有而中国本不具有的事物,日本诗人是怎样表现的,也关注日本诗人怎样忽略两国物象的不同感受而直接用中国诗中的意象来抒情达意。汉诗与和歌中秋暮意象的不同至今是中日诗论家常谈不倦的话题。太田淳轩《淳轩诗话》中说:"古今诗家,往往袭用西土故事,而不知其与我无关涉者有矣。如杜鹃为然。夫杜鹃,鸣以春末夏初之候,使人百虑顿消,故人人闻以为欢喜。西土则不然。曰闻其初声则主别离,于是旅人闻之悲哀不措。曰啼血,曰断肠,因名曰不如归,而我作者袭用之,恬然不为怪也。"这正说明,作为一种诗性思维,在日本汉诗中杜鹃意象被固定下来。盖诗话引朱熹《夜闻子规》诗"空山初夜子规啼,静对诗书百虑清。唤得形神两超越,不知底是断肠声",是反常规的独特感受,倒不必像淳轩一样以为这是"破却迷雾"之见而讥笑后人之无知。

日本诗话是日本汉学特色的显示器。黄遵宪认为日本汉学者不习"先王经世之本,圣人修身之要"而专习诗文辞赋,是日本的弊端,同时也指出,"辞章之末艺,心性之空谈,在汉学固属无用,而日本学者,正赖习辞章,讲心性之故,耳濡目染,得知大义"。[1]这显然是基于

1　黄遵宪著,吴振清、徐勇、王家祥点校整理:《日本国志》(下卷),天津人民出版社2005年版,第794页。

经学立场的，但对于认识汉诗文与传统汉学的关系方面仍然可说是一种卓见。汉诗的风向以及汉诗话对诗人的臧否、对诗歌的评骘，往往与汉学有某种关联。有些汉学名家撰有诗话，如朱子学派的藤原惺窝、贝原益轩和徂徕学派的荻生徂徕、阳明派学派的熊阪台州、考据学派的市野迷庵等；更多的诗话则对各学派代表人物的诗作加以评述。诗话作者多为藩儒、医士等，也有僧侣、画家，明治维新之后，还加入了森槐南这样的新派知识分子。

　　日本诗话是中日比较文学研究之一隅。尽管日本诗人追随中国诗风不可谓不勤苦，但是却始终未能同步同行。江户时代的诗人开始意识到两者的差异，并由此探讨差异产生的缘由。江村北海在《日本诗史》中提出"气运说"，亦可称之为"二百年时差说"，大体意思是："我邦与汉土相距万里，划以大海，是以气运每衰于彼而盛于此者，亦势所不免，其后于彼，大抵二百年。"这种说法，只看到两国文化的空间差异，而没有道出两种文化基础上存在的不同，还不能算是完全的比较文化论，但对于看重中日诗歌同情同趣的汉诗人来说，却找到了可以信服的理由，因而柳州沧州、上毛宇世璠、重野成斋等人都谈到过"气运说"[1]。广濑淡窗则从两国诗人知识结构的不同来找原因，批评日本诗人读书少，追风赶潮，一哄而上专学一家，平安时代举朝尽学白居易，江户中期又无人不拜李王，后来学宋者专学陆游，学清者专学袁枚[2]。虽然淡窗谈到的仅仅是汉诗中"一代专学一人"的现象，但这种从众心理在日本汉学的其他领域也是屡见不鲜的。

　　中日诗歌写了广泛的社会生活，日本诗话往往通过中日诗歌来考察两国民俗民情的异同，揭示两者的文化联系，诗话中包含了丰富的文化

1　王晓平、周发祥、李逸津：《国外中国古典文论研究》，江苏教育出版社1998年版，第188—196页。

2　中村幸彦校注：《近世文學論集》，岩波书店1978年版，第400—401页。

史资料。诗话的价值，不仅在于诗学，而且因其内容多样、形式不拘成为认知日本文化、中日文化关系的窗口。林荪坡《梧窗诗话》以陆龟蒙"为著《西斋谱》一通"、陆游"地偏日永闲无事，拟著《珍蔬谱》一通"来证明古代中国亦同日本，将"通"作为数书札的量词，从明杨循吉《除夜杂咏》"撒豆祈儿疾"看出日本春夜撒豆驱鬼风俗的中国源头，均有参考价值。

那些为地方诗人传名写史的诗话，追溯地域文化与中华文化的关系，也有值得一读的见解。兼康百济《浪花诗话》记载大阪天王寺每岁乐舞有定法、有定日，而以二月廿二日为大乐会，奏数十阕，自朝至夜，近岁始舞《苏莫遮》，引张说《苏摩遮》诗和周邦彦词等，以探两者渊源。天王寺的古乐舞表演如今已经成为重要的旅游项目。诗话中的这一类文化史资料，虽然零星不整，有些还需要辨识鉴别，不过沙里淘金，还是有些记述值得翻检。

江户后期，宋诗影响扩大，日常生活的方方面面更多进入到汉诗表现范围，连都市中的都都逸之类的小曲也浸透了汉诗的影响，还有一种不受汉诗格律束缚而将日制汉语随意插入诗中的狂诗现身，这是将汉诗无限制地游戏化的产物。出于汉诗与和歌同理同趣的认识，将和歌译为汉诗的尝试也屡见不鲜。日柳燕石《柳东轩诗话》中录有数则将和歌译成汉诗的例子，其中还有有关和歌文字的考证：

> 《古今集》"稻负乌"，说者纷纷，率牵强附会。友人富山凌云曰："'乌'盖'马'字之误写耳。"此说有理明快。

从写本文字的角度里考察和歌原文，已属今天所说的写本学的范畴。《古今集》即《古今和歌集》，本为写本流传，像这样因文字书写识读而造成的误释时有所见。

从语言形态来说，日本诗话可以分为用汉文或变体汉文写的汉文诗话，与用日文写的日文诗话两种。两相比较，前者与中国诗学的影响更为密切，后者更多涉及和歌等中日诗学比较方面的内容，前者对于后者的影响超过后者对前者的影响。前者的预想读者是有汉诗修养的学人，后者的预想读者则包括了爱诗却未必精于诗、不谙汉文的公众。津阪东阳撰有汉文诗话《夜航诗话》，又撰有日文诗话《夜航余话》，后者多了很多与日本和歌比较的内容[1]。作者希图打通汉诗与和歌的意图十分明显，或许是作者感到，如果要写成汉文，就无法避开和歌翻译的难题，且不容易引起一般歌人的兴趣，倒不如直接用日文来写更方便。

第二节
日本诗话研究 30 年拐点

日本诗话之结集成书，以池田四郎次郎为首功。池田四郎次郎（1864—1933，名胤，号芦洲）少壮得日人所著诗话数种，嗜读之，深喜其所论切实有益于诗者。私有网罗搜集以成丛书之志，于是每阅坊肆，靓辄购之，或就藏书之家借抄之，得数十种，编为《日本诗话丛书》（以下简称《丛书》）十二卷。从《丛书》问世以后，日本诗歌研究者无不以此为据来讨论诗话，一来就是近一个世纪。

然而，《丛书》也有收录不备的问题。其收录诗话60种，其中汉文31种，和文29种。当时朝鲜半岛还是日本殖民地，朝鲜徐居正《东人诗话》也被收录其中，这无疑是一个必须纠正的错误。因而，韩国赵钟

1　王晓平：《中日诗歌意象的融通喻合——〈夜航余话〉的中日诗歌比较谈》，《辽宁大学学报》1994年第2期，第27—31页。

业 1992 年影印池田此书，删去了《东人诗话》。虽然也增加了《近世诗人丛话》《下谷小诗话》两种，于太学社出版，但收录不备的问题依照没有解决。

池田深知："然好书之漏于兹者，尚不为鲜。自今更搜罗，作续编、续续编，庶几于诗学有一助焉。"不过他和以后的日本学者终究没有把续编、续续编拿出来。1994 年张寅彭编校《诗话》出版，船津富彦撰写的序言，谈到从虎关师炼到德川时代的诗话，"仅直接以'诗话'题名的作品就有六十余种。此外，不名'诗话'的诗话之作尚有一个不小的数目。这一势头虽在明治、大正、昭和的时代更迭过程中趋向于削弱，但仍被承继下来，著述者、刊行者绵绵不断"。

我国学者为搜集日本诗话也不懈努力。2006 年蔡镇楚主持影印《丛书》，于北京图书馆出版社出版，增加了《侗庵非诗话》《读诗要领》，成《域外诗话珍本丛书·日本卷》，收诗话 48 种。马歌东主编《日本诗话二十种》（上下）、孙立著《日本诗话中的中国诗学研究》、谭雯著《日本诗话的中国情结》、祁晓明著《江户时期的日本诗话》等，他们依据的主要材料，大都不出《丛书》所收范围。诗话研究，呼唤一部完备的日本诗话总集问世。

在日本，随着汉诗创造的衰歇和汉文化的边缘化，诗话研究更为落寞。20 世纪除了松下忠《江户时代的诗风诗论——明清诗论及其摄取》（1972 年作者因此书获学士院恩赐赏）和船津富彦的一些有关中国文学论的著述中有零星涉及外，专门研究极为罕见。至于《丛书》未收录的那些诗话，更散落各处，基本属于少有人问津的死材料。

《丛书》采用的日本汉文标点，只有隔点粗略句读，这显然是沿用一般汉文古书句读古例。20 世纪以来，日本学者对汉文的整理与研究多采用原文、训读文、日语译文对照的方式，这样可以让一般研究者也能通过三者叠加的方式尽可能理解原文的意义。但在日本诗话中经过这种处理的汉文诗话只有大江匡房《江谈抄》[1]、江村北海《日本诗史》、菊池五山《五山堂诗话》以及西岛兰溪《孜孜斋诗话》《读诗要领》等[2]，和文诗话也只有祇园南海《诗学逢源》、山本北山《作诗志彀》、广濑淡窗《淡窗诗话》[3]等数种。由于有训读作为阅读的辅助工具，能直接读懂原文的人很有限，汉文现代标点的问题一直没有人认真讨论过，《丛书》标点的粗略处理也就无人理会了。至于由于对原写本误读以及排版者对汉字生疏造成的讹误，就更为常见了。

《丛书》收日本诗话书仅60种，而赵季、叶言材、刘畅辑校的《日本汉文诗话集成》（以下简称《集成》）辑录达139种，并附录诗语、诗韵类书13种，其中对汉文诗话72种进行了校勘，不论数量还是质量，均远超《丛书》，使那些深埋书堆、无人问津的死材料复活起来，为丰富汉文化整体研究做出了贡献。

《日本汉文诗话集成》的学术贡献

《集成》增补的内容，大大丰富了我们对日本诗话的知解。数种诗话，知者甚少，是编选者从地方图书馆"淘"出来的。如宇野士朗《诗家声律》，据尼崎市立地域资料馆藏清熙园中书室本校；野口苏规《诗规》，据大分县竹田市立图书馆藏弘化二年四月回春园刊本校。这些书平日躺在僻静的角落，或许数年也无人翻动，却可以让我们看到当年汉诗是怎样走进偏远地区的。所收江户后期画家金井乌洲《无声诗话》，打通诗歌与绘画，谈画论诗，认为"作画犹作诗也。诗有起承转合，画有经营位置""诗画未尝不相同"。该书是唯一以题画诗歌为中心专论诗

1　后藤昭雄、池上洵一、山根对助校注：《江談抄　中外抄　富家語》，岩波书店1997年版，第5—254页。

2　清水茂、大谷雅夫、揖斐高校注：《日本詩史　五山堂詩話》，岩波书店1991年版。

3　中村幸彦校注：《近世文學論集》，汲古书院1978年版，第221—405页。

画关系的诗话。辑校者广收博采，穷搜务尽，不捐细流，方得有《集成》之书问世。

《集成》做了很多考证工作。如石川鸿斋《诗法详论》多处引用所谓"艺子六"的说法，《集成》考订，认为依本书引用前人成说体例，当作"游艺曰"或"游子六曰"。按，清人游艺字子六，著《诗学入门》。其书题作者格式稍异，作"闽潭游艺　子六氏辑"。石川或不明其故而致误。该书又多录"朱饮山曰"，朱饮山或即朱燮，字引山，撰有《三韵易知》等。

诚如日本二松学舍大学教授石川忠久所说，"日本的文化基础是汉文"，《集成》收录的汉文诗话再一次证实了汉文化在日本文化形成过程中的基础作用。今后利用《集成》展开多学科研究，才能使这些死而复生的材料焕发活力。《集成》问世，是我国对日本诗话研究处于拐点的标志，我们的日本诗话研究由此可以进入一个独立掌握资料、独自提出问题的新阶段。

《集成》的使用与今后课题

用好《集成》，才能使此书的出版对深化诗话研究有所裨益。笔者考虑，有如下几个方面值得深入。

从文献学研究来说，日本诗话中"待考"之处，成把成捆，我们可以在校勘、考据方面有所推进。日本诗话中保存着一些我国散佚的诗歌资料与诗话文献，如空海《文镜秘府论》保存我国久佚的中唐以前的论述声韵及诗文作法和理论的大量文献，市河宽斋所撰《全唐诗逸》也很早就引起我国诗歌研究者的关注。对于一些历史上影响较大的日本诗话，有必要进行深度整理。

例如《江谈抄》卷四第46则引大江以言《弘誓深如海》诗"以佛神通争酌尽，历僧祇劫欲朝宗"后曰："此句'酌'字'夕'作甚大书之，朝宗为对之也。寂心上人见之感叹，颇有妒气。"文中"甚"，类聚本作"基"。《江谈抄》岩波书店校注本据醍醐寺藏《水言抄》作"甚"，是。文中提到的"寂心上人"是平安时期诗人庆滋保胤的法名。《朗咏注》中的一段话，有助于对此条的理解："'酌'，为'朝'对，用此字样。讲时，保胤入道在座，见此后被陈曰'依如是，不去文场也。见此句作，骨心有攀援，且为菩提之妨'云云。"保胤入道，即庆滋保胤。上述文字，涉及日本俗字与诗歌对句的几方面知识。

日本俗字"勺"旁可作"夕"，"酌"为"酌"的俗字。"酌"之作"酌"，正如"杓"之作"杴"。"酌尽"，即"酌尽"。上引一条，说将"朝宗"的"朝"（cháo）读作"朝暮"的"朝"（zhāo），"酌"字中的"夕"故意写得特别大，是因为"夕"与下句中的"朝"相对，以此来满足诗歌对对句的要求。在书写中对"夕"字的特殊处理，正起特别提示的作用。这种不用全字，而以字的部分来构成对句的方式，纯属游戏，是不符合对句规范的，因而受到庆滋保胤的批评。

奈良平安时代以及以后很长一个时期，汉诗与和歌和其他书籍一样，都以写本流传，传抄是书籍再生产的唯一方式。江户时代印刷技术普及以后，才逐渐对写本加以整理，这与我国宋代对唐以及唐以前的写本全面整理的情况颇为相似。原本写本多用俗字，偶出古字，书法以楷书为主，时杂行书与草书。日本诗话中对诗作的文字探讨，往往与写本的书写相关。

《江谈抄》四："邴原资叔济，云鹤誉居多。以'叔济'之字误从'升济'，仍不第。"这是说山善丰山所作的省试诗的第八句，由于将"叔"字误写作了"升"字，应试者也就与及第擦肩而过。草书"叔"字与"升"字形近易讹，也可能是考生字迹不清，让考官无法辨认。

《史馆茗话》第87则谈到《宋朝类苑》里提及日本能书者源从英，此亦见于《书史会要》，藤原惺窝以为是具平亲王的化名，而林鹅峰则注意到，所载为景德三年事，而景德当日本宽弘年中，此时无曰源从英者，而源俊贤为治部卿，所以"从英"很可能是草书"俊贤"二字之转而误写。"俊贤"何能误作"从英"，须略加说明。"从"（繁体为"從"）与"俊"形近易讹，固比较好理解，而"贤""英"看来字形相差较远，不过，看一看以下列出的"贤"字草书例，就会感到，鹅峰之说，至少提供了一种可能性。

毛笔草书体　　毛笔草书体　　毛笔草书体　　毛笔草书体　　毛笔草书体
张旭　　　　　王羲之　　　　孙过庭　　　　苏轼　　　　　皇象

　　日本诗话有些涉及词语的训解，需要加以注释才能读懂。如《夜航诗话》有如下一则：

　　泥，去声，训滞。诗家所用，犹言恼也。亦作　，或作妮。杨升庵《词品》云："俗谓柔言索物曰泥，谚所谓软缠也。"软缠，谓遣不去。译"追企麻土布"，又译"阿麻遍屡"。李白的"晚来移彩仗，行乐泥光辉"，唐彦谦的"独来成怅望，不去泥阑干"，杜甫"年年至日长为客人，忽忽穷愁泥杀人"，白居易的"失却少年无处觅，泥他湖水欲何为"，并"阿麻遍屡"也。又元稹《悼亡》"顾我无衣搜画箧，泥他沽酒拔金钗"，白居易"今宵姑觉房栊冷，坐索寒衣泥孟光""犹赖洛中饶醉客，时时詑我唤笙歌""月终斋满谁开素，须　奇章置一筵"，姚合的"欲泥山僧分屋住，羞从野老借牛耕"，此译"伊自屡"，又译"捏怛屡"，即"阿麻遍屡"之甚也。[1]

1　池田四郎次郎编：《日本詩話叢書》第二卷，凤文书馆1997年版，第72—73页。

上文中的几个日制汉语，需要加以考证。《词品》卷一"泥人娇"条："俗谓柔言索物曰泥，乃计切。谚所谓软缠也。"此当为所引的出处。拟有软磨之意，故训读作"追企麻土布"（おきまとむ），是おきまとめる的文语，缠住不放之意。又训"阿麻遍屡"（あまえる），有撒娇耍赖意。"泥"有"耽溺，贪恋"之意。又训作"伊自屡"（いじる，强要，逼着要）、"捏怛屡"（ねだる，死乞白赖地要求）。另外，文中所引元稹诗"无衣"当作"无钱"。

　　日本汉文学中那些表现日本特有事物的词（如地名、人名、物名），都是汉语词汇中原来所没有的，需要将日语转化为汉语，才能使用汉文的文体。这类由日语经过汉化而创造的词语，就是所谓日制汉语。有些诗话对这种转化是否得当进行了有益的讨论。有时，诗人为了追求某种效果，也有意对日语采用汉字记音的方式来表现。日柳燕石《柳东轩诗话》等几部诗话都谈到新井白石（或称源白石）的《容奇》诗："曾下琼铧初试雪，纷纷五节舞容闲。一痕明月茅渟里，几片落花滋贺山。提剑膳臣寻虎迹，卷帘清氏对龙颜。盆梅剪尽能留客，济得隆冬无限艰。"通篇用日本典故。这"容奇"实际上就是日语"ゆき"（即"雪"），如果不明白这是日制汉语，读起来就会一头雾水。赖杏坪仿之作《都纪》诗，"都纪"，即"つき"，也就是"月"。这两首诗，诗题本分别为《雪》与《月》，或有好事者将其改为《容奇》《都纪》，以求新奇。杏坪还有《佐久良婆奈》诗，实为"樱花"（さくらばな）。这看似文字游戏，也倒是日本汉诗一种跨越两种文化而产生的新趣味。

　　日本诗话的周边研究，放开眼界，会有创获。在诗话之外，试策评语、诗集序跋、随笔、书信等汉文文献中，也都反映着日本人的汉诗批评观念，可与诗话相互映照。日本汉诗人还仿杜甫《戏为六绝句》写过不少论诗诗。如赖山阳《山阳遗稿》诗卷二《论诗绝句》："评姿群睹宋元肤，论味争收中晚腴。断粉零香合时嗜，问君何苦学韩苏。"散见于各种诗集中的汉诗点评也颇有可观。如明治时代檀栾诗社所编诗集中便收录了森槐南、永阪石棣此类评语，其中森槐南评永井荷风的父亲来青散人的诗："来青散人如飞瀑万仞，不择地流；如百草作花，艳夺桃李；如海山出云，时有可采；如神女散发，时时弄珠。"这种诗意盎然的评说，完全不同于西方诗论家的表述方式，是中国诗人评诗传统的回声。在汉文笔记小说中，也有一些值得重视的论诗故事。

太宰春台撰《诗论》，极论诗贵简而厌繁，连屈原的《离骚》也被视为重复冗长、稍使人厌之作，更不用说后来的赋，"专务夸大，多言繁缛，虚语文饰"。又有《诗论附录》，大谈不喜明诗，痛陈重篇迭章之害，挑出李于鳞绝句的大瑕疵，以明明诗大异于唐诗[1]。他还撰有《朱氏诗传膏肓》及其《附录》，专论朱熹《诗集传》所论不当。放在一起研究，可以考出其诗学思想的演变轨迹。

将汉文诗话与日语诗话放在一起来研究，有利于看清中国诗话传播与被接受的全貌。如山本北山《作诗志彀》中谈到对《沧浪诗话》的看法：

> 南宋严沧浪论诗，虽多格言，有害于诗道者亦不鲜。南郭氏称之曰"虽有来者，不能间然"，岂知钱谦益既非议沧浪论辩之讹误，清乾隆帝亦谓之"大言欺世"，驳斥沧浪者欤？奈何首发往李沿袭之端绪者，严沧浪也。故冯定远《钝吟杂录》云严沧浪不知一字，虽其言已甚，却非妄也。[2]

又评及其时石川清之刊刻的《三家诗话》：

1　关仪一郎编：《日本儒林丛书》第十二卷，凤出版1997年版，第7—15页。
2　关仪一郎编：《日本儒林丛书》第八卷，凤出版1997年版，第32页。

近代石川清之合刻《沧浪诗话》《谈艺录》《艺圃撷余》，名曰
"三家诗话"，以为此三家趣同者也。严沧浪固然无非李王袭拟之
祖，徐昌谷虽于王元美曰善，而其诗古淡，大异于王李，故其所
论，专在格调。王敬美意趣亦以其兄元美之从于鳞为是，其言曰
"今之作者，但须真才实学，本性求情，且莫理论格调"，"李献
吉、何景明尚有兴废，徐昌谷、高子业必无绝响"云云。《池北偶
谈》称王敬美"真高识迥论"，慨叹："令于鳞、大美早闻此语，当
不开后人抨弹矣。"以是观之，徐、王二书与于鳞之趣，自有隔
别。清之乃徂徕门人，尊奉于鳞，将与鳞异趣之书合刻，可谓读
书之疏也。且清之跋云："徂徕先生有请益于诗者，必称之以为侯
的。"其以沧浪为侯的，固其分也。若以王、徐二家为侯的，则似
与于鳞南辕北辙。学者何所适从哉！徂徕学问之不渊深，由此可以
管窥也。[1]

正是有了《作诗志彀》对徂徕一派的不顾情面的激烈批评，才引起
佐久间熊水写出《讨作诗志彀》的冲动。佐氏不用日语写，而用汉语
写，或许也有一种深意，即希望在真正的汉诗界树立起比北山更高的
形象。

了解诗话产生的背景，就需要重视日本诗人接受中国诗论的具体途
径和看法，这些材料往往在诗话作者或诗人的其他著述中。《随园诗
话》经山本北山等人的介绍，在江户末期颇有读者，但后来也出现了相
当尖锐的批评。赖山阳藏撰《书〈随园诗话〉后》：

随园评渔洋，如一良家女，五官端正，袭以锦绮，熏以名香，

1　池田四郎次郎编：《日本詩話叢書》第八卷，凤文书馆1997年版，第33—34页。

倾动一时。非天仙化人一见魂消者比。盖暗以天仙自居也。

余则评随园如一點妓，虽无甚姿色，善为媚态百出，眩惑少
年，及谛视之，不耐其丑也。[1]

诗话这种文体能够在日本扎根，不能忽略日本人思维的特点。古代
日本人并不追求完备的哲学体系和框架，往往更关注并满足于片段的精
彩。随笔这种文体正是将片段的事与情载于文字的最便捷方式。诗话也
是随笔之一种，同时，许多随笔著述中也随时插入谈诗的内容，所以，
我们可以将诗话与作者的其他随笔中的见解并观同览。清田儋叟有日文
诗话《艺苑谈》一卷和《艺苑谱》一卷，在他的《孔雀楼笔记》中涉及
对晚唐诗的看法：

晚唐诗人，当以许用晦为第一，婉美而不失风雅。"劳歌一
曲"之绝句，当入王少伯集中。刘蕴灵次之。至李义山、杜牧之，
诗之恶道极矣。予所选《唐诗府》，于李义山唯收"君问归期"一
绝句，于牧之唯收"溶溶漾漾"一绝句。[2]

从平安时代起，许浑的佳句便颇受青睐。《和汉朗咏集》等书中时
有所见，他的《秋思》"高歌一曲掩明镜"，"高"字一本作"劳"。《全
唐诗选》流行后，杜牧的诗多得好评，连俳人松尾芭蕉也多以其佳句制
作俳句。清田儋叟在书中还涉及对明"前七子"之一李崆峒等人的看
法。田能村竹田撰有汉文诗话《竹田庄诗话》，所撰随笔《山中人饶
舌》，多属画论，兼及题画诗，如谓"近日题画诗，学宋元及明人唐祝

1 斎藤宝颖编：《近世四大家文钞》，江州堂1879年版，第22页。
2 中村幸彦、野村贵次、麻生矶次校注：《近世随想集》，岩波书店1976年版，第
340页。

辈，颇得其趣"，说当时日本题画诗学唐寅、祝允明云云。其中也有一些关于诗歌的条目。如谈到明人王鉴《诗教》三卷，由悦山和尚带到日本，其徒为之作跋，记述两国禅僧诗文之谊，而后竹田感叹道："近日书价（'价'疑当作'贾'——笔者注）图利，以《诗教》之不售，谋毁其版。补刻明清人诗若干首，更名《古今咏物诗选》，并拙跋及诗删去焉。故详录以俟后考。"[1]江户时期书铺运营已相当商业化，诗集、诗话之刊印皆离不开市场这只背后之手的操控，像王鉴《诗教》这样说教味道浓的书销路不畅，由此可见一斑。

中日诗话互动研究，双向着力，就会发现，从奈良时代至明治时代，汉诗先后作为君臣之间、臣僚之间、僧侣之间、儒官以及诗社同好之间的一种高雅文化游戏盛行于世，和歌则主要作为男女之间、歌友之间的日常文化游戏。两者在审美情趣、审美习惯上颇有共同点。雨森芳洲《橘窗茶话》说："或曰：学诗者须要多看诗话，熟味而深思之可也。此则古今人所说，不必缕缕。但我人则又欲多闻簪缨家之论歌也。余以为此乃明理之言，大有益于造语者，然非粗心人所能知也。盖诗者情也，说情至于妙极。人丸、赤人、少陵、谪仙，同一途也。彼以汉言，此以倭语，邈如风马牛不相及，故不知者以为二端，惑之甚也。"[2]主张日本诗人不仅要好好读诗话，还应该多读名家对和歌的论说，因为日本奈良时代的《万叶集》歌人柿本人麻吕（人丸）、山部赤人和唐代诗人杜甫、李白，看起来没有什么关系，各以不同的语言写诗，但实质上在以诗言情方面是没有什么两样的。这是江户时代一种通行的看法，即汉诗与和歌是同趣同理的。

1　中村幸彦、野村贵次、麻生矶次校注：《近世随想集》，岩波书店1976年版，第546—547页。
2　日本随笔大成编辑部：《日本随筆大成》第二期卷7，吉川弘文馆1994年版，第421页。

或许正是日本汉诗这种文化游戏的属性所决定，从被模仿的广度、频度与深度来说，元白体式最为适合其需要，总体上说日本汉诗中没有第二位中国诗人能够比得上白居易的影响。如果不是从统计学上说，而是从阅读感受来说，超过半数的汉诗更接近于白诗那种明白晓畅、贴近日常生活感受、对自然风物多采用白描手法的白诗风格，而激越的怒吼、愤怒的控诉、奇幻瑰丽的想象、生僻的用典和深刻的哲理等只能偶然见到。日本诗话多为谈诗录，最大量的内容，是讲述如何作诗的技术性指导，而较少对诗歌思想性的批评与论断；较多对佳句妙语的赞许，而少有对全诗整体与结构的分析；对历代中国诗人的接受与评价也多集中在数目有限的一批诗人身上，众多的中国诗人在日本诗话中缺席。日本诗话中讲述的诗故事告诉我们，日本汉诗就像《庄子》所说的"不龟手之药"，各色日本人所用大有不同：皇室贵族以之发风花雪月之叹，禅僧以之寄无常之想，武士以之壮杀伐之威，志士以之祈尊王攘夷之愿，侵略者以之载略地屠城之功，这些都是研究日本诗史、日本文学史不宜遗漏的材料。

　　日文诗话的翻译与诗语诗韵类书籍的整理，也是一项值得做一做的事情。日文诗话摘译为汉语者，有山本北山《作诗志彀》、广濑淡窗《淡窗诗话》、津阪东阳《夜航余话》，收入笔者所编《日本文论选》[1]。今后可以选择几部较好的日文诗话，精心译出，加以校注，以供研究之需。这一工作需要热心且对近世日语较为熟悉而具有一定诗学知识的人认真来做。另外，可能还有一些诗话没能收入此《集成》，需要继续寻访。《集成》已经为我们打下了良好基础，一部包括日文诗话在内的《日本诗话大全》，离我们还会远吗？

　　1995年，笔者在《诗话理论意义的国际性》一文中谈道，"我们对

1　曹顺庆主编：《东方文论选》，四川人民出版社1996年版，第639—840页。

异域诗话的研究，首先要注意吸取各国学者多年潜心研究的成果，虚心领会其中各国诗人诗论家的审美趣味，将这种研究作为现代文学交流的环节来看待；同时，我们对这些异域诗话的理解也会有益于研究的深入。"[1]在日本汉文诗话整理出版之后，我们还期盼日本的日文诗话能够早日翻译并结集出版。除了希望这些被遗忘的碎片重见天日之外，我们更向往让汉字文化圈各国创造的汉语诗歌，能够重新回到我们的视野，复苏当年诗人咏诗的愉悦，化为我们认识中国诗歌、了解周边文化的窗口和镜像。

---

1 蒋寅、张伯伟主编：《中国诗学》第三辑，南京大学出版社1995年版，第13页。

主要参考文献

中文著作

（日）北川博邦编：《日本历代书圣名迹书法大字典》，华夏出版社
2004年版。

北京大学国际汉学家研修基地编：《国际汉学研究通讯》（1—8
期），北京大学出版社2010—2014年版。

北京大学中国中古史研究中心编：《敦煌吐鲁番文献研究论集》，中
华书局1982年版。

（日）仓石武四郎：《日本中国学之发展》，杜轶文译，北京大学出
版社2013年版。

蔡忠霖：《敦煌汉文写卷俗字及其现象》，文津出版社2002年版。

柴剑虹：《敦煌学与敦煌文化》，上海古籍出版社2007年版。

陈飞：《唐代试策考述》，中华书局2002年版。

陈秀兰：《敦煌俗文学语汇溯源》，岳麓书社2001年版。

陈秀兰：《敦煌变文词汇研究》，四川民族出版社2002年版。

（日）大江维时编纂，宋红校订：《千载佳句》，上海古籍出版社
2003年版。

（日）岛田翰撰：《汉籍善本考》，北京图书馆出版社2003年版。

董志翘：《观世音应验记三种译注》，江苏古籍出版社2002年版。

董志翘：《中古近代汉语探微》，中华书局2007年版。

敦煌研究院编：《1994年敦煌学国际研讨会文集·宗教文史卷》

（上），甘肃民族出版社2000年版。

敦煌研究院编：《1994年敦煌学国际研讨会文集·石窟艺术卷》，甘肃民族出版社2000年版。

敦煌研究院编：《1994年敦煌学国际研讨会文集·石窟考古卷》，甘肃民族出版社2000年版。

敦煌研究院编：《敦煌研究文集　敦煌研究院藏敦煌文献研究篇》，甘肃民族出版社2000年版。

伏俊琏：《敦煌文学文献丛稿》（增订本），中华书局2011年版。

甘肃省社会科学院文学研究所编：《敦煌学论集》，甘肃人民出版社1985年版。

高国藩：《敦煌俗文化学》，上海三联书店1999年版。

高明：《中古史书词汇论稿》，天津古籍出版社2008年版。

国家图书馆善本特藏部敦煌吐鲁番学资料研究中心编：《敦煌与丝路文化学术讲座》第一辑，北京图书馆出版社2003年版。

顾迁注译：《孝经》，中州古籍出版社2012年版。

韩小荆：《可洪音义研究——以文字为中心》，巴蜀书社2009年版。

郝春文主编：《敦煌文献论集》，辽宁人民出版社2001年版。

郝春文编著：《英藏敦煌社会历史文献释录》第一卷，科学出版社2001年版。

郝春文、金滢坤编著：《英藏敦煌社会历史文献释录》第一编第四卷，社会科学文献出版社2006年版。

郝春文、赵贞编著：《英藏敦煌社会历史文献释录》第一编第六卷，社会科学文献出版社2009年版。

黑维强：《敦煌、吐鲁番社会经济文献词汇研究》，民族出版社2010年版。

黄华珍：《日本奈良兴福寺藏两种古钞本研究》，中华书局2011

年版。

黄华珍：《日藏汉籍研究——以宋元版为中心》，中华书局2013年版。

黄征、吴伟编校：《敦煌愿文集》，岳麓书社1995年版。

黄征、张涌泉校注：《敦煌变文校注》，中华书局1997年版。

黄征：《敦煌语言文字学研究》，甘肃教育出版社2002年版。

黄征：《敦煌俗字典》，上海教育出版社2005年版。

黄征：《敦煌语文丛说》，台北新文丰出版公司1997年版。

（日）荒见泰史：《敦煌讲唱文学写本研究》，中华书局2010年版。

蒋礼鸿：《敦煌变文字义通释》（增补定本），上海古籍出版社1997年版。

李索：《敦煌写卷春秋〈春秋经传集解〉校证》，中国社会科学出版社2005年版。

李小荣：《变文讲唱与华梵宗教艺术》，上海三联书店2002年版。

李小荣：《敦煌佛教音乐文学研究》，福建人民出版社2007年版。

梁晓虹：《佛教与汉语史研究——以日本资料为中心》，上海古籍出版社2008年版。

林家平、宁强、罗华庆：《中国敦煌学史》，北京语言学院出版社1995年版。

林志强：《古本〈尚书〉文字研究》，中山大学出版社2009年版。

刘长东：《晋唐弥陀净土信仰研究》，巴蜀书社2000年版。

刘进宝、高田时雄主编：《转型期的敦煌学》，上海古籍出版社2007年版。

刘毓庆、张小敏编著：《日本藏先秦两汉文献研究汉籍书目》，三晋出版社2012年版。

陆明君：《魏晋南北朝碑别字研究》，文化艺术出版社2009年版。

陆庆夫、王冀青主编：《中外敦煌学家评传》，甘肃教育出版社2002年版。

陆永峰：《敦煌变文研究》，巴蜀书社2000年版。

罗国威：《弘仁本文馆词林校证》，中华书局2000年版。

罗国威：《冤魂志校注》，巴蜀书社2001年版。

（美）罗杰·巴格诺尔：《阅读纸草，书写历史》，宋立宏、郑阳译，上海三联书店2007年版。

吕浩：《篆隶万象名义校释》，学林出版社2007年版。

吕浩：《篆隶万象名义研究》，上海古籍出版社2006年版。

倪永明：《中日三国志今译与中古汉语词汇研究》，凤凰出版社2007年版。

潘钧：《日本辞书研究》，上海人民出版社2001年版。

潘钧：《日本汉字的确立及其历史演变》，商务印书馆2013年版。

荣新江：《敦煌学十八讲》，北京大学出版社2001年版。

［宋］司马光等编：《类篇》，中华书局2012年版。

四川大学中文系《新国学》编辑委员会编：《新国学》第二卷，巴蜀书社2000年版。

邵文实：《敦煌边塞文学研究》，甘肃教育出版社2007年版。

孙昌武：《唐代文学与佛教》，陕西人民出版社1985年版。

孙昌武：《中国文学中的维摩与观音》，高等教育出版社1996年版。

孙昌武：《道教与唐代文学》，人民文学出版社2001年版。

孙昌武：《文坛佛影》（续集），宗教文化出版社2008年版。

孙德谦：《古书读法略例》，北京市中国书店1984年版。

《唐钞文选集注汇存》（全三册），上海古籍出版社2000年版。

魏耕原：《全唐诗语词通释》，中国社会科学出版社2001年版。

王昆吾：《从敦煌学到域外汉文学》，商务印书馆2003年版。

王绍峰：《初唐佛典词汇研究》，安徽教育出版社2004年版。

王冀青：《斯坦因与日本敦煌学》，甘肃教育出版社2004年版。

王继如：《敦煌问学丛稿》，甘肃文化出版社1999年版。

王启涛：《吐鲁番出土文书词语考释》，巴蜀书社2005年版。

王启涛：《吐鲁番出土文书研究》，巴蜀书社2005年版。

王三庆：《从敦煌斋愿文献看佛教与中国民俗的融合》，台北新文丰出版公司2009年版。

王书民：《敦煌佛学佛事编》，甘肃民族出版社1995年版。

王晓平：《远传的衣钵——日本传衍的敦煌佛教文学》，宁夏人民出版社2005年版。

王晓平：《唐土的种粒——日本传衍的敦煌故事》，宁夏人民出版社2005年版。

王晓平：《国际中国文学研究》（第1—9集），上海古籍出版社2011—2014年版。

王锳：《语文丛稿》，中华书局2006年版。

王锳：《唐宋笔记语辞汇释》，中华书局1990年版。

王尧、陈践译注：《敦煌吐鲁番文献选》，四川民族出版社1983年版。

王月清：《中国佛教伦理研究》，南京大学出版社2000年版。

王重民、王庆菽、向达、周一良、启功、曾毅公编：《敦煌变文集》（上下），人民文学出版社1984年版。

吴丽娱：《唐礼摭遗——中古书仪研究》，商务印书馆2002年版。

项楚校注：《王梵志诗校注》，上海古籍出版社1991年版。

项楚主编：《敦煌文学论集》，四川人民出版社1997年版。

项楚：《敦煌歌辞总编匡补》，巴蜀书社2000年版。

项楚：《敦煌诗歌导论》，巴蜀书社2001年版。

［南朝梁］萧纲撰，肖占鹏、董志广校注：《梁简文帝集校注》，南开大学出版社2012年版。

徐时仪：《玄应众经音义研究》，中华书局2005年版。

徐时仪、梁晓虹、陈五云：《佛经音义研究通论》，凤凰出版社2009年版。

许建平：《敦煌文献丛考》，中华书局2005年版。

许建平：《敦煌经籍叙录》，中华书局2006年版。

［唐］义净撰，王邦维校注：《南海寄归内法传校注》，中华书局2009年版。

［唐］颜师古原著，刘晓东平议：《匡谬正俗平议》，山东大学出版社1999年版。

颜廷亮：《敦煌文化》，光明日报出版社2000年版。

杨宝玉：《敦煌本佛教灵异记校注并研究》，甘肃人民出版社2009年版。

杨宝忠：《疑难字考释与研究》，中华书局2001年版。

杨宝忠：《疑难字续考》，中华书局2011年版。

杨雄：《敦煌论稿》，甘肃文化出版社1995年版。

姚永明：《慧琳一切经音义研究》，江苏古籍出版社2003年版。

叶贵良：《敦煌道经写本与词汇研究》，巴蜀书社2007年版。

袁晖、管锡华、岳方遂：《汉语标点符号流变史》，湖北教育出版社2002年版。

曾良：《敦煌文献字义通释》，厦门大学出版社2001年版。

曾良：《敦煌文献丛札》，浙江古籍出版社2010年版。

曾良：《隋唐出土墓志文字研究及整理》，齐鲁书社2007年版。

张伯伟：《全唐五代诗格校考》，陕西人民教育出版社1996年版。

张伯伟：《东亚汉籍研究论集》，台湾大学出版中心2007年版。

张伯伟编：《域外汉籍研究集刊》（第1—7辑），中华书局2005—2011年版。

张国刚：《佛学与隋唐社会》，河北人民出版社2002年版。

张鸿勋：《敦煌俗文学研究》，甘肃教育出版社2002年版。

张磊：《新撰字镜研究》，中国社会科学出版社2012年版。

张锡厚辑校：《敦煌赋汇》，江苏古籍出版社1999年版。

张锡厚：《敦煌文学源流》，作家出版社2000年版。

张小艳：《敦煌书仪语言研究》，商务印书馆2007年版。

张涌泉：《汉语俗字丛考》，中华书局2000年版。

张涌泉：《汉语俗字研究》（增订本），商务印书馆2010年版。

张涌泉主编审订：《敦煌经部文献合集》，中华书局2008年版。

张涌泉：《敦煌写本文献学》，甘肃教育出版社2013年版。

［清］翟灏撰，颜春峰点校：《通俗编　附直语补证》，中华书局2013年版。

赵超：《汉魏南朝墓志汇编》，天津古籍出版社2008年版。

赵和平：《敦煌写本书仪研究》，台北新文丰出版公司1993年版。

赵红：《敦煌写本汉字论丛》，上海古籍出版社2012年版。

赵生群、方向东主编：《古文献研究集刊》（第一辑），凤凰出版社2007年版。

郑阿财、朱凤玉：《敦煌蒙书研究》，甘肃教育出版社2002年版。

郑贤章：《〈新集藏经音义随函录〉研究》，湖南师范大学出版社2007年版。

季羡林、饶宗颐、周一良主编：《敦煌吐鲁番研究》第一卷，北京大学出版社1996年版。

周绍良、白化文编：《敦煌变文论文录》（上下），上海古籍出版社1982年版。

周绍良主编：《敦煌文学作品选》，中华书局1987年版。

周一良：《周一良集》（第四卷），辽宁教育出版社1998年版。

周志锋：《明清小说俗字俗语研究》，中国社会科学出版社2006年版。

朱葆华：《原本玉篇文字研究》，齐鲁书社2004年版。

朱庆之编：《佛教汉语研究》，商务印书馆2009年版。

祝尚书：《卢思道集校注》，巴蜀书社2001年版。

日文著作

阿部隆一著，庆应义塾大学附属研究所斯道文库编：《阿部隆一遺稿集第一卷　宋元版篇》，汲古书院1993年版。

安藤更生译注：《唐大和上東征伝》，京都唐招提寺编集法行1934年版。

杏雨书屋编：《新修恭仁山莊善本書影》，武田科学振兴财团1985年版。

池泽一郎、宫崎修多、德田武校注：《漢文小説集》，岩波书店2005年版。

池田温编集：《敦煌漢文文献》，大东出版社1992年版。

池田利夫编：《蒙求古注集成》（上卷），汲古书院1988年版。

池田利夫编：《蒙求古注集成》（中卷），汲古书院1989年版。

池田利夫编：《蒙求古注集成》（下卷），汲古书院1989年版。

池田利夫编：《蒙求古注集成》（别卷），汲古书院1990年版。

杜台卿撰，石川三佐男译注：《玉燭宝典》，明德出版社1988年版。

出云路修校注：《日本霊異記》，岩波书店1996年版。

篠原寿雄、田中良照编集：《敦煌仏典と禪》，大东出版社1990

年版。

揖斐高：《江戶詩歌論》，汲古书院2001年版。

入矢义高：《江戶文人詩選》，中央公论社1983年版。

鱼住和晃：《「書」と漢字　和樣生成の道程》，讲谈社1996年版。

宇都宫清吉校订：《大唐大慈恩寺三蔵法師伝及考異·索引》，朋友书店1979年版。

上村观光：《五山文学全集》，五山文学全集刊行会1936年版。

内田顺子：《田氏家集索引》，和泉书院1992年版。

海北若冲：《倭訓類林》，日本古典全集刊行会1935年版。

大庭脩：《江戶時代における中国文化受容の研究》，同朋舍1984年版。

大庭脩：《漢籍輸入の文化史——聖徳太子から吉宗へ》，研文出版2006年版。

王勇、久保木秀夫编：《奈良·平安期の日中文化交流》，农山渔村文化协会2001年版。

大星光史：《日本文学と老荘神仙思想の研究》，桜枫社1990年版。

重松明久：《新猿楽記　雲州消息》，现代思潮社1982年版。

金冈照光：《敦煌文献と中国文学》，五曜书房2000年版。

金冈照光编集：《敦煌の文学文献》，大东出版社1990年版。

金子彦二郎：《增補平安時代文学と白氏文集——句題和歌·千載佳句研究篇》，芸林舍1977年版。

狩野直喜：《読書纂余》，弘文堂书房1947年版。

川口久雄：《三訂平安朝日本漢文学史の研究（上）王朝漢文学の形成》，明治书院1988年版。

川口久雄：《三訂平安朝日本漢文学史の研究（中）王朝漢文学の分化》，明治书院1988年版。

川口久雄：《三訂平安朝日本漢文学史の研究（下）王朝漢文学の斜陽》，明治书院1988年版。

川口久雄：《敦煌よりの風、1. 敦煌と日本文学》，明治书院1999年版。

川口久雄：《敦煌よりの風、2. 敦煌と日本の説話》，明治书院1999年版。

川口久雄：《敦煌よりの風、3. 敦煌の仏教物語（上）》，明治书院1999年版。

川口久雄：《敦煌よりの風、4. 敦煌の仏教物語（下）》，明治书院2000年版。

川口久雄：《敦煌よりの風、5. 敦煌の風雅と洞窟》，明治书院2000年版。

川口久雄：《敦煌よりの風、6. 敦煌に行き交う人々》，明治书院2001年版。

川口久雄：《大江匡房》，吉川弘文館1995年版。

川瀬一马著，冈崎久司编：《書誌学入門》，雄松堂出版2001年版。

神田喜一郎解说：《真福寺本遊仙窟》，贵重古典籍刊行会1954年版。

神田喜一郎：《東洋学文献叢説》，二玄社1969年版。

神田喜一郎解说：《墨林閑話》，岩波书店1977年版。

木村正辞：《万葉集文字弁証》，早稻田大学出版部1904年版。

木村晟、石山曙生、片山晴贤编：《故宫博物院所藏幼学指南抄》，东丰书店1990年版。

京都帝国大学文学部：《京都帝國大學文學部景印舊鈔本》第三集至第九集《文選集注》，京都帝国大学文学部1935年至1942年版。

京都帝国大学文学部：《京都帝國大學文學部景印舊鈔本》第十集

《尚书残卷　毛詩二南残卷》，京都帝国大学文学部1942年版。

京都帝国大学文学部：《京都帝國大學文學部景印舊鈔本》第二集
《講周易疏論家義殘卷　経典釈文殘卷　漢書楊雄伝殘卷》，京都帝国大
学文学部1935年版。

京都大学文学部国語学国文学研究室编，僧昌住编纂：《新撰字
鏡》增订版，临川书店1986年版。

京都大学文学部国文学研究室编：《和泉往来　高野山西南院蔵》，
临川书店1981年版。

贵重古典籍刊行会：《史記孝文本紀》，贵重古典籍刊行会1954
年版。

贵重古典籍刊行会：《知恩院蔵重要文化財大唐三蔵玄奘法師表
啓》，贵重古典籍刊行会1960年版。

贵重古典籍刊行会：《酒井宇吉蔵晋書残卷　山田忠雄氏蔵法相先
徳行伝》，贵重古典籍刊行会1981年版。

河野贵美子、王勇编：《東アジアの漢籍遺産——奈良を中心とし
て》，勉诚社2012年版。

宫内厅书陵部所藏室生寺本：《日本国見在書目录》，名著刊行会
1996年版。

金原理：《平安朝漢詩文の研究》，九州大学出版会1981年版。

金原理：《詩歌の表現　平安朝韻文考》，九州大学出版会2000
年版。

空海：《文鏡秘府論》，东方文化学院1930年版。

工藤一郎：《中国図書文献史考》，明治书院2006年版。

国田百合子：《長恨歌・琵琶行抄諸本国語学的研究索引篇》，桜枫
社1962年版。

黑板胜美：《岩崎文庫所藏日本書紀旧鈔本に就きて》，岩崎文庫

1919年版。

黑板胜美、国史大系编修会：《新訂增補国史大系第二十九卷下·本朝文粹·本朝続文粹》，吉川弘文馆1966年版。

黑板胜美、国史大系编修会：《新訂增補国史大系第三十卷·本朝文集》，吉川弘文馆1966年版。

新井白石：《同文通考》，勉诚社1979年版。

黑田彰、后藤昭雄、东野治之、三木雅博编著：《上野本注千字文》，和泉书院1989年版。

国立历史民俗博物馆藏史料编集会编：《貴重典籍叢書文学篇22·辞書》，临川书店1999年版。

小岛宪之：《王朝漢詩選》，岩波文库1987年版。

小岛宪之：《上代日本文学と中国文学——出典論を中心とする比較文学的考察》，塙书房1988年版。

后藤昭雄：《平安朝文人志》，吉川弘文馆1993年版。

后藤昭雄：《平安朝漢文文献の研究》，吉川弘文馆1993年版。

后藤昭雄：《本朝文粹抄》，勉诚出版2006年版。

后藤昭雄：《日本詩紀拾遺》，吉川弘文馆2000年版。

后藤昭雄：《平安朝漢文学論考》，勉诚社2005年版。

古典研究会：《影弘仁本文館詞林》，古典研究会1969年版。

古典保存会：《金剛波若経集験記》，古典保存会1935年版。

古典保存会、源为宪编：《世俗諺文》（上、中、下），古典保存会1934年版。

古典保存会：《文集卷第三》，古典保存会1929年版。

古典保存会：《古文孝経》，古典保存会1930年版。

古典保存会：《篆隷文體》，古典保存会1936年版。

小林保治、李铭敬：《日本仏教説話集の源流　資料篇》，勉诚出版

2007年版。

小林芳规解题：《一切経音義（上）、古辞書音義集成》第七卷，汲古书店1980年版。

小林芳规解题：《一切経音義（中）、古辞書音義集成》第八卷，汲古书店1980年版。

小林芳规解题：《一切経音義（下）、古辞書音義集成》第九卷，汲古书店1981年版。

小山田和夫：《日本の書物》，笠间书院1997年版。

笹原宏之：《国字の位相と展開》，三省堂2007年版。

国会图书馆藏写本：《錦繡段》，临川书店1981年版。

佐藤美知子：《万葉集と中国文学受容の世界》，塙书房2002年版。

佐村八郎编：《和漢名著解題選》第一卷，ゆまに书房1996年版。

泽泻久孝：《新撰字鏡》，全国书房1944年版。

品川和子：《王朝文学考》，武藏野书院2000年版。

斯波六郎：《文選李善注所引尚書考証》，汲古书院1982年版。

岛田翰：《古文旧書考》，民友社1905年版。

崇文院编：《崇文叢書》，崇文院1927—1937年版。

菅野礼行：《平安初期における日本漢詩の比較文学的研究》，大修馆书店1988年版。

杉村邦彦解说：《唐鈔本・世説新書》，二玄社1972年版。

杉村邦彦解说：《唐鈔本・王勃集》，二玄社1977年版。

新美宽编，铃木隆一补：《本邦殘存典籍による輯佚資料集成》，京都大学人本科学研究所1968年版。

说话研究会编：《冥報記の研究》第一卷，勉诚出版2000年版。

新日本古典文学大系编集委员会：《新日本古典文学大系》，岩波书店1989—2005年版。

新间一美：《平安朝文学と漢詩文》，和泉书院2003年版。

高城弘一编著：《楽毅論・杜家立成雑書要略　光明皇后》，天来书院2001年版。

高桥写真摄影：《洞門抄物と国語研究（資料篇）大輪寺蔵報恩録》上下，桜枫社1976年版。

高桥写真摄影：《洞門抄物と国語研究（資料篇）吉川泰雄氏蔵無門関抄》，桜枫社1976年版。

高桥写真摄影：《洞門抄物と国語研究（資料篇）長興寺蔵碧巌代語・瑞巌寺蔵貫之梵鶴和尚代語抄》，桜枫社1976年版。

高桥智：《室町時代古鈔本『論語集解』の研究》，汲古书院2008年版。

田坂顺子：《扶桑集——校本と索引》，櫂歌书房1985年版。

竹内理三编：《寧楽遺文》，吉川弘文馆1997年版。

竹内理三编：《平安遺文》，吉川弘文馆1997年版。

竹内理三编：《鎌倉遺文》，吉川弘文馆1997年版。

武内义雄：《老子原始》，弘文堂书店1926年版。

辰巳正明：《懷風藻　漢字文化圏の中の日本古代漢詩》，笠间书院2000年版。

辰巳正明：《懷風藻全注釈　漢字文化圏の中の日本古代漢詩》，笠间书院2012年版。

辰巳正明：《万葉集の歴史　日本人が歌によって築いた原初のヒストリー》，笠间书院2011年版。

田中德定：《孝思想の受容と古代中世文学》，新典社2007年版。

筑岛裕：《興福寺本大慈恩寺三蔵法師伝古点の国語学的研究訳本篇》，东京大学出版会1965年版。

筑岛裕编：《高野山西南院蔵本和泉往来総索引》，汲古书院2004

年版。

土井洋一、中尾真树编：《本朝文粹の研究》第一卷，勉诚社1999年版。

张娜丽：《西域出土文書の基礎的研究》，汲古书院2006年版。

月本雅幸解题：《六地蔵寺蔵文鏡秘府論》，《六地蔵寺善本叢刊》第七卷，汲古书院1984年版。

唐代史研究会编：《東アジア古文書の史的研究》，刀水书店1990年版。

东京女子大学古代史研究会编：《聖武天皇宸翰雑集釈霊実集研究》，汲古书院2008年版。

东方文化学院：《高山寺本荘子》，文求堂1931年版。

东方文化学院：《春秋正義　景抄正宗寺本》，文求堂1931年版。

内藤虎次郎：《研幾小録》，弘文堂书房1928年版。

中田祝夫编著：《応永二十七年本論語抄》，勉诚社1976年版。

中田祝夫编著：《足利本論語抄》，勉诚社1976年版。

中田祝夫解说：《東大寺諷誦文稿》，勉诚社1976年版。

长泽规矩也解题：《勅版白氏五妃曲》，汲古书院1973年版。

长泽规矩也发行：《影弘仁本文館詞林》，古典研究会1969年版。

长泽规矩也编：《足利学校善本図录》，汲古书院1973年版。

中村璋八：《五行大義校註》，汲古书院1984年版。

中村璋八、大塚雅司：《都氏文集全釈》，汲古书院1988年版。

中村璋八、岛田伸一郎：《田氏家集》，汲古书院1993年版。

奈良文化财研究所编：《日本古代木簡字典》，八木书店2008年版。

日中文化交流史研究会：《杜家立成雑書要略　注釈と研究》，翰林书房1994年版。

日本古典文学大系编集委员会：《日本古典文学大系》，岩波书店

1957—1967 年版。

仁平道明：《和漢比較文学論考》，武藏野书院2000 年版。

波户冈旭：《上代漢詩文と中国文学》，笠间书院1989 年版。

服部宇之吉编：《佚存書目》，服部宇之吉发行1933 年版。

林泰辅：《論語年譜》，大仓书店1916 年版。

林望解说：《遊仙窟鈔》上，勉诚社1981 年版。

东野治之：《正倉院文書と木簡の研究》，塙书房1998 年版。

东野治之：《遣唐使と正倉院》，岩波书店2002 年版。

东野治之编：《金剛寺本遊仙窟》，塙书房2000 年版。

东野治之：《日本古代史料学》，岩波书店2005 年版。

平冈武夫、今井清校定：《白氏文集》（一），京都大学人文科学研究所1971 年版。

平冈武夫、今井清校定：《白氏文集》（二），京都大学人文科学研究所1972 年版。

平冈武夫、今井清校定：《白氏文集》（三），京都大学人文科学研究所1973 年版。

藤原克己：《菅原道真と平安朝漢文学》，东京大学出版社2001 年版。

福井文雅编集：《敦煌と中国仏教》，大东出版社1984 年版。

福岛正仪：《日本上代文学と老荘思想》，高文堂出版社1983 年版。

福田后昭：《敦煌類書の研究》，大东文化大学东洋研究所刊2003 年版。

本间洋一编：《日本漢詩　古代篇》，和泉书院1998 年版。

本间洋一：《王朝漢文学表現論考》，和泉书院2002 年版。

牧田谛亮：《六朝古逸観世応験記の研究》，平东寺书店1970 年版。

牧田谛亮、福井文雅编集：《敦煌と中国仏教》，大东出版社1984 年版。

牧田谛亮监修，七寺古逸经典研究会编：《七寺古逸経典叢書、第五卷中国・日本撰述経典》，大东出版社2002年版。

松平黎明会编：《松平文庫影印叢書》第十八卷《漢詩文集編 百詠詩集・田氏家集・遊仙窟・千載佳句》，新典社1993年版。

峰岸明：《变体漢文》，东急堂1987年版。

龙谷大学教文化研究所编：《字鏡集》（上、下），思文化阁1988年版。

安井朝康：《身延本礼記正義殘卷校勘記》，东方文化学院1931年版。

柳瀨喜代志、矢作武：《琱玉集注釈》，汲古书院1985年版。

柳町达也：《蒙求》，明德出版社1968年版。

山岸德平、竹内理三、家永三郎、大曾根章介校注：《古代政治社会思想》，岩波书店1979年版。

山崎诚：《江都督納言願文集注解》，塙书房2010年版。

山田忠雄编：《和泉往来 高野山西南院蔵》，贵重古典籍刊行会1981年版。

山田孝雄解题：《德富猪一郎蔵秘府略》，古典保存会1929年版。

山田孝雄解题：《真福寺蔵琱玉集第十二》，古典保存会1933年版。

山田孝雄解题：《真福寺蔵琱玉集第十四》，古典保存会1933年版。

山田孝雄解题：《石山寺蔵史記》，古典保存会1938年版。

山田孝雄解题：《公爵毛利元昭氏蔵史記第九呂后本紀》，古典保存会1935年版。

山田孝雄解题：《篆隶文體》，古典保存会1935年版。

山田雄、入矢义高、早苗宪生校注：《庭訓往来 句双紙》，岩波书店1996年版。

米山寅太郎、筑岛裕解题：《毛詩鄭箋》，汲古书院2004年版。

和田维四郎：《訪書餘録》，临川书店1978年版。

和田维四郎：《訪書餘録、図録篇》，临川书店1978年版。

后　记

　　日本汉文古写本，一般指江户时期以前产生的中国典籍写本和日本人汉文著述写本两大类。江户时期后期，受到清代朴学的影响，山井鼎、林述斋、松崎慊堂、狩野掖斋等学者注重发现日本自古相传的中国经史子集各类文献的古写本，并以此与通行本进行校勘。这些成果传入中国后，受到阮元等学者的重视。晚清末年以来，黎庶昌、杨守敬、罗振玉、王国维等人，或出资影印，或撰写序跋，介绍这些写本所保存的中国散佚文献的价值。

　　杨守敬特别注意到，日本古抄本以经部为最，经部之中，又以《易》《论语》为多。大抵根源于李唐，或传抄于北宋，是皆我国所未闻。他指出，日本古抄本多用虚字，实沿于隋唐之遗，以此纠正阮元的误解。罗振玉、王国维为日本古抄本撰写的序跋，多与敦煌写卷比较，打开了晚清民国学者的眼界。百年以来，让这些流布在东瀛的中国文献回归故里，一直是中国学者的心愿。

　　我要特别感谢在日本工作期间遇见的朋友们，也要感谢命运的错爱。1990年3月底，在我赴日不到半年的时间，就有机会站上大学的讲台，从那以后，在日本的日子里也就一直没有离开过讲台。开始是教中文，后来担任有关中国文化研究、中日比较文学和地域文化研究的课程。不仅如此，还有机会在公民馆等地方，为一般市民（二十来岁到七八十岁）讲中国文化。这些教学活动，不仅让我更深地"浸泡"于日语之中、"呼吸"在日本文学之中，而且让我更切实地感受到两种文化相遇和碰撞而擦出的火花。

我第一次凭听觉而不是视觉去触摸日本文学，那是在1989年10月，在福冈大学文学部藤井茂利教授的《万叶集》大课和他的《万叶集》研究班上。1990年底开始日本国际文化研究中心的客座副教授研修，又有机会加入中西进先生组织的《万叶集》研究班，和印、捷、匈、韩等国的学者一起，讨论《万叶集》和本国诗歌的异同。在日本期间，有很多与学者、学生和一般市民共同欣赏中日两国文学的日子，茨城基督教大学的汉诗朗咏班、大阪狭山市的"知中国会"，尤其给我留下深刻印象。它们让我充分品味了两种文学不同的魅力。我把这些体验，归结成了"知同、明异、互读、共赏"八个字。

日本生活的一大收获，就是结交了一批以学术为乐而对中国文化十分亲近的学者。想起他们，脑子里就会飞出一长串的名字，还有我在帝冢山学院大学工作时的同事们，他们属于不同的大学、不同的专业，有的是汉学家，有的则是研究日本文学的专家，但对专业的酷爱相近，对学术的执着相近。

在和他们接触之后，我对自己这种老牛拉车一股劲的读书生活更为着迷，对那种"干活儿的"惜败于"耍嘴的"现象更不以为然，也更加认定自己就是一个"闷头干活儿"的。也就更多次地提醒自己，遇事和各种各样的先入为主和"想当然"保持警惕，和"大把抓"的思维习惯拉开距离，和浸透到骨子里的思维定式该分手时就别留恋。在研究方法上，更加倾向于沉潜其中而后打破学科界限自由往来，不拘宏观微观而追求两者结合，我把这叫作"跨文化新朴学"，也可以说是两种不同方法论的综合吧。

2007年回国之后，我要干的这个活儿就是日本汉文古写本的整理和研究，这和当年硬啃《万叶集》一样不容易。同样，它需要对中日两种语言、文化深刻理解，同样需要一个字一个字、一个符号一个符号地弄明白。我有时跟学生说，最好选准一座山，用毕生精力去攀登，站到山峰，去看人世间最美的风景。这好像是我理想的生活状态，眼下那座山，就是日本汉文古写本。

本书是国家社科基金重大项目"日本汉文古写本整理与研究"（批准号：I4ZDB085）成果之一。

感谢王勇先生，让我有机会整理与研究日本汉文古写本的部分成果结集成书。有些成果已经在刊物上发表，我在书中基本没做改动，希望它们能反映其时其地的思考。今天的中日文学研究界涌现出很多很有潜力的青年才俊，他们拿出了更多、更为扎实的成果，我正随时向他们学习。日本学界逐渐接受了将江户时代乃至明治时代的写本也纳入古写本的研究范围。汉文古写本研究这桩事真可谓"如山如阜，如冈如陵，如川之方至"，那就让我们一起慢慢去跋涉吧。

窗外总会有我们未曾听说过的风景。对于中日两国的文学来说，经常好奇地对视一下，对于保持各自的文化健康，也该是有益的吧。

最后必须说的是，本书中涉及的中日文学写本的校读，都不过是笔者书海信步的脚印，是"进行时"，而不是"完成体"。写本中存在的疑点很多，何况本人读书未多，钻研不精，纰漏必定不少。例如，《杜家立成杂书要略》，赵和平撰有《敦煌本〈朋友书仪〉与正仓院藏〈杜家立成杂书要略〉的比较研究》，收于2011年上海古籍出版社出版的《赵和平敦煌书仪研究》一书，文中多有创获，提出了许多该写本中值得追索的问题，涉及笔者知识盲点，笔者却始终没来得及深入追究。类似的地方肯定还有一些，笔者唯有奋此余勇，知错必改，紧追慢赶，奋蹄猛跑而已。

王晓平

2018年5月3日

图书在版编目（CIP）数据

日藏中日文学古写本笺注稿 / 王晓平著. —杭州 ：
浙江人民出版社，2021.11
　（新中日文化交流史大系）
　ISBN 978-7-213-10373-5

　Ⅰ. ①日… 　Ⅱ. ①王… 　Ⅲ. ①中国文学—抄本 　Ⅳ.
①G256.22

中国版本图书馆CIP数据核字(2021)第226797号

日藏中日文学古写本笺注稿

王晓平　著

出版发行	浙江人民出版社 (杭州市体育场路347号　邮编　310006)	
	市场部电话:(0571)85061682　85176516	
责任编辑	陈　源	
责任校对	陈　春	
责任印务	刘彭年	
封面设计	敬人工作室	
电脑制版	杭州兴邦电子印务有限公司	
印　　刷	浙江新华数码印务有限公司	
开　　本	880毫米×1230毫米　　　1/32	
印　　张	15.5	
字　　数	398千字	
插　　页	6	
版　　次	2021年11月第1版	
印　　次	2021年11月第1次印刷	
书　　号	ISBN 978-7-213-10373-5	
定　　价	128.00元	

如发现印装质量问题,影响阅读,请与市场部联系调换。